因缺乏经费，编辑出版工作完全陷于停顿。

2010 年，在中共中央编译局和中国国际共产主义运动史学会的鼎力支持下，中央编译出版社以这套文献申报国家出版基金项目，获得立项资助。中共中央编译局对此项目高度重视，在国家出版基金资助的基础上，给予了相应的资金支持，组建了新编委会，成立了专门机构负责文献整理和编辑工作，并将这套文献纳入"中央编译局文库"出版规划。

经新编委会研究决定，这套文献定名为《国际共产主义运动历史文献》，在其前身《国际共产主义运动史文献》的基础上重新编辑出版。通过进一步广泛搜集资料和适当改变编辑方式，新《文献》的资料更详尽、收文更齐全。例如，在原《文献》的某些卷次中，对已出版的马克思主义经典著作中译本只列目录，不收正文，而新《文献》则全部依据最新的中译本收录，以方便读者查阅。此外，《国际共产主义运动历史文献》扩大了文献资料的搜集和选材范围，采用开放式结构，规模暂定 60 卷，约 2500 万字。

中共中央编译局和中国国际共产主义运动史学会对这套文献的编辑出版工作给予了强有力的支持，中央编译出版社为这套文献的立项和出版做了大量艰苦细致的工作，文献的前两任编委会和编译工作者在十分困难的条件下为这套文献奠定了良好的基础，中国人民大学出版社为这套文献的重新编辑出版提供了帮助，在此一并表示衷心感谢。

《国际共产主义运动历史文献》

编辑委员会

2011 年 12 月 20 日

编辑说明

　　共产国际第三次代表大会于 1921 年 6 月 22 日至 7 月 12 日在莫斯科举行。出席大会的有 52 个国家 103 个组织的 605 名代表。大会的主要议程有：世界经济危机和共产国际的主要任务；共产国际的策略问题；红色工会国际和共产国际的关系问题；反对阿姆斯特丹工会国际（简称）的斗争问题等。会议着重研究了在资本主义国家革命形势趋于低潮的条件下共产国际所应采取的策略，认为当前各国共产党面临的任务是进行全面的准备工作，号召各国党加强在群众中的工作，消除社会民主党的影响，把广大工人阶级和其他劳动群众团结在自己周围，直接参加并领导工人争取日常切身利益的斗争，并把这种斗争同为实现无产阶级专政的政治斗争结合起来。在会上，德国、奥地利、意大利共产党和捷克斯洛伐克党的部分代表仍然坚持"进攻理论"，批评大会的策略问题提纲，遭到包括列宁在内的多数代表的批评。大会实行了策略转变，使国际共产主义运动进入了一个新的、建立无产阶级统一战线的时期。

　　《共产国际第三次代表大会文献》分两卷出版，收录的内容包括四个部分：（1）共产国际执行委员会关于召开共产国际第三次代表大会的通告和信件；（2）共产国际第三次代表大会会议记录；（3）共产国际第三次代表大会决议；（4）附录，列宁有关共产国际第三次代表大会的材料。前两部分的材料译自苏俄彼得格勒国家出版社 1922 年出版的《共产国际第三次世界代表大会速记报告》（Третий Всемирный Конгресс Коммунистического Интернационала. Стенографический отчет. Петроград. Государственное издательство. 1922），代表大会的决议译自莫斯科党的出版社 1933 年出版的《共产国际决议汇编（1919—1932）》（Коммунистический Интернационал в документах. 1919—1932, Партийное издательство. Москва, 1933），附录部分选自《列宁全集》中文第 2 版。书中除编译者加的译者注外，本卷主编加的注释标明为编者注。

本卷是根据中国人民大学出版社 1988 年出版的《共产国际第三次代表大会文件》中译本进行编辑的。本卷主编依据中共中央编译局编译马克思主义经典著作的标准重新统一了人名、地名、组织机构、报刊杂志等专用名，并对书中个别译文进行了重新校订。

本卷的内容包括：（1）共产国际执行委员会关于召开共产国际第三次代表大会的通告和信件；（2）共产国际第三次代表大会会议记录部分内容。

目　录

共产国际执行委员会关于召开共产国际第三次代表大会的通告和信件

共产国际执行委员会关于共产国际第三次世界代表大会初步议程的通告

　　根据共产国际执行委员会的决定，共产国际第三次世界代表大会将于 1921 年 6 月 1 日①召开。共产国际执行委员会现通过初步议程如下：

1. 共产国际执行委员会的报告。
2. 世界经济危机与共产国际的新任务。
3. 共产国际在革命期间的策略。
4. 过渡时期（局部要求、局部行动和最终的革命斗争）。
5. 同阿姆斯特丹黄色工会联合会的斗争。
6. 国际红色工会理事会与共产国际。
7. 共产党的组织建设及其工作方法与工作内容。
8. 共产国际的组织建设以及共产国际与所属政党的关系。
9. 东方问题。
10. 意大利社会党与共产国际（意大利社会党对共产国际执行委员会的决定提出的申诉）。
11. 德国共产主义工人党与共产国际（德国统一共产党对共产国际执行委员会的决定提出的申诉）。
12. 妇女运动。
13. 青年运动。

---

① 实际召开日期为 1921 年 6 月 22 日。——编者注

14. 共产国际执行委员会的选举及其所在地问题。
15. 其他问题。

格·季诺维也夫

共产国际执行委员会为召开共产国际第三次世界代表大会致已加入和愿意加入共产国际的一切无产阶级组织的信

共产国际第三次世界代表大会定于 1921 年 6 月 1 日在莫斯科召开。会议召开的日期比共产国际章程中规定的提前了两个月，这是出于大局的需要，相信共产国际所属各政党会同意我们的决定。

共产国际第二次世界代表大会闭幕九个月以来，许多政党就第二次代表大会议决的各项问题进行了广泛的原则性讨论。在许多国家中，分歧已经达到使共产主义者和"中派"拥护者终于公开决裂的程度。在德国、法国、英国、瑞典、挪威、罗马尼亚、南斯拉夫、希腊、瑞士、比利时以及其他国家，共产主义者和"第二半国际"中间派拥护者的决裂，已既成事实。在其他国家，例如捷克斯洛伐克，不久也要发生分裂。在意大利，共产主义者已经成立了独立政党。在目前主要是由明显的改良主义分子和动摇的革命分子组成的意大利社会党中，正派的无产阶级分子将逐渐脱离该党而向共产国际靠拢。在美国，所有共产主义派别不久也要联合起来。

共产国际必须对上述各政党中发生的情况作出总结。在此期间，共产国际执行委员会已经作出若干重大的决定。执行委员会将就这些决定向整个共产国际提出报告。第三次代表大会首先要了解，共产国际所属政党都在多大程度上履行了共产国际第二次代表大会提出的各项条件。

共产国际活动的一个重要时期宣告结束了。在共产国际第一次代表大会之前，共产国际经历了酝酿和筹备阶段。从第一次代表大会到第二次代表大会，是共产国际开展宣传鼓动的初期阶段。当时，它还不是一个手续完备的国际组织，只是一面旗帜。从第二次代表大会到第三次代表大会，是各政党分歧加深和真正共产主义政党形成的阶段。第三次代表大会就是要总结以往的各项工作，并使共产国际成为具有正确策略的完善组织。

共产国际执行委员会已为第三次代表大会拟定初步议程，并已公布。第一项议程是执行委员会的报告。第二次代表大会闭幕九个月以来，执行委员会直接干预了若干国家政党的斗争与分裂。因此，一些政党对执行委员会的决定提出异议也是必然的。执行委员会贯彻第二次代表大会路线是否得当，要由即将召开的第三次代表大会作出评断。但无论如何，执行委员会要对下一届共产国际世界代表大会全面负责，这是共产国际必须确定的一条明确原则。各党对执行委员会的某些决定如有异议，均可向代表大会提出申诉。但是在大会闭幕期间，执行委员会有权处理一切事务，它的决定必须得到执行。否则，共产国际就不能成为一个集中而有纪律的国际组织。共产国际要不愧为"行动的国际"这一称号，这个国际战斗组织就要有自己的司令部，就要有信心：它的纪律必须不仅在口头上而且在行动上得到遵守。

第二项议程是：世界经济危机与共产国际的新任务。"第二半国际"的"理论家"奥托·鲍威尔、希法亭、考茨基之流断言：帝国主义战争结束以后，资产阶级定能恢复新的经济平衡；断言欧洲会通过资本主义制度的和平"更新"而进入一个长期有机发展的阶段。"第二半国际"的领袖，更不要说公开叛变第二国际的代表人物，便由此得出明确的实际结论。德国独立社会民主党人或法国龙格分子之类的政党，便由此厚颜无耻地投奔露骨的反革命阵营。第三次代表大会就要周密考察事实，并在此基础上认真分析经济危机、空前严重的失业现象和群众极端贫困的境遇，从而向全世界劳动群众戳穿改良主义的幻想，并使他们认识到：任何相信资本主义经过更新便会有前途的人，任何向国际无产阶级鼓吹和平更新的小资产阶级策略的人，都是愚蠢透顶的。

第三项和第四项议程是：共产国际在革命期间的策略和过渡时期（局部要求、局部行动和最终的革命斗争）。在目前的过渡时期，革命运动阵营中不可避免地产生两种不同的倾向，一些人说："既然我们处于革命前夕，我们何必提出局部要求呢？"另一些人说："既然我们能提出局部要求，我们何必每次都重复整个纲领呢？"一些人说："我们不必在局部行动中消耗力量，而要积聚力量准备最后决战。"另一些人说："我们只要有机会，就应当出击。"第三次代表大会就要参考俄国同志在革命前夕的具体经验，以及德国工人和其他国家无产阶级的斗争经验。第三次代表大会必须正确地制定共产党的策略路线，这条策略路线既要反对宗派主义，又不能追求一时的成功，既要使共产党能密切联系广大无产阶级群众，又要保持坚定的原则性和对革命马克思主义学说的赤胆忠心。

第五项和第六项议程是探讨国际工会运动，即：同阿姆斯特丹黄色工会联合会①的斗争，以及国际红色工会理事会问题。这是第三次代表大会议程中最重要的问题之一。工会运动阵营中的斗争日益激烈。这场斗争将决定第二国际和第三国际之间即资产阶级和无产阶级之间争论的结局。目前，加入工会的无产者已数以千万计。

把工会争取过来，也就是把无产阶级吸引过来。第二次代表大会制定的在工会中建立共产党支部的策略，经实践证明是正确的。这一策略在德国、法国、英国和其他国家都相当成功。阿姆斯特丹黄色工会联合

---

① 即阿姆斯特丹工会国际。——编者注

会第一次受到严重的挫折，其黄色领袖已经惊慌失措。今天，他们情愿作出让步，明天却又要把拥护共产国际的人赶出工会。这是他们必将彻底破产的可靠迹象。第三次代表大会需要总结反对黄色阿姆斯特丹的斗争，并提出今后的斗争方略。但主要的是，第三次代表大会必须恰当地确定共产国际同国际红色工会理事会的相互关系：究竟是保留在共产国际领导下的两个平行的国际组织，还是只保留共产国际一个组织，其中不仅包括政党，而且包括红色工会在内的所有拥护共产国际的无产阶级组织。若保留共产国际一个组织，则国际红色工会理事会就只能作为统一的共产国际的一个支部存在。两种解决办法，都各有种种利弊。究竟采取哪一种解决办法，这与今后国际工人运动的建设都有极大的关系。共产国际所属一切组织必须仔细权衡利弊，向第三次代表大会提出各自的明确议案。

第七项和第八项议程探讨组织问题，即：共产党的组织建设及其工作方法与工作内容，共产国际的组织建设以及共产国际与所属政党的关系。这里有两类问题需要探讨。第一类问题是，**每一个共产主义政党**究竟应有怎样的组织形式。在西欧，即使共产党也没有一个日常活动的党组织。临到选举或遇到有类似的情况时，全体党员才统一行动。在工厂、矿井、铁路、农村、企业、工会和合作社中，没有经常进行活动的、组织严密的共产党支部。在共产党支部与党的领导中心之间也没有一个领导与被领导的严格制度。此外，也没有强有力的不公开的组织来支援公开的组织。这种局面必须改变。这也是第三次代表大会所要探讨的问题。第二类问题是，各政党究竟对共产国际执行委员会有多大的自主权，即：应当怎样建立**集中的**国际无产阶级组织，以便切实领导无产阶级的国际斗争；应当怎样增进各国共产党相互之间的国际联系，以及所有各党与共产国际执行委员会的国际联系。换句话说，应当为共产国际确立什么样的组织原则，使它切实完成它所担负的日益繁重的任务。

　　第九项议程是东方问题。共产国际对东方各族人民的工作已经取得初步成就。巴库东方各族人民代表大会无疑具有重大的历史意义。正在筹备的远东各族人民代表大会也必将发挥它的作用。第三次代表大会探讨东方问题，就不能像第二次代表大会那样，只作理论上的探讨，而是要从实践上进行探讨。没有亚洲的革命，就没有世界无产阶级革命的胜利。这是每一个共产主义工人都应当懂得的道理。共产主义工人只有懂得这个道理，才能有锐利的思想武器去反对希法亭之流和"第二半国际"其他英雄好汉的"欧洲"机会主义，而这些英雄好汉对东方被压迫民族除了嘲笑还是嘲笑。

　　第十项议程是意大利社会党问题，这是一个重大问题。意大利社会党原来是共产国际成员。该党里窝那代表大会在塞拉蒂的"中派"鼓动之下，拒绝履行共产国际第二次代表大会提出的、各党必须遵守的二十一个条件。塞拉蒂一伙在代表大会上拼凑了一个多数派，要把死心塌地的资本代理人，如人所共知的老牌改良主义者屠拉梯、莫迪利扬尼、达拉贡纳、特雷维斯之流，即意大利的迪特曼分子、伯恩施坦分子和龙格分子，强加于共产国际。以塞拉蒂为首的意大利"中派"领袖，为了同这群改良主义分子拉帮结伙（他们在里窝那代表大会上有 1.4 万张票），竟抛弃了 5.8 万名共产主义工人。塞拉蒂背叛了共产国际第二次代表大会通过的决议。实际上，在里窝那，以屠拉梯为首的改良主义分子在精神上战胜了"中派"。共产主义工人成立了独立的共产党。因此，共产国际执行委员会认为应当承认这个年轻的共产党为共产国际在意大利的**唯一**支部，并把实际上已经背叛第二次代表大会决议的塞拉蒂的党开除出共产国际。意大利社会党对此提出了抗议，并表示要就执行委员会的这项决定向共产国际下一次代表大会提出申诉。当然，每个党都有权提出申诉。执行委员会也情愿将此争议提交第三次代表大会裁决。

执行委员会深知"中派"领袖惯于回避明确回答那些令他们厌恶的问题，所以在专门写给意大利社会党中央委员会的一封信中说："我们邀请你们出席第三次代表大会，但是要求你们：（1）授权出席代表大会的代表明确答复第三次代表大会的提问；（2）**明确答复**：你们是否同意将《Critica Sociale》①集团（即屠拉梯、特雷维斯之流）从共产国际的一个政党中开除出去，因为目前争论的焦点就在于此。"

意大利问题具有国际性。在德国，莱维集团建立共产国际右翼，图谋已久。该集团抓住意大利党的争端，攻击共产国际执行委员会，硬说执行委员会在这个问题上犯了"策略上"的错误，硬说执行委员会在鼓吹"机械的"分裂，等等。

第三次代表大会将彻底澄清这个问题，把它提到应有的原则高度来认识，将消除争端中一切吹毛求疵的和偶然的东西，从而使人人明白，**谁不履行二十一个条件**，谁就不能成为第三国际成员。德国共产党人的三月发动在德国统一共产党内部造成了严重分歧。莱维被开除出党。对此，共产国际执行委员会表示赞同。第三次代表大会将要探讨因三月发动而产生的策略问题。

在第三次代表大会的议程中，尚有同德国共产主义工人党的关系问题。该党必须清楚地表明，它是否服从国际的纪律。此外，妇女运动问题、青年运动问题等等，也都列入代表大会的议程。

最后，共产国际执行委员会决定以适当的方式把苏维埃俄国的经济政策和一般形势作为一个极其重要的问题列入议程，因为苏维埃俄国是无产阶级掌握政权的第一个共和国。

我们要求所有已经加入和愿意加入共产国际的一切政党和组织，立即在报刊和会议上就第三次代表大会的议程问题展开尽可能广泛的讨

---

① 即《社会评论》杂志，由菲力浦·屠拉梯于1890年创办。——编者注

论。我们还要求这些政党和组织现在就研究选派代表出席大会的问题。共产国际执行委员会一致同意向所有政党提议：（1）出席代表大会的代表团人数尽可能多一些；（2）三分之一的代表要在党中央委员会委员中产生，其余三分之二的代表要在密切联系工人群众的重要**地方**组织的成员中产生。第二点尤为重要。在出席第三次代表大会的代表中，应**力求增加工人出身**的代表的比例，因为他们能直接反映无产阶级群众的心声。执行委员会还要求代表团中要有女工代表和共产主义青年代表。

代表大会的筹备工作（初步磋商等等）的重要性，并不亚于代表大会本身。对于第三次代表大会要作出的决定，各国工人必须通过无数次会议来反复酝酿和反复思考。时间不多了。行动起来吧！

致以共产主义的敬礼！

共产国际执行委员会主席

格·季诺维也夫

委员：列宁、托洛茨基、布哈林、拉狄克（俄国），罗斯默（法国）、奎尔奇、贝尔（英国），施泰因哈特（奥地利），库恩·贝拉、鲁德尼扬斯基、瓦尔加（匈牙利），季米特洛夫、波波夫、沙布林（保加利亚），库西宁、曼纳、拉希亚（芬兰），扬森（荷兰），瓦列茨基（波兰），斯图契卡（拉脱维亚），苏尔坦-扎德（波斯），弗里斯（挪威），伊茨涅尔（瑞士），茨哈卡雅（格鲁吉亚），沙茨金（青年国际）。

共产国际执行委员会公布被邀请出席
共产国际第三次世界代表大会
的组织名单（初步的名单）

共产国际执行委员会小执行局决定：

第三次世界代表大会至迟于 1921 年 6 月 2 日①在莫斯科召开。

被邀请出席代表大会的组织名单（初步的名单），现由执行委员会加以公布，但须指出，名单并不全。

因某种原因未列入名单的共产主义组织，也有权出席代表大会。

俄国：共产党。**德国**：统一共产党，共产主义工人党（只有发言权）。**法国**：社会党，工团革命少数派。**意大利**：共产党，工团主义者联盟，铁路工人工会，海员工会，社会党（只有发言权）。**保加利亚**：共产党。**波兰和东加里西亚**：波兰共产主义工人党，东加里西亚共产党，犹太工人总联盟（只有发言权）。**捷克斯洛伐克**：波希米亚德语区共产党，捷克社会党马克思主义左派，斯洛伐克社会党（只有发言权），加里西亚地区乌克兰居民国际社会党（只有发言权）。**英国**：统一共产党，独立工党左派。**美国**：共产党（统一共产党），世界产业工人联合会。**奥地利**：共产党。**匈牙利**：共产党。**南斯拉夫**：共产党，菲弗克尔兴自治区社会党。**乌克兰**：共产党。**芬兰**：共产党。**瑞典**：共产党。**挪威**：工人党。**西班牙**：共产党，西班牙劳动同盟。**远东共和国**：

---

①　实际召开日期为 1921 年 6 月 22 日。——译者注

共产党。**日本**：共产主义小组。**阿根廷**：共产党，共产主义工人联盟（只有发言权）。**阿塞拜疆**：共产党。**亚美尼亚**：共产党。**格鲁吉亚**：共产党。**希腊**：共产党。**比利时**：共产党。**荷兰**：共产党。**丹麦**：共产党。**瑞士**：共产党，瑞士城市工人联合会（只有发言权）。**罗马尼亚**：共产党。**拉脱维亚**：共产党。**爱沙尼亚**：共产党，独立社会民主派。**波斯**：伊朗共产党。**澳大利亚**：共产党。**加拿大**：共产主义小组。**古巴**：共产主义小组。**墨西哥**：共产党。**中美洲**：共产主义小组。**乌拉圭**：社会党。**智利**：社会党。**爪哇**：共产党。**南非**：国际社会主义联盟。**立陶宛**：共产党。**葡萄牙**：共产主义小组。**卢森堡**：共产党。**爱尔兰**：共产主义小组。**冰岛**：共产党。**土耳其**：共产党。**希瓦**：共产党。**布哈拉**：共产党（只有发言权）。**巴勒斯坦**：共产党（只有发言权）：**印度**：共产主义小组（只有发言权）。**中国**：社会主义党左派（只有发言权），共产主义小组（只有发言权）。**朝鲜**：共产党（只有发言权），社会革命党（只有发言权）。

共产国际执行委员会特邀请下列靠拢共产国际并与共产国际有利害关系的组织派代表团以来宾身份出席莫斯科共产国际第三次世界代表大会，以便沟通情况：

芬兰社会主义工人党，意大利劳动总联合会，南美洲俄罗斯工人联合会，希腊工会总联合会，荷兰全国工人书记处，丹麦工会反对派联合会，比利时左翼社会党（布鲁塞尔联盟），荷兰无政府主义共产主义者同盟。

共产国际第三次代表大会会议记录

（1921 年 6 月 22 日至 7 月 12 日）

第一次会议

（1921 年 6 月 22 日晚 7 时）

主席季诺维也夫：

我受共产国际执行委员会的委托，宣布共产国际第三次世界代表大会开幕。（鼓掌）

（乐队奏《国际歌》）

季诺维也夫致开幕词

同志们！这次代表大会和一切国际无产阶级大会一样，首先要缅怀为共产主义事业壮烈牺牲的同志。在以往的革命烈士即卡尔·李卜克内西、罗莎·卢森堡等烈士的名单中，去年又增添了不少可歌可泣的人物。我们失去了美国无产阶级的杰出领袖、敬爱的约翰·里德同志。不久以前，柏林工人安葬了被德国资产阶级刽子手杀害的卓越工人领袖西尔特同志。不久以前，以苏卜希同志（他出席过共产国际第一次代表大会）和斯皮特查同志为首的一批土耳其共产党人，也惨遭杀害。一年来，在与苏维埃俄国相毗邻的国家，我们也失去了许多同志。日前，拉脱维亚资产阶级就枪杀了一批我们的好同志，其中有积极参加我们的革命斗争的希尔夫同志和贝伦兹同志。不久以前，在立陶宛也发生了这种枪杀事件。在意大利，我们的同志在反对资本雇佣代理人的斗争中，每个星期都有人牺牲。在德国三月发动的日子里，几百名优秀的德国同志献出了生命。我们还失去了一些曾出席第二次世界代表大会的代表。大家都会记得我们三位优秀的法国同志——雷蒙·勒弗夫尔、勒内吉和韦尔扎溺死于北海的不幸事件。一批希腊共产党人——阿列克萨基斯等同志，在从俄国返回祖国的途中，也是这样不幸牺牲的。我们的芬兰同志伊万·拉希亚及其战友，也为无产阶级事业献出了生命。曾积极参加共产国际第二次代表大会的印涅萨·阿尔曼德同志与世长辞了，前不久，康·尼·萨莫伊洛娃也离开了人世。在南欧以及在南斯拉夫，狂暴的白色恐怖浪潮接连不断地夺去我们同志的生命。因此，在开会以前，我请第三次代表大会全体代表起立，为牺牲了的同志默哀。

（全体代表起立，乐队奏哀乐。）

主席季诺维也夫：

我们谨代表共产国际第三次世界代表大会向各国目前被监禁的成千上万的同志表示敬意。在德国，由于三月发动，我们有几百名同志献出了生命，有 400 人被判处 2000 年监禁或苦役——这是最近几个星期发生的事情。在德国，目前约 7000 名工人被关在狱中。我们也晓得，匈牙利共和国也有许多革命者被捕入狱，芬兰的监狱也大有人满之患。在最民主的资产阶级国家，例如美国，数以千计的共产党人被剥夺自由。在英国，我们年轻的党的许多领袖同那些向英国工人宣传共产主义的其他英国同志一起，也在遭受这种厄运。在捷克斯洛伐克，牢房里关满了工人，其中许多人是我们所熟识的，他们是为本国共产主义事业而斗争的先进战士，例如穆纳、扎波托茨基、扎托希、古拉等人。显然，他们的心是和我们连在一起的。我们坚信，一切资本主义牢狱终将被起义的人民所摧毁，我们的弟兄和国际工人阶级的优秀儿女终将获得自由，并将带领无产阶级群众去冲击资本主义。这一天已为期不远了。

在共产国际的历史中，今年是艰难的一年，是许多国家开展武装斗争的一年。在有些国家，武装斗争已发展到战役的规模。大家都记得，在共产国际第二次代表大会尚未结束时，在意大利这个当时行将爆发无产阶级革命的国家里，群众性的无产阶级运动产生出由无产者占领工厂这一新的斗争形式。意大利工人控制工厂长达两个星期之久，并着手组织红军，准备进一步扩大战果。

但是，意大利的改良主义者，即那些为了讨好我们而前来访问、为了更好地欺骗工人而想加入共产国际的人，这时竟投向资产阶级阵营，背叛了工人阶级的事业。以老牌机会主义者为首的意大利劳动同盟，在这一关键时刻也千方百计地破坏工人运动。塞拉蒂（我们去年还很信任他）领导的意大利中派分子竟然把这个伟大的无产阶级运动说成是普普通通的、和平的工会运动、工联运动和行会运动。意大利工人从沉痛的教训中认识到，许多所谓的工人领袖竟是他们进行斗争中的最大的绊脚石。

1920 年 12 月，捷克斯洛伐克无产阶级有 100 多万人采取了大规模的群众性行动，其中一部分是武装斗争。由于预先缺乏充分的组织工作，这个运动自然遭到了失败，但是，它却锻炼了捷克斯洛伐克无产阶级，使工人们及早地经受了必要的考验，并且缔造了群众性的共产党。第一次出席我们这一次代表大会的就有这个党的代表。

这一年的春天，德国无产者采取了行动，至少有几十万人积极响应，这次行动虽然遭到了失败，但它在德国革命运动史中起了相当大的作用。它锻炼了工人，使我们群众性的德国共产党吸取了有益的经验教训。它虽然失败了，但在德国无产阶级解放斗争史上却写下光辉的一页。除了这些波澜壮阔的运动外，各国无产阶级还纷纷采取小规模行动。所有这一切行动锻炼了各国年轻的共产党，使它们吸取了极其宝贵的经验教训，有助于它们认清自己的弱点和避免今后再犯类似的错误。同时，这些行动鼓舞了我们党的战斗士气并使我们认识到，不能只限于进行和平宣传，而且要做好准备，率领党坚持不懈地斗争，毫不放松地向敌对的资本主义制度发动攻击。我们的敌人正是从上述三大群众性运动中得出结论，认为共产国际在这一年里，除了失败以外，毫无所获。

当然，那些目光短浅的人，只能把意大利、捷克斯洛伐克和德国的运动看成是失败。但是我们知道，国际无产阶级的斗争只有从失败中才能走向胜利。我们知道，俄国无产阶级也是屡遭失败才取得胜利的。因此，我们确信，在意大利、捷克斯洛伐克和德国所进行的斗争，即使没有导致无产阶级的胜利，也是在聚集我们的力量的道路上向前迈进了一大步。

在我们举行共产国际第二次代表大会的时候，世界资本主义似乎是处于某个上升阶段。现在，当我们召开第三次代表大会的时候，人们普遍认为，世界资本主义已陷入持续危机之中。欧洲和美国有几百万乃至几千万失业者，还有许多工人处于半失业状态。许多国家的贫困现象日益严重。英国煤矿工人的大罢工，无疑是国际无产阶级革命史上最重要的事件之一。这次大罢工之所以了不起，就是因为罢工工人表现出坚韧不拔、英勇不屈的精神。这次大罢工之所以触目惊心，就是因为老牌工联主义领袖出于他们的本性，在关键时刻出卖了工人。但是英国煤矿工人，尽管得不到无产阶级其他阶层的有力支援，尽管敌人从四面八方把他们围困起来，但是他们一直在坚持英国工人运动史上空前未有的、持续已不止一周的大罢工。今天，在我们的代表大会开幕之际，我们获悉意大利革命运动又有新的发展：那里爆发了铁路工人和邮电职员的大罢工。意大利显然又进入了大搏斗时期。在德国，一波未平，一波又起，人们对反革命法庭上一次的判决所发出的抗议声尚未平息，目前，就在巴伐利亚又爆发了为期三天的总罢工，可见，在德国又要爆发革命的战斗。在法国，工会运动的内部正在进行一切激烈的斗争，最后，在许多重要的工会里，革命派战胜了机会主义派。

一年来，各国的党都无比地壮大起来。仅以大国为例。出席第二次代表大会的法国代表只代表少数和我们志同道合的人，即该国的共产主义宣传员和第一批共产主义小组的首倡者。而出席这次代表大会的法国代表则代表拥有 12 万党员的党，这个党已彻底打败了老的机会主义政党，并迫使其领袖投靠第二半国际。再看捷克斯洛伐克。出席第二次代表大会的捷克斯洛伐克代表只代表少数共产主义宣传员，而出席第三次代表大会的代表则代表拥有 40 多万有组织的工人（如果把捷克人中的德国同志也包含在内的话）的正式的共产党。再看英国。出席第二次代表大会的代表只代表 8 个比较大的、松散的、其中一部分还是彼此对立的集团，而这一次，则代表拥有 1 万名党员的政党，该党采取了正确的方针路线，决心自觉地以共产主义精神指导在英国兴起的群众性的无产阶级运动。

最后，看看美国的情况。我们看到，它只有一个由某些集团组成的不大的代表团出席了第二次代表大会。一年来，我们已经使新大陆的一切共产主义力量联合成为一个统一的政党，虽然它仍是一个屡遭迫害的非法政党，但它对不断发展的美国群众性的无产阶级运动却日益产生巨大的影响。

同志们！可见，在所有的国家，在各个地区，我们的党都发展壮大了。在南斯拉夫，为消灭我们党而实行的白色恐怖，尽管得到第二国际和第二半国际拥护者的支持，但并未能达到目的。

虽然如此，但我们也遭受了一些损失。在第二次代表大会上，统一的、人数众多的意大利社会党派了代表参加，而在第三次代表大会上，却只有新建立的、年轻的意大利共产党代表团，它目前和青年团一起总共约有 10 万名成员。庸人们会认为，共产国际在意大利的损失很大，遭到了严重的失败。可是，我们并不这样看。我们在意大利丧失的，只是某种幻想和某些消极因素。我们在那里失去的，只是对共产国际产生误解的一些东西。我们在那里损失的，只是这样一些集团：它们想成为共产国际的成员，但却不想承担任何严正的义务。对于共产国际来说，还是甩掉这个包袱为好。我们号召那些尚未加入共产国际的意大利工人参加到我们的队伍中来。我们满腔热情地、坚定不移地发出这个号召。我们相信，过不了多久，他们将怀着巨大的革命热情和我们站在一起。对于那些在工人占领工厂时背叛了意大利工人运动的"领袖"先生们，即对于那些一只眼盯着莫斯科，另一只眼盯着阿姆斯特丹的"领袖"先生们，我们不屑一顾，因而我们并不认为，失去这种消极因素是遭到失败。我们在意大利有了一个年轻的共产党，虽然它的人数还不多，但我们深信，未来是属于它的。它将把意大利无产阶级运动中的一切优秀的、诚实的、革命的力量聚集到自己的队伍中来，这个日子的到来已为期不远了。（鼓掌）

一年来，敌视我们的分子在国际范围内联合起来。去年，德国独立社会民主党右派代表以及一些类似集团的代表来到我们这里。他们打算钻进我们的队伍，然后像他们的师兄弟到处干的勾当那样，从内部来破坏无产阶级运动。我们没有接纳他们。现在，他们在国际范围内联合起来、团结起来，并且建立了第二半国际。我们没有理由为此而有所抱怨。所有萎靡、庸俗的机会主义分子和半机会主义分子都不愿进行严肃的斗争，他们已聚集到第二半国际这个组织中去，从而使我们摆脱了那些不坚定、不可靠的动摇分子。他们脱离共产国际，聚集在另一个组织中，走向另一极端，这只会有利于共产国际。

我们来看看第二国际的情况。在我们第二次代表大会召开之际即一年以前，或许还很难估计到第二国际当前的情况。可是现在呢？现在，它的可敬的主席托马斯的命运，就是它的当前情况的最好象征。这个第二国际的主席、阿姆斯特丹的显要人物托马斯，当煤矿工人开始罢工时，竟出卖了运动。他的背叛行为极其可耻，工人们愤慨万分，因而他不得不逃避到美国去。不久以前，我们看到报上有这样的报道：当他到达美国、离船上岸时，大洋彼岸的革命无产阶级，对这位逃跑的第二国际代表人物、可敬的阿姆斯特丹领袖举行了充满仇恨的示威。难道这一切还不能说明第二国际当前的情况吗？它已经彻底腐烂，变成了公然敌视无产阶级的组织。目前，我们要把斗争的主要矛头指向阿姆斯特丹国际，因为它已把第二国际和第二半国际联合到自己的队伍中去。我们就是要同这个敌人进行殊死的搏斗。

在这次代表大会之后，我们要在莫斯科召开第一次全世界红色工会代表大会。它将具有重大的意义，因为在这次大会上，我们将第一次把那些自觉地反对阿姆斯特丹，即想要粉碎这个资本主义最后堡垒的各国工会联合起来。共产国际第二次代表大会召开期间建立的国际红色工会理事会，一年来联合了 1500 万有组织的工人。现在，在这次代表大会上，我们要把这个组织更加巩固起来。

我们的代表大会面临着艰巨的、原则上的理论工作。必须再次从各个方面审视各国的经济和政治形势，再次估量和考验我们的策略，必须锻炼我们所有的党，以便顺利进行反对机会主义、反对动摇不定、反对渗入我们队伍的中派思想（遗憾的是，中派思想竟渗入到德国这样有工人运动传统的国家）的斗争。我们的代表大会要看到自己有力量坚决防止一切企图从内部破坏共产主义坚强团结的思潮。我们的代表大会要看到自己有足够的力量和意志，给所有打算使年轻的共产党染上旧中派思想和半中派思想毒素的人以最严厉的反击，而不管他们是谁，不管他们过去建立过什么功绩。

我们的代表大会要再次制定出更加详尽的、细节明确的路线，使它既适应于无产阶级革命比较迅速的发展情况，也适应于我们所不希望的那种旷日持久的革命步伐。

我们的代表大会要提供一个比较完善的共产国际组织结构，因为目前各党和整个共产国际都面临着一系列组织上的极其重要的问题。我们的代表大会要对一年来的工作作出总结，这一年是有许许多多宝贵的经验教训的。

根据我现在掌握的并不完全的名单，已有 43 个国家的代表出席我们的大会，预计派出代表参加大会的，将不少于 50 个国家。我们的大会是个真正规模宏伟的世界共产主义无产阶级的代表大会。我们一定能够把我们的弟兄在各国积累的宝贵经验总结出来。我们认为，我们的代表大会要讨论的最主要的问题之一，就是苏维埃共和国的国内外形势。要知道，它是目前由无产阶级掌握政权的唯一的国家，而这个国家的无产阶级为了夺取政权曾作出巨大的牺牲，经受无数的苦难。我们必须、而且我们非常乐意把我们的艰难困苦告诉给来自世界各个角落的弟兄，我们必须把真实情况告诉他们，把我们国家的长处和弱点告诉他们，使他们看到英勇的无产阶级为维护工人阶级的政权竭力进行斗争的情景。

从各国来到我们这里的同志们会清楚地认识到，在全世界无产阶级革命中，俄国革命具有十分重大的意义。大家都了解，全世界工人多么关心我国无产阶级能牢牢掌握住政权，他们多么关心国内战争结束之后，红军复员之后，我国无产阶级得以从事和平的经济建设事业。

可是，同志们！现在，在无产阶级着手工作以前，我们的代表大会已遭到全世界资产阶级的疯狂仇视。目前，所有的资产阶级舆论没有不想诽谤、诬蔑我们大会的。今天有人告诉我，几天以前，波兰资产阶级报纸幸灾乐祸地报道说，似乎到莫斯科来的只有 17 名代表。然而，大家都知道，来到这里的代表将近千人，他们代表着全世界的工人组织。诽谤我们代表大会的骗人鬼话还会大量出现。然而，我们有把握地说，和这种诽谤正相反，我们的大会将得到世界上一切有觉悟的正直的革命分子的亲切关注和支持。我们确信，既然第二次代表大会制定了共产国际章程，奠定了我们策略的基础，那么，第三次代表大会就一定能彻底完善共产国际的组织和策略。我们确信，共产国际将帮助各国兄弟党，首先是帮助英、美这样国家的党深入到群众中去，因为那里正掀起强大的工人运动，但是共产主义思想还很薄弱。我们确信，共产国际将帮助那些已得到大部分工人阶级支持的党（如捷克斯洛伐克和保加利亚的党）团结起来，以准备进行光荣的战斗。我们确信，共产国际也将帮助其他兄弟党发现它们的缺点和错误，纠正它们的方针和路线，清除他们内部的机会主义分子，使它们的队伍坚强壮大起来，以实现第二次代表大会的这一要求：在每个国家，我们都有自己的统一的世界共产党的真正支部。（鼓掌）

我对来到我们这里的所有同志表示欢迎，同时，我要对远东和近东各国的代表特别表示欢迎。（鼓掌）

同志们，在整个工人运动史上，还没有过一次代表大会像我们这次代表大会那样，有如此众多的远东和近东各国的代表。大家都会记得第二次代表大会之后在巴库举行的那次大会。从那时起，共产国际在远东和近东各国的影响日益急剧地增长起来。从这次远东和近东各国派来人数众多的代表出席我们的大会这一事实中，我们就可以明确地看出，我们的组织不仅是欧洲的组织，不仅是欧洲各国人民的国际协会，而且也是全世界工人的国际组织。从这些代表团参加我们的大会这一事实中，我们就可以明确地看出，我们面临的不仅是欧洲革命，而且是实实在在的世界革命。因此，欧洲和美国先进的无产阶级政党的代表，应当十分亲切地关注这些从远东和近东来到我们这里的代表，应当竭尽全力地支持他们，同他们结成一个统一的兄弟联盟，借以向全世界表明：我们不仅能把欧洲和美国的先进无产者联合起来，而且也能把远东和近东各国千千万万民众联合起来。我们欢迎来到我们这里的所有代表团，我们欢呼：世界革命万岁！共产国际万岁！（经久不息的掌声）

同志们！鉴于有些人的讲话得译成几种语言，所以我请那些不懂这些语言的同志在翻译过程中保持安静，不要影响别人。

我刚刚说的这句话，请拉狄克同志翻译出来。

选举主席团

主席季诺维也夫：

现在，大会选举主席团。

弗勒利希：

同志们！为了做好代表大会的筹备工作，执行委员会将从出席大会的各党代表中增选自己的委员。这个扩大的执行委员会提议把下列同志选入主席团：主席——我们的季诺维也夫同志，副主席——柯拉罗夫同志（保加利亚）、杰纳利同志（意大利）、洛里欧同志（法国）、克南同志（德国）。（大家表示同意）

主席季诺维也夫：

同志们！这个名单是经过扩大的执行委员会审议的。还有什么建议吗？有没有反对的意见？那么，我宣布上述同志被选入主席团。（暴风雨般的掌声）

弗勒利希：

同志们！我向代表大会提议，推选我们最尊敬的列宁同志和托洛茨基同志为名誉主席。（暴风雨般的、经久不息的掌声）

拉狄克：

我代表俄国代表团常务委员会提议，推选被监禁在狱中的穆纳、英

克平、布兰德勒三位同志也为大会的名誉主席。（暴风雨般的掌声）

大会发言

主席季诺维也夫：

　　现由加米涅夫同志代表俄国共产党中央委员会和莫斯科市苏维埃致贺词。

加米涅夫（俄国共产党）：

　　我代表俄国共产党向当今世界上最伟大的事件——全世界共产党人代表大会，表示祝贺。我很荣幸，因为除了代表我们党表示祝贺外，我还要代表莫斯科市的工人阶级和全体劳动者表示祝贺。我们感到自豪的是，世界革命的代表们三次聚会在我们这个古老的城市中，在这里，在无产阶级长满茧子的双手的保卫下，他们可以安心讨论和解决世界革命问题。我们感到自豪的是，这个由莫斯科苏维埃管理的城市竟成了世界无产阶级运动的口号，在反对资产阶级、反对机会主义者背叛活动的斗争中，总是高呼"拥护莫斯科"。同志们！这里曾经是一个横跨欧亚大陆的极端专制国家的首都，当时，这个国家的1.5亿受压迫的工人和农民挣扎在沙皇所领导的集团的统治之下，因此，世界共产党人代表大会在这里召开是适合历史发展要求的。苏维埃政权的胜利已经三年多了。那些信口开河的人以及那些维护资产阶级权威的人对我们提出批评，说我们没有能力全面发展共产主义制度。他们说，为共产主义奋斗的工农掌握政权已经第四个年头了，而共产主义并没有像我们所希望的那样完全实现。

　　对于这种指责，对于这种恶意的批评，我们简单地指出这一点作为回答：任何共产党，任何无产阶级，无论它们多么英勇、刚毅，都不能在三四年内，在资本主义制度的废墟上建立起没有剥削者和被剥削者的新世界。要知道，这个新世界是劳动人民世世代代梦寐以求的，而要实现它，需要工人阶级作出异常艰苦的努力。是的，我们不能使世界各地来到这里的同志看到广泛发展起来的共产主义制度。在这里，在莫斯科，在我们劳动者的共和国，他们不仅能看到旧社会的废墟，而且也能看到新的共产主义社会的幼芽已经在废墟中间出土了。我们推翻并战胜了旧政权，但是，我们还要继续进行斗争，以便在从资产阶级那里夺回的地方，建立起共产主义社会的新大厦。从世界各地来到这里的同志们正赶上我们处于紧张的斗争时期，我们面临着一系列艰巨的任务。然而，我们无意渲染我们的困难处境，好像我们本身不能解决，也承担不了当前的艰巨任务。要知道，从俄国工人阶级开始在世界上领导无产阶级管理的共和国，即实现无产阶级专政之日起，我们就已面临两项任务。第一项任务是要表明工人阶级在推翻资产阶级之后，能够在全世界反动势力进犯之下维护自己的政权。这个必须首先解决的第一项任务，我们已经解决了。（鼓掌）我们可以自豪地指出这一点。我们已向全世界、整个无产阶级以及我们不共戴天的仇敌——资产阶级表明，俄国工人阶级在掌握政权之后，三年来手执武器捍卫了自己的政权，并且取得了胜利。它迫使敌人撤退了，现在我们这里，是一个不屈不挠地从事共产主义建设的、独立自由的工农国家。同志们！在苏维埃政权之下，我们把1.35亿劳动人民团结起来了。我们扩展了劳动政权，高举起饰有镰刀与斧头的共产国际旗帜，使它从北冰洋到黑海、从波罗的海到太平洋到处飘扬。俄国工人和农民从世界资本主义手中夺回了这块阵地。

现在，我们面临着第二项任务。我们在战场上胜利之后，能不能表明我们所掌握的政权有能力改变经济关系，有能力在资本主义制度的废墟上建立起新的共产主义社会？我们在对付"十二种民族入侵"之后，是否能战胜小资产阶级本性以及人民长期养成的资本主义私有制的习性？现在，我们放下步枪，拿起大锤，重新掌握机床，扶起耕犁，我们要承担起一项新的任务：向全世界表明，尽管遭到七年战争——首先是帝国主义战争，后来是国内战争——的破坏，俄国工人阶级有能力恢复经济，它不仅能从帝国主义和资产阶级手中夺取政权，而且也能在经济上实现新的社会制度。（鼓掌）世界代表大会正好看到我们在执行这项任务。我们不受来自上面或来自下面的任何指责的约束，我们只有一个至高无上的审判员，它能对俄国共产党领导下的工人阶级过去和将来所做的一切作出裁决，而这个审判员就是共产国际的世界代表大会。（鼓掌）彼得格勒和莫斯科无产阶级为首的俄国工人和俄国全体劳动者，可以在这个审判员面前自豪地昂起头来说：四年来，我们一直战斗在整个人类的前进阵地上，我们期待着帮助，我们满怀信心地期待着帮助，我们知道全世界无产阶级在注视我们的斗争，他们在决定性时刻会举起我们支撑的那面旗帜，他们将胜利完成俄国工人阶级所开创的世界无产阶级革命。我们亲爱的客人们万岁！通过他们，我们向全世界劳动者、各国无产者、全体劳动人民，即向全世界从事这一巨大斗争的整个人类，表示敬意。世界革命万岁！（鼓掌）

主席季诺维也夫：

同志们！我们已同一些代表团商定，以后的发言只译成俄语一种语言。现由那些打算代表各代表团向我们红军和我国工人阶级致敬的同志发言。请法国代表团代表瓦扬-库蒂里耶讲话。

瓦扬-库蒂里耶（法国共产党）：

同志们！我受法国代表团的委托，代表共产国际和法国共产党向红军同志们致敬。（鼓掌）同志们！和你们当中许多人一样，和其他国家中千百万同志一样，我和千百万法国青年也曾在资本主义军队中服过役。

在漫长的岁月里，在严冬和酷夏，我们曾为那种与我们毫不相干的事业进行战斗。我们参加过多次春季攻势，每次都以为这是最后一次攻势了。复员回来以后，我们才认识清楚，在战争中失败的是我们，而资本家到处都是胜利者。

资本家们希望用武力制止他们之间的严重争执，用鲜血解决争霸全世界的纠纷，然而这却激发了那部分沉醉于民主与议会制美梦中的无产阶级对资产阶级的仇恨，提示他们必须拿起武器为自己开辟前进的道路。（鼓掌）

同志们！你们是红军战士，你们是第一批不仅能表明憎恨而且也能表明热爱的战士，你们热爱世界上一切受苦受难的弟兄，国界并没有把你们和他们隔绝开来。你们的爱已扩展到全世界，抚慰着所有遭受苦难的人。不管在哪里，在英国、德国、美国，或者在法国，工人们都知道，他们能得到你们兄弟般的关怀，你们的心和他们的心在一起跳动，他们知道，你们准备像长年岁月中进行自卫那样，像你们的法国先驱者——在1893年奋起保卫祖国的忍饥挨饿的复员战士进行自卫那样，来保卫各国的工人弟兄。（鼓掌）

红军战士同志们！现在。你们是共产国际的战士，所以共产国际本身也要向你们表示敬意，并且对你们说："你们俄国无产者——贫农和工厂工人，你们这些战场上的英雄，再一次同心同德地致力于自己的事业，你们大家所代表的那种力量是我们的信念的集中体现。"我们要告诉你们："抓紧手中的武器，要知道，现在还没有到可以放下武器的时候，我们西方无产者和东方各国人民正着手开展自己的事业，开始挖战壕，进行自我武装，而你们这些站在革命前列的战士，要在自己的岗位上提高警惕，做好射击准备，不要从眼前放过任何目标，随时瞄准你们的敌人——资本主义。这个敌人就在我们面前。"

我们在组织斗争，在准备斗争，我们很快就会来帮助你们，但是我们还必须处理许多内部事务，必须解决许多悬而未决的、使我们烦恼的问题。我们必须粉碎早在帝国主义战争之前就已在我们那里出现的和平主义。对于和平主义，我们了解得十分清楚。就是它，引导了我们机会主义者的行动。现在，我们虽然对它了解得十分清楚，但是并没有把它铲除掉。我们知道，光是口头上说要奠定和平，各国人民要友好相处，这是不够的。我们知道，这只不过是老基督徒的一种幻想罢了。和平主义向我们证明了这一点：只有像你们那样，手执武器进行斗争，我们才能达到自己的目的。（鼓掌）你们暂且不要放下手中武器，要克服你们前进道路上遇到的一切艰难险阻。你们还得经历一段不太长久的困苦时期，或许对你们这样说，有点太过分了。不过，我们要向我们的法国弟兄说："他们在那里，在俄国，处境是很艰难的。"我们不会对他们说，你们的事业开展得十分顺利。我们不会对他们说，你们已经取得了许多成就。他们是了解这一点的。我们要告诉他们："俄国同志的处境很艰难，你们要赶快行动起来，红军在期待着你们。"而在我们进行新的搏斗的日子里，在我们开展新的革命的日子里，在我们将捍卫最后一个街堡、处境万分危急的那一天，我们这些参加过罗伯斯比尔、马拉和丹东领导的第一次大革命的战士，将向你们发出呼吁，并升起红旗高呼："红军同志们，来援助我们！"我们知道，你们一定会前来援助的！

俄国红军万岁！国际红军万岁！（暴风雨般的掌声）

主席季诺维也夫：

同志们！现在由德国统一共产党代表保尔·弗勒利希同志发言。他是"斯巴达克联盟"创始人之一，我们在齐美尔瓦尔德和昆塔尔试图建立国际联合会的日子里，和他在国际舞台上第一次会面。

弗勒利希（德国统一共产党）：

同志们！德国共产党人向共产国际表示祝贺，向苏维埃俄国这个顽强抗击敌人已经四年的革命堡垒表示敬意，并向红军这把重型的革命利剑致敬。

同志们！我们来自一个曾经站在工人运动前列的国家，在那里，社会主义经历过一次最严重的失败，在那里，第二国际的旗帜遭到极大的凌辱。我们来自一个老社会民主党和许多社会党人靠牺牲无产阶级利益发迹的国家，他们成了杀害无产阶级的凶恶刽子手。同志们！现在为了战胜敌人，德国无产阶级必须认真考虑采取强有力的行动。在我国目前的局势中，世界市场的每一次震动，即国际上的每一次经济冲突，都会产生国内的政治危机，在那里，可怕的国内战争已经持续了好几年，工人阶级在战争中遭受了重大的牺牲。

我们对这次共产国际代表大会抱有什么期望呢？我们期望它不要放弃第二次代表大会所通过的路线。现在已经可以证实，这条路线对于德国革命的发展具有重大的意义。第二次代表大会把该国工人阶级中有觉悟的真正革命分子同那些卑鄙的、胆怯的领导者区别开来，因为后者没有勇气肩负起在每次革命斗争中自己应当承担的重大责任。我们统一共产党半年来的全部活动证明了第二次代表大会的理论是正确的。实际情况表明，我们能够把我们工人阶级中准备进行艰苦斗争的一切人团结起来，使他们显示出自己是德国革命和国际革命的先锋队。实际情况也表明，把那些至今仍然操纵独立社会民主党的领袖们赶下台，是至关重要的。他们由于疏远革命分子，逐渐深深地陷入了机会主义的泥潭，于是，这个所谓当前唯一真正革命的政党及其所能依靠的工会，就变成了实行血腥统治的德国政府的一个主要支柱，变成了整个资本主义制度的支柱。这个党竟公开宣称："不错，我们竭尽全力地支持了德国资本主义和现存的政府，而且，即使它们还要把成千上万的无产者关到感化院和监狱里，我们也要继续支持它们。"

同志们！这个党的政策并没有取得预期的结果。我们看到，在德国，工会首先发生了分裂。目前，在这个国家里，工会日益显示出革命精神。这是必然产生的情况，因为工会官僚的叛卖活动层出不穷。工会官僚为了支持资本主义制度，不得不加紧压制和不断出卖工人阶级，这就必然会激发工人的阶级自觉性和促进无产阶级的革命精神。我们那里出现的经济形势，促使我们投入到波澜壮阔的斗争中去。德国工人将逐渐认清必须跟随共产党走，这也足以证明德国共产党人具有战斗精神和斗争意志。资产阶级意识到它面临的处境。它害怕无产阶级，所以打算以白色恐怖的手段来进行恫吓，最近一年里，又有成千上万的人遭到杀害。资产阶级建立了特别法庭，在两个月期间就极其草率地作出一系列骇人听闻的判决。在定罪的人中，被判进感化院的有400人，他们总计被监禁的期限是1500年，被判坐牢的有600万人，总计被监禁的期限是800年，8人被判处无期徒刑，4人被判处死刑。刽子手们还想出新的方法来对付无产阶级受难者。我们的同志如越狱逃走，他们当场即予枪杀，他们还订出一整套进行此类杀害的专门规定。他们认为，用这种办法可使德国无产阶级萎靡不振、丧失斗志，这简直是大错特错了。德国工人阶级从来是不怕牺牲的，它不顾种种诽谤和敌人的责难，不怕遭受惨重的牺牲，将继续进行斗争。只要没有取得胜利，它就将战斗下去。（暴风雨般的掌声）

俄国同志们！你们曾号召给予我们德国革命者以援助。我们知道你们的艰苦处境，我们知道你们为无产阶级作出了无数重大的牺牲。我们也知道你们是多么艰难地通过自己的斗争确定了一条具有先进立场的路线。苏维埃俄国同志们！你们要相信，我们一定竭尽全力地、不屈不挠地干革命，我们一定和整个国际紧密团结起来，不断前进，力求和你们站在同一立场上，继续为世界革命的彻底胜利而斗争。（掌声）

主席季诺维也夫：

同志们，我已经说过，一个强大的无产阶级政党——捷克斯洛伐克共产党初次派来代表参加我们的大会。现请它的代表布里安同志讲话。

布里安（捷克斯洛伐克共产党）：

我向俄国革命工人和第三国际致敬，并代表捷克的共产主义工人对他们给予的援助表示谢意。两个伟大的历史性事件——俄国的社会革命和共产国际的建立，在为我们开创美好的远景。两年半以前，捷克斯洛伐克工人还处于社会爱国主义者的领导之下，因而帮助捷克斯洛伐克资产阶级建立了资本主义国家。俄国革命唤醒了捷克斯洛伐克的大多数工人，使他们有了新的精神面貌。目前，我国工人阶级成了俄国革命的真诚朋友。我们还没有进行过德国共产党人和俄国共产党人所遇到的那种激烈的战斗，但捷克斯洛伐克工人的十二月战斗，却是一场反对资本主义的大规模的革命斗争。它是我国工人群众经历的首次战斗洗礼。我们可以指出，我们取得的最大成果就是在精神上争取到捷克斯洛伐克工人阶级。目前，大多数捷克斯洛伐克工人倾向共产主义立场。我们是一个大党，在人数上仅次于俄国党和德国党。我们为已经取得的成就而自豪，我们将在这个基础上继续前进。我们要加强共产主义的宣传活动。我们将在捷克斯洛伐克工人的一切战斗中推行共产主义口号。我们对自己的力量充满信心，我们的斗志日益增强。我们不仅要进行斗争，而且还要取得胜利。当决战的日子到来的时候（即使是像有些目光短浅的同志所认为的那样，不会很快到来），我们将取得胜利，我们将面对我国资本家提出俄国革命的那种战斗口号：全部政权归捷克斯洛伐克共产主义的革命工人阶级！（暴风雨般的掌声）

主席季诺维也夫：

我认为，布里安同志的讲话不需要翻译了。绝大多数同志已理解我们这位捷克斯洛伐克同志讲话的性质和内容。由于意大利共产党在它反对叛徒的正义斗争中特别需要而且理应得到共产国际的兄弟般的支持，所以现在由意大利共产党的代表杰纳利同志发言。

杰纳利（意大利共产党）：

我代表意大利共产党向共产国际第三次世界代表大会致敬。记得在第二次代表大会上，意大利社会党包揽了全部意大利代表名额。出席二大的塞拉蒂之流，现已背叛了共产主义革命事业，脱离了第三国际。

但是，意大利的代表席位并没有空着。现在占有这个席位的是决心全力引导意大利无产阶级继续进行斗争的年轻的共产党。第三国际应当严厉地谴责那些变节者，帮助意大利共产党揭去那些欺骗部分无产者的假面具。第三国际这一有力的行动，必须促使整个意大利无产阶级重新回到共产党的立场上来。

因此，我认为，我不仅可以代表意大利共产党人，而且也可以代表整个意大利无产阶级向大家致敬。第三国际万岁！

主席季诺维也夫：

我们大家都非常高兴地看到，我们的法国同志在工会运动中取得了成就。法国工会运动的卓越工作者之一托马西同志曾经和他的同志们一起为我们党争取到塞纳省的工会。现请托马西同志讲话。

托马西（法国工会运动）：

同志们！前面几位发言人是代表受过斗争考验的组织向大家讲话的。可是，我们法国工团主义者的处境就不同了。我们的运动已有很长的历史，最近几年来，对于我国整个工人阶级来说，出现了十分悲惨的局面。所以，我们只是来向大家表示敬意。

最近期间，我们法国工团主义者不仅在齐心协力地反对我国的社会爱国主义者，而且也在反对世界各地的叛徒纠集起来的国际。阿姆斯特丹国际招致普遍的仇视。它的所作所为，像童话中狠心的继母"疼爱"自己的孩子那样，为使孩子们不受任何委曲，竟一次又一次让孩子们受贪婪的资本家的宰割，驱使孩子们背弃切身利益而为资本家卖命。我们必须扼杀我们的民族主义者—工团主义者，必须使形形色色的茹奥分子让出他们长期占据的位置。他们对我们工人说："你们仍然只是单纯地从经济方面来考虑问题。你们的文化水平太低。你们没有机会受高等教育，没有从事政治活动所必需的知识，让那些有学识的人去关心你们吧！你们要相信，只要我们构成了多数，按职业原则组织起来，那就万事大吉了。我们只要一招手，资产阶级就会让步的。"但事实证明，这种说法是十分荒谬的，对争取权利、正义和自由毫无益处的50多个月的战争，已向我们证明了这一点，因为战争总是使我们遭到蹂躏，而这是世界资产阶级所需要的。我们清楚地知道，除了采取武装斗争，工人群众没有其他求得解放的道路，因此，我们要掐紧敌人的喉咙，把他们从地球上消灭掉。

资产阶级为了消灭我们而组织起来。我们的西班牙同志，如果没有看到枪口指向他们，是不会走上街头的。我们的意大利同志，在最近的波澜壮阔的运动之后，才被迫撤退，等待有利时机的到来。我们的德国同志，3月间向我们发出了我们所指望他们采取的那种行动的信号。俄国同志们，你们已经一砖一瓦地建立起这座大厦。我们不能再像战争期间那样受骗了，不能再让资产阶级给工人灌输种种谬论了，他们老早就要我们接受民主的口号，老早就要我们认为已经取得了革命胜利。百年来，我们一直处于奴隶地位，他们对我们说，似乎这种处境已经结束，民主统治时代已经来临，而我们则认为斗争只不过刚刚开始。

我们要提出反对资产阶级的一切必要论据。为了未来的革命，我们要把革命分子聚集在莫斯科国际的周围。我们将告别童话中的那位老继母，她已经奄奄一息了。我们一定要千方百计地铲除她，使她不能同我们的敌人勾结在一起。我们所实行的政策，就是要使工团主义领袖们感到自己的地位不稳，因而急剧地向右滑下去。明天，他们将求助于自己过去的敌人，而这个敌人却与我们有不共戴天之仇。他们将同敌人结成神圣同盟来反对革命的工团主义者。我们一定要团结在莫斯科的周围，维护你们在四年苦难之后高举的旗帜。莫斯科和整个俄国的同志们！我们和你们一起为一个伟大的事业——革命事业而奋斗。（鼓掌）

主席季诺维也夫：

现由英国共产党代表、南威尔士矿工联合会的矿工赫利特同志讲话。他是不久前从轰轰烈烈的煤矿工人大罢工的战场上来到这里的。

赫利特（英国共产党）：

同志们！我代表英国共产党向第三国际表示敬意，同时我本人也要对你们，特别是对俄国煤矿工人表示谢意，因为在英国煤矿工人罢工期间，我们的同志得到了大家的支援。

也许，目前在英国公开举行革命起义的可能性很小，而且遵循欧洲各国革命政党所走的那条生气勃勃的革命道路的可能性也很小，但是，尽管如此，我这个英国共产党党员，还是由于我党的种种活动而感到自豪。我向出席这次大会的共产党员同志们保证，我们一定竭尽全力地迫使这个最疯狂、最具帝国主义本性的资本家阶级就范。我认为（任何人也都会赞同我的这种看法），世界上没有任何一个集团比英帝国主义者集团在权势上更为强大的了。

战争本应导致帝国主义灭亡，但是在英国，却反而促进了帝国主义的空前发展。战争所造成的矛盾现在更加激化，尽管我们觉得有信心（实际上我们也确有信心），俄国帝国主义所遭到的覆灭命运迟早也会落到英国帝国主义头上，但是当前却仍然存在着危险，因为英国帝国主义在不断聚集和联合自己的力量，这不仅威胁世界和平，而且也在破坏世界和平。

我非常不愿意向俄国同志们谈论这一切，因为很遗憾，我是来自那个由于帝国主义反动势力猖獗而闻名于世的国家。我们怀着羞愧的心情想起丘吉尔、巴尔福和劳合-乔治的政策，以及他们对于世界最伟大的革命——俄国十月革命所起的那种作用。只有一点，颇使人们感到欣慰，这就是：虽然从1917年开始，伦敦就已指令对俄国革命采取一切敌视行动，但是，俄国革命还是获得了十分伟大的荣誉，这恐怕难以使英国帝国主义高兴吧！此外，英国帝国主义者曾供应给俄国士兵被服（红军房获了英国供给白匪军整师的被服），这也使英国共产党人感到欣慰。

最近三年是英国帝国主义者竭力设法扼杀年轻的苏维埃共和国的时期。虽然我已经说过，我们不能像你们在1917年那样立即开始举行起义，但我可以使你们确信，英国共产党在阻止政府干预英法帝国主义所唆使的俄波战争方面，已起到巨大的作用，仅这一点也就足以证明我们的活动是有成效的。

我打算多谈一些目前在英国进行的斗争情况，少谈一些一般的情况。至于一般的情况，已经谈得够多了。

1914年，英国工人受到谎言的欺骗，让他们穿上军装去为民主而战。军国主义者要他们相信，战争结束以后，生活就会安定下来，并有所改善。现在，有觉悟的工人都明白了，当初资产阶级对他们所说的一切都是丧尽天良的一派胡言。他们所看到的是什么呢？资产阶级给他们建立了怎样的安定生活呢？我来向大家谈一谈。

今年3月31日，在英国工人阶级斗争史中揭开一个伟大的篇章。我们本来已经遭受不少意想不到的折磨，而英国资产阶级竟解雇了125万工人，把他们扔到街头上去，这使我们再次遭受沉重的打击。英国资产阶级向全国宣布，它保证实行国有化（它向工人提出的保证太多了），但为了恢复资本主义，它必须缩减工资开支。我要向同志们指出，在我们英国的4000万人口中，有260万煤矿工人，矿主则不到9000人。也许，有些同志对这些数字会感兴趣。煤矿国有化委员会的工作证明，从1913年到1918年这五年期间，英国煤矿资本家的收益不下2.6亿英磅。从这里就可以看出，英国工人要和多么强大的对手作斗争，他们多么需要其他国家工人的支援。

如果欧洲以及全世界的工人不团结起来，不同英国工人紧密地联合起来，那么，英国帝国主义必将恢复自己的力量，并将比过去任何时候更为稳固。这是无可怀疑的。你们如果想认清这个问题的重要性，就要考虑到这一点：英国是个岛国，殖民问题对于它比对于世界上其他任何国家，都更具有重大的意义。

英国帝国主义已渗透到地球的各个角落，渗透到印度、埃及、爱尔兰、非洲等地，它们都成了英国的殖民地。因此，只有认清英国和它们之间的相互国际关系，我们才能理解英国的共产主义运动。如果没有殖民地的配合，英国这个岛国的革命就不能实现，这和大不列颠帝国没有殖民地就不能生存是一样的。如果没有外界的支援，英国共产党人就不能发动革命。因此，英国代表团十分希望大家能注意到这一实际情况，特别是要结合当前的世界斗争形势来考虑问题。我希望大家特别关心各国共产党人之间的团结合作，使他们建立起更加密切的联系。

我想简单地谈谈英国共产党的活动。我们党存在整整12个月了。在这段期间，我们许多同志遭到逮捕，有些人至今还在狱中服刑，他们被判6个月甚至更长期间的监禁。不错，如果联想到其他国家的实际情况和俄国革命前所遭受的重重苦难，这就不算什么了。但是，如果考虑到我们党存在的时间不长，并已取得一些成就，那我们还是可以由于党的活动而多少有些自豪感。在英国，许多人常说英国议会制有千年的历史，是一个伟大的传统。诚然，这个传统是一种十分强大的力量，而共产党则必须摧毁它。这个问题很快就会得到解决的。

我想就背叛行为问题说几句话。在共产党的队伍中，曾有几个一直被认为是优秀人物的党员。由于他们有过一些工作成绩，党把他们安置在重要的领导岗位上。他们曾在一系列伟大的斗争中进行工作。他们当中有些人去年到俄国来过，但后来，他们背叛了我们；威廉斯、托马斯、麦克唐纳等人抛弃了煤矿工人，使他们陷入险恶的困境。最近的消息说，矿工们仍在进行斗争，并将继续斗争下去。此外，同志们！我很高兴听到这一消息，即托马斯到达美国时，我们的美国同志对他采取了极为鄙视的态度。所有这些孟什维克和社会爱国主义者，即所有背叛了工人运动的人，都应当从有觉悟的工人队伍中清除出去。

最后，同志们！我代表英国共产党和坚决走上世界革命道路的革命群众向你们提出保证：只要斗争还没有取得最后胜利，只要全世界的无产阶级革命还没有取得胜利，英国共产党人将继续斗争下去，决不放下武器。俄国革命万岁！世界共产党和世界无产阶级万岁！

主席季诺维也夫：

同志们！保加利亚共产党，就其革命传统、发展历史和精神实质来说，非常近似俄国共产党。现在由保加利亚共产党的优秀领导者之一柯拉罗夫同志讲话。

柯拉罗夫（保加利亚共产党）：

在整个资本主义世界中充满白色恐怖。不只是在匈牙利、芬兰和巴伐利亚，那里在无产阶级专政胜利之后不久，就遭到了挫败，因而工人群众受到凶恶的大地主和资本家的血腥报复。

不只是在巴尔干各国，那里的统治阶级一贯采取专制和残暴的统治手段，劳动群众被剥夺了一切法律保障，而共产党和共产党人则遭到野蛮的追查和迫害。而且在那些具有高度"文明"和"民主"的国家，即在意大利、德国、法国、英国和美国这样一些所谓"文明"的国家，占统治地位的资产阶级也都肆无忌惮地践踏自己制定的法律，毫无顾忌地迫害革命运动，以便在运动处于萌芽阶段就将它扑灭。

以往有过一个时期，资产阶级是个革命阶级。它制定了人权及公民权利宣言，带头进行了反对专制暴政和无权地位的斗争。它的政治活动家和哲学家论证了政治民主的学说，确定要永远实行政治上的自由和保证全人类的进步。

但是，当资产阶级摧毁专制暴政、取得政权的时候，政治民主就成了它的剥削权力和政治统治的最好方式。虽然如此，资产阶级在其统治遭到危险的时刻，从来就没有考虑过按自己的法律行事，而是野蛮地镇压那些反对自己政权的人。

无产阶级清楚地记得巴黎公社所遭到的血腥镇压。

目前，整个资本主义世界正经历着无法克服的严重危机。

在资产阶级胚胎中就已萌芽的强大革命力量，正在不断形成、组织和壮大起来，在这种革命力量的冲击之下，资本主义制度的基础日益动摇。

资产阶级惊恐万状，它在迅速成长起来的共产主义巨人面前充满垂死的恐怖，因而丧失了理智，疯狂暴躁起来，并亲手破坏了自己长期以来维护的法律秩序。

今天，各国资产阶级和梯也尔一样大喊大叫："法治会害死我们"，因而它践踏了自己的全部法律，迅速地把反革命力量组织起来。

在英国这个典型的法治国家，资产阶级对爱尔兰人民实行野蛮的大屠杀，对举行罢工的贫苦无产阶级群众施行残暴的血腥镇压，对从事革命活动的共产党人进行残酷的迫害，把他们投入监狱。

在法国这个政治自由策源地的国家，占统治地位的银行家匪帮，一面高唱旧的革命歌曲，一面攻击工人的示威游行队伍，杀害提出抗议的无产者，他们一面打着自由、平等和博爱的招牌，一面严禁共产党的活动，闯进党和工会的俱乐部和工作机构，以暴力手段竭力阻止不断发展的共产主义运动。100多年以前，反对暴政的法国老战士曾向全世界宣告自己的政治自由主张，决定永不采用暴力手段，而他们的继承人，今天却在蹂躏千百万无产者和农民，帮助各国最反动的黑帮势力。

在美国这个"民主"国家，金元实行单一的、强有力的独裁统治。自发性的工人起义遭到血腥的镇压。每次革命运动和每个革命组织都受到残酷的迫害，成千上万的共产党人和工人在监狱中受折磨。

在德国这个充斥社会爱国主义思想的国家，资本主义的凶恶走狗不断对贫苦工人群众进行挑衅，暗中迫害工人领袖，把他们监禁起来，对"企图越狱者"格杀勿论，设立特别法庭，并容许在全国各地建立法西斯组织，实行白色恐怖。

在意大利，法西斯分子横行霸道，他们以维护政权和保护资本为借口，烧毁工人俱乐部和共产党报纸的印刷所，杀害工人阶级活动家，并在城乡没有组织起来的贫苦群众中散布恐怖气氛。

在巴尔干各国，占统治地位的资产阶级公开宣布共产党和其他革命组织是非法的，强迫解散它们，封闭工人俱乐部，迫使共产党报纸停刊，而对共产主义活动家则予以迫害、摧残和卑鄙的杀害。在这些国家以及在意大利，资本主义专政具有最蛮横无耻的野蛮形式。在那里，甚至连人身安全都毫无保障，统治阶级竟公开宣扬并进行最野蛮的国内战争。

于是，在残酷的、血腥的阶级斗争中，民主幻想破灭了，一切改革计划和逐步和平复兴资本主义社会的主张也消失了。

资本主义社会在垂死挣扎中，各国社会主义叛徒则急忙设法拯救。但是，他们无力制止革命运动的发展，他们只不过是资产阶级所掌握的反对工人群众争取解放的工具，他们双手沾满了工人群众的鲜血。

现在，统治阶级和劳动群众之间的鸿沟更深了。因此，他们之间的斗争更加残酷了。

资本主义迅速地把自己的全部力量动员起来，使全世界陷于白色恐怖之中。

革命力量也同样急忙动员和组织起来。世界各国劳动群众迅速地站到共产党和共产国际的战斗旗帜之下。

冲突是不可避免的。只有采取暴力手段推翻统治阶级和建立无产阶级专政，劳动人类才能从白色恐怖的灾难中解脱出来，才能保证自己有自由和正常的发展。

当前，无产阶级革命是历史进步的唯一要素。

世界革命万岁！

无产阶级专政万岁！

主席季诺维也夫：

鉴于当前远东所发生的种种事件，日本代表团的发言具有特别重要的意义。现由竹口同志代表日本代表团讲话。

竹口（日本共产党）：

我代表日本共产主义组织向各国代表同志们说几句话。

很遗憾，我不得不克服许多困难才得以出席世界各国的无产阶级国际——第三国际的第三次代表大会。

同志们！我想向大家简短地谈谈日本的情况。目前，我国工人组织和工人群众的处境非常恶劣。但是，我们的同志还是把一些有阶级觉悟的工人组织起来了。目前，在日本有极其有利的宣传条件。最近几个月以来，日本共产党为开展宣传鼓动工作奠定了牢固的基础，但是日本帝国主义和各资产阶级政党却对俄国这个世界上第一个苏维埃共和国采取极其敌对的态度。日本帝国主义势力不只是扩展到西伯利亚，而且还渗透到中亚地区。我们日本共产党人曾竭力抗议资本主义各国进犯劳动人民的西伯利亚。今后，我们将继续反对日本资本家的这类行动，并全力予以抵抗。我们日本共产党人凭借自己的力量不能取得很大成就，但我们并不隐瞒自己的立场，我相信日本帝国主义政府很快就得重视我们的愤慨和抗议，尤其是当它认识到我们有国际共产主义力量作后盾的时候。

在结束我的讲话的时候，我要向俄国表示谢意。

苏维埃共和国万岁！苏维埃政府万岁！共产国际万岁！（鼓掌）

主席季诺维也夫：

现由黑克尔特同志向大家发个通知。

黑克尔特：

资格审查委员会请各代表团于明天上午 11 时前各派代表一人，将有代表证书的同志名单交来。

明天下午 6 时召开代表大会第一次全体会议。到现在为止，并非所有代表证书都已交到资格审查委员会。在某些国家的代表团中，有些代表资格还须加以审查。为了在明天下午 5 时前能确定所有代表的代表资格，各代表团必须在上午 11 时前选派出代表向代表资格审查委员会说明有争议的问题，并在上午 11 时前将代表证书交到代表资格审查委员会。上午 11 时前没有确定代表资格的同志，不能参加第一次全体会议。

主席季诺维也夫：

现宣布第三国际第三次代表大会第一次会议结束。

（会议于晚 10 时半休会）

第二次会议

（1921 年 6 月 23 日晚 7 时 50 分）

选举大会秘书处

主席季诺维也夫：

世界代表大会第二次会议现在开始。我们要选出代表组成秘书处。执行委员会已征得一些代表团的同意，决定每 15 个政党推选一名秘书。现在宣读名单，提请大会批准。

库恩同志宣读名单如下：英国——斯迈司；波兰——卡莫茨基，芬兰——西罗拉；南斯拉夫——米尔基奇；捷克斯洛伐克——汉德利耶尔；奥地利——科里乔纳；匈牙利——海杜尔，乌克兰——曼努伊尔斯基；美国——马歇尔；拉脱维亚——斯图契卡；斯堪的纳维亚——弗里斯；远东——舒米亚茨基；近东——苏尔坦-扎德；妇女代表——尼古拉耶娃；青年代表——明岑贝格。

主席季诺雄也夫：

对名单如无异议，就进行表决。请坐在俄国同志旁边的懂德语的同志，尽可能给俄国同志译成俄语。现在开始表决。有反对这个名单的吗？有不同意见吗？宣布名单通过。请同志们协商，每次会议指派三名同志做秘书工作。

表决并通过大会议程

同志们！执行委员会确定的大会议程已经公布。现在，主席团提请大会不经讨论就表决通过。有不同意见吗？（喊声："抓紧时间进行吧！"）好，这个意见我们提请大家都要考虑。主席团自己也要考虑。那么，现在的提案是，议程不经讨论就表决通过。没有不同的意见。

托马西：

在第三国际执行委员会的最近一次会议上，我代表法国工团主义者代表团提出议案，请大会首先审议我们最关心的问题，即工团主义和共产主义的关系问题。现在，我请求大会考虑这项提案。这项提案很重要，特别是对法国代表，因为他们至迟在 7 月 10 日以前要离开这里，赶往里尔参加代表大会。

主席季诺维也夫：

这个问题，我要说明一下，现在我们要确定的是，究竟要审议哪些问题，而不是审议问题的先后顺序。法国代表团的要求，我们认为是合情合理的，我们将力求尽先讨论工会问题。按照议程，在审议策略问题之后，就要审议工会问题。因此，按原定议程审议这个问题也不算晚。好了，现在由代表大会就大会议程进行表决。有反对意见吗？没有。宣布通过。最后，要确定会议的程序和进程。我们在以三种文字出版的《莫斯科报》上，向代表们介绍了会议的大致程序和进程，希望大会不经讨论就表决通过。我赞成。不赞成的请举手。宣布通过。

现在进入正式议程。执行委员会认为，应当首先讨论《世界经济危机与共产国际的新任务》问题。由托洛茨基同志作报告。

托洛茨基关于《世界经济危机与共产
国际的新任务》的报告

同志们！在共产国际第一次和第二次代表大会上，我们在宣言和文告中阐述了世界形势，但是并没有就此进行深入的讨论。当时，只是概略地指出了战争引起的新形势，使工人阶级对形势有一个明确的了解。现在，这个问题就复杂得多了。战争结束已经将近三年。在此期间，经济上和政治上都发生了深刻的变化。目前，资本仍然统治着全世界，因而我们必须思考这样一个问题：我们提出的世界革命方针，整个来说，是否依然完全正确。力量对比发生了变化，这已是无可否认的事实。问题就在于，这种变化是确有深刻的根源还是仅仅是表面现象。若以资产阶级在 1919 年——这是战后资产阶级凄风苦雨的一年——的普遍心情而论，把当时各个阶级、政党和政府的心理状态与现在比较，那我们必须承认，今天，资产阶级认为自己仍然强大，至少是，目前它觉得自己比 1919 年时稳固得多。我搜集了最有影响的报纸和其他刊物就世界共产主义危险和革命危险所发表的见解，现在我来引用几处，我们从中可以受到启发。

《新苏黎世报》是瑞士资产阶级保守派相当稳健的机关报，它密切注视并细心洞察德国、法国、意大利三国的政治发展情况。该报在 3 月 26 日出版的那一期上，对德国三月发动发表了如下评论：

> "1921 年的德国与 1918 年的德国不可同日而语。人们的国家观念已人为增强，共产主义的那一套几乎普遍遭到居民阶层的反对，尽管共产主义者的人数有了很大增长。而在革命时期，这群坚定果敢的人不过是一小撮。"

4月28日，正当两个阵营都在准备迎接五一节时，《时报》[1] 写道：

"回顾一年来的历程，我们深感欣慰。去年的"五一"是为举行总罢工奠定基础，而总罢工是开展革命的第一阶段。如今，人人都对国家必能消除一切严重的战争后果充满信心。"

今年4月，还是那一家《新苏黎世报》就意大利局势发表评论说：

"在1919年，资产阶级政党衰败不堪，涣散无力，束手无策，在纪律严明的赤色分子齐心协力的冲击下，节节败退。

在1921年，资产阶级却抱成团，满怀胜利的信心对付布尔什维克，而布尔什维克则毫无斗志，不敢轻举妄动。这都多亏法西斯分子。"

我再引用我们的兄弟党——波兰共产党决议中的一段话，这完全是另一种性质的例子。

如果我没有记错，今年4月波兰共产党举行了代表会议，会上作出参加议会选举的决定。作出这项决定，其根据概括地说是：

"到1919年冬季，资产阶级已经使国家机构走上轨道，因而在斗争中占了上风；波兰社会党为虎作伥，使工人苏维埃被政府摧垮。在这种情况下，我党就必须利用选举竞争和议会讲坛。"

当然，这并不能说，波兰共产党打算改变自己的原则立场。它只不过是对当前形势的估计不同于1919年时的估计罢了。

社会民主党同国家的关系，同资产阶级政党的关系，客观上相应地改变了。社会民主党人普遍从政府中被排挤出去。只有在德国，在有外

---

[1] 《时报》（Le Temps），1861—1942年在巴黎出版，法国资产阶级的报纸，实际上是法国外交部的官方机关报。——编者注

部压力的情况下，他们才得以暂时重新参加政府。也是在上述新形势的直接或间接影响下，德国独立社会民主党过高地估计了新形势的作用，因而彻底地向右转了。一年或一年半以前，德国独立社会民主党人和各国社会民主党人彼此观点完全对立，如今，在阿姆斯特丹的推动下，他们之间的差距已大为缩小。老的社会民主党的反对派已同第二国际和第二半国际站到同一立场上了，而这两个国际对既成的事实却处之泰然。三方力量的结合有力地证明：1919 年和 1920 年在德国独立社会民主党人中间也存在过的反政府倾向已经荡然无存。

战后三年，是历史上空前未有的群众运动蓬勃开展的三年。俄国这个在世界大战中深受灾难的国家发动了 1917 年三月革命，率先卷入了革命洪流。

在英国，早在 1917 年就爆发了经济大罢工。同年年底，俄国无产阶级夺取了政权。不瞒大家说，那时，我们认为在中欧和西欧各国夺取政权要比在俄国夺取政权容易得多。其实不然。这也与当时的整个世界形势有关。

在若干中立国家，1918 年爆发了工人大罢工，同年年底，因战争失败，在德国和奥匈帝国爆发了革命。无产阶级轰轰烈烈的经济运动虽然明显缺乏组织性，但其规模却愈来愈宏大。1919 年，在德国爆发了一月流血斗争和三月流血斗争，同年年底，在美国爆发煤矿工人大罢工和铁路工人大罢工。资产阶级疯狂反扑，镇压工人组织，逮捕工人，等等。1920 年，德国经历了卡普暴乱事件，随后工人开展了武装斗争，采取了对"民主"的报复行动。在法国，5 月 1 日成了法国工人阶级的紧要关头，铁路工人和工人阶级其他阶层举行了总罢工。

在俄国，红军要进军华沙，但进军与否，还要等，还要看，就是说，要依国际局势的发展情况而定。这次进军并不成功，就像 1920 年意大利轰轰烈烈的九月行动也不成功一样，因为，虽然意大利工人占领了所有工厂，但是党却没能担负起自己的职责。九月行动使资产阶级从颓废状态中振奋起来，而党对九月行动的态度更促使资产阶级转而采取攻势。屠拉梯先生说，九月行动所以不成功，是因为意大利工人还不成熟，他们虽然占领了工厂，却不善于管理生产。其实，他的话并没有说错，因为意大利工人一直没有把屠拉梯和塞拉蒂分子从自己队伍中清除出去。1920 年 12 月，捷克斯洛伐克爆发总罢工。1921 年，德国的三月战斗、英国的煤矿工人大罢工和挪威的全国总罢工，是伟大斗争中的三个轰轰烈烈的事件，但其结果并没有动摇资产阶级的统治地位（这是绝不可忽视的）。于是，第二半国际理论家奥托·鲍威尔先生就说，这个结果表明第三国际破产了，因为我们一直认为，在战争末期或在战后很快就会爆发世界革命。他说，现在看出，这种预言或者说这种希望是极其荒谬的、不切实际的。然而，我们并没有和第二国际打赌，说我们在战争结束时一定能把革命胜利地进行到底。因此，我们也不认为自己赌输了，也就是说，我们不认为应当把无产阶级的领导权拱手让给第二半国际。这并不是一种像天文现象那样可以预见、可以预报的、与人的意志毫不相干的纯客观的情况，而是要由人去实现的夺取政权的问题。

夺取政权是我们孜孜以求的目标，即使我们在一定期限内没能达到自己的目标，那也并不表明第三国际就破产了。

现在，我们就来研究世界经济与政治形势，审慎地修订我们的基本革命方针。在战时，甚至在战前，我们就在第二国际斯图加特代表大会上把国际革命与战争联系在一起了。理由何在？其理由就是，虽然当时只是预见到要爆发战争，但战争毕竟是打破整个社会经济制度平衡的一种现象。试问，这是否出乎我们的意料？既然合乎意料，那么，战后三年来，资产阶级——统治阶级和资本——把被打破了的经济平衡恢复过来了没有？

同志们！目前认清经济形势，谈何容易。统计总是赶不上形势的变化。在资本主义社会，由于经济的无政府状态，经济统计历来是不准确的，这是永远也改变不了的。再者，战争不仅使经济而且使整个国家机器，其中包括统计，脱离常轨。以下我要列举许多数字，这些数字是很靠不住的，这一点我每次都要强调。这些数字尽管不可靠，但仍有助于我们对经济形势有一个大概的了解。

近几年来，我们总是同数十亿、数百亿、数千亿这样的数字打交道，但是从国家经济或世界经济的角度来看这意味着什么，我们却不十分清楚。先从最平常、最简单的事实即世界的物质生产谈起。首先谈农业。把1920年的粮食产量同战前五年的平均产量相比，产量只减少了将近2000万公担。

如果撇开美国不谈，情况则完全不同。欧洲各交战国的粮食产量比战前减少37%，各中立国的粮食产量保持在原来的水平上，而大洋彼岸各国的粮食产量则增加了21%。俄国不包括在这个统计以内。战前，俄国供应世界市场的谷物，平均每年约1亿公担。今年，世界市场短缺1.2亿公担粮食。目前，美国农场还存有大量因价格低而不肯出售的谷物。

畜牧业的情况也大致如此。世界畜牧业几乎仍保持在战前的水平上。欧洲各交战国的畜牧业大为衰退，各中立国仍处于战前的水平，而大洋彼岸各国则有了很大的发展。现在，世界肉类主要市场——芝加哥市场的肉价，竟低于战前。尽管经历了战争，但各国人口还是比战前增加了8000万，而市场上的粮食却减少了1.2亿公担。实际上，肉制品和粮食制品并不是没有，只是市场上不见罢了。这说明世界变穷了，人们挨饿了。这是显而易见的、司空见惯的事实。此其一。

谈到世界上煤的需求量，情况也大致如此，甚至更糟。1920年全世界煤的需求量为1913年的97%，可见需求量减少了。同战前相比，欧洲的产量减少18%，而美国却增加13%。棉花的需求量也是如此。

各类产品的总数量都减少了。欧洲衰退了，而美国振兴了。

再看各国的国民财富，不谈收入，只看目前实际拥有的财富。估值数字很不可靠，且有波动。但是这些数字足以把价值数以十亿、百亿计的经济，即天文数字的经济纳入狭窄的物质范围之内。

战前，各交战国的国民财富加起来，估计为2.4万亿金马克。在经济繁荣时期，这些国家的年收入为3400亿金马克，那么，在战争期间消耗和损失了多少呢？各国经济学家的估计不尽相同。但比较可靠的估计是，消耗和损失的财富达1.2万亿金马克。这个数字并没有被夸大。战争进行了四年，每年平均消耗3000亿金马克。刚才指出，战前各交战国的国民财富加起来，为2.4万亿金马克，可见，战争整整消耗了这个数字的一半。然而，战争不仅消耗了一部分国民财富，而且也损失了每年的大部分收入。在经济繁荣时期，这些国家的年收入总额为3000亿金马克。在这里，我不打算为这个数字提出根据来。这是一个概略的数字。战时的收入至多是这个数字的1/3，即不超过1000亿金马克。可是，社会还继续存在，还需要消费，因而整个生产机构也必须保持在一定的水平上。可见，从收入中最多只能消费4000亿金马克于战争，而战争总共耗费了1.2万亿金马克，这就是说，还有8000亿金马克取自国民财富，即消耗了国民财富的1/3。由此可见，战后，各交战国的国民财富加起来，已经不是2.4万亿金马克，而只是1.6万亿金马克。再作一比较，欧洲向其他大陆企业的投资额为1500亿或2000亿金马克，也就是说，欧洲为剥削其他大陆所投入的资金总额为1500亿或2000亿金马克。可见，上述军费开支竟超过这个数字的6—7倍。

现在，我们来看看纸币的流通情况。战前，全世界纸币的流通额为280亿金马克。现在的流通额已达2500亿—2800亿，甚至达到3000亿，换句话说，为战前的10倍。这个事实对于我们以后要下的结论极为重要。欧洲交战国的资本主义社会基础每况愈下，国家贫困化。称之为资本的纸币也和公债一样，发行过量。但这种资本至多只能勾起人们对不复存在的资本的回忆，以及对获取新资本的向往。无论如何，它不代表现有资本。不过，它却发挥着资本即资金的职能，使人们难以弄清整个社会、整个现代经济的本来面目。经济愈贫困，它在虚拟资本这面镜子里的影像就显得愈发富足。其实，这个虚拟资本表示，各阶级在逐渐减少的国民收入和国民财富中的份额正在发生变化，这一点，我们等一会儿就会看到。再者，国民收入减少的幅度小于国民财富减少的幅度。其道理很简单，因为资本主义经济双管齐下：军费开支和战后国家经济不仅要在国民收入中，而且要在国民财富固定基金中寻找出路。

一个行将破产的人，绝不会首先考虑如何去巩固私有经济基础，这是显而易见的。于是，出现了这样一种现象，即在消费生产，特别是当前生产方面，欧洲经济所提供的产品竟大于生产设备所能达到的实际水平。换句话说，为了维持和进一步发挥生产设备的效益，往往使用数量不足的劳动力，以掩饰业已出现的全面贫困化。因为，部分乃至全部停建新厂和勉强维持老厂，这种情况不大引人注目。我们正经历着严重的危机，无暇顾及这种情况，甚至现有商品也不能充分利用。住宅就不同，住宅的破坏令人十分头痛，因为即使在危机时期，人口照样增长，不管世上出现什么样的麻烦，人们对住房的要求照提不误，而住房紧缺乃是全世界普遍存在的问题。要建房，没有几十亿元资金不行。这一点，我已向诸位证实过，不想再用数字令你们生厌了。只重复一句：要想缓和住房异常紧缺的局面，不拿出几十亿元不行，这个事实也说明，整个生产机构已经崩溃，社会基础遭到破坏，而所有这些，并非用数字就能轻易估计出来的。

贫困现象在各国不尽相同。以交战国为例，不属于资本主义世界的俄国就与众不同。关于俄国，我们单独再讲。奥地利也暂且不谈，因为奥地利经济已破败不堪，所剩无几，在一般分析中不足以说明问题。先从德国讲起吧。德国和英国都是交战国，但两国的情况截然不同。我说明德国经济状况的依据是，理查·卡尔韦尔①在一本论国家破产的精彩小册子中所援引的结论。这个问题目前在德国经济中起着相当重要的作用。理查·卡尔韦尔深知德国商品生产的作用。但仅靠数量评定，太不可靠，因为还涉及商品的质量问题。他提出了不应忽视的另一种评定方法。卡尔韦尔经过相当精确的计算得出结论，1907 年的商品生产相当于 1130 万工人的生产劳动。而自那时起，劳动条件根本改变了。工时缩短，工作强度降低，如此等等。于是，他得出结论：目前德国工人的数量为 480 万，即不超过 1907 年工人总数的 42%。

卡尔韦尔分析了农业状况，也得出相同的结论。他说："在这方面，我也发现，农业生产无论在数量或质量上都比和平时期下降 50% 以上。"

德国的国债高达 2500 亿马克。德国货币是怎么个情况，尽人皆知。目前，德国的纸币流通额为 800 亿或 810 亿，其中只有 50 亿真正有黄金储备保证。因此，卡尔韦尔的结论是：1 马克的现有价值只等于 6—7芬尼。有人指出，1919—1920 年，德国在世界市场上"独占鳌头"，恰恰因为货币贬值。我保存了法国《时报》的一份剪报，我来逐字逐句读给大家听："马克贬值造成巨大的优势，德国可以凭借这一优势，逐渐偿还它的债务。"刚才说过，由于国家贫困化（我们从虚拟资本的哈哈镜中见到的影像完全被扭曲了），德国的巨大优势就在于它拥有完全贬值的货币。基于这种情况，即由于整个经济和生产机构贫困化，德国得以向英国和法国廉价推销其所有商品。卡尔韦尔继续分析得出的结论，我将逐字逐句加以引证。他说："孕育着自身后果的货币政策和金融政策的这种结局，无疑将是强制性的，因为，在国民经济的目前情况

---

① 理查·卡尔韦尔（Richard Calwer，1868—1927），德国经济学家。——编者注

下，要使金融市场和国家财政逐步恢复到平时的状况，简直不可思议。强制性发展的结局，归根结底，是国家彻底破产，从而最终证明国家的偿付能力已丧失殆尽。"

这就叫作国家破产。不妨再用相应的货币单位来表示这种状况，得出的结论是：战前，德国的国家财富相当于2250亿金马克，而其收入最高时达到400亿金马克。如果我没有说错，那么，这就是黑尔费里希根据统计资料推算出来的结果。目前，德国的国家财富相当于1000亿金马克，而国家收入是160亿金马克。（当然，这都是大概的数字。）观察德国经济发展的状况，我们发现，在战前发展的"狂飙"时期，国家收入从90年代中期直到1913—1914年战争爆发，平均每年增加10亿金马克。

90年代中期，德国的国家收入为220亿金马克，而战前为400亿金马克。可见，在28年中，国家收入每年平均增加40亿金马克。后来，在战争爆发前的7年内，国家每年减少收入40亿金马克，落到了它在德国资本（而正是德国资本创立了现代德国）发展的"狂飙"时期后期那样一种境地。显然，在目前情况下，德国根本无力偿还自己的债务和履行自己的义务，所以，就连右翼经济学家卡尔韦尔也不能不认为国家破产在所难免。如今，你们可以从大量德国书籍中看到用哲学、道义、法律等观点论述国家破产的文章。从道义观点出发也罢，不从道义观点出发也罢，反正这些先生们都不得不宣布国家破产。

法国在其资产阶级报纸上吹嘘它能医治好它的战争创伤。战后，法国在某些领域取得了一些成就，这是事实。但是，对成就估计过高，就大错特错。要援引法国的统计数字可不那么容易，与别国相比，法国很少披露内情。法国资产阶级也好，法国政府也好，都是如此。必须指出，在法国资本主义报纸上，有关法国经济统计的报道，历来谎话连篇。例如，我在法国报刊上至今也没有见过有关1920年炼铁工业的报道。将现有数字作一比较，我们发现，在农业方面，法国的牲畜头数减少了。1913 年，法国拥有牛羊近 1500 万头，如今只有 1280 万头，1913年，拥有马 700 万匹，如今只有 460 万匹。小麦也是如此：1913 年为8600 万公担，如今 6300 万公担；采煤 1913 年为 4100 万吨，如今，加上阿尔萨斯-洛林和萨尔两省，也才有 3560 万吨，如果不包括这两个省，则只有 2500 万吨，只相当于 1913 年的 50% 强。还应当指出，法国不是通过调整本国经济，而首先是通过从德国及其殖民地榨取金钱和产品这种手段来医治自身创伤的。可见，法国状况的改善并不意味着整个经济振兴，而只不过是物易其主，把财富从德国手中转移到法国手中罢了。而更重要的是，法国所得与德国所失比较，相差一倍半至两倍，德国失去的多。

1919 年法国的贸易差额是，逆差达 240 亿法郎，即进口大于出口；1920 年，贸易逆差为 130 亿法郎。这样，法国在其状况所谓改善的这两年中，外贸逆差达 370 亿法郎。这个事实对法国货币所产生的影响，是不难估计的。诚然，今年即 1921 年第一季度，法国外贸没有出现逆差，于是，报界和议会便扬扬得意，宣称法国进出口大致相等。

然而，法国报纸中最明智的《时报》却在 5 月 18 日这一期中报道：

"我国贸易得到改善，主要是因为减少原料进口，这无疑在近期内会使工厂产品的出口大幅度减少。"

所以，不是经济振兴和出口，而是减少原料的进口，即降低今后的生产率，才使贸易得到改善。

如今，法国的国债为 3030 亿法郎，比 1913 年增加 9 倍。假于德国以复兴国家的支出计 1800 亿法郎，两项合计 5000 亿法郎。1915 年 6月，纸币流通额将近 60 亿法郎，1921 年 6 月接近 390 亿法郎，超过将近 6 倍。法国的预算向人们表明，国家经济已经破败到了不可收拾的地步。它本年度的正常支出为 230 亿法郎，用于占领区的特别支出为 55

亿法郎，用于复兴国家的支出为 230 亿法郎，总计超过 510 亿法郎。法国的纳税人缴纳了多少税金呢？众所周知，到目前为止，估计国家来自税收的正常收入为 170 亿法郎，而国家每年必须从预算中拿出 150 亿法郎用于偿还债务，拿出 50 亿法郎供养军队和官僚，也就是说，仅偿还债务、支付债务利息以及维持国家机构，就需要 200 亿法郎。可见，175 亿的正常收入尚不足以弥补上述开支，赤字通常达到 55 亿，这还没有把复兴国家所欠的巨额债务计算在内。

翻开法国金融界有影响的机关报《消息报》，它的领导人莱昂·沙弗农在一篇文章中有如下一段话："我们应当有效地保持国家金融与印钞机之间的联系，即继续维持通货膨胀的势头——继续发行纸币。"他并不隐讳其中的奥妙，说道："出路只有一条：要么继续发行纸币以弥补开支，从而使国家维持它那虚有其表的尊严，用假币蒙骗世界；要么承认破产，公开宣布：只有公开破产，才能避免通货膨胀。"这是法国一位担任领导职务的新闻记者兼金融专家、右翼社会党人沙弗农得出的结论。（不过，他是不是右派，我还不能确定。）的确，要么公开宣布国家破产，要么继续发行纸币，以苟延残喘，别的出路是没有的。这就是战胜国——法国的情况，而法国目前在欧洲无疑居于领导地位。

英国不久以前还明明是一个发了战争财的国家。在战争前半期，的确如此。瓦尔加同志（这份提纲就是我和他推荐给诸位的）的那本堪称佳作的小册子，依据公布的事实和数字，对英国的形势作了十分谨慎的评述，不过，他的结论应当加以修正，因为，从资本主义的角度看，英国目前的状况比不久以前变得更糟。战争期间，英国农业依靠国家大力资助而一度上升，现在，又逐渐退回到战前的水平。在煤炭开采方面，英国本来占有优势，采掘量在 1913 年为 2.87 亿吨，1920 年则为 2.33 亿吨，等于 1913 年采掘量的 80%，生铁产量在 1913 年为 1 050 万吨，而 1920 却为 800 万吨，也等于接近 1913 年产量的 80%。1921 年情况如何，大家都知道，不用我来说了。由于矿工罢工，1 月份采煤量为 1900 万吨，2 月份为 1700 万吨，3 月份为 1600 万吨。煤是英国的重要出口物资，也是英国整个对外贸易的基础。煤的出口额在 1913 年为 7.13 亿万吨，1920 年为 2500 万吨，只等于 1913 年出口额的 34%，即 1/3 左右。今年头五个月的出口额等于 1920 年头五个月出口额的 48%。从总体上说，1920 年，英国的对外贸易额，如果从商品本身而不是从商品的假象即价格来衡量的话，那么，比 1913 年减少 1/3。

据指导性的经济刊物《经济学家》报道，1920 年 5 月份的出口额为 1.19 亿，而 1921 年只有 4300 万，这既不是用商品，也不是用产品，而是用价格表示的。尽管如此，出口金额仍减少 64%。英国的预算也是如此，尽管幅度有所不同。战前，英国的国债总额为 7 亿[①]英镑。现在，截至 1921 年 6 月 4 日，不多不少，恰好是 7 亿英镑，就是说，从战前到现在，国债增加了 10 倍。战前，陆海军军费预算为 8600 万英镑，现在为 2.37 亿，增加了几乎两倍。读读银行和工业企业董事会三四月份的报告，你们就会发现，英国的国民收入比战前减少了 1/3 或 1/4。不过，到底是 1/3 还是 1/4，难以确定。英国经济生活衰退，其最有力的证据就是，英镑已今非昔比，虚有其表，名不副实了。如今，英镑只相当于面值的 76%，而这有力地说明，当今时代是一个不稳定的时代，因为世界上一度最坚挺、最有权威和无可争议的东西——英国金镑（在英语中，соверен［sovereign］当"君主"讲）已失去昔日的光彩，变成一个相对值了。如今，德国哲学界大谈特谈相对论（我指的是爱因斯坦的哲学），我们不妨把德国哲学看成是对英国经济的报复，因为，英镑也已变成相对物了。其实，在德国，人们历来用哲学对经济贫

---

① 原文如此，显然有误，应为 7000 万。——译者注

困实行报复。

但是，也有振兴起来的国家。首先是美国，其次是日本。这是一个具有世界历史意义的事实，也是我们看待世界形势时绝不可忽视的事实。现在，世界经济重心已经从欧洲转移到美国。欧洲业已衰落，而且在继续衰落下去。在此期间，美国获得了空前的发展。且看基本数据：

马由 2000 万匹增加到 2200 万匹。牛羊由 6200 万头增加到 6800 万头。当然，这不算很多。但煤炭产量就不同了，1913 年煤炭产量为5.17 亿吨，1920 年达到 5.8 亿吨，增长幅度可观。石油产量由 1913 年的 2.48 亿桶上升为 1920 年的 4.42 亿桶，产量扶摇直上。棉花和生铁产量几乎停留在战前的水平上，但远洋航运业却突飞猛进。1913 年建造的船舶总吨位为 27.6 万吨，1919 年上升为 407.5 万吨，1920 年为270.6 万吨。造船业的迅猛发展，使美国快要赶上海上头号强国英国的水平。如果说，战前英国船舶的总吨位占世界半数以上，而美国只占50%，那么现在，相互关系发生了急剧的变化。如今，英国拥有世界总吨位的 35%，美国为 30%。众所周知，1913 年美国的汽车年产量不到90 万辆，1920 年达到 235 万辆。现在，美国拥有汽车 850 万辆，平均每两个人就有一辆汽车。其余所有国家的汽车加起来，总共才有 140 万辆。出口额比战前增加 1.5 倍。在出口方面，美国国内发生了对世界经济具有巨大意义的重大变革。这就是：战前即 1905 年，美国出口 1/3的成品和 2/3 的粮食与原料，可是现在比例变了，出口 60% 的成品和40% 的粮食与原料。这说明，美国也成为工业输出大国。从 1915 年到1921 年这六年来，美国的贸易顺差为 180 亿美元。要知道美国在世界经济中的地位，请看以下数字。美国人口只占世界人口总数的 6%，土地面积占地球总面积的 7%。可它提供的物产，分别占世界产量如下：黄金 20%，小麦 25%，商船 30%，生铁 40%，铅 40%，锌 50%，煤45%，铝 60%，铜 60%，棉花 60%，石油 66%，汽车 85%。美国的经济优势表现为美元在世界金融市场上居于支配地位。欧洲对美国的债务为 180 亿美元。加上没有支付的利息和提供新的贷款，这笔债务每天都要增加 1000 万美元。欧洲对美国的债务是当今世界政治中一个事关大局的问题。

日本是暴发户，一是发战争财，二是因欧洲工业国退出世界市场而捞到便宜。不过，同美国相比，是小巫见大巫，因为它的生产机构远远不及美国。我不援引数字，只举一个事实，即 1913 年日本的采煤量为 5600 万吨，1920 年为 7600 万吨，增加 36%。其他工业部门，如玻璃工业，也有飞跃的发展。然而现在，由于欧洲国家纷纷回到世界市场上来，日本资本家要保住已经占领的阵地，就心有余而力不足了。日本工业现有从业人员不下 237 万，其中有 27 万人，即占从业总人数的 1%①，已加入工会，这对一个仍保有半封建关系的落后国家来说是一件大事。凡是了解俄国无产阶级作用的人，都不会小看这笔数字。

同志们！现在我要讲一个十分重要的问题，即今后这种状况是否会改变，也就是，是否会恢复平衡。但在讲这个问题之前，我还想简单地指出一点，就是资本主义统计学家和经济学家可能说，俄国经济在此期间不也没有上去嘛。关于俄国的经济情况，列宁同志将作报告。我个人就此发表简单意见，完全是另有用意。美国国务卿休斯在写给尽人皆知的，不，可以说是大名鼎鼎的龚帕斯先生的信中说，同俄国建立关系毫无必要，因为目前俄国不过是一个幅员辽阔的真空地带而已。休斯认为，俄国经济贫困和衰败，其原因并不在于俄国遭到封锁和经历国内战争，他的理由是：第一，战前能自力更生的工业部门也垮了下来；第二，国内战争所动员的人力比世界大战少得多。休斯先生不应当见怪，

---

①　原文如此，应为 10%。——译者注

他是聪明反被聪明误，人人知道，俄国的人力动员也是俄国经济衰败的原因之一。除此之外，还有一点，他也没有说对，那就是在帝国主义大战期间，沙皇政府把熟练工人都留在工厂里，它不像我们那样，要靠他们去打仗。它有贵族即一批训练有素的军官。而我们的军事机构在最困难时期多半是由熟练工人组成的，他们通常是我们最先动员的对象。现在，我们的军队正在复员，所以，我敢透露这个秘密。那时，我们面临四个战场，军队人数为 530 万，其中熟练工人占 3/4。这对经济来说，是难以承受的莫大损失。再者，休斯先生完全忘记，资本主义俄国是世界资本主义经济中的因素之一，它也参与瓜分世界市场。今天，我们连零配件也都十分缺乏，这些东西在战前我们不生产，而在围困和国内战争时期就更谈不上生产了。我国经济领导人举过若干例子，譬如，我国缺少螺旋钻和测量仪器；我国需要矿井用圆钢缆和扁铜缆。这些东西，我国从来不生产。钢缆不足，给顿巴斯采煤业带来极其严重的影响。众所周知，某些机器所不可缺少的金属网，历来都从德国和英国进口，我国从来不生产。因此，就连战前能自力更生的工业部门也深受其害。但是，不言而喻（也是不难证明的），即使在这种情况下，即在经历第一次帝国主义战争以后，在全军覆没和资本主义经济彻底崩溃以后，没有任何一种制度能像苏维埃制度那样，又继续坚持打三年战争，供给和武装军队而又不至于灭亡。当然，尽管如此，但我并不否认，我们在这方面也有过严重的失误。

好了，同志们，我该回答主要问题了。尽管在欧洲新工厂纷纷出现，但从总体上说，欧洲生产机构正趋于瓦解，交战国的国民财富较战前减少了 1/3，这是无可怀疑的。那么，这说明什么呢？我们看到，战后经济生活逐步恢复正常。1919 年到 1920 年初，是经济复苏阶段，但接着爆发危机。这基本上标志着一种常态：既然在繁荣时期之后发生危机，那么，预料以后又会出现复苏。这是资本主义经济的自动进程，它一旦恢复，便达到平衡。关键就在于此。我先简略地谈谈复苏阶段，其实，我在报告近两年来的生产情况时，这一点已经提到了。

1919 年春是经济繁荣时期，但整个资本主义世界在等待爆发一场大危机，而一想到危机将要造成的后果，就不寒而栗。

为了对付这场危机，它们作了精心准备，因而，从战时景气过渡到战后经济复苏，几乎是一帆风顺的。资产阶级无孔不入。1919—1920 年，物价暴涨，投机生意兴隆，唯独生产别有一番景象。以英国、法国，尤其是东欧和中欧为例。在那里，即使在所谓经济繁荣时期，生产也连续下降。就美国而言，也并非各个工业部门都景气，这是因为，军工生产改为民需生产，即开采煤炭和石油，制造汽车和船舶。那么，工业到底景气过没有？贸易，特别是投机生意，倒是兴隆一时，这也并不奇怪。战后出现经济繁荣，有经济和政治—财政两方面的原因。经济方面的原因是，战后粮食市场愈来愈有吸引力，价格暴涨，于是军火投机商利用他们积累的资本经商，进行投机买卖，获取巨额利润。

出现这种局面，是因为国家唯恐出现太平盛世，索性就在和平时期保留了战时状态。因而在和平时期，通货继续膨胀，即继续发行纸币、发放工资补贴、对进出口实行管制等等。军事检查和军人专政在战后依然保留下来。战时投机买卖一变而为战后投机买卖，但这与生产发展毫无关联。相反，许多国家的生产继续下降。至于通货膨胀，请看以下明显的事实：法国货币数量由 300 亿上升为 380 亿，德国由 200 亿上升到 630 亿，意大利由 90 亿上升到 220 亿，等等。通过数字，用战前的经济水平，粗略地衡量现在的柏林、巴黎、伦敦、纽约，得出的结果是，其经济水平和战前的大致相同。在经过战争和投机生意兴隆时期以后，目前总的水平是：德国变穷了，其生产机构较战前缩减了许多；法国变穷了，但比德国稍强，英国也变穷了，但比法国又强，唯独美国是暴发户。再看物价和货币流通情况。在这个"繁荣"的时期，德国的物价上涨幅度最大，达到 7 倍，法国小一些，英国更小，美国则微乎其微。可见，美、英、法三国，生产与其货币机构之间的矛盾并不大，而在德国却大得很。若将国家的虚拟财富即国债和纸币等等当作实在的财富看待，那么，国家越穷，就越会显得富有。这就是最近的经济形势即投机生意的真实写照。然而，这个实际上使交战国进一步贫困的经济繁荣的假象，却在政治上发挥了实际作用。

在《曼彻斯特卫报》年度述评中，一位英国教授发表一篇颇有见解的文章，他说："对我们来说"，即对统治阶级来说，1919 年是"最危险的一年"。他写道：那时，从战场回来的人急于使经济改观，而"刚从战场回来的、情绪急躁的人可不是好惹的"。这位教授补充道，于是，国家投放了数以千万计的钞票，以防不测。国家依然成为最大的人为的市场，工人领取国家以各种形式发放的工资补贴，这样，资本得以度过危险的复员时期。所以，这个经济繁荣的假象，帮助资本保住自己的阵地。

说到这里，不妨提一个问题：这次经济繁荣明明是起到一定的作用，明明是使不同产业部门的生产得到发展，因而这是否就是经济繁荣能使生产得到进一步发展的证明呢？这是否意味着，在进行革命尝试之后，或者说，在革命失败之后，经济繁荣占上风，就表明革命时机已经消失呢？在这方面，有人以马克思、恩格斯 1850—1851 年的著名结论为依据。我认为，近期内，尤其是目前，如果再度出现经济繁荣（而这并非不可能），那在我们的政治生活中，共产国际就将会经常遇到这个问题。我把这段引文读给大家听。恩格斯在谈到马克思时说："他（指马克思）从这些事实中认定，1847 年夏季商业危机是二月革命和三月革命的真正起因，而在 1848 年和 1849—1850 年出现的高度繁荣则是欧洲反动势力得以巩固的源泉。这是具有决定意义的情况。"① 1850 年秋，马克思在致恩格斯的信中写道："新的革命只有在新的危机之后才有可能发生。但它正如新的危机一样肯定会来临。"②

现在，仍有许多同志认为，危机是革命的起源，而繁荣则是革命的掘墓人。经济繁荣到来之时，便是革命完蛋之日。这种观点也存在于执行委员会指派的委员会内部。

同志们！我刚才读的引文确有极其深刻的意义，但文中的思想表达得不十分确切。作为预言来说，它是错误的，就连恩格斯本人也承认，期望落空了，危机并不是革命的起因，1847 年危机只能狭义地说是革命的起源。1848 年革命之所以遭受资本的冲击而立于不败之地，是因为这次冲击遇到了多阶层社会结构的阻力，使资本转而同这些阻力进行斗争。这次革命将等级特权、农奴制残余几乎一扫而光，为资本的发展开辟新途径。在这种情况下，也只有在这种情况下，1849—1850 年的经济繁荣才可以继续被认为是革命发展的阶段。因此，危机只不过是一种由社会条件所决定和资本在封建范围之内的发展所决定的次要刺激因素而已，而经济繁荣则是在革命完成其摧毁特权等极其重要的直接使命以后，推动革命进行到底的次要动力。忽略这一点，就不能对引文作出正确的解释。资本的发展周期历来是：繁荣，然后是紧张、低落，继而

① 托洛茨基的引文与恩格斯的原话在文字上有出入，恩格斯的原话是："他从事实中完全弄清楚了他以前半先验地根据不完备的材料所推出的结论，即：1847 年的世界贸易危机孕育了二月革命和三月革命；从 1848 年年中开始逐渐复兴而在 1849 年和 1850 年达到全盛状态的工业繁荣，是重新强大起来的欧洲反动势力的振奋力量。这是有决定意义的。"（见《马克思恩格斯文集》第 4 卷第 535—536 页）——编者注

② 这段话是马克思、恩格斯在《时评．1850 年 5—10 月》中说的，见《马克思恩格斯全集》中文第 2 版第 10 卷第 596 页。——编者注

是危机，等等。资本发展的过程还不限于这个公式。这个公式不足以从历史上说明它的发展过程，因为资本朝两个方向发展。初期的发展是发展生产力。它曲线上升，上升的过程伴随着波动和突发，这便是危机和繁荣时期。即便 50 年来资本逐渐在发展，但这个周期是确定无疑的。不过，这个周期不完全符合那些资本主义生活变动迅速的国家的发展情况。发展中的资本虽然也有波动，但曲线呈上升趋势。在日趋没落的资本主义社会中，虽然曲线呈下降趋势，但也不是直线下降，而总是伴随着波动。

《时报》元月号曾发表一份统计表，我摘录下来了。该表显示自北美独立战争至今 138 年的情况。假如我没有弄错，在此期间，我们经历了 16 个周期，即 16 次危机和 16 个经济繁荣阶段，每个周期大约 8 年零 8 个月，即将近 9 年时间。请问：这是不是蛇形运动过程？但也是一个相对上升的过程。它的起点是每一个英国人平均 2 英镑，即人均 24 个金马克。在此期间，人口增长近 1 倍，对外贸易额增长更多，所以人均达到 30.5 英镑，1920 年，人均达到 65 英镑（是用货币而不是实际价值来表示的）。生铁生产的发展也是如此。在此期间，这两条线大体上是平行发展的。刚才讲到，1851 年是 1848 年革命以后资本主义发展的狂飙时期，1851 年初，对生铁的需求量，人均 4.5 公斤，1913 年则上升为 46 公斤。此后，便走下坡路。这是 138 年来总的发展情况和发展结果。对这条曲线仔细加以分析，就会发现，它由五个部分组成。若将这 118 年划分为若干时期，就会看到它有五个不同的时期。1781 年至 1851 年，发展速度十分缓慢，几十年间几乎没有进展，只是从 1851 年起，出现上升趋势。我们看到，在 60 年间，对外贸易额由人均 2 英镑增长到 5 英镑。其后 22 年间，又由 5 英镑上升到 21 英镑，生铁需求量也由人均 4.5 公斤增至 13 公斤。此后，自 1873 年起，是萧条阶段。自 1873 年起，几乎到 1894 年止，英国贸易（即便将英国对海外企业投资的资本利息也计算在内）不景气。在这 22 年间，人均由 21 英镑下降为 17.4 英镑。此后，一直到 1913 年，又有回升，从 17 英镑上升为 30 英镑。在进入战争时期和战后时期，情况也是如此。可见，第一部分呈上升趋势。1913 年至 1917 年，上升幅度很小。同志们！这对于判断当前及未来的形势极为重要。资本主义的发展分第一次运动和第二次运动，而第二次运动历来在第一次运动的基础之上发生，这就是高涨、衰落即萧条。在这里我们看到一种起伏现象，即繁荣与危机相互更替，不过它们丝毫不表示资本主义是在发展还是在崩溃之中。这种起伏可以比作人的心脏跳动。心脏跳动只表示人活着。不消说，资本主义还没有灭亡，只要它活着，它就要呼吸，这也就是起伏。但是，一个生命垂危的人的呼吸同一个发育时期的人的呼吸绝对不同，这也适用于我们所说的情况。抓住恩格斯的引文不放，而忽略这些基本事实，是十分危险的。因为，正是在 1850 年即马克思和恩格斯进行考察以后，形势突然转变，出现了资本主义发展的狂飙时期，而 1848 年革命为这一时期的出现廓清了道路。这是关键所在。在资本主义发展的狂飙时期，复苏和繁荣来势凶猛，而危机仅仅是表面现象，且为时不长，但恰恰是这样一个时期促使革命销声匿迹。现在，问题不在于经济形势能否好转，而在于经济形势是否起伏，是呈上升趋势还是呈下降趋势。这才是症结所在。现在，回过头来再谈刚才已经说过的基本事实。刚才说过，欧洲衰落了，欧洲的生产机构比战前缩减许多，经济中心已移到美国，但经济中心移到美国并不是因为美国逐步发展，而是因为美国利用了欧洲的军火市场，并把欧洲排挤出世界市场。这是历史上罕见的情况，即四年半以来，为了战争，欧洲不惜消耗全部有生力量，可到头来，却增强了美国的实力。

我认为，美国正是借此赢得了短暂的高度繁荣时期。但这种情况再也不会发生了，因为，欧洲在倒退以前，已为美国建立了一个纯粹人为的市场，现在，任何一个市场都不可能取而代之。而欧洲在完成此项使命之后，就再也无能为力了。战前，欧洲市场可容纳美国全部工业产品的一半以上，即将近 60%，战争期间，美国的出口额较战前增长近两倍，欧洲对美国的作用就更为重要了。可是战后，欧洲这块大陆已几乎人财两空，限于黄金或其他商品等价物，它从美国进口商品已完全不可能。这也恰恰是日本和美国爆发危机的原因。在经过短暂的、持续将近两年的高度繁荣时期之后，一场实实在在的危机终于爆发了，就欧洲而言，这场危机意味着："你穷，你得量入而出，你休想再从美国进口所需要的商品。"就美国而言，这场危机意味着："战争打了四、五、六年，欧洲的财富你也掠夺了四、五、六年，你是一个暴发户。可是好景不长。"其他国家完全破产了，它们的生产机构必须重建。各国人民必须重新进行内部分工。法国和德国的经济因在战前和战争期间有所发展而仍在自动地维持着。但是，德国必须后退，以调整和整顿本国经济机构；而且，如不爆发革命，那正如在战争期间国家不得不干预经济以克服战争造成的困难一样，现在也必须继续执行原来的政策。如果事态继续朝着这个方向发展，国家就必须干预经济，首先确定生产资料与消费资料之间的适当比例。换句话说，只要不爆发革命，要想建立必要的、正确的对比关系，就要求助于战争，求助于各种补救措施。法国乃至整个欧洲也不例外，除非经济生活逆转的时期，即受害最深、老本损失最大的资本主义国家彼此拉平的时期不再持续下去。在这个彼此拉平的时期，美国休想继续保持它最大和最重要市场的原有规模。也就是说，就美国而言，上述危机就不是一次暂时的、正常的危机，而是一个漫长的萧条时期的开始。我们再来看一份说明不同时期的统计表吧！萧条时期持续了长达 70 年之久，而后，自 1851—1873 年，又是繁荣时期。在这繁荣昌盛的 22 年中，有过两次危机和两次复苏，复苏是实实在在的复苏，而危机却是小小的危机。其后，自 1873—1890 年中期，再次萧条，至少也是发展速度缓慢。继而再次出现空前的繁荣。凡此种种，无不是一种适应的过程即拉平的过程。任何国家的资本主义只要看到自己的某一市场过于饱和，就必然要从其他市场寻找出路。在上述不同时期，究竟是停滞、前进或倒退，取决于诸如经济危机、革命等等重大历史事件。这就是资本主义发展的主要特点。

当前，资本主义已进入漫长而严重的萧条时期。其实，想想过去，这也在意料之中。早在 1913 年，经过 20 年蓬勃发展，世界市场已不能满足德国、英国和美国资本主义发展的需要。对此，这几个资本主义发达国家早就心中有数。它们认定：为避免这个要持续多年的漫长的萧条时期的出现，就要制造尖锐的战争危机，就要消灭对手，共同占有已经拥挤不堪的世界市场。谁知，战争旷日持久，导致一场不仅尖锐而且漫长的危机；战争彻底破坏了欧洲资本主义的经济机构，而使美国获得蓬勃发展。但是，战争使欧洲民穷财尽，最终也使美国陷入深刻的危机之中。它们本想避开萧条，但事与愿违，欧洲贫困化反而使萧条局面愈演愈烈。

同志们，以上是择其要点对经济形势的特征所作的说明。根本未涉及革命问题。不论今后资本主义能否振兴，但它现在继续存在，继续发展。1919 年，战后复苏有了初步迹象以后，一位大概名叫佩什的英国人提议筹措 25 亿英镑（折合 400 多亿金马克）的国际借款，以重建遭战争破坏的国家。当时的设想是，筹措和利用这笔国际借款，实现人类空前的大繁荣。不难看出，这个被歪曲了的资本主义形象使这伙人想入非非，他们自以为，他们既然能毁掉众多的城市、铁路、庄园和舰艇，那么，把战争的破坏在写有"400 亿、500 亿金马克"字样的纸上象征性地画一画，也就能摇身一变而为富豪巨贾。这真是着了资本主义社会的魔，连资本家也晕头转向了。但这是一厢情愿。就说铁路交通，哪怕是恢复到接近战前的水平吧，这是非办不可的事情，可是他们完全忽略了，恢复工作要在社会完全被破坏的情况下进行。

　　下面就来讲讲社会平衡问题。人们常说，有了新的基础，资本主义就能自动恢复，这种指导思想不仅库诺有，而且希法亭也有。这种自动论是机会主义的重要而典型的特征。那么，应当怎样认识资本主义的恢复这个问题呢？当然，假如阶级斗争的社会因素不激烈地与之抗争，资本主义的恢复是可能的。假如欧洲以至全世界的工人阶级容忍资本主义为恢复国内的正常秩序而进行种种试验，那么不出 20 年或 30 年，欧洲就要牺牲工人 2000 万到 3000 万，因为现在移居美国不是上策。美国现有失业工人 500 万，今后几年，也许几十年，失业人数还将增加。侨居国外不再是安身立命之道，因为，我已经说过，失业问题在美国不是一朝一夕所能解决的。只有牺牲一代工人，以美国这个世界头号强国为首的新的世界资本主义平衡才能恢复。到那时，欧洲与美国的关系就如同过去西班牙与英国的关系。欧洲文明也将受到这个刚刚复兴的资本主义的束缚而只能苟且偷生。那么，这一切是否有可能不发生呢？从理论上讲，没有可能。如果我们忽视阶级斗争，那么资本主义社会的自动作用也将导致阶级斗争。德国有一位学识渊博的反动教授奥托·霍策，他有一句话说得很中肯。他在论述经济形势的文章中说：我们将不得不采取在世界范围内削减工资的办法，但工人决不会心甘情愿，他们必定要造反。这是必然的发展趋势，不论我们把这种趋势称之为"资本主义自动作用"也罢，或者"资本主义剥削"也罢。但我们不是机会主义者，机会主义者认为，只有资产阶级的意志才是客观的依据，我们绝对不能对资本主义的自动作用熟视无睹。这些老爷根本不把工人阶级的意志放在眼里，所以他们认为，从总体上说，资本主义的发展是一个自动的过程。霍策教授说："我们不妨把这种现象称作自动作用或者剥削。如果工人阶级追随改良派，那就是自动过程，如果工人阶级接受充满活力的共产党的领导，那他们就会奋起反抗剥削。"这样一来，恢复资本主义的平衡过程就完全改观了。在此期间，有一个至关重要的情况，那就是欧洲倒退了。德国仍像 90 年代中期那样贫穷。但德国的社会结构并没有倒退，相反，战前最后 20 年的发展所引起的尖锐社会矛盾，因战时和战后繁荣时期及危机时期的发展而日趋尖锐化。因此，经济基础脆弱了，国家财富和国民收入减少了，阶级矛盾也就必然加剧了。这恰恰说明，有利害关系的阶级为瓜分不断减少的国民收入而越发互不相让。

这就是亨利希·库诺先生或其他人所幻想的恢复平衡的蓝图所遇到的一大难题。资本主义为恢复平衡而采取的一切步骤，都对社会平衡立刻产生决定性影响，即进一步破坏社会平衡，进一步促使工人阶级奋起斗争。要达到平衡，首先就要整顿生产机构，而这就需要积累。要实现积累，就必须提高劳动生产率。靠什么来提高？靠大幅度增加工人阶级的劳动强度来提高，因为战后三年来劳动生产率下降是有目共睹的事实。要在资本主义基础上恢复世界经济，就必须重新具备世界等价物即金本位。离开它，资本主义经济就混不下去，因为物价大涨大落（在德国，因货币波动，有时在一个月之内，物价竟上涨百分之百）使生产根本无法维持下去。资本家并不热衷于生产，因为投机生意正从远处向他们招手，投机生意远比缓慢发展的生产更有油水可捞，因而也更有诱惑力。恢复金本位意味着什么呢？就法国和德国而言，意味着宣布国家破产。但宣布国家破产，就意味着国内所有制关系发生大变动。在宣布破产的国家里，一场为瓜分新的国家财富的争斗又要开始，从而朝阶级斗争又迈进一大步。不仅如此，这一切还意味着失去社会的和政治的平衡即革命运动。要知道，宣布国家破产，并不等于就能一改现状而立刻恢复平衡。宣布破产之后，将照旧延长工作时间，废除八小时工作制，提高劳动强度。按照霍策先生的说法，这叫做资本主义剥削，工人阶级当然要反抗。总之，恢复资本主义平衡，从抽象的理论上说，是可能的。但恢复过程不能在社会真空和政治真空中进行，而只能通过阶级来进行。资本家老爷们能维持至今，全靠不稳定的社会平衡，而在恢复经济生活平衡的道路上每迈出一步，即使是很小的一步，都是对不稳定的社会平衡的一次打击。这一点至关重要。

综上所述，不能不得出结论，资本主义的发展，不论其发展速度缓慢或者较快（发展速度问题不必争论，因为在这个问题上，我们已遭到历史无耻的愚弄），都没有在中欧和西欧导致无产阶级专政的胜利。但如果因此而企图像改良派那样断言，在此期间，资本主义世界的经济平衡已不知不觉地恢复了，那是荒谬绝伦，一派胡言。就连有头脑的死心塌地的反动分子如霍策教授，也不敢下此断语。霍策在他的年度评述中有两句话，大意是：1920 年没有给革命带来胜利，也没有使资本主义世界经济得到恢复。这仅仅是一种不稳定而又十分短暂的平衡。我已经引证过沙弗农先生的话，这位先生也说："在法国，资本主义经济受国家财政、通货膨胀和公开破产的影响，极有可能进一步崩溃。"这表示什么，我在前面已经说过。以上，我向诸位说明了资本主义所经历过的最深刻的一次危机。三四个星期以前，资本主义的报刊放出一股风，仿佛有了盼头，繁荣时期就在眼前了。不过，现在就可以看出，这股春风刮得未免太早了。财政状况确有好转，即不像以前那样紧张。市场物价下跌，但这绝不等于贸易复兴。交易所十分不景气，生产继续下降。美国冶炼业的开工率现在只等于开工能力的1/3。在英国，最后一批高炉已经熄火了。足见生产在继续下降。当然，倒退的过程不会自始至终以同一速度进行下去，这绝对不可能。资本主义这个机体必定会有喘息的时机，它将吸入一点新鲜空气，将会出现转机，但因此而断言繁荣时期就在眼前，为时过早。新时期到来以后，它们就要试图消除虚假财富过剩与基本贫困之间的矛盾。接着，经济机体又要痉挛。我已经说过，凡此种种，都向我们表明，经济正处于深刻的萧条之中。由于经济萧条，资产阶级必将变本加厉地压迫工人阶级。这一点我们现在就可以看到。

例如，先是美国、英国这些较为有生气的资本主义国家，继而整个欧洲都已开始削减工资。这将导致一场维护工资的伟大斗争。我们的任务是，把握经济形势，扩大并深化这场斗争。这一点不成为问题。成为问题的是，维护工资的伟大战斗（在这方面，英国矿工罢工为我们提供了典型范例）能不能自动地导致世界革命、最后这次国内战争和夺取政权的斗争。其实，这种提法本身就不符合马克思主义。我们不具备足以保证下一步发展的自动担保机，但如果一场危机带来暂时的复苏，那对我们的发展又将产生什么影响呢？许多同志说，如果在此期间出现复苏，那对我们的革命来说是一个不祥之兆。绝对不是。在工人阶级革命运动和危机之间根本不存在自动的依赖关系。只有辩证的相互关系。这一点必须明白。

让我们看看俄国国内的关系吧。1905 年革命失败，工人遭受重大牺牲。在 1906 年和 1907 年又有过几次、也是最后几次革命风潮。1907 年秋便爆发了世界性大危机。危机信号是纽约交易所在一个黑色星期五发出的。1907 年、1908 年和 1909 年是俄国经历深刻危机的三年。在此期间，革命运动销声匿迹，原因是工人饱受斗争之苦，又逢大萧条，难以振奋起革命精神。究竟是危机还是复苏能导致革命，当时俄国围绕这个问题争论不休。

那时，我国有许多人坚持认为，只有经济复苏才能使俄国革命运动再度兴起。果然，经济复苏了。1910 年、1911 年和 1912 年是我国经济状况好转的三年，经济复苏使一度丧失勇气、精神沮丧和软弱无力的工人重新聚集起来。他们重新认识到自己在生产中的作用，并且先是在经济领域，继而在政治领域转入了攻势。战争快要爆发的时候，工人阶级凭借经济繁荣，壮大了自己的力量，能够发动直接的冲击了，因此，如果现在即在工人阶级因危机和长期斗争而疲惫不堪的时候，我们不能取得胜利——也很难取得胜利——那么，形势的变化和福利的改善，对革命有百利而无一害。如果形势变化即复苏标志着长期繁荣的开始，那对革命确实有害。这是因为，长期的繁荣意味着市场扩大，而这是根本不可能的。资本主义经济本来就遍及全世界。欧洲的贫困化和美国在庞大军火市场上的崛起，为这样一个结论提供了佐证，即不可能通过在中国这样的国家和西伯利亚这样的地区发展资本主义的途径来恢复繁荣。固然，美国资本主义正在上述国家和地区寻求和开辟销售市场，但其规模无法与欧洲相比。就是说，我们处在萧条时期的前夕，这是毫无疑义的。

既然前景如此，那么危机的缓和不仅不是对革命的致命打击，反而是工人阶级得以喘息的机会，工人阶级可以趁此机会，在更坚实的基础上发动冲击。这是一种可能。另外一种可能是，尖锐危机将转变为持续危机，进一步加剧，并持续多年。这一切都并非不可能。在这种情况下，资本主义大国的工人阶级就只有吸取以往的经验，全力以赴地夺取国家政权，这种可能性显然存在。而认为资本主义平衡能在新的基础上自动恢复，认为资本主义能在今后几年内振兴，那是妄想。在当前经济处于完全停滞的情况下，这根本不可能。

我们还应当注意一个因素，就是国际形势、世界形势即资本主义国家之间的相互关系。我已经占用你们不少时间，因此，我的讲话要尽可能简明扼要。总之，战后形成的世界关系极其反常。什么是战争？战争就是武装起来的帝国主义动用自己的武器。什么是帝国主义？帝国主义就是资本主义灭绝小国的野心。小国不仅指瑞士，而且指法国、德国这样一些国家。资本主义妄图为资本主义的生产力建立世界帝国主义。这就是帝国主义发展的意义所在。德国最能代表这种倾向。德国宣称：整个欧洲都应当置于它的监督之下。法国从一开始就怀有瓜分德国的野心。欧洲国家的联合都有法国资本主义精神的烙印。欧洲本是众多小国的总和，但现在和战前相比，小国的数量大为增加。如今，在前奥匈帝国的领土上建立了 10 个关卡。欧洲已经巴尔干化，这种说法已相当普遍。那些曾经助长了军国主义的种种矛盾和摩擦不仅没有消除，反而愈来愈深。1914 年战争以前，欧洲（俄国除外）的兵力为 515.2 万人。据今年上半年的资料，目前现役军人已达 701.4 万。可见，军国主义有增无减。若把俄国军队发展顶峰时期的兵力计算在内，则这个数字还要大。再看中欧和东南欧，这是欧洲两个受害最严重、日子最难过的地区，尽管如此，但那里的军国主义也有增无减，这是因为那里兴起若干新的小国，它们各有自己的关卡、边境和军队。海军也是如此。这一切都严重地阻碍经济发展。爆发战争的一个主要原因就是欧洲经济无法承受军备的重担。于是来一个宁肯受罪一次，也不常年受煎熬，谁知事与愿违，罪也受了，可日子反而比战前更难熬了。

法英之间的对抗日益加剧。翻一翻法国半官方的报纸，就会一目了然。英美之间的矛盾日益加深，并将继续自动地加深，因而一场流血冲突也在自动地迫近。（这才是名副其实的自动论。）这种矛盾的动因，我们人人都清楚。从经济统计中也不难看出这种动因。英国正被排挤出世界市场，失去主要经济大国的地位。英国工业一蹶不振。美国两个工人的生产顶得上英国五个工人的生产。这是英国一家权威的经济期刊根据美国和英国的统计资料加以证实的。美国两个工人凭借性能优越的机器和更为完善的组织生产出来的产品，顶得上抱残守缺的英国经济机构中五个工人生产出来的产品。英国的煤炭出口额已不占首位。刚才说过，美国石油开采量占世界石油开采总量的 70%，而石油这种产品目前已成为重要的国际因素之一。美国人指责英国最近收买了所有石油资源，说英国现在占有世界石油开采量的将近 90%。其实，这些石油资源目前尚属潜在的资源，或者说是地下资源。而美国正在开采现有全部被开采的石油资源的 70%，并将石油产品立即投放到国内和国外市场。英国的石油资源只是经地质勘查而探明的资源，开发这些资源需要资金，而眼下英国缺乏这笔资金。退一步说，英国确实占有世界石油开采量的90%，而美国的石油资源日渐枯竭，这也无非是美国早日决战的又一个论据。美国向墨西哥和美索不达米亚提出了无理要求，提出无理要求的根据是，以美国的汽车制造业而言，再过10—15年，美国要发生石油危机。即便如此，那也不过是多了一条美国不等这种石油危机爆发就发动战争的理由罢了。这是一个再生动不过地、再明显不过地向我们表明自动作用的事实。据美国造船计划资料，到1924年，美国舰队将比英国与日本两国舰队总和还要强大得多。这个造船计划的指导原则是：美国舰队必须超过两个迄今最强大的舰队总和。美国许多民主党人扬言：到1923年，甚至到1922年底，美国就要同英国平起平坐。至少是，英国已经大难临头，若不猛醒，则自身难保。战前，我们亲眼见过和平时期军事上对峙的局面，就像是在一条铁轨上对开着两列火车，它们随时都有相撞的可能，只是出事地点还不详，相撞的日期也没有在日历上标明。这一次却不同，白纸黑字，写在世界历史的日历上了。日期在1923年或1924年。英国要么心甘情愿退居二等强国，要么挟大英帝国的余威，豁出老本，豁出老命，孤注一掷，在瞬间的生死较量中决一胜负。各二等强国或者三等强国的一切条件、关系和部署，一概从属于资本主义世界的这个重大问题，并围绕这个轴心运转。这是一个未必能使资本主义平衡得到恢复的时机。对此，不仅统治阶级看得清清楚楚，而且这两个国家以至全世界的工人阶级也心中有数。可见，这是一个社会发展问题，这种发展一旦失去动力，也就停滞不前了。经济基础脆弱了，要一下子恢复，这在最近的将来根本不可能，即便可能，恢复的程度也极其有限。在各国及其重要的工业部门中，这个基础必将愈来愈脆弱，社会分工问题必将日益尖锐化，国际关系也是如此，究其原因，就是世界变穷了。资本主义国家的相互关系以至各阶级的相互关系日趋紧张，也都是因为上述缘故。

谈到阶级，必须指出，已经成立托拉斯的资产阶级，倚仗垄断地位，利用普遍贫困化而发财致富；尚未成立托拉斯的资产阶级，无论绝对地讲或相对地讲，变得愈来愈穷。它在继续破产，它的利润在继续减少，它在国民收入中的百分比也在继续下降。

再谈农民。战争初期，给人的印象是，农民因为有大量钞票，偿还了抵押借款而变得越来越富。资本主义的辩护士便借此说明资本主义经济日趋巩固。但我们的提纲指出，农业的含义并不是偿还抵押借款，而是耕耘土地。就这一点而言，农民因工业不景气而处境十分艰难。我们看到，美国、加拿大、澳大利亚、南非的农场主变穷了。我们看到，在日本的佃农中间，风潮迭起。欧洲广大农民群众的处境不断恶化。保守党和改良派满心以为，可以站稳脚跟的所谓新兴中间阶层越来越不起作用。普遍贫困化，而主要是货币大幅度的贬值，导致农民由一个维护国家的因素变成一个引起骚乱和暴动的因素。

从革命的角度看，所有这一切，总的来说，对工人阶级十分有利，但也造成了错综复杂的局面。因为我们要发动的并不是杂乱无章的、原始的冲击，其初级阶段我们在1918—1919年间在欧洲已经见过。我们认为（从一定的历史意义上讲，也应当这样认为），在资产阶级乱了阵脚的时候，这种冲击应当一浪高过一浪，在冲击的过程中，工人阶级的领导阶层的觉悟也应当提高一步，这样，经过一年或两年，无产阶级就将夺取国家政权。这种历史机会不是没有过，只是错过了。不知是因为资产阶级发了善心，还是因为它心怀恶意，反正资产阶级依靠诡计、经验、组织和对权力的野心，而在历史上赢得了相当长的喘息时机。既没有出现任何奇迹，原来遭毁灭的、遭焚烧的、遭破坏的也没有一样得到恢复，可资产阶级竟然能够在贫困之中不迷失方向，并利用工人阶级的弱点将它的国家机器重新运转。从革命前景上看，形势变得复杂了，但仍然对我们有利。今天，我们也许更有理由说，从总体上看，形势对革命十分有利。然而，革命并不那么顺从，那么乖巧，以为能用绳子牵着走。革命自有其波动、危机和高潮。这既是由客观情况，也是由工人阶级主观的内部分化所造成的。在战争结束与和约缔结三年后的今天，工人阶级已经焕然一新了。这不是战前那个在数量上有计划地增长的工人阶级，不是那个在战前熟悉的环境中按产业、按行业和部分地按政治观点组织起来的、保留上个时代的种种偏见和优点的工人阶级。今天的工人阶级是从日趋没落的小资产阶级以及农民和无产阶级化的广大家庭主妇和女工中急剧分化出来的业已成长起来的工人阶级。（在法国和日本，无产阶级化的妇女被吸引到生产部门去的现象尤为普遍。）今天，一方面有了这个新兴的工人阶级，另一方面，还保留着由战前旧工会干部、党的官僚、熟练工人和受过职业训练的工人（他们缴纳会费，以为通过工会就能迎来完善的社会制度）组成的阶层；还有在隆隆的炮火声中觉醒的青年工人以及刚刚开始觉醒的妇女这样一个落后阶层。他们无不被这个伟大运动和这些事件卷入和推进政治斗争中去。只是有的阶层取得了经验，而有的则没有；有的碰了钉子，开始审时度势；而有的则偏偏在此关头跃跃欲试，不顾及斗争后果。形势发展得如此复杂，其原因就在于此。当然，假如资产阶级从一开始就屈膝投降，那我们就不必急于去教育工人，待我们掌权以后再着手教育落后阶层也不晚。这全怪资产阶级保住了国家机器。它疯狂地抵抗，工人阶级的各个阶层相继遭到它的反抗，而只得退却。共产党的重要任务之一是，在此基础上将工人阶级的各个阶层从精神上、政治上和组织上联合起来，开展反对资本的斗争。当前在斗争中要着重争取这些群众，进而使他们联合起来。要善于在复杂的阶级相互关系中领导群众进行斗争。

眼下，农民的情况较战前对我们有利得多。到了决战关头，新的中产阶层拜倒在资产阶级脚下，未尝不可能。但是，在斗争日益加剧的时期，我们已有办法使新的中产阶层在政治上保持中立，用我们的行动牵制它，即迫使它不与我们对立。我们看到，资产阶级内部也存在斗争。我们决不像机会主义者那样，充当尚未成立托拉斯的资产阶级的代表人物。我们应当把工人阶级团结在自己的周围，努力在农民中间和中产阶层中间逐步站稳脚跟。这样，我们就能加深已经成立托拉斯和尚未成立托拉斯的资产阶级之间的矛盾，在法国和英国，它们现在正为夺取政权而决一死战。

总之，当前即共产国际第三次代表大会召开的形势，与第一次和第二次代表大会召开时的形势不同了。那时，我们表达了我们的远大志向，提出了我们的基本路线，并下定决心沿着这条道路前进，因为在这面旗帜下，我们能把无产阶级联合起来，战胜全世界……总的来说，我们的路线至今仍是正确的。只是未能预见会有偏差和波折，今天，我们觉察到了。我们从失败和失望中，从无数的牺牲和在各国的错误发动中觉察到了。这种情况在我们俄国更是司空见惯。今天，我们才看到，才意识到，我们同终极目标，即在世界范围内夺取政权，实现世界革命，还有相当的距离。那时，在1919年，我们认为，这是只消几个月就能办到的事情，而今，我们要说，这是一个也许要若干年才能解决的问题。确切的时间，现在不敢说，但有一点是肯定的，形势正朝这个方向发展，而且，近几年来，我们在全世界的力量已较过去大大增强了。

我们还没有把全世界工人阶级的多数争取过来，但比起一两年前，现在拥护我们的无产阶级已占多数。待我们对情况作了实际分析（这是代表大会的重要任务）以后，待我们对各国的形势作了研究以后，我们必能得出结论：斗争也许是长期的，进展也不像我们所希望的那样迅速。斗争将是艰苦的，需要作出无数的牺牲。我们积累了经验，经受了磨炼，有了在斗争中随机应变的本领。我们既能拟定明确的路线，也能预料在贯彻纯粹革命的路线的过程中可能发生的形势变化。即便在资本主义阶级分化、瓦解的情况下，我们也能应付自如，能随时集中工人的力量进行社会革命。我想，我们的胜利和我们的失败都足以证明，我们同独立社会民主党人的区别不在于，我们说过我们也许在1919年就能取得革命成功而他们回答说革命要晚许多时候才能发生这么两句话。区别绝不在这里。区别在于，社会民主党和独立社会民主党一贯支持资产阶级反对革命。而我们不同，我们过去和现在都决心把握每一个时机，不论在形式上有什么变化，都要发起革命冲击，夺取政权。（长时间的热烈鼓掌）

主席季诺维也夫：

在托洛茨基同志的发言没有翻译出来以前，我来通知会议下一步的安排。我们的意见是，今天只把发言翻译出来，然后就休会。

请法国同志留下来，请英国同志到隔壁会议室去。希望明天或后天早晨拿到会议记录。明天上午又有33位代表到会，因此，下一次全体会议定于明天下午6时举行。报名参加讨论的有勃兰德、扎克斯和泽曼三位同志，后两位是德国共产主义工人党党员。

克南：

明天上午10时举行合作社问题委员会会议。

拉狄克：

同志们！资格审查委员会会议定于明天上午11时举行。委员会将首先分配票数。因此，请各代表团派代表出席会议。至今尚有许多代表未递交代表证书，无法审查通过，致使这些代表未能获准出席代表大会。请各代表团通知我们，是否所有代表都拿到了代表证书。

主席季诺维也夫：

休会。

（会议于晚11时20分休会）

第三次会议

（1921 年 6 月 24 日晚 7 时 50 分）

讨论托洛茨基的报告

主席柯拉罗夫：

现在开始讨论托洛茨基同志的报告。请勃兰德同志发言。

勃兰德（波兰共产党）：

同志们！两年来，资本主义一再要恢复不景气的欧洲经济。目前，资本主义正经历着资本主义有史以来最严重的一次危机。这次危机还伴随着对整个工人阶级的猖狂进攻。无论危机还是进攻，都预示着资本主义的当务之急是改善它的经济基础。但要改善经济基础，存在着巨大的障碍。人们正是根据这些障碍的性质，透过这次危机的新现象，认清了这次危机与资本主义的其他危机不同。首先，经济不是悬在空中，而是牢牢地扎在地上，受到资本主义国家框架的限制。经济恢复不能超出这个框架，而这个框架就是帝国主义的《凡尔赛和约》。众所周知，《凡尔赛和约》人为地制造了许多国家，这些国家毫无生命力可言，彼此常年不和。政治上的这个框架同恢复经济的要求存在着尖锐的矛盾，从而导致恢复经济的要求同政治形势以及统治阶级的政治传统一再发生冲突。难怪法国、波兰等国丧心病狂地推行帝国主义政策，即破坏欧洲经济、阻止欧洲经济恢复的政策，因为恢复经济，一来需要和平，二来需要资本主义国家联合起来。

去年 7 月在布鲁塞尔举行的金融会议郑重宣布：再也不能这样继续下去了，用于战争的支出仍占经费总支出的 20%，在和平到来之前，经济恢复只是一句空话。劳合-乔治也在 11 月份痛斥了那些在欧洲煽风点火、进行破坏的人，说他们提着煤油桶来回奔跑，火上加油。但也正是这位劳合-乔治却强行把爱尔兰控制在英国手中，强行从埃及和美索不达米亚索取利息。同样，法国也强行向德国索取赔款，波兰也霸占了上西里西亚。暴力已成为资本主义必不可少的手段。资本主义国家离开暴力就无法生存下去。

以往，克服危机的办法是销毁技术不完善的生产资料，扩大生产基础，使生产过渡到更高发展阶段。这一次克服危机的基础却比较狭窄了。这意味着技术要落后，欧洲经济要倒退，千百万人要失业而无法生存，整个经济要出现萧条。这意味着在今后数十年之内，赤贫现象将是欧洲的经常现象。用罗莎·卢森堡的话说，这意味着回到野蛮时代。这次危机的最终目标不是发展而是瓦解资本主义。

克服这次危机的主要障碍是危机本身的社会根源。本来，无数财富已经毁于战火之中，但在观念上，财富依然存在，如支付债务利息的义务、国家证券等等，而债务利息是非支付不可的，这是资本主义的基本原则。不但要支付资本利息，而且要支付所有军费利息，这将是我们这一代人的经济义务。军事债务问题的实在情形就是如此。这是一个不容回避的问题。它说明了什么呢？既然资本主义生产机构及其虚拟资本要全力致力于支付利息，那从工人阶级身上榨取的剩余价值要大于战前，就是确定无疑的了。

这办得到吗？当年英国能够承受拿破仑战争的重担，完全是因为英国发展了自己的技术，从而增加了收入。可是在我们欧洲，不仅看不出技术有何进步，相反，技术落后了。那么，也许他们要通过增加工人的办法来提高生产率？也不是，工人的数量实际在减少。可见，他们企图用提高剥削率的手段来提高生产率。

资本主义只有加紧剥削，才能不断增加利润。那么，战后资本家都干了些什么呢？他们被迫实行八小时工作制，被迫放宽劳动纪律，被迫默许生产率的下降，因为他们别无他法。大战刚刚结束几个月，德国铁路主管部门即加倍录用了工人，但这纯粹是为了不使失业者挨饿，避免他们成为革命骨干。资本家为保全自己的政治统治和国家政权，被迫作出让步，但这种让步与资本主义私有经济绝不相容。能否长久，值得怀疑。政府采取的支付面包补贴、解决住房问题等一整套改良措施，受到社会改良主义者的交口称赞，但这些措施与恢复资本主义水火不相容。没过多久，国家财力便无法承受，也影响了国家预算。难怪金融资本家最先意识到这种状况再也不能继续下去。布鲁塞尔金融会议本来专门研究通货膨胀问题，结果，也不得不讨论上述问题，以改善总的财政状况。

一般说来，财政状况是社会结构内在状态的标志。国家财政状况不佳，说明机体从内到外患有疾病。金融资本家要消除这个疾病，并且确实查明了真正病因。布鲁塞尔金融会议吁请各国政府不仅要大力限制军备，而且要放弃一切"妨碍经济力量自由发挥"的经济措施。换句话说，就是要无限度地剥削工人阶级。当危机只影响国家财政即国家预算时，资本主义并不公开发动进攻。而当危机降临到每个资本家个人头上，即资本家推销商品遇到困难的时候，他们才恍然大悟：单单压低工资还不够，必须采取更严厉的手段，必须公开发动进攻。这种进攻现在刚刚开始。资本主义认为，仅仅压低工资，使失业者无以为生，是不够的，必须变本加厉地剥削工厂现有工人。资本主义追求的是，从工人身上榨取更多的剩余价值，因此必须延长工作日。八小时工作制是他们的绊脚石，他们恨不能改行九小时甚至十小时工作制。一场斗争就在眼前了。资本主义向工人阶级大举进攻的阶段开始了。这一切将使工人的生活水平和社会地位一落千丈。危机的根源即在于此。

当然，问题不在于资本主义是恢复还是灭亡，而在于我们是否为它提供恢复的机会。在这场斗争中，我们难免有失败，但作为共产党人，我们正是要在这场斗争中担当起领导工人阶级的重任。我们将以实际行动表明，我们是工人阶级利益的捍卫者。两年来，各国的谢德曼分子充当了资产阶级与工人之间的调解人。他们所以能充当调解人，是因为资产阶级想和工人阶级和解，是因为资产阶级尚有对工人阶级作出让步的余地。谢德曼分子帮助资本主义度过了两个凄风苦雨的年头。两年来，他们利用有名无实的改良蒙骗工人，帮助资本主义建立起国家机构。在我们波兰，虽然国家机构是社会爱国主义分子亲自建立起来的。但这与谢德曼分子的作用是分不开的。如今，大功告成，谢德曼分子可以被一脚踢开了。当然，资产阶级也许还用得着谢德曼分子，但它决不肯再对工人让步了。目前，资产阶级的口号不是收买而是镇压工人阶级，迫使工人阶级就范。现在，社会改良主义者仍然站在资产阶级一边（这也是迫于无奈），既然如此，我们就要揭露他们的叛徒嘴脸，使广大群众认清他们不仅背叛工人阶级的历史使命，而且也背叛工人阶级的当前利益。

在这场斗争中，我们共产党人立志在广大群众心目中成为为彻底解决这个问题而奋斗的战士。我们应当重视这项任务并使我们的整个策略适应这项任务。我们必须成为为工人的切身利益而奋斗的战士。我们将率领工人转守为攻，打一场真正的进攻战。意大利有此先例，只是规模有限而已。去年，意大利企业主企图压低冶金工人工资，但遭到反抗，工人一反过去举行罢工的做法，占领了工厂。

我们现在进行的是防御战，失败在所难免，但资本主义要再次振兴，那也是白日做梦。一切表明，资本主义正在瓦解，因此，使工人脱离这个过程是我们的任务。我们决不做预言家，我们要掌握事态发展的过程。我们的任务不是为革命强作辩解，而是争取革命的胜利。因此，我们欢迎红军领袖所作的关于经济形势的报告。这个报告将使我们的敌人明白，共产国际决心不仅用统计数字，而且用大刀同他们作斗争。（赞同声）

扎克斯（德国共产主义工人党）：

同志们！我要说的，不仅涉及托洛茨基同志昨天的发言，而且主要涉及托洛茨基与瓦尔加同志共同提出的提纲。我和我们党的同志认为，提纲没有把共产国际对当前经济形势以及与其有关的政治形势的观点充分反映出来。我们认为，如果提纲以共产国际名义发表并由共产国际承担责任，那么提纲就必须重新改写。毋庸讳言，起草提纲，是因为有必要同主张改造、主张恢复第二国际和第二半国际的派别展开论战，即便如此，这也并不表明，承认改造派的抉择就是成功的即正确的论战手段。抉择即指资本主义究竟会复兴还是会瓦解与崩溃，这是提纲前言提出的问题。不错，昨天我们听了托洛茨基同志的发言，他把当前短暂的周期性危机与繁荣，同资本主义较长时间的高涨与衰退联系在一起。对此，我们，看来大家也一样，同他的观点完全一致。托洛茨基又说，曲线最初呈上升趋势，现在却连连下降，但不是直线下降，而是时有波动，对此，我们也都无条件地表示赞同。但是，提纲对于这次资本主义的衰退时期同上次资本主义的繁荣时期在性质上有根本区别这一点，不仅没有完整地加以论述，而且连提也不提。提纲从经济上研究形势，主要以国民财富、生产率和世界市场财富的数量问题为依据。这个观点无疑重要，对人类和工人群众的幸福具有决定性意义。不过，就目前我们所进行的分析而言，这还不够。提纲所表述的这个观点有必要补充说明，依我来看，甚至有必要重新改写，因为整个现代经济比以往任何时候都注重利润，而不注重生产。在当前情况下，生产只是一种偶然性的结果，是谋取利润的手段之一。整个资本主义衰退时期（个别波动情况除外）的特征表明，资本主义出于本性，在其进入初级发展阶段时，尽管处于繁荣时期，但宁愿挑起社会冲突，也不愿以同等的规模发展经济。有一句话——尽管从宣传角度讲十分夸张，但却明白易懂——能生动地表达这个事实，那就是：资本正在自我调整，尽管它要靠降低生产率来维持自己的收入，这是我们不能不承认的。资本实力的恢复是以经济崩溃为基础的。可见，资本复兴同经济复兴几乎是背道而驰的，因而，改善经济、加强资本实力的重担自然就全部落在广大人民群众的肩上。复兴的也只是资本主义的核心部分，归根结底，就是原料垄断巨头。他们倚仗其余一切资本家、其余各类产业或多或少依赖他们，靠他们提供原料这一地位，而把资本的最强有力的支柱置于自己的控制之下。现在，对他们来说，问题的关键不是向生产过程规律化和计划化的企业投资，以逐步获取资本的利润。绝对不是。现在，问题的实质在于如何保住利润和如何垄断利润。这是资本主义衰退时期经济状况的第二个特征。对利润实行垄断已成为一件头等大事，致使无产阶级不得不承担复兴这个资本主义核心的全部费用。当然，分担这笔费用的还有资产阶级广大阶层以及这样一些企业主，他们既要依赖原料供给，但又不愿受诸如施廷内斯们、蒂森们等这样一些原料垄断资本家的摆布，再有就是那些原料垄断权对他们不起作用的企业主。这样一来，工厂停工，企业被迫减产。资本家个人破产的也不在少数。不过，我们知道，只要资本主义经济还继续存在，资本就能随机应变，而无产阶级，归根结底，是没有回旋余地的。看看德国、英国和美国失业状况的统计资料，人们便不难相信，产业后备军的概念完全变了，失业的性质变了。从前，"产业后备军"的概念是，广大失业者一有适当机会就可能被资本纳入生产过程中去，其部分原因是，资本要通过这种手段来达到降低在业工人工资的目的。但在现有的失业规模下，这种念头就荒唐可笑了。失业者再也不是后备军了。由于失业，不仅失业者本人，而且他们的后代，都注定逐渐死亡，活活饿死。当然，这同随便把人活活饿死不能相提并论。为了掩人耳目，他们适当接济失业者，即采取一种人们曾经一度十分担心会对资本产生破坏性作用的手段。接济失业者是一种隐瞒真相、同时也是保护资本的手段。

借此机会，我还要指出提纲几乎没有涉及的一个问题。我指的是国家财政机构，它现在起着比过去更大的作用。现在，国家财政机构的主要作用是，掩盖垄断资本家老爷对工人群众以及广大居民阶层的剥削。当然，取消统一税，这根本谈不上，至少到目前为止是这样。原先关于完全取消捐税的理论论点在各个细节上是否还符合当前占上风的垄断趋势，值得我们重新仔细研究。即便有的捐税不在取消之列，那也不等于说，财政机构至今仍以其四分之三的力量从事掩盖资本主义垄断组织剥削广大居民阶层活动这件事就不复存在了。托洛茨基同志说，经济上遭受破坏最严重的国家迟早要破产。提纲也非常肯定地表示，这些国家必定要崩溃。对此，我要不揣冒昧地说，这是一种非常糊涂的观念。究竟谁能热衷于弱国和经济上一败涂地的国家在财政上破产呢？谁是债务人？谁是债权人？债权人有两种：一是握有国家证券的私人资本家，二是要求赔偿战争损失的政府。私人资本家并不希望国家破产，不论是全盘破产还是局部破产，因为，正如提纲所说，它势必引起一场国家财产再分配的竞争。占有或至少是控制大部分国家财产的资本家决不希望这场竞争发生，相反，他们要极力杜绝这种竞争。他们自有别的出路，但也不限于在账簿借方与贷方栏目上列出的数字总和上面打主意。在这一点上，我决不同意勃兰德同志的观点。无疑，现在国家和私人提出来的支付利息的要求已不能彻底满足。资本主义的所有账目都能实现销账的时代已一去不复返了。现在，它只图保住自己的政权，满足自己的需求，而广大群众的需要却得不到满足。现在执掌政权的资本家对于不得已延长贷款偿还期限和在账单上作某些让步，已根本不计较。目前，他们一心一意要将阶级斗争进行到最后胜利。正因为如此，我认为国家绝不可能破产，理由是，资本家们、部长和大臣们以及三等文官们现在和将来都不希望这种事情发生。那么，债权国是否热衷于此事呢？不过，要知道，解决主张宣布比如德国或奥地利国家破产或不主张宣布国家破产这个问题的，不是政府，而是本国资本家。至于资本家是否愿意，这就很值得研究了。资本家要满足自己的需要，自有别的办法。关于这一点，下两个发言的同志将作出说明。资本要通过经营管理即所谓内政的办法，具体地说，保全自己的利润的办法才能复兴起来。现在，我要补充一句：今天，国家政权对资本所能发挥的影响也不及过去了。鉴于这一类问题从国际角度比从国内角度容易看清，就请泽曼同志就此作出说明吧。

泽曼（德国共产主义工人党）：

同志们！扎克斯同志的论断和他对提纲的批评证明，我们已经进入一个新时代。道理十分简单：世界经济正经历一场前所未有的、惨重的危机，而由于资本主义经济机构缺少稳固的改造基础，且有事实表明，经济关系中的这一场大变动的形式与过去不同，所以这场危机是无法克服的。原来，资本主义因为在实现它的艰难目标和斗争的过程中吃尽了苦头，所以采取了新的手段来对付我们，而我们则必须充分利用这些手段，以实现托洛茨基在他的报告一开头所提出的要求，即："我们必须研究一下，根据新的情况，看看有无必要修改共产国际的纲领或策略。"①

---

① 托洛茨基在报告开头没有这段话。——编者注

我指的是一个不容置辩的事实，即资本又恢复了元气，它现在不但在一国范围内，而且在国际范围内重新左右着局势。《凡尔赛和约》的网口已逐渐张开了，一种务实的趋势越来越明显了。那么，资本要采取什么行动呢？我们非常清楚，要想"复兴"就必须牺牲劳动群众的利益，这个道理是资本家推行"复兴"政策的基础。资本懂得，为了一致对付无产阶级特别是无产阶级的最积极的部分共产党这个共同的敌人，什么民族界线，什么民族沙文主义和帝国主义——其实，帝国主义是资本主义的本质所固有的东西——此刻统统应当抛弃。当然，资本主义制度必然灭亡，这依然是颠扑不破的真理，这个显而易见的真理我们用不着去研究，不然，我们跟独立社会民主党人，跟社会党多数派就没有区别了，举行世界代表大会也就没有意义了。在如何消灭资本主义、如何使消灭资本主义的过程导致无产阶级取得政权的问题上，我们必须果断行事。而这样一来，资本家便看出，他们的敌人不是他们的竞争对手，而是无产阶级。资本家也看出，资本主义国家的共同利益绝不容忽视，资本主义的一整套策略必须由他们亲自来制定。他们果然这样做了。鉴于一些国家在国际上的经济关系错综复杂，首先是法国、英国和美国的资本竟然流入了早已吸收本国民族资本的德国托拉斯。你们说怪不怪，法国和英国的资本家竟然从客观上和主观上希望资本主义的德国顺利复兴。其实，一个拥有企业1/3或1/4股份的人，希望该企业繁荣昌盛，这也在情理之中。

当然，毫无疑问，民族资本或国际资本的任何集中过程都孕育着自身的灭亡，因为，资本主义制度的主要特征和私有经济的基础是利己的发财欲望。我们完全同意托洛茨基同志的见解，即下一次世界性冲突，首先而且极有可能在英美之间爆发。但我们并不认为这场冲突将构成资本主义的下两个发展阶段。至少，我们认为就此作出任何像天文学那样准确的预言是不现实的。原因是，就连是战争还是和平的问题本身也取决于种种难以觉察的情况，这些情况能在关键时刻起决定性作用，但这些情况本身也受许许多多难以预料的意外情况的支配。

不过，首先阻碍这场冲突爆发的完全是另外一个原因。这场冲突绝不是共产主义所关注的冲突。资本更关心的是把矛头指向工人阶级的斗争。

代表错综复杂利益的资本主义经济的动力是，你、我、大家、人人都想捞一把，而且多多益善。但从何下手，他们正在物色目标。对于这一点，我们认为提纲注意得不够。俄国就是第一个目标，俄国问题是西欧国家的心腹之患。西欧资本希望俄国复兴，因为在一定时期内，俄国是最理想的目标，是推销西欧工业产品的最方便的市场。

问题在于如何使俄国复兴。从道义上讲，单就无产阶级三年来对俄国漠不关心这一点来说，俄国也有权在这方面得到资本主义国家的帮助。如果能做到既满足俄国的迫切需求，又避免因给资本开辟如此有利可图的市场而损害革命和进步事业的利益，便可收到两全其美的效果。关于这个问题，现在，在人数众多的全体会议上继续深入地谈下去，占用时间未免太长。毫无疑问，联合资本的意图就在于此。在这方面，一个有力的证据是，英国大企业主在英国政府的庇护下，为了上述目的已经联合起来了，英国资本主义领导集团同德国辛迪加头头就苏维埃俄国问题举行的谈判也已经结束了。关于这一点，我们将有机会更深入地探讨。

我认为，提纲应当有一个目标，这就是在坚持研究经济斗争的基础上，明确地制定共产国际的策略。这个目标，托洛茨基同志自己在报告一开始就已指出，然而在报告末尾却又把它忘记了。当然，托洛茨基同志的任务不是深入探讨策略问题，因为专门有策略提纲，但他仍然应当提出策略的一般要点。应当注意到，资本为了对付无产阶级，想出了一些讨好其对手的新花招，如成立工业委员会、选举工业委员会代表进入监事会等等，这些花招，就在不久以前还没有人想得出来。下一步，资本提出的口号无疑是监督生产。无产阶级必须用新的强有力的战斗性策略来对付资本主义的新花招，使资产阶级无计可施。

因此，我们提议，不能只经过一两天讨论就对提纲进行表决，而要再次把它提交委员会讨论。也许，托洛茨基同志能抽出身来亲自参与委员会的讨论，协助我们对他的提纲作一些补充。顺便说一下，我们决不想一味批评他的提纲，相反，我们认为，提纲是论述总的经济形势的珍贵材料。我们深知，这个提纲是才能与心血的结晶。我请求将我的提议提交大会讨论。

波加尼（匈牙利共产党）：

同志们！托洛茨基同志在大会上作了精彩的报告，论证了提纲，但我认为提纲有一处有矛盾，有一处有疏漏。我不揣冒昧地举出两处来。(1) 在第4页上写道："资产阶级得以保住自己的统治地位的主要原因之一是，战争结束以后，原来认为必然要爆发的危机不但没有爆发，反而立即出现经济繁荣时期。"(2) 在第14页上写道："一旦经济复苏，在当前的危机期间被资本的进攻击退的无产阶级，就会重新转入攻势。"可见，提纲先是说，因出现工业繁荣，欧洲无产阶级没能掌握政权，接着，提纲却又说，相反，是当前的经济危机妨碍了夺取政权。我早在委员会会议上就已指出这个矛盾。托洛茨基同志却反驳说，不应当机械地理解无产阶级的革命发动与经济危机之间的关系。总之我要说，托洛茨基同志认为危机产生革命效果，但并不永远如此。他举俄国工人运动史上的例子说，在革命运动中被打败和被白色恐怖压垮的无产阶级，因经济高涨而恢复了元气。托洛茨基强调，只要经济形势好转，因危机而被迫采取守势的无产阶级就将转守为攻，这说明他是要普遍套用这个例子。首先，我要说，俄国的例子不完全恰当。因为很显然，无产阶级被卷入经济危机之中，与世隔绝，为了重整旗鼓，它需要经济高涨，这也是实实在在的。我举一个小小的例子，证明情况恰恰相反。匈牙利无产阶级被反革命势力打败，陷入残酷的白色恐怖之中。但在无产阶级专政被颠覆之后出现的经济繁荣期间，无产阶级恢复元气了吗？没有，现在，随着经济危机的爆发，匈牙利工人运动反倒迅速发展起来了。

其实，我认为这两个例子都不适用于欧洲的现状，因为，俄国无产阶级和匈牙利无产阶级是分别在1905年和1919年被打败的，可是迄今为止，欧洲没有一个国家的无产阶级被打败过。说欧洲无产阶级被打散了，它的组织被破坏了，这都是不实之词。相反，在繁荣时期，欧洲无产阶级建立了空前庞大的工会组织，现在，欧洲工人阶级几乎都已组织起各种战斗联盟。在经济危机初期，无产阶级不仅没有被压垮，相反，在经济危机刚刚爆发时，德国、法国和捷克斯洛伐克就建立了强大的共产党。群众性的共产主义政党不是在经济繁荣时期，而是在经济萧条时期建立起来，这都不是偶然现象。经济危机爆发后，人们产生的失望情绪反而促成德国、法国和捷克斯洛伐克原先的共产主义派别建立起真正有组织的、群众性的共产主义政党。因此，可以断言，危机绝不产生安定效果，危机不会给欧洲带来平安，而工人阶级也不会像资本家所要求的那样，偃旗息鼓，逆来顺受。

总之，我认为，提纲处处以将来要爆发世界战争为着眼点，而忽视目前各地正经历经济危机这一现实。提纲总以为这场危机孕育着繁荣时期，并津津乐道于此，而忽视当前的危机时期，不认为这场危机预示着一场更大的危机。我认为，首先，这场经济危机不会也没有能力给欧洲带来和平，因为危机存在本身就证明，资产阶级已经横下一条心，要不惜一切代价打垮无产阶级，即把无产阶级打散，使它受资本主义摆布。其次，危机还表明，无产阶级不甘心也不可能甘心受摆布，原因是：有共产党存在，而只要这个党依然是共产党，不管愿意不愿意，它都应当设法保护无产阶级，资产阶级在危机期间自然而且必然越来越经常地求助于国家政权以对付无产阶级。我认为，提纲对非经济性的赤裸裸的暴力的作用论述得不够。那么，在目前情况下，非经济性的暴力的性质和作用是什么呢？这无非是国内战争。我认为，提纲对国内战争的作用也考虑得不周。必须肯定，暴力现在所起的作用同它在所谓资本原始积累时期的作用完全一样。在资本主义衰退时期，暴力所起的作用同在资本原始积累时期并没有两样。是什么作用呢？先是使生产者与生产工具相分离，然后使新造就出来的无产者与生产条件即资本相固定。那么，现在非经济性暴力的作用是什么呢？上述过程不变：一方面，使无产者因失业、缩减生产、同盟歇业而与资本主义生产工具相分离；另一方面，用强制手段，使无产阶级群众与资本相固定。现在，劳动纪律建立起来了，工作日延长了，鲁登道夫依据普遍义务兵役制而制定的普遍义务劳动制的计划抛出来了，这个计划虽然离奇，但未必不能实现。埃舍里希和奥尔赫什也在德国正式招认了。

主席柯拉罗夫：

时间已到，请发言人注意。

波加尼（匈牙利共产党）：

同志们！我要提修改意见，请求延长时间。（一致同意）

同志们！我应当提出一个问题，就是说，应当起草一项托洛茨基同志的提纲所没有包括的内容。预计近期内要爆发的经济危机将给无产阶级带来什么呢？它将给共产党和共产国际造成什么样的局面呢？许多同志会说，要找到确切的答案，就得当预言家，而这是历来不可取的，因为十有八九是不准确的。我看，危机本身就是一个预言家。这次危机造成的事实和影响，我们已经看到了。有两个极其重要的事实我不打算细讲，只提一下。第一个是英国的矿工罢工，第二个是德国中部的起义。撇开斗争的外在意义不谈，英国和德国这场声势浩大的斗争的社会内容是什么呢？无非是一场反对资产阶级降低工资的防御性斗争。这场斗争以什么形式进行的呢？各地的形式都一样。因为，国家政权使出浑身解数来压制工人。这种情况我们过去在德国见过，而在英国，如此规模的斗争则是空前的。英国大臣们说得对，英国还从未经历过像矿工罢工期间那样的危机。那么，斗争的成就如何呢？在英国，不是我们过分乐观，事实上，工会官僚的背叛，为革命、为群众性的共产主义政党的存在创造了基本前提。那么在德国呢？在德国，共产党确实变成真正革命的政党。此外，在独立社会民主党内又重新形成了所谓左翼，所以，我们党现在就不像德国中部事件发生以前那样孤单。

我不是预言家，但我敢说，这场斗争不仅非常生动、非常具体地反映出斗争的社会内容，而且也使我们领悟到，这种斗争所能起到的作用是有限度的，资产阶级在这场斗争中的真正目的在于，借助国家政权，将工人阶级的生活水平降到工会成立前的水平。例如在英国，在"工业同盟"罢工期间，工会的所有权利被暂时取消了。在德国中部，在起义被镇压下去以后，不仅政治运动遭到破坏，而且工会的权利也被缩小，有的则根本被取消了。

因此，可以肯定，无论在资本主义末期还是在资本主义诞生时期反复出现的现象始终存在。无论在资本主义高涨时期还是在资本主义衰退时期，只要爆发战争和革命，诸如掠夺、一夫两妻、盗窃等这一类司空见惯的现象就必然出现。也不是单单生产者与生产工具相分离的现象，而且还有剥削阶级法律的强制作用（这是主要的）导致白色恐怖，而白色恐怖在资本主义诞生初期和它的末期即现在所起的作用是完全一样的。马克思说得好，资本来到世间，从头到脚，每个毛孔都滴着血和肮脏的东西。现在我们可以说，我们眼看着资本主义就要灭亡，而它身上也同样滴着血和肮脏的东西。

因此，同志们，仔细考察这场危机（依我看，提纲的最重要的任务就是论述世界危机），就会发现它有三个主要特征。第一，资产阶级在经济上向无产阶级发动全面进攻；第二，无产阶级开展防御性斗争；第三，由于经济上的这种防御性斗争往往必然转变成政治斗争，所以资产阶级动用它的国家机器。这部机器，各国资产阶级在繁荣时期已加以改造，现在愈来愈公开地和愈来愈大规模地被用来对付无产阶级。既然如此，那么我认为，共产国际和各国共产党的主要任务是，无论下哪一种结论，都要以上述分析为依据。在这个危机期间，我们将不得不经历一场规模空前的国内战争。所以，我们能够而且应当将危机和新的国内战争，而不是相反，即把繁荣和未来的世界战争作为提纲的主旋律。拉狄克同志说过，在政治上要有敏锐的音乐听觉，我以为，凡是具备音乐听觉的人，一听就能听出提纲的主旋律是新的世界战争和繁荣。我认为，经过对捷克斯洛伐克、法国和德国问题的讨论，在这个大厅的音响效果中，在当今世界形势的音响效果中，人们应当听到另外一种主旋律——新的内战和危机，而不是繁荣和新的世界战争。

根据以上观点，我的修改意见是，要把反映提纲基本实质的几点主张列入提纲。现在，提纲第 14 页末尾写道："一旦经济复苏，在当前的危机期间被资本的进攻击退的无产阶级，就会重新转入攻势。"我提议删去这句话，补上："在危机时期，无产阶级被迫采取守势。但在后退时，无产阶级必须开展防御性斗争。由于资产阶级越来越多地求助于国家政权，所以防御性斗争必然转变成政治斗争。经济危机是政治积极性急剧提高和国内战争爆发的时期。如果无产阶级不以应有的进攻精神开展这场防御性斗争，那么资产阶级就会把工人的生活水平降到工会成立以前的水平。"（赞同声）

塔尔海默（德国统一共产党）：

托洛茨基同志关于世界形势和世界危机的提纲，无疑对共产国际的策略观点具有极其重要的意义。提纲已经预先在一定程度上对策略观点产生了影响。因此，我们有必要对提纲以及与之相联系的策略观点进行审议。基于这个观点，托洛茨基同志在发言中所说的"在1918年和1919年出现过革命运动的迹象"这一句话，特别引起我注意。据我的记忆，他是这样说的：那时，欧洲革命变革只消数月即可实现，现在看来没有几年不行。我认为，那时他把标尺定得太近了，现在却又把标尺定得太远了。我并不想以此否定，要等上许多年，欧洲任何一个大国才会完全具备夺取政权的态势。但确定日期、期限等，我认为是荒谬的。我认为托洛茨基的这句话表明，提纲没有把目前危机时期的革命内容突出地、生动地显示出来，没有把危机时期的危险性明确地指出来。提纲给人的印象是，目前危机时期不过是资本主义平平安安衰退的时期而已，从总体上说，世界无产阶级的主要敌人资本主义将迎来一个暂时的复苏和繁荣时期。我认为，这种观点要修正，首先因为尽管世界形势出现了社会平衡的表面迹象，但不难看出，这种平衡极不稳定，处在动荡之中，一有风吹草动，它就会遭到破坏，引起政治危机和社会危机。

托洛茨基以当前英美之间的冲突必然要加剧为例，来说明世界政治危机。我预料，诸如此类的、足以打破平衡的紧张因素还有许许多多。德法之间的相互关系便是最突出的紧张因素之一。我以为，这场冲突要比英美之间的冲突来得还早。

托洛茨基同志精辟地指出，无产阶级为克服1918年和1919年最初几次难关而采取的经济手段是：在一定范围内继续实施战时经济办法，扩大纸币发行量，签订借款协定，等等。这一切，托洛茨基同志在他的提纲和发言中都一一列举了。但我认为，他从世界经济的这些先决条件推论出来的战略后果，不完全符合它们的情况。我的意见是，提纲应当更突出地强调战略后果，应当着重说明，虽然在目前的危机时期出现了平衡，但这个平衡极不稳定；目前的危机时期孕育着社会冲突加剧与帝国主义冲突加剧的祸根。托洛茨基同志的提纲已经提到这一点，但是提得不够明确，不够鲜明。当然，现在谁也没有把握预言，这个危机时期将是国内战争爆发的时期，即预言社会冲突和帝国主义冲突将以什么形式加剧。不过，为谨慎起见（这也是必要的），可以指出，社会冲突加剧与帝国主义冲突加剧是非常可能的，这一点应当说得明确和肯定。（赞同声）

贝尔（英国共产党）：

托洛茨基同志在他的提纲中所阐述的任务，从内容上可分为两部分。第一部分是讲国际资本主义企图恢复自己的平衡，第二部分论述革命运动对付这种企图的策略。

不过，我想提请诸位注意更为普遍的动向，即力图恢复财政上相互依存时期——战前时期的那种资本主义的动向。1914 年以前，国外流传着诺尔曼·恩杰尔在《伟大的幻想》一书中明确提出来的、认为各资本主义国家由于在财政上相互依存而使得战争不可能爆发这样一种观点。这种关于资本主义国家在国际财政上相互依存的见解，对我们国际社会主义运动有着重大的影响。第二国际机会主义者颇为赞同这个观点，并往往以此为根据来制定策略和总的政策。如果我们接受无论是关于未来战争的公式，或者是关于提高物质福利的公式，甚至是关于国内战争的公式，那我们也可能犯同样的错误。我们不应当接受有碍我们革命运动壮大和发展的任何公式。研究和分析当前的社会问题、社会力量的斗争，这才是我们份内的事情。

战争爆发后，构成资本主义世界的诸因素都发生了大规模的位移。战前有两类国家：中欧国家和破坏本大陆原有稳定局面的协约国。不过，除此之外，战争进一步加剧了政治动荡，而在和平恢复以后，现在各资本主义国家又有回到从前相互依存关系上来的动向，这种依存关系有可能对我们的革命运动产生重大影响。因此，了解这种动向是我们制定战略与策略的极其重要的因素，它能帮助我们把力量集中在需要的地方，从而阻挠旧秩序的恢复。现在，用于巩固欧洲资本主义的新策略五花八门，其中一项主要策略就是吸引美国资本。据说，现在美国对欧洲的投资总额为1800万美元，其中英国、法国、意大利，以及另一个国家——具体是哪一国家，一时想不起来了——占1100万美元。另有贸易信贷400万美元。美国资本的这种渗透，对目前在欧洲普遍存在的巩固资本主义的动向产生了重大的影响。

德国赔款对欧洲资本主义的恢复也极为重要。德国偿付军费即输出煤和铁，不仅有助于本国资本主义的恢复，而且也在某种程度上有助于整个资本主义的恢复。无产阶级的生活水平也在变，因为只要生产增加，无论工人的工资多么低，他们的实际生活水平仍然会有所改善，这是一个绝不容忽视的事实。再谈船队，这也是一个同样重要的问题。在把德国船队转让出去以满足拥有数千工人的造船工业的需要之后，现在又有动向表明，要把没收德国帝国主义的德国船队归还原主。这也是一种力图恢复欧洲资本主义稳定局面的迹象。资本家已经看出，美国、法国，干脆说，协约国各个国家，都离不开也甩不掉中欧国家。尽管资本主义无力根本解决迫在眉睫的问题或实现稳定的平衡，但以上措施仍不失为暂时恢复资本主义的强有力的因素。再者，一度起过重要作用的波罗的海沿岸各国和各边缘国家也有了很大的发展。它们都有可能被用来充当英国资产阶级手中的警察。

英国资产阶级以其对德国和奥地利无产阶级所持的态度，以其在波罗的海沿岸各国的所作所为，而把那个本应毁于战争的普鲁士军国主义，那个德国帝国主义，在欧洲一手扶植起来了。所有这一切都是在它妄图恢复昔日欧洲稳定的企图下干出来的。恢复欧洲稳定的平衡这一动向对英国国内的形势产生了值得注意的影响。它在英国将成为形势益发不稳定的因素之一。它将使英国资产阶级自食其果，作茧自缚。确实，在英国，随着资本主义的发展，失业现象、经济竞争和内战愈来愈普遍。世界市场的压缩及其在和约签订以后的恢复，迫使世界市场的贸易时而由德国转向英国，时而相反。与此同时，在英国，暴力政策开始执行。自1914年起，在英国没有一次罢工不遭受武力镇压。因此，只要资本主义继续存在，资产阶级为了用恐怖手段对付工人阶级，就总是要诉诸武力。顺便说一下，这种警察暴力是那些被托洛茨基同志指责背叛了革命工人群众的工会产生恐惧心理的重要来由。托洛茨基还说工人领袖背叛了工人群众，但我认为，虽然普通工人渴望参加真正的革命活动，但军国主义和武力示威却是导致工人领袖采取较为妥协的政策和迫使革命运动转入地下的原因。因此，我们必须比过去更加重视英国的动向。

　　既然英国的革命运动正沿着共产主义道路前进，那么，我们可以指望革命将在欧洲蔓延。否则，英国因距离德国以及资本主义高度发达的其他中欧国家较近，而可能成为维护欧洲资本主义的主要中心。因此，我提议把问题提交委员会，并责成它不可把问题寄托在爆发国内战争的可能性上面。不可把它和其他公式联系在一起，而要把全部注意力放在解放那些注定要将英国发展中的无产阶级革命运动进行到底的社会力量上面。

克拉拉·蔡特金（德国共产党）：

　　同志们！托洛茨基同志的发言和提纲在会上受到了批评，这在某种程度上也是对我们关于策略的讨论发出警告。我不同意这种批评。我的观点是，我们应当非常感激托洛茨基同志，是他切实地、详细地和客观地为我们的策略论断打下了基础。作为马克思的真正学生，他深入地研究了一切社会动态、一切社会斗争。

我不打算就他在报告中所阐述的某些论点发表看法，但我想强调提纲的特点及其性质。我总有一种印象，就是会上无论是对托洛茨基同志的报告或者是对他的提纲，更多地是从策略问题角度，而不是从报告与提纲纯客观的和科学的意义与倾向的角度来分析的。

报告与提纲的倾向是什么呢？托洛茨基同志十分确切地指出了现代资本主义经济中存在的各种倾向。他指出了从前的资本主义危机与这次危机存在的本质上的区别。他的所有论点，可以归结为一个我认为是令人信服的结论，这就是无论今后整个发展进程如何，资本主义经济已被判处死刑。资本主义经济已经到了临界点，就其本质而言，它不可能超越这个界限。它将被共产主义消灭和取代。托洛茨基同志相当明确地强调国家政权在资本主义社会企图复兴资本主义——尽管它现在处在衰退时期——方面所起的作用。这个国际性现象引人注目，谁都不可能不得出这样一种印象，就是资本家正在竭力利用和滥用国家政权以复兴资本主义制度。我不同意塔尔海默同志的意见，他说什么，法德冲突可能比英美冲突爆发得早。我同意这种冲突可能爆发的说法，但我注意到，双方都有用牺牲无产阶级利益的办法来调解冲突的意向。就目前而言，这种倾向甚至占了上风。我的见解是，德国资产阶级和法国资产阶级之间的这种调解，不仅损害了德国无产阶级的利益，而且也损害了法国无产阶级的利益，所以它比严重的危机还要危险。我认为，德国、法国以至全世界的无产阶级面对这种调解的危险，必须唤起满腔热情，进行紧张的活动，发扬勇敢的战斗精神。

我认为，托洛茨基同志十分正确地强调，我们不应当指望资本主义经济经过自动发展而必然走向衰退。相反，斗争中的无产阶级意志作为一种社会动因，应当尽快地和坚决地干预历史发展的进程。但是托洛茨基同志又指出，共产党恰恰应当在这个经济基础上进行革命活动，也就是说，经过第一次打击之后必将爆发的危机还是延期爆发为好；也就是说，应当避免片面性，不能坚持认为，只有无产阶级沦为奴隶和联合起来，才是最重要的动因。如果无产阶级联合起来和沦为奴隶能起如此重要的作用，那么早在战争期间，无产阶级群众就应当进行决战了。要知道，那时我们也指望过，在无产阶级的灾难有增无减的情况下，一场反对世界资本主义掠夺战争的暴动必然要发生。然而这个指望落空了。

在失业现象遍及各地的德国，我们看到了什么呢？虽然我们竭尽全力争取失业者，使他们成为革命斗争的先锋，但实践使我们确信，并非全体失业者都肯加入斗争的行列。

我不想就此问题谈下去，因为我认为这是策略问题。此外，我们有确凿的证据表明，形势尖锐化、无产阶级赤贫化和奴隶化，都不会给革命带来多大益处。请大家回想一下奥地利无产阶级的悲惨处境吧。那些饱尝悲惨处境之苦的广大群众哪里有半点儿革命义愤？而主要是哪里有丝毫革命行动的志向？至少我不认为失业者在一定条件下能在革命斗争中发挥重大作用，不认为必须重视他们的作用和积极地利用他们。但是，同志们，必须估计到，正如托洛茨基同志所指出的，向经济形势好转的过渡时刻确有可能出现，到那时，我们不必张皇失措，对于资本主义处在巩固的前夕这一点也不必担忧。我们应当坚信，这只是资本主义的虚假繁荣而已。共产党必须在各个时期全力以赴，主动开展革命活动。我从托洛茨基同志的发言中得出的印象是，要坚决克服共产党和无产阶级群众当中的任何消极情绪。无论事态如何发展，无产阶级也好，共产党也好，都要坚决地勇往直前，夺取政权，建立无产阶级专政。要在一切领域进行紧张的斗争，随时做好斗争的准备。（热烈的赞同声和鼓掌）

罗易（英属印度共产党）：

同志们！讨论世界经济形势和资本主义生产目前所经历的危机，不应当局限于欧洲和美国。应当打破这个界限，因为，尽管资本主义中心无疑是在这些国家，但资本主义已遍及世界各大洲，其势力已扩展到欧洲以外的大国。资本主义因扎根殖民帝国而不仅可以维持，甚至可能长期维持下去。无疑，资本主义正在经历一场十分严重的危机，而且看来没有任何解救的灵丹妙药。但我们仍然不应指望资产阶级会轻易放弃斗争。资本家正千方百计地寻求摆脱困境的出路，以克服危机。他们深知，世界无产阶级会利用这场危机来加速世界革命的进程和破坏资本主义体系，因此，他们必然要寻求巩固资本主义体系的方法。

经过世界大战，整个地球被美国和英国两个资本主义国家瓜分了。世界实际上属于这两个国家所有。美国吞并了整个新大陆，而把亚洲大陆和非洲给了英国。在经济上，欧洲大陆国家实行上不是依附于美国帝国主义，就是依附于英国帝国主义。鉴于这两个帝国主义大国现在主宰着资本主义世界，它们复兴资本主义的能力究竟有多大，是我们必须探讨的问题。德国及其工业的被破坏，严重地动摇了美国和英国的工业地位。战前，德国的大批商品充斥英、美及欧洲其他国家的市场。战后以及德国工业遭破坏以后，这些国家的市场被美国、英国和日本占领了。这样一来，这些国家因德国衰败而遭受的损失，通过占领市场而大部分得到了补偿。资本主义大国开始明白，《凡尔赛和约》纯粹是胡闹，和约的条件根本无法履行，和约将不仅断送德国，而且也断送它们自己。缺乏远见使它们陷入绝境，为寻求出路，它们正力图使德国在经济上复兴，帮助德国打下坚实的工业基础。英国只靠自己的资金不能胜任复兴德国的任务，没有殖民地的巨大财富作后盾，英国的现代工业体系和宗主国的经济结构是担负不了复兴德国的重任的。所以，英国不仅从它自身的经济结构，而且也从它的殖民地和帝国领地吸取力量。为使国际资本恢复元气和防止惨重的危机发生，英国将继续推行并扩大它的帝国主义殖民政策。战前，英国在它的广大殖民地保持集约化耕作，尚有利可图，可以获得大量原料。如今印度、中国等国家的工业迅速发展，使得英国失去了广阔的销售市场，因而这项政策也行不通了。现在，英国工业的特点是生产过剩，然而，至少在一定时期内，不可以把生产过剩视为不祥之兆。

相反，殖民地国家的工业逐步发展，使多数居民的生活水平有所提高，因为，工业国的工资无论多么低，它们的生活水平无疑要比其他国家高。同时，因殖民地国家的工业正在发展，当地居民的购买力也有了显著的提高。在这种情况下，多半由于生产过剩造成的工业危机便使得大量资本变为闲置资本。而我们知道。如果资本家阶级不能有利地处置它的资本，那么后果必然是惨重的。现在，它们正加紧把资本从宗主国输往其他国家，以使这些国家得到发展。此外，为了用恐怖手段对付工人运动，政府还建立了庞大的军队。它们还从巨额利润中拿出一部分，用来收买工人领袖，甚至用更多的钱发放大量的补贴等等，以求用和平方式制止失业者采取革命行动。因此，我提议，提纲应当单列一条，强调殖民地对巩固国际资本主义的重要作用和指出共产国际的任务——注意殖民地的资源，这些资源有可能被资本主义体系广泛用来实现其复兴目的。

克南（德国统一共产党）：

同志们！自大会讨论以来，有一个颇为引人注目的现象，这就是：对原则和提纲只有批评意见，并且"左"得出奇。我没有必要同"左"倾进行论战，因为托洛茨基同志将亲自给予它们以强有力的回答。我感到奇怪的只是，法国代表在他们对提纲的修正案中没有明确地和公开地说明他们右倾的理由，这一点令人遗憾。

　　我认为，讨论这项议程的目的并不在于论证革命万分必要，而在于说明共产党是进行革命所必不可少的工具。具体地说，我们面临的问题是：在今后一年内，世界形势将向我们展示什么样的前景？换句话说，从这一次代表大会到下一次代表大会期间，世界形势有哪些因素可能加剧政治危机和经济危机？因此，今天我们在论述提纲时，内容必须更加具体。重要的是，要制定一条指引我们走向 1923 年以至 1924 年的路线，这条路线还要向我们精确地指明，正如托洛茨基同志所说，在 1923 年或 1924 年将要爆发新的冲突。而过分强调这条笼统的路线和英美之间将要爆发一场争斗，已经使我们严重偏离具体的斗争。必须适当扭转这种偏差，必须在提纲里着重阐述共产国际在今后一年内的任务，而少谈未来的战争，必须针对可能发生的经济对抗和政治对抗作出指示，哪怕几项指示也好。我同意波加尼和塔尔海默两位同志的论点，并认为，波加尼同志提出的修正案完全正确。

　　此外，美中不足的是，托洛茨基同志的发言以及他分析当前形势的提纲，主要着眼于俄德关系，而没有充分反映国际现状。英国与日本、英国与美国将来会发生严重的对抗，这是确定无疑的。但这是遥远的将来的事，而当今时代表明，下一步要发生的是一系列尖锐的经济对抗与政治对抗。提纲的着眼点未免遥远而又遥远了。

　　上西里西亚问题依然是一个亟待解决的问题，鲁尔区被占领的危险依然存在；裁减军备问题仍未了结，经济问题也未解决。形势每时每刻都有急剧恶化的可能。前面发言的同志已经指出，近东形势恶化了，而东亚的紧张形势目前趋于缓和。那么东亚的新政策发挥的作用如何？我们对新政策应持什么态度？最近，波兰和意大利各自经历了紧张的战斗，上西里西亚问题的反作用我们也已亲自体验过了，捷克斯洛伐克国内正经历一场严重的斗争，巴尔干各国正遭受骇人听闻的压迫，挪威国内爆发了声势浩大的罢工，还有英国大罢工，刚才已经有人简单地提到了。此外，在意大利，运动也在发展壮大。总之，形势普遍急剧恶化。对此，要有明确的对策。地中海制海权易手——提出这一点，是因为我方才提到意大利——也是一个重大问题。在近东，这种变化所带来的影响再明显不过了：法国和希腊几乎是单枪匹马地同小亚细亚诸共和国作战。美国力图保住对意大利强有力的影响，英国何尝不想控制这些国家，但它力不从心，只得让位。

提纲还有一个论点，我认为讲得不透彻，我想提几点意见。托洛茨基同志讲到国家破产，但讲得不深不透。在论述一个国家处于资本主义衰退而不能自拔的时候，必须说明，国家破产只是一种经济现象，它不能消除任何弊端，而且，他所谓的国家破产，现在已根本不可能发生。现在，国家破产，以德国为例，就意味着革命，这是我们确定对这些问题的对策时所应遵循的方针。我确信，明年，如果要按照代表大会现在的观点发动工人，使他们做好革命的准备，那么，交到工人手中的提纲就不能只讲1923—1924年的战争，而要着重讲目前即1921年发生的对抗。我希望委员会在这方面提出一系列实质性的修改意见，以便代表大会的决议能在我们各自国家里贯彻执行。（鼓掌）

托洛茨基作总结发言

同志们！开始讨论以后，勃兰德同志率先发言，他的演说十分精彩，我不想评论，因为演说的内容我基本上同意。我只想就他发言的结束语发表一点意见。当时主席催他，他的话可能没有讲完，但这一句结束语有可能引起误解。勃兰德同志说，我们不用统计数字，而用大刀打败资产阶级，并且，为强调这一点，他还特意指明报告人即我的身份。必须公开声明，我接触最多的是红军的统计工作，而不是大刀。（笑声）假如在勃兰德及其他同志的心目中，我是一个所谓拿大刀参加红军作战的人，那他们把我的职能想得太不切实际了。我更多的时候是从事靴子、裤子，对不起，还有衬裤的统计工作，而不是拿大刀冲锋陷阵。（全场笑声一片）总之我认为，大刀和统计工作丝毫不矛盾，在战时，军事装备统计工作不可小看。拿破仑讲过："兵不嫌多。"我们知道，统计工作也包括统计兵力的多少。勃兰德同志想必不会忘记，在我们进军华沙的时候，我们的统计就出了差错，距离和兵力都没有计算准确，对敌军的反抗也估计得不正确。总之，锋利的大刀，加上大刀等军事装备的精确统计，二者珠联璧合，相得益彰。（鼓掌）

泽曼同志抓住勃兰德同志的一点意见，用更加刺耳的话重复说：我们用不着证明革命的必要性，我们应当进行革命。这一句话不完全错，但也不完全对。就工人而言，我们应当帮助他们认清革命的实质、革命的可能性、革命的必要性、革命的必然性，而就资产阶级而言，则应当强行革它的命。因此，如果泽曼及其他持这种观点的同志仍然坚持认为，历史发展到某一特定阶段，革命就必然发生——这是扎克斯同志或泽曼同志的用语——并且认为这是对经济发展作客观分析得出的结论，那我认为他们是错的。要知道，这也是第二国际社会民主党所一贯坚持的观点。我们对此不再感兴趣。我们要有目标，并要借助于相应的组织和策略达到既定目标。的确，正像不能把大刀同统计工作对立起来一样，不能把历史的主观因素同革命意志对立起来，也不能把工人阶级的革命觉悟同客观条件对立起来。要知道，既然机会主义者——希法亭们、考茨基们和考茨基主义者认为精神发展过程是一个自动的过程，并只把客观因素即我们认为是客观的、几乎完全排斥主观因素（工人阶级的革命的、起推动作用的意志）的敌对阶级意志的因素列入他们伟大的历史统计范畴，就是说，既然他们就此把马克思主义变成诡辩术，那我们就要另辟蹊径，有系统地组织革命。有一种革命的思维方法，其代表人物在俄国随处可见。他们就是俄国的社会革命党人，而其左翼尤甚。

他们对于客观思维，经济发展的分析，政治发展，用哲学术语来说，客观的、内在的趋势，一概不屑一顾，他们把这一切同自由的意志、少数派的革命行动对立起来。若把主观因素同客观因素相分离，这种哲学就变成纯粹的革命冒险主义。我想，我们在马克思主义大学校里学会了辩证地和实际地将客观同主观相结合，即学会了使我们的行动不仅建立在某一个人的主观意志上，而且建立在一种信念上，即：工人阶级必须追随我们这个主观意志，工人阶级的作用取决于客观形势。因此，为证明我们的论断，我们应当利用经济分析和统计工作，以便选准我们要走的道路，好紧握大刀沿着这条道路冲锋陷阵。

扎克斯同志认为，提纲不是一个适合共产国际需要的文件，因为它对欧洲经济的衰退与进步缺乏足够的批判态度。我只以提纲第9页为例，那上面讲得一清二楚。其次，扎克斯同志认为，无产阶级才是历史的主观因素，然而，提纲并没有强调这个主观观点。本来，扎克斯同志的倾向与今天在会上发言的多数同志不同，但我认为，他们有一个共同的倾向，就是都没有看过提纲。提纲第34条明明指出："资本主义在上述基础上复兴的问题，实际上意味着：工人阶级是否愿意在新的极其艰苦的条件下（这还不够主观吗?!），为使自己重新遭受比战前更集中、更残酷的奴役创造坚实的条件而作出必要的牺牲。"接着，提纲就积累即加紧积累的必要性以及健全货币的必要性等阐述了论点，而所有这些论点都表明一个思想，即经济平衡不是抽象的、机械的。经济平衡只能通过阶级的活动来恢复。但阶级是以经济为基础的。在战后三年内，资产阶级所以能保持平衡，是因为资产阶级现在继续执政。它靠什么来维持政权呢？我已经说过，靠发行新纸币。另外，在意大利、法国和德国，以降低粮价和减收房租的形式，由崩溃了的国家财政拨款来增加工资。德国向英国市场每投放一件商品，就等于德国有一处住宅因欠付房租而遭到破坏，或一幢房屋的一部分不能维修。可见，要想恢复阶级平衡，就得挖经济墙脚，反之，要想恢复经济，就得破坏阶级平衡。这是一种循环论证法。这便是提纲的基本思想。我有必要请那些没有悟出提纲中这个思想的人再把提纲仔细看上一遍。

泽曼同志说，苏维埃俄国能够起资本主义安全阀的作用，也就能破坏世界革命的发展。事态还没有这么严重，欧洲资本或美国资本尚不至于为摆脱国内失业所造成的困境而拿苏维埃俄国开刀。情况还不令人十分担忧，况且，不幸俄国已破败不堪，它所吸引的外资额不足以对美国和欧洲革命构成发展的威胁。这种可能性根本不存在。

我还要讲讲波加尼同志的反对意见。他认为提纲前后矛盾，还认为在第4页和第14页上有遗漏。他所谓的矛盾：一开始我们说，出现繁荣以后，革命激烈爆发的可能性变小了，变得渺茫了，后来我们又说，虚假的繁荣也许阻止不了革命，相反，从某种意义上讲，它还会有助于革命的发展。的确，我对过去的和未来的虚假繁荣并不等量齐观。波加尼同志竟认为这是前后矛盾，其实不然，我们看待繁荣，必须联系历史，不但要联系全世界的，而且要联系个别国家的具体历史情况。波加尼同志的思维方法，至少在这个问题上，用一句套话说，是比较机械的即形而上学的，因为在他看来，危机也罢，繁荣也罢，它们所造成的倾向历来是相同的。这大错特错。首先，这样来解释提纲，会使人们产生种种糊涂观念。他说，提纲反映出两种倾向：（1）预计英美之间将爆发战争；（2）预计经济将出现繁荣。其实，我并没有把繁荣作为策略的着眼点，我无求于繁荣，也不能指望它来改变现状。根本不是。那么提纲是怎么说的呢？提纲说，我们正经历一场深刻的、尖锐的危机，这场危机促使资本家阶级加紧向无产阶级进攻。现在，无产阶级到处都在进行防御性斗争。我们的任务是，把无产阶级的防御性斗争引向经济领域，使它深入发展，并进一步启发斗争中的无产阶级的意识，启发的办法是，明确地规定斗争条件，使斗争具有政治形式，变这场斗争为夺取政权的斗争。这就是我们的任务，这也是理所当然的。其次，我在报告中讲过，并且，我和瓦尔加同志一起也在提纲中写明：如果在两三个月以后，或者半年以后，经济形势好转，那不用说，这完全是因为革命还没有爆发的缘故。如果革命爆发，那我和波加尼同志当然不会阻挠它，相反，会全心全意投身到这场革命中去。可是，波加尼同志，我们不妨设想一下，如果这种情况不发生，那该怎么办？如果不仅没有爆发革命，反而是经济形势好转，那又该如何？瓦尔加同志在他的小册子中指出，现在已有种种迹象表明经济形势可能好转。他甚至指出，即使眼下谈经济形势好转为时尚早，那也必须肯定，经济形势恶化的速度必将放慢。这是毫无疑义的。物价已不像从前那样大幅度下跌。金融市场的紧张状况渐趋缓和，生产在表面上普遍呈上升的迹象。诚然，上升的幅度有限。或许，这只是一次小小的回升，马上又要倒退回去，也未可知。不过，经济明显好转，也未尝不可能。这不取决于我，不取决于波加尼同志，也不取决于代表大会的决议。这确实是一种外在的、自动的、不以我们的意志为转移的现象。那么这是否预示着新的经济发展时期即将到来？绝对不是。波加尼同志认为，如果在三个月内，英国市场活跃起来，出口和生产都增加，那就绝难指望革命会直线发展，也就休想夺取政权。这是不大可能的。战后立刻出现的繁荣与目前正在出现的繁荣明显不同。战后，工人阶级仍充满幻想，它和资产阶级一样，仍处于解体状态。各个阶级普遍处于解体状态。资产阶级当中只有一小部分人明确自己的目标，同样，工人阶级当中也只有一小部分人即共产主义小组认清了自己的目标，广大群众则处于摇摆状态。当时，至关重要的是，从战场复员回来的工人是失业还是能拿到丰厚的工资，是能买到廉价的还是昂贵的面包，他们提出这种要求，是因为他们在战场上付出辛苦和流血牺牲。资产阶级通过在财政上作出重大让步的办法，用进一步挖经济墙脚的代价，造成了群众在两年之内举棋不定的局面。不言而喻，在这种情况下，有一大批工人终于脱离了队伍，但总的来说，原有的秩序一直延续至今。如今，失业已使群众陷入极度贫困之中。原来建立的共产党已经成熟起来，群众的幻想正在迅速地破灭，他们的绝望情绪正在日益加深。现在，我们在危机的基础上进行斗争，并将继续在这个基础上斗争下去。不能说，在这场斗争中和这个危机期间，我们就不能在某个国家取得政权。但即使这场斗争不能奏效即导致胜利，那也正如提纲所指出的，虚假繁荣绝不会麻痹工人的斗志。相反，只要经济一繁荣，全体工人就会记起他们所经历的种种绝望，他们所遭受的各种牺牲，因而也就会要求赔偿包括因减少工资和经历危机而遭受的一切损失。这一点已从历史上、经济上和心理上得到论证。至于波加尼同志说什么我预计将爆发新的战争，预计将出现繁荣，我真不明白，究竟是我五音不全，还是波加尼同志的乐感不灵，也许都不是，全怪音响效果差劲。（笑声）总之，我的发音器官同波加尼同志的听觉器官不怎么谐调。我不曾劝任何人指望英美之间爆发战争。我不曾料到，1924 年这个日期竟会如此令人着迷，早知如此，我决不会提出这个该死的日期，因为它对我的结论没有丝毫影响。我不过是以它为例子罢了。我在探讨经济平衡问题时曾经提出：在国际相互关系中，经济平衡的情况如何呢？我说，在1914 年前夕，当各国都在准备打仗的时候，我们经历过和平时期军事上对峙的局面。但是谁都没有料到冲突会来得这么快，谁都不敢下断语，两年、三年或者四年之后，冲突必然发生。这个难以避免的冲突并不是历史发展过程中的一个数学点，它也对目前欧洲国家的部署产生影响。

塔尔海默同志一再指责我，说我要把无产阶级的革命能量储备起来，以应付 1924 年战争。真是无奇不有。他还说，我的立足点是所谓资本主义的和平崩溃。他明确表示，这是提纲的立足点。让我来重复引证提纲第 34 条，上面记载的内容与塔尔海默的论断截然相反。上面写道：假如资本主义自动崩溃，那么平衡就可能恢复，但是，资本主义崩溃的过程恰恰是在阶级斗争的环境中发生，所以平衡不可能恢复。

赔款问题也是从这个角度探讨的。有人说，德国赔款会成为重新稳定协约国资本主义的手段。完全正确，但只有支付赔款，这种手段才能成立，而要支付赔款，德国无产阶级就要通过生产不仅满足它自身的需要，不仅为本国和本国资产阶级创造利润，而且要为赔款提供资金。这意味着加紧剥削，加剧阶级斗争，但绝不意味着恢复平衡。

许多同志抽象地提出，究竟什么引起革命？是贫困还是繁荣？这种提法是根本错误的。我在报告中已经证明过这一点。一位西班牙同志私下交谈时对我说，在西班牙，战前工业一片萧条，但是战争一打响，工业顿时繁荣起来，工业一繁荣，革命运动也就蓬蓬勃勃地发展起来了。这一次我没有举俄国的例子，而举了位于欧洲另一端的西班牙的例子。同志们！无论是贫困还是繁荣，其本身都不可能引起革命，这是误解。危机、动荡，动乱——这才是革命的动因。

为什么工人运动的官僚变得如此保守？他们多半是一些质朴而又生活有节制的人，不求奢侈，但他们过惯了安定的生活，又因为有一个正常的党的和工会的工作环境，也不担心失业。这种宁静的生活也对相当一部分较为富裕的工人在心理上产生了影响。如今，这种怡然自得的生活、这种安定的生活条件已经一去不复返了，贫困取代了繁荣假象。物价暴涨，随着货币的波动，工资成比例地或不成比例地也在变。货币像价格、工资一样波动不定，接着，又要出现经济大繁荣假象和深刻的危机。每一个工人的个人生活不稳定和对未来缺乏信心，这是当今时代最革命的因素。提纲对此已作了十分明确的论述。提纲既把危机也把繁荣作为依据。提纲第 13 页写道："生活条件不稳定，说明本国经济和世界经济普遍不稳定，这种不稳定是目前革命发展的一个极其重要的因素。"①

这个论点既适用于危机时期，也适用于繁荣时期，同时，也适用于工人阶级所处的政治环境。战前，工人阶级对普鲁士制度习以为常。不错，普鲁士制度是一个铁框，但它十分安全。人人知道哪些该做，哪些不该做。现在，这个普鲁士式的稳定制度不复存在了。战前，工人一天拿3马克。那可是响当当的马克，用它能买到点东西。现在，工人一天拿20、30、40、50马克不等（确切数字我不详），可用它几乎什么也买不到。不错，德国有皇帝，可是人人放心，知道不会因为罢工而在大街上被打死，至多被关进监狱。可现在无从知道，当你以共和国的自由公民身份在大街上散步时，你会不会被开枪打死。面对这种动乱，就连最心平气和的工人也会愤愤不平。这种动乱就是革命的动因。这里有人说，我本人也好，提纲也好，念念不忘英美之间的对抗，而忽视其他对抗。这完全不对。克南就法德相互关系所陈述的意见，提纲都讲得清清楚楚、详详细细。提纲第10页甚至就德国作出的让步及其与此有关的一切也都作了阐述。上面写道："德国于5月在赔款问题上作出的让步，标志着英国暂时取胜和中欧经济将进一步崩溃，同时也标志着法军有可能在近期内占领鲁尔区。"②

克南同志陈述的所有原则性意见，提纲全都说到了。当然，在国际政治问题上，我们不可能把全部注意力都集中在未来的1924年上面。我们应当清醒地把握每一个时机，研究每一天的动态，进行周密的准

---

① 见共产国际第三次代表大会通过的《世界形势和我们的任务（提纲）》第36条，文字略有改动。——编者注

② 见共产国际第三次代表大会通过的《世界形势和我们的任务（提纲）》第29条，文字略有改动。——编者注

备。我认为，正是在国际关系领域，我们大有希望把无产阶级争取过来。这一点极其重要。在夺取政权和掌握实力以前，必须先争取无产阶级，第二国际和第二半国际对这个问题的态度如何呢？有一个小小的例子，即《前进报》和比利时《人民报》之间的论战，我请诸位注意一下。我不知道，在德国是否充分利用了这场论战。同属第二国际的两党机关报就德国赔款这个最现实而又最重要的问题展开的论战，对每一个德国工人、比利时工人和法国工人都大有教益。当白里安以占领鲁尔区相威胁的时候，卑鄙的比利时社会党《人民报》竟向德国同志提出以下问题："我们看到，在卡普叛乱期间，德国工人坚贞不屈。为什么他们现在沉默不语？为什么德国各地的工人组织不公开表明自己的意志，使鲁尔区免遭占领和免受军事管制？"

这意思是说，如果你们的政府不按规定数额向法国偿还赔款，那么我们的政府即比利时政府就要会同法国政府给你们德国工人一点颜色看看，因此，你们德国工人就有义务革你们的资产阶级的命，迫使它偿还赔款，以此来避免我国资产阶级找你们的麻烦。（笑声）这好比是要球，谁输了，谁就要尽革命义务，也好比是马戏团小丑的表演。你的义务就是让你的资产阶级服从我的资产阶级，以免我的资产阶级找你的资产阶级的麻烦。（掌声）

《前进报》的答复是："我们把所有这些问题一股脑儿退还给比利时工人组织，因为，要进攻的是法国军队，而阻止法国军队进攻，这不是我们的事。"说这番话的正是当年拥护过《布列斯特-里托夫斯克和约》的那个《前进报》，那些社会民主党领袖。真该把这些好汉当着比利时、法国、德国工人阶级的面，用狗鞭子抽一顿。

同志们！革命正沿着三条轨道发展。其中一条，罗易同志已经提到了。革命发展的第一条大轨道是正在灭亡的欧洲。欧洲，首先是英国，其社会平衡历来以英国和欧洲在全世界的优势为基础。如今，这个优势已不复存在了。出现小的反复是可能的。但是，欧洲、欧洲资产阶级乃至欧洲无产阶级的优势已不复存在了。以上是革命发展的第一条大轨道。

第二条是美国的急剧发展。促成这种大发展的条件永远也不会消失，永远也不会再次出现，就是说，随着大发展而来的必然是大危机、大萧条。伟大国家、伟大社会的这种大动荡，是一个强有力的革命因素，因此，今后在美国，革命以纯粹美国的速度向前发展不是不可能的。

第三条轨道是殖民地。战争期间，因欧洲国家被挤出世界市场，殖民地在资本主义方面有了相当大的发展。这在经济上对世界市场并没有特别大的意义。印度、中国和日本的资本主义对世界市场不起决定性的和明显的作用，但就资本主义发展程度而言，资本主义对这三国的革命发展却具有决定性意义。印度的无产阶级落后，但印度是一个拥有半封建土地关系的国家，因而，无产阶级在这样的国家里能起什么样的作用，诸位从俄国现代史中便可得到明确的答案。在印度，无产阶级的作用与资本主义的发展阶段，甚至与工人的数量，都绝不可能相符合，因为对于印度或中国的农民来说，除了年轻的、富有战斗力的无产阶级以外，他们没有别的指望和别的可联合的中心。可见，殖民地的斗争是革命运动发展的第三条重要轨道。不应将三者相互对立起来，因为运动同时沿着三条轨道发展，它们始终相互影响，也无法预料运动在什么时候、在哪一条轨道上先行一步。但总的来说，客观条件即历史的自动因素正在出色地为我们效劳。我相信，在生活中，如同在我的发言中，主观因素是阻挡不住的，也是压制不了的（许多同志对此表示担心），相反，革命客观因素同革命主观因素共同发挥作用，而一旦共同发挥作用，其效果就可想而知了。

有人提议，要代表大会把提纲交还委员会。当然，让委员会再过目一遍，根据大会讨论意见而对提纲加以修改，是必要的。但我仍然请求代表大会，在把提纲交还委员会之前，先原则上通过，并以此提纲为修改基础。（热烈鼓掌）

表决并原则通过托洛茨基和瓦尔加起草的提纲

克南：

请代表们原地留下，等发言译出来以后，要就原则上是否通过提纲进行表决。

主席柯拉罗夫：

现在进行表决。

拉狄克：

同志们！我提两点建议：（1）建议通过托洛茨基同志和瓦尔加同志起草的提纲，供委员会作修改基础。（2）由代表大会责成委员会就当前欧洲和美国的工人阶级在反对资本主义进攻的斗争中所面临的战斗起草一份文告。

我提出建议的理由是，大家没有对提纲提出任何原则性的反对意见。通过提纲，也就肯定了这一点，因为修改也只限于文字上的小小改动而已。至于第二项建议，我的理由是，报告人的任务主要是客观地分析形势。这个分析是我们作出政治决议和策略决议的出发点。听完这样的报告以后，我们要通过的第一项决议是号召工人阶级起来反对资本的进攻。

托洛茨基：

我同意拉狄克同志的两点建议，但要稍微修正一下。我认为，起草文告，这不仅是经济委员会而且也是策略委员会的事情，因为也涉及策略问题。我要公开一个小小的秘密。诸位已经觉察到，提纲只字未提策略问题。提纲本来包括策略问题，但是，担任策略问题报告人的拉狄克同志却说我把手伸到别人那里去了。我生来就讨厌这种事情，尽管有人在这方面大作我的文章。（笑声）因此，我就把策略问题从我的报告中统统删去了。基于上述理由，我提议把起草文告的工作交给两个委员会去完成。（赞同声）

拉狄克：

我同意托洛茨基同志的提议，并撤销我原先的提议。

弗勒利希：

我受德国代表团的委托，请求代表大会原则上不赞成把提纲交付表决。这种表决是限制委员会的自由，我们表示不赞成。我们认为，这纯粹是多余的形式。虽然我们承认，代表大会赞同提纲的指导方针，但大家对表决的作用难免产生误解。究竟什么是提纲的方针，这个问题容易引起争论，因此，我们希望委员会在讨论提纲时能有充分的自由。

拉狄克：

同志们！我虽然不是这个问题的报告人，但请允许我指出，德国代表团的表态证明，尽管德国代表团对托洛茨基的报告百般挑剔，但就是提不出一条可以驳倒托洛茨基同志的原则。大家在讨论中对托洛茨基同志的报告提出的所有意见，不过是对报告的个别部分提出批评，况且有的批评能够成立，有的则不能。经过整整一个晚上的讨论，代表大会将提纲提交委员会，而不作明确的指示，那还有什么意义？到头来，不仅委员会而且全体会议又要重新讨论一遍，所以，我只能断定弗勒利希同志对"原则"一词的含义没有完全弄懂。

鉴于德国代表团提出建议，大会有必要采取以下措施：

既然要考验大会的工作成果，我主张由各代表团分别进行表决。这项建议如被采纳，我就要求立即停止大会讨论，对资格审查委员会的报告进行表决。

托洛茨基：

同志们！我们的朋友弗勒利希的提议很不寻常。只能有两种可能：要么存在原则性分歧，要么相反。拉狄克同志认为不存在原则性分歧，我们听完同志们的发言，当然也有同感，既然如此，我们就没有任何理由不通过提纲。即使存在原则性分歧，那我们也有十倍的理由对提纲进行表决。原因就是：如果在代表大会上有两种对立倾向，那把提纲打发给委员会，代表大会就没有任何成果可言了。代表大会完不成的任务，让委员会去完成，那怎么行呢？那岂不等于代表大会承认自己没有能力解决这个原则性问题吗？

弗勒利希同志的提议与众不同的另一点是，他作为起草提纲的委员会成员，并没有在起草过程中提出任何原则性的反对意见。当其他同志发表不同意见时，弗勒利希同志安稳地坐着，用心修改提纲文稿。现在，他却说我们不该束缚委员会的手脚。既然委员会里有这样一些成员，他们先是起草文件，然后又要求不要付诸表决，那么，我请求在把这样的人派到委员会以前，先把他们的手脚牢牢地束缚住。（笑声，鼓掌）

弗勒利希：

我们并不想在委员会上争论哪一个问题是原则性的，哪一个不是。我们只希望委员会的工作能尽快完成。至于什么是原则，现在在这里可以有各种各样的解释。如果指经济发展是提纲的方针，如果指恢复资本主义的企图不可能得逞，那我们同意；如果指策略结论——这不是不可能的——那在大会讨论当中已经有人对它提出许多批评意见和反对意见。所以我们主张委员会在讨论这个问题时应当享有充分的自由。这一点，只有这一点，才是关键所在。（掌声）

沙弗涅尔（瑞士）：

同志们！我同意弗勒利希同志最后的发言。讨论表明，至少在第39条中存在着原则性分歧，上面写道："一旦经济复苏，在当前的危机期间被资本的进攻击退的无产阶级，就会重新转入攻势。"我认为，这一点证明波加尼同志提出的修正案是正确的。总之，原来的提法容易被资产阶级以及第二国际和第二半国际的所有社会爱国主义者用来攻击代表大会和第三国际。

因此，绝没有理由让委员会最后裁决。我赞成通过托洛茨基同志原来的报告，并以此报告为修改基础，但希望代表大会要么立即就提出来的修改意见进行讨论，要么等至今未发挥自己作用的委员会在提纲的基础上把所产生的一切问题弄清楚以后，再来讨论修改意见。

就我本人而言，我主张以提纲为基础，以便于代表大会对委员会修改过的提纲再度进行审议。这用不了多少时间。

拉狄克：

委员会的宗旨是提出基本论点，供下一步公开讨论。委员会本身尚不反映代表大会上各派力量的对比，它只是为全体会议准备材料，决定权则在全体会议。如果委员会内部有原则性分歧，则提出的提纲就不会是现在这样的提纲。

委员会不是没有研究过。同志们嫌委员会的工作不周到。能在代表大会上提出的原则，自然是经过认真研究的，而绝不单单是委员会提出来的。经考虑成熟才把原则拿到代表大会上来。弗勒利希同志或德国代表团的其他同志出席过委员会会议，但他们当时没有就形势估计问题向我们提出任何相反的原则性意见。他们在大会上发了言。我们听了塔尔海默和克南的发言。他们的意见在一定意义上涉及策略结论，托洛茨基同志没有反驳。代表大会已经承认不存在原则性分歧，现在又轮到委员会对决议进行最后加工了。大会上提出来的建议，委员会有的采纳，有的不采纳，这要尊重全体会议的意见和代表大会已经原则上赞同提纲这一事实。不然的话，我们只好在全体会议上无休止地讨论下去，直到弗勒利希同志提出他自己的与提纲相对立的原则为止。别的出路是没有的。

有人提议，鉴于暂时拿不出别的提纲来，所以提纲不必原则通过，而只把它作为修改基础。要么拿出别的提纲来，要么就作罢，二者必居其一，第三种选择是没有的。因此，我提议进行表决。

沙弗涅尔同志说，在托洛茨基和波加尼之间确实存在着原则性分歧。托洛茨基的意思是：一旦出现繁荣，工人就将转入攻势。波加尼则认为，工人现在就可以发动攻势。

代表大会建议托洛茨基同志起草文告。他本人已表示同意。同志们！在国际代表大会上可要有严肃的处事态度呀。（赞同声）

主席柯拉罗夫：

讨论结束。没有人报名发言了。

拉狄克：

我们遇到了难题。表决原则性问题，本不应按代表证书，而应由各代表团分别进行，而且每个代表团的表决票数不等。目前，表决票的分配问题只在资格审查委员会内解决了，尚未经全体会议审议。因此，我

提议按代表证书进行表决。如有疑义，我们就来讨论该怎么办，如无疑义，就只能按代表证书进行表决了。（有人作出同意的手势）

主席柯拉罗夫：

现在就来表决。首先解决是否同意按代表证书进行表决的问题。谁赞成，请举手。宣布通过。好，就按代表证书进行表决。

拉狄克同志提议，提交委员会的托洛茨基同志和瓦尔加同志起草的提纲须经代表大会原则上通过。现在，就拉狄克同志的这项议案进行表决。谁赞成，请举手。好，绝大多数人赞成。（有人喊："应当让不赞成的人举手！"）

我赞成这个建议。谁反对，请举手。少数人反对。现在，就第二项议案即关于起草号召工人反击资本主义进攻的文告的议案（当然，要按照托诺茨基同志的修正意见，文告由两个委员会最后定稿）进行表决。

（议案获代表大会通过）

克南：

主席团提议，批准继续保留受执行委员会委托一直工作至今的委员会，但允许各代表团调换委员会个别成员。此外，请所有在委员会中尚无代表的代表团委派自己的代表。

主席柯拉罗夫：

在休会以前，宣布一下明天会议的安排。会议定于11时整举行，季诺维也夫同志向代表大会作执行委员会工作的总结报告。

（会议于午夜11时休会）

第四次会议

(1921 年 6 月 25 日中午 12 时 25 分)

主席克南：

现在由拉狄克同志作资格审查委员会工作的总结报告。

拉狄克作资格审查委员会工作的总结报告

同志们！资格审查委员会尚未来得及审查所有的代表证书，因为不是所有的证书都已交来了。到目前为止，审查通过的有表决权的代表证书 291 份，有发言权的代表证书 218 份，认可发给外国同志作为来宾列席的请柬约 100 份。到会代表分别来自 48 个国家。此外，有国际青年联盟和国际妇女联盟两大世界组织的代表。巴勒斯坦社会党代表和设在波兰的犹太工人总联盟代表只有发言权。近东执行局和远东执行局只有发言权。资格审查委员会还审议了许多需要加以说明的、不属于单纯手续方面的问题。首先，我们驳回了保加利亚两个组织关于以享有发言权的代表资格出席大会的申请。这两个组织，一个是所谓保加利亚共产主义工人党，另一个是自称"共产党左派"的组织。资格审查委员会了解到，上述两个组织的成员很少。所谓共产主义工人党，其前身是一个加入社会爱国主义政党多年的团体，1919 年脱离该党，来到莫斯科指控保加利亚共产党，说它不够激进。但是，这个所谓共产主义工人党却在本党机关报上摘要发表考茨基的著作《恐怖主义与共产主义》。此事虽然无关紧要，但由此我们认定，该党不是左派。现在，该组织的多数人已经加入保加利亚共产党。另一个即所谓"共产党左派"的组织提不出任何证据，证明他们是积极进取的。因而，我们认为，在已经建立起人数众多的共产党的国家里，不宜鼓励分散主义。这个组织表示抗议，说我们不等他们把理由讲完就驳回他们的申请。共产国际执行委员会对指控保加利亚党的事实作了调查。根据各项材料以及在大会召开之前从各方面所收到的详细报告，执行委员会通过了一项议案，提交调查委员会。该议案是资格审查委员会作出决定的依据。保加利亚共产党也是资格审查委员会成员之一。

其次，关于罗马尼亚党。大家知道，罗马尼亚党并不是共产国际成员。在罗马尼亚党内，有若干从事地下活动的、人数众多的共产主义派别，这些派别渴望加入共产国际，并正在独立地进行共产主义的宣传与鼓动。这些派别由一个中心领导，该中心与共产国际保持着接触。在这次大会召开前不久，罗马尼亚党提出要加入共产国际。但是，就在提出申请后不久，该党的领袖和几百名骨干立刻受到罗马尼亚政府的指控。我们收到一位保加利亚同志的报告，他是在罗马尼亚政府提出上述指控后不久来到布加勒斯特的。罗马尼亚同志表示，罗马尼亚党无法派正式代表出席大会。不过，他们仍指望有个别同志会来到莫斯科，果然，地下组织的代表来到了，而且都是党员。于是我们资格审查委员会遇到一个问题，即如果我们把少数几位罗马尼亚同志作为党代表承认，会不会有人认为这是越权行为，会不会有人反驳，说我们承认的代表并不代表党，而只代表独立派别。巴尔干各国的同志向我们表示，这种情况实属特殊，那样的结论不能成立。我们就临时承认了罗马尼亚党的代表资格有效，认为这丝毫不侵犯罗马尼亚党的权力。我们是出于声援被关在狱中的我们罗马尼亚同志的动机才这样做的。

再就是关于出席大会的拥有发言权的党的问题。这些党虽然尚未加入共产国际，但与共产国际保持接触，如爱斯兰独立党、设在波兰的犹太工人总联盟以及巴勒斯坦社会党。资格审查委员会声明，允许上述组织参加大会并享有发言权，绝不意味着接受它们加入共产国际。大会、大会专门委员会及执行委员会认为，通过与这些党的接触，弄清这些党与加入共产国际的条件尚有多大距离，以及必须向它们提出哪些新的条件，是自己的职责。我们认为，我们对上述各党的方针应该同我们对德国独立党所采取的方针相一致。鉴于德国独立党继续保持同我们的联系，我们允许该党出席大会并保留它自己的观点。以上是资格审查委员会的结论，请求大会予以认可。（齐声赞同）

表决并通过资格审查委员会工作的总结报告

主席克南：

现在，就资格审查委员会工作的总结报告进行讨论。对于资格审查委员会提出的议案和作出的决定，有无反对意见？没有。宣布工作总结报告听取完毕，议案通过。下一个议题是，确定各代表团的票数，由拉狄克同志发言。

确定各代表团的分类和票数

拉狄克：

我们建议大会将各代表团分成五类。自然，我们无法提出一致的分类原则，因为党员数量并不起决定性作用。有一些党，其党员数量很少，但由于该国总的形势，它们将逐步发挥决定性的作用，因此，分类就不能只考虑现有党员数量。基于这一点，我们把党员数量问题同该国的政治作用问题以及该国工人运动和共产主义运动发展前途问题三者结合起来。我们提议分五类。第一类有 40 票，由下列国家组成：德国、法国、意大利、俄国、捷克斯洛伐克，以及拥有 80 万名成员的青年联盟；第二类有 30 票，由英国、美国、波兰、乌克兰、挪威、南斯拉夫和保加利亚组成。可惜，两个盎格鲁—撒克逊党还不是大党，但这两个党坚信，由于目前国内的形势，它们不久就要变成大党。考虑到该国运动的重要性，我们将这两个党划入第二类，票数仍为 30。第三类有 20票，由西班牙、芬兰、罗马尼亚、拉脱维亚、瑞士、匈牙利、奥地利、荷兰和比利时组成。到目前为止，比利时党党员数量还很少。大家知道，自雅克莫特派脱离比利时工人党以来，我们有种种理由指望比利时成立优秀的共产党。第四类有 10 票，由开展工人运动已久的小国和开展共产主义运动的帝国主义国家组成。这一类包括阿塞拜疆（其中巴库的大规模工人运动历史已有 20 年）、格鲁吉亚、立陶宛、爱斯兰、丹麦和卢森堡。波斯和土耳其也属于这一类。

第五类有 5 票，由南非各团体、冰岛，以及墨西哥、亚美尼亚、阿根廷、澳大利亚、新西兰各团体及荷属印度小组组成。其运动尚嫌弱小的国家如中国，享有发言权。在中国，工人运动业已兴起，但中国共产党人尚未组织起来，只有工会开展活动。享有发言权的另一类国家是，其运动与其说是政治运动、共产主义运动，不如说是革命运动，如土耳其斯坦、希瓦、布哈拉、蒙古。至于日本，它应该享有表决权。日本工人运动声势浩大。在座的日本同志谦虚地向我们表示，他们只代表在朝鲜团体中的日本工人和在美国的日本工人，因而，没有资格享有表决权。后来，我们得到消息说，一个全权代表团已经从日本动身，前来参加大会。这个代表团如能参加大会，当然享有表决权。今天在座的日本代表就只代表个人，所以享有发言权。

上述决定是资格审查委员会一致作出的，请予批准。

关于表决方式，再简单说几句。我们基本采用去年的表决方式，只作微调。我们提出的表决方式，要求各代表团必须对所有重大政治问题进行表决。如果发生明显的意见分歧，就由代表团成员各自投票，万不得已时，必须同主席团进行磋商。有很多同志是因为其立场特殊才被邀请参加大会的，主席团将为他们提供单独发表意见的机会。他们不受代表团的影响，但没有表决权。（齐声赞同）

主席克南：

拉狄克同志向我们报告了表决方式。鉴于提交全会的这项议案是资格审查委员会一致通过的，而且代表未提出任何反对意见，我们就宣布大会一致赞同这项议案。现在转入大会今天的议题，由执行委员会主席季诺维也夫同志发言。

季诺维也夫作《共产国际执行委员会的工作总结报告》

同志们！我们的共产国际已经成立两年多了。可是，从第二次代表大会起，执行委员会真正作为国际性机构，其实才工作仅仅一年。从第一次代表大会到第二次代表大会期间，我们的领导机构只有几位俄国同志。在第二次代表大会闭幕时，曾要求各国党派代表到执行委员会工作，为期一年，但遇到的阻力不小。参加过第二次代表大会的同志们大概还记得，德国党和其他一些党的代表既不同意由莫斯科指定参加执行委员会工作的代表，也不同意代表长期留在莫斯科工作。他们希望仍和过去一样，干脆把领导工作交给俄国同志。只是由于我们坚决反对和始终坚持我们的要求，并且代表大会也作了相应的决定，才有十几个关系亲近的党派出代表到执行委员会工作。尽管如此，我们仍然要说，即使在这一年里，也并不是所有的党都履行了自己对国际所应承担的一切义务。某些党只履行了部分任务，甚至在建立联系方面做得都很差。在这方面，对执行委员会的工作最不满意的是执行委员会自己。我们要求第三次代表大会务必建立一个由国际无产阶级代表所组成的真正的执行委员会，一个善于研究当前的问题、能够真正在国际范围内担当起总的政治领导的执行委员会。我们应该开诚布公地、全面地讨论执行委员会的工作。执行委员会的工作有缺点，也有错误，所以，我们十分重视讨论的情况，并将认真听取各国党提出的意见。

我们首先要向诸位说明，组织工作做得不能令人满意，有时甚至可以说做得很差。不过，同志们，尽管如此，我们毕竟在当代工人运动发展史上第一次有了真正国际性的领导机关，我认为这是令人高兴的。诸位还记得，在第二国际，国际社会党执行局一不是政治领导机关，二不是从事日常实际工作的机关，它虽然每三个月召开一次会议，然而，那多半是为了装饰门面。共产国际在成立之初，也不完全是一个国际性领导中心。现在，我们可以满意地指出，近一年来，我们终于有了由 10 个或 12 个党的代表所组成、力求以国际的观点指导共产主义工人运动的领导机构的雏形。如果我们一致认定，共产国际今后应当继续朝这个方向发展，如果我们不怕任何牺牲并决心指派最得力的人来从事共同工作，那我们很快就会有一个真正强大的国际领导机关。

我们召开这次代表大会的时间，比我们章程所规定的提前了一些。我们所以要这样做，首先是因为我们认识到，在许多国家，即在当代工人运动方面具有举足轻重意义的国家，第一个真正国际性的执行委员会肩负着巨大的责任。我们认为，在代表大会闭会期间，共产国际执行委员会就是一支决定性的力量。同时，我们也主张，每当发生重大问题时，只要有可能，我们的执行委员会就应当尽力求助于代表大会，因为我们的一切决定都是由代表大会作出的。鉴于许多国家发生了重大事件，我们有义务和责任，况且又有可能尽快召开世界代表大会，让大会来寻求解决这些重大课题的办法。

首先，我要引用某些统计数字，说明我们执行委员会的工作情况。第二次代表大会闭幕至今还不到 11 个月，在此期间，执行委员会共举行过 31 次会议，讨论了 196 个问题，其中 128 个是纯粹的政治性问题，其余是组织工作方面的。我们同德国的联系保持得最密切，德国工人运动的发展也异乎寻常。在不到一年的时间内，在执行委员会的议程上，德国问题占 21 次，意大利问题 12 次，美国问题 12 次，英国问题 9 次，罗马尼亚问题 12 次，捷克斯洛伐克问题 10 次，法国问题 7 次，保加利亚问题 7 次，远东和近东问题 10 次，其他国家的名字在执行委员会的议程上有的出现过 2 次，有的 3 次，有的 4 次。

我还要指出，你们诸位也几乎都知道，除执行委员会外，我们还有小执行局，是最近由七位同志组成的，它开会的次数比执行委员会约多一倍。在这一年里，各国有不少的同志来我国访问。在这方面，今年的情况大大好于去年。到俄国旅行的条件比过去大为改善了，许多党充分利用了这种条件。

一年来，我们工作的政治内容是什么呢？

不言而喻，政治工作的内容已由第二次代表大会通过的决议规定好了。归纳起来，第二次代表大会的工作是什么呢？当时我们就说过，第二次代表大会实际上是共产国际的成立大会，因为所谓的第一次代表大会仅仅是一次由少数团体参加的会议。所以，第二次代表大会才称得上是成立大会。它制定了共产国际章程，通过了关于党的作用的重要决议，简明扼要地提出了共产国际的策略。第二次代表大会的行动方针是什么呢？我们曾不得不在大会上坚持两条战线的斗争，不得不反对我们的英国、意大利和美国的部分同志，因为他们以左倾反对派自居。例如，大家还记得关于英国同志参加工党的问题，这个问题在第二次代表大会上讨论了两天。我们的英国同志几乎一致反对参加工党，认为参加工党就是机会主义的行为。我们的美国同志、已故的里德及其朋友们支持英国同志们的这一立场。我们反对这种观点。我们认为，在英国这样一个群众运动发展异常迅速、共产党的影响扩大得异常缓慢的国家里，任何拥有千百万无产者的群众性组织我们都必须参加，必须在其内部形成自己的组织，建立支部，从而取得优势。因此，我们以第二次代表大会的名义，向各国年轻的共产主义组织发出了参加诸如英国工党和工会这一类组织的明确指示。我们对他们说："你们应该在这些组织里形成自己的组织，应该在工会内部反对工会官僚，反对社会改良主义政策。你们应该对这些组织施加共产主义的影响。"此外，在第二次代表大会期间，在议会制问题上我们也同我们的左翼进行了斗争。你们都记得博尔迪加同志吧，现在我们可以问心无愧地说，他不仅在意大利，而且在整个共产国际都是我们的一位优秀同志，是我们队伍中的一位最忠诚的革命家。可是，你们记得，正是在这个大厅里，博尔迪加同志及其追随者曾向我们宣战，掀起一场反对议会制的原则斗争。支持他们的，有瑞士和比利时的许多同志。我们不赞成他们的这种观点。我们在大会上通过决议，强调共产党人无权拒绝革命的议会制。我们在议会制问题上所持的观点与我们在加入工党或工会问题上所坚持的立场是一致的。

以上是代表大会给各国共产党的一项指示。第二项指示便是著名的二十一条。这项指示对我们一年来的工作具有更大的意义，它是针对机会主义、中派分子和半中派分子的。说到我们的左翼，其中没有一个是敌对分子，他们都是朋友，但怀有某种宗派情绪，对具体的革命前提也不甚了解，至于右翼，那是一群死心塌地的敌对分子。你们记得，在第二次代表大会期间，在欧美各国，把加入共产国际普遍视为一种时髦。当时，每一个多少狡猾一点儿的中派分子都想加入共产国际。希尔奎特党就曾派过代表团专程从美国到这里。这个党的路线同德国右翼独立社会党或谢德曼的党的纲领大体一致。代表团对我们那种不十分热情的接待表示惊讶。你们可曾记得，如今已非正式参加资产阶级政府的迪特曼和克里斯平在这里曾经要求接受他们加入共产国际。其次，你们可曾记得，意大利改良主义者，包括现在公然破坏无产阶级斗争的达拉贡纳，也跑到这里来，表示他们加入共产国际是理所当然的。另一方面，当时俄国是一个因被封锁而与世隔绝的国家，对外界了解不多，联系不广，消息闭塞。不然，我们何至于跟达拉贡纳这一群老爷推诚相见。可见，那时我们是何等的幼稚。当时，数以万计的彼得堡优秀无产者欢天喜地，将这些老爷高高举起，沿着彼得堡的革命大街行进。每当我想起此情此景，就感到内疚，觉得惭愧。我们确实把他们当成亲如手足的兄弟了。

但是，到第二次代表大会召开的时候，情况大体清楚了。大家知道，代表大会强烈谴责了右派。这群右派是地地道道的敌人。我们清楚地认识到，这些狡猾的家伙为了达到混进共产国际并在内部进行破坏的目的，甘愿忍受一切。二十一条正是在这样的背景下产生的。

代表大会的上述指示确定了我们的全部活动。第二次代表大会以后在德国出现的情况是：加入共产国际的只有斯巴达克联盟，这个组织虽然有光荣的历史，但还不是一个群众性政党。此外，德国还有一个独立社会党及其左翼。代表大会向我们提出的任务是：争取使优秀分子即真正的共产主义分子脱离社会党，进而把他们同斯巴达克联盟联合起来。

关于其他国家，代表大会也提出了同样的任务。

同志们！经过一年工作之后，我们现在简短地回顾一下第二次代表大会的各项决议并扪心自问：在所有有争议的问题上究竟谁是正确的？是我们的左翼朋友们，还是我们的右派敌人？就拿英国共产党人加入工党问题来说吧。诸位知道，是工党自己根据韩德逊和麦克唐纳的倡议，决定不接受我们的同志加入该党的。我想，这是最好的证明，证明不是英国同志而是我们正确，这些英国同志担心加入工党会丧失自己的共产主义纯洁性。机会主义者立刻感觉到这种危险性，立即指出，如果共产党人在工党内部形成自己的组织，并设法在其中扩大自己的影响，那么，这对机会主义者将是一个可怕的威胁。塞拉蒂在这个问题上是站在左翼一边的。关于他，我们还有很多的话要说。他断言：工党是入不得的。他在一篇文章里写道："请看共产国际的不合逻辑的行为，在意大利，它要求开除屠拉梯，而在英国，却极力主张共产党人加入工党。"然而，塞拉蒂并不是年幼无知的孩子，他不会不懂得这里存在着微小差别。他是有意把意大利工人引入歧途。我认为，我们的英国朋友现在承认，在这个问题上正确的不是他们而是第二次代表大会，因为代表大会说过：你们不仅不要退出工党，相反，应该加入工党，以便在其内部进行共产主义的斗争并痛斥叛徒领袖。（掌声）

在议会制问题上，我们还不能夸口这一年有什么显著的成就。这一点我们得承认。在凡是发生分裂的地方都可以看到，议会党团分子都是一些最动摇、最温和、最不中用的分子。在法国、意大利、德国和瑞士，凡是在这一年发生分裂的地方，都是如此。

还有一点。如果你们问我：在这一年里，二十一条中的哪一条执行得最差？那我就得说：要求议会党团无条件地服从全党、实行真正革命的议会工作这一条执行得最差。同志们，我认为，尽管这一年在这方面我们做得很不理想，但是在座的每一位都清楚，即便在这个问题上，第二次代表大会的大多数代表所坚持的观点也是正确的。尽管取得的成就有限，但正因为取得了有限的成就，我们同群众的联系才更加密切了。我们看到，许多国家在这方面取得了初步成就，我们要争取使第三次代表大会为我们党朝这个方向继续发展而尽一切努力。

同志们！第二次代表大会对执行委员会的嘱托和交办的任务是什么呢？第一是促使英国和美国的同志接近群众，促使他们不要对群众运动袖手旁观，而要主动参加，更不要变成宗派，因为在这两个国家里，虽然共产主义力量还薄弱，但存在着广泛的工人运动和人数众多的工人阶级。

第二是要求执行委员会在那些把加入第三国际当成时髦的国家里大力揭露中派集团中诡计多端的外交家，把那些仍然跟着他们走的优秀分子争取过来，进而使他们参加共产主义运动。这是异常艰巨的政治任务和组织任务。这就是共产国际第二次代表大会交办的任务。今天我们要讨论的就是，在现有的条件下，这些任务我们完成得如何。

从时间顺序上说，德国独立党哈雷代表大会是去年共产主义运动发展中的一个重要阶段。但是，对共产国际来说，政治上的关键问题与其说是德国问题，不如说是意大利问题，因为我们这一年遇到的最大困难以及共产国际面临某种危机的最初征兆，都同意大利问题有关。因此，我要详细地讲讲意大利问题。

我已经说过，当意大利代表团来莫斯科时，我们还没有同他们建立适当的联系，我们甚至不知道来的竟是改良主义者。我们对塞拉蒂和同他一起来的人是完全信任的。在我们看来，这些人的认识尽管还很模糊，但他们毕竟真心诚意地追求无产阶级革命。可是以后的情况使我们大失所望。

刚好在前几天，出版了德文版的第二次代表大会会议记录，只可惜太晚了。我相信，今后技术部门的工作效率将会提高，能在一个月内把第三次代表大会的会议记录印出来。德国同志们至少能读一读第二次代表大会的会议记录。凡是看到会议记录并了解塞拉蒂和意大利同志们的立场的人，都应当思考一个问题：能够指望塞拉蒂成为我们的同壕战友吗？会议记录附有每个发言者发言次数的统计表。塞拉蒂在民族问题、土地问题、加入共产国际的二十一个条件和共产国际的基本任务这四个原则问题上发了四次言。显然，这四个问题是共产国际纲领中最重要的问题，而在这些问题上塞拉蒂都声明，他投反对票或干脆不参加投票。

他还有附带讲笑话的习惯，但是他的所有主张实际上都是反对代表大会的。当时我们认为，所有这一切都是误会造成的，因而力争使他转到我们这方面来。事态的进一步发展证明，我们原先的推测是错误的。我们本应出版一本关于意大利社会党和共产国际相互关系问题的专著，其中主要收录塞拉蒂写的文章、声明和决议。很可惜，今天我们不得不在意大利社会党代表缺席的情况下作这个问题的报告，不过，为使他们出席代表大会，我们尽了一切努力。在三个半月以前，我们向他们发出了参加代表大会的邀请，要求他们按时出席。在两星期前意大利第一批代表到达莫斯科的时候，我们又给他们发了电报，再次邀请他们出席代表大会。尽管从 6 月 1 日以后，即从正式规定的代表大会开幕之日以后，已经过了三个星期，各国近千名代表已抵达，但意大利党的成员至今未来。这表明意大利的同志们不愿意来这里。因此，我不得不在意大利社会党代表缺席的情况下开始讨论意大利问题。①

塞拉蒂回国后，在《前进报》上发表的第一篇文章就企图诋毁共产国际代表大会。我不得不作大量引证，请同志们耐心地听一下。我个人认为，意大利问题在执行委员会过去一年的政治活动中具有决定性意义。现在，请看塞拉蒂在他的第一篇文章里所写的：

1. "第二次代表大会是在下列情况下召开的：大多数代表来俄国时，他们国内还不知道二十一条，由于这个原因，他们的代表只带有一般的和个人的性质。"

塞拉蒂的第一句话就是他的第一个谎言。他接着说：

2. "各种不同的问题没有在各党事先进行讨论，因此，一些重要问题各国代表完全不知道。"

我应该告诉诸位，如果把第二次代表大会和第三次代表大会的准备

---

① 应该指出，意大利的同志们在季诺维也夫同志作完报告以后才到会。

工作比较一下，我的结论是，第二次代表大会的准备工作比第三次代表大会周密得多。在开会前的几个星期就拟定了提纲，在所有重大问题上我们和独立社会党进行了长时间的磋商。

塞拉蒂的第二句话是他的第二个谎言。

3. "代表大会的东道国一来远离各个开展无产阶级运动的国家，二来交通不便，遭受长期封锁，代表大会几乎完全不受有权参加大会讨论的工人们的监督和能够立即将讨论情况公之于众的报刊监督。所有这一切使这次大会变成一次与外界完全失去联系的秘密会议。"

这是塞拉蒂在代表大会闭幕几天之后，同意把他选入主席团之后写的。什么不受工人监督啦，什么不受报刊监督啦，总之一句话，这次代表大会是一次密谋。

4. "代表大会各成员之间互不了解（这倒是实话，至少我们没有把塞拉蒂这个人看透），代表对于有关运动、有关某一代表所代表的现有力量及其在国际政治中所能起的影响都缺乏了解。"

当然，塞拉蒂这种论断也是与实际不相符的。

5. "代表大会是在伟大革命政府的保护下举行的（难道连这一点塞拉蒂也不喜欢吗?），当时，这个伟大革命政府的战斗力量正同反动派作斗争，因而，共产主义政府像现在一样不得不实行防御性进攻政策去反对国际资本。"

看，塞拉蒂卑劣的暗示终于显露出来了，他在谈论第五点时还写道。

"……这项政策有利于苏维埃共和国，无疑也大大有助于全体无产阶级，但它不见得适合某个还处于革命酝酿阶段即紧急时期的国家的策略需要。"

我想请德国共产主义工人党的同志们特别注意塞拉蒂的第五点，因为他在这个问题上比德国共产主义工人党的左翼更有高见，这些左翼现在正利用赫尔曼·哥尔特的笔来达到这个目的。

6. "代表们之间极不协调，而且不协调的程度在任何一个国际代表大会上都是没有过的。这是第二次代表大会在讨论过程中遇到重重困难和引起动摇的主要原因。"

真是莫名其妙。说国际共产主义代表大会各成员之间"极不协调"，这种说法我全然不理解。我想他的意思跟希法亭在嘲笑"希瓦教士"时表达的意思一样，也就是：你们算哪一号共产党人！

7. "按国家分配票数时，不考虑各国党精神上和政治上的实际作用，而从资本主义角度来看待所代表的国家的作用。例如，尽管法国的代表只是一个人数不多的政党或工会联合会的少数派代表，但法国所得到的票数却与意大利得到的票数相等。"

看，塞拉蒂为诋毁第二次代表大会，无所不用其极。

8. "代表大会东道国远离各有关国家，加之联系上的困难，这对宣传大会的各项决议，与大会准备时期相比，更是一个严重的障碍。只要指出以下一点就够了：在代表大会闭幕两个月以后，一些党还没有得到大会的消息，而大会所通过的决议正式文件，在大会闭幕后的一个多月才公布……"等等。

总之，你们看到，塞拉蒂在代表大会闭幕后的两个星期，即1920年9月，就竭力在意大利无产阶级心目中贬低大会的意义，企图造成这样的印象，似乎代表大会不是共产主义的和国际性的大会。很遗憾，当时我们自己也缺乏先见之明，还以为塞拉蒂是一个拥护共产国际的人。迫于意大利当时的形势，塞拉蒂不得不"强颜欢笑"。所以，关于二十一条，他宣称，并且也只能宣称，他是赞成的。就在这篇文章中他写道：

"我们接受以如此强硬的方式向各国社会党人提出的二十一条，但我们也提

出以下两条:

第一,不能向那些在大战中沾染上普遍的民族主义狂热而极其卑劣地背叛了无产阶级的分子作过多的让步,这些家伙为了明天能再次背叛我们,今天像过去一样,满口答应顺从莫斯科所规定的严格的纪律。在无产阶级前进的道路上遇到的巴甫洛夫式的人物何其多,这些人是靠不住的。即使在革命斗争过程中一个人过去的道德表现没有什么特殊的意义,但毕竟存在着判断某些蜕化者不道德行为的某种政治标准,而无产阶级为避免在自己的队伍里出现背叛行为,必须严格遵循这个政治标准。

第二,加入第三国际的各国党应有权对自身的队伍单独进行必要的清洗,但在清洗时不应损害无产阶级运动的团结和莫斯科深信的即将到来的革命本身……"

总之,塞拉蒂在披上了革命家的外衣以后,就首先提出对付右派的严厉措施,这是专门针对法国同志的。显然,塞拉蒂一贯把他们视为眼中钉。我不明白,这是为什么?他企图在意大利工人心目中扮演一个正统派的角色,要求严厉对付右派。首先向他们提出了第22条。他宣称,虽然为反对法国共济会会员而通过了第22条,但季诺维也夫把这一条束之高阁,再也不提了。塞拉蒂在意大利提出这样的指责不是说着玩的。法国共济会会员到底是怎么一回事呢?意大利的同志们确实是提出过一项建议。当然我们认为接受这项建议是必要的,但我们补充了一句,共产国际不能予以印发。显然,塞拉蒂在意大利工人面前郑重其事地把一切说成是我在祖护共济会会员,而大多数人是投票赞成意大利的建议的。塞拉蒂提出的第2条,其含意模糊不清,他说:"应该进行清洗,但这样做不应使无产阶级运动的团结受到损害。"后来他又变了一种说法:"应当清洗,但要同自治权联系起来。"就是说,由各国党单独进行清洗。

后来,意大利党中央委员会讨论了这个问题,提出了两个不同的决议草案，一个是由特拉奇尼同志提出的，另一个是由塞拉蒂的朋友巴拉托诺同志提出的。特拉奇尼同志要求无条件地承认二十一条，巴拉托诺也是持同样的主张，但要求党自己解释这些条文。在中央委员会表决时，特拉奇尼获得了多数票，而塞拉蒂失败了。于是，他吓唬同志们，说要辞去《前进报》编辑的职务，可是那些本应欢迎塞拉蒂辞职的人却把他挽留下来。现在，我们的这些同志已经主动承认了自己的错误，我们也就不再去碰这个还没有愈合的伤口了。不管怎样，以贯彻中央委员会的一切决议为条件让塞拉蒂留任编辑职务是他们的一个失算。

塞拉蒂保留了对庞大而有影响的、印数达 20 万份的机关报《前进报》的领导权，他可以为所欲为，但唯独不执行中央委员会的决议。他百般攻击执行委员会，进而不惜对执行委员会委员进行谩骂。下面我来讲讲要害问题。

后来，在雷焦艾米利亚召开了改良主义者代表大会。他们在那里组成了"集中派"，形成一个组织。屠拉梯和达拉贡纳参加了这次会议。他们很有头脑，懂得不能向意大利工人明说："我们反对共产国际。"所以他们在决议里宣称："如何评价当前历史时期出现的观点上的分歧，不应成为党内分裂的原因。在一个党内存在几个社会主义派别，历来如此。这种情况在过去没有阻碍党的强大发展，今后也不会阻碍共同的亲密工作。党内各个部分越是互相重视，越是重视对每一个问题自由发表意见的共同意志，它们在发展各种形式的阶级斗争中越是遵守严格的纪律，这种共同的亲密工作就越富有成果。"

改良主义者的这种外交手腕可谓登峰造极。屠拉梯、特雷维斯和达拉贡纳长于此道。有朝一日，他们会成为一流的部长。他们干了些什么呢？他们通过了以下决议："集中派确认党加入第三国际以及对二十一条的一致的解释，这二十一条在运用时必须适合各国的国情。集中派坚决声明，必须把所有无政府主义和工团主义集团以及共济会会员从国际的队伍里清除出去。"他们重复塞拉蒂告诉他们的话。他们接受二十一条，但要适合于各国的特点，他们拥护统一的党，但反对工团主义者和无政府主义者。他们所说的工团主义者和共济会会员，其实是我们的共产党员同志。这些话等于白说。当然，集中派的决议不能不提无产阶级专政，决议中说："马克思主义意义上的无产阶级专政（屠拉梯和达拉贡纳居然扮演起马克思主义阐述者的角色！）不是纲领所必需的要求，而只是权宜之计。它的必要性是由特殊条件决定的。"

听，他们不反对"马克思主义意义上的无产阶级专政"，真是狡猾。当然，专政不是永远需要，只是在一定时期内需要。但在他们看来，专政问题似乎已经解决了，因而他们断言："如果像极端分子所追求的那样，在意大利趁经济必然衰落的时期，实行暴力和破坏形式的革命，并仿效俄国，立即建立苏维埃制度，而又得不到变革条件比较成熟的国家的无产阶级在经济上和政治上的积极支持，那么，这场革命会立刻导致一场灾难。"

改良主义者先生们的学说就是这样。他们不欢迎意大利革命采取暴力和破坏的形式，他们不欢迎仿效俄国立即建立苏维埃政权。不过，我们倒欢迎按照意大利方式建立苏维埃政权。（笑声）

这个简短的声明是与冗长的共济会的决议一脉相承的。

这就是雷焦艾米利亚改良主义者集团的信条。仔细端详，它的真面目就是这样。我们应当采取行动开除它。争论的焦点就是这个集团，它反对无产阶级专政，反对革命，反对"俄国式"的苏维埃制度。尽管如此，塞拉蒂竟然表示意大利没有改良主义者，表示赞成将他们开除，表示他比我们更严厉，只是不知道谁是改良主义者…… 可怜的塞拉蒂，他还不知道谁是意大利的改良主义者呢！……

你们还记得，在列宁同志给塞拉蒂写公开信并自然提出开除改良主义者的要求之后，塞拉蒂写了一篇文章，题为《意大利共产党人致列宁同志的复信》。他在这篇文章里写道："难道能容忍改良主义者留在党的队伍里吗？请允许我反问一句：'什么叫作改良主义者？'如果改良主义者的定义像您信里所认为的那样，是一些热衷于阶级合作，甘愿同资产阶级一起作威作福，从事反革命活动，并随时可能堕落成为意大利的谢德曼和诺斯克的人，那么，您是正确的，我和您一样，赞成开除他们。"请看，塞拉蒂企图证明屠拉梯、特雷维斯等不是改良主义者。他说："正是这些人，受贵国政府委托，由你们派驻意大利的代表之一沃多沃佐夫同志出面，在两个月前曾建议他们以议会党团名义向焦利蒂施加压力，以取得某些让步。"

这就是塞拉蒂的手法。你同他谈原则问题，他就恶语中伤，散布谎言，这种谎言同他供给《每日公报》用的各种谣言没有两样。至于他本人是拥护还是反对改良主义者，对这个问题他却不作明确的答复。

接着，塞拉蒂在 10 月 24 日《前进报》的一篇文章里提出："我们怎么办？有两条非常明确的道路：或者是通过合法的方式取得政权，或者是进行革命。为谁夺取政权？怎样取得政权和为什么夺取政权？在目前混乱的情况下转移政权，其结果只能是资产阶级把它的责任转嫁到社会党身上。"

这是塞拉蒂在 1920 年 10 月写的文章。应该怎样理解呢？这同迪特曼和克里斯平所说的"在我们能够夺取政权的地方我们也不敢夺取政权，因为我们不能承担由战争引起的经济混乱的责任"一模一样。结论是：应当等待经济条件的改善，等待资本主义由于我们而再次得到巩固，到那时再进行革命。到目前为止，只有考茨基发表过这种高论。他的观点是：先提高生产力，然后再进行夺取政权的斗争。否则，这将是消费的社会主义。塞拉蒂这位"共产党人"在 1920 年 10 月完全公开赞成这个观点。

同志们，这就是问题的根源所在。在第二次代表大会期间，人们普遍认为，意大利比其他所有国家更接近无产阶级革命。塞拉蒂也只好同意这一点。但是，如果说历史上有过一个党错过有利时机，从而给运动带来了直接危害的例子，那这个例子就是意大利。这个党怎么可以这样错过时机，简直不可想象。一年以前，意大利工人阶级斗志昂扬，并且比任何地方都组织得好，资产阶级被压了下去，军队和农民在很大程度上倒向我们一边。后来，又有光辉的九月运动，意大利工人占领了工厂，创造了新的斗争形式。资产阶级在组织上已完全瓦解。焦利蒂本人供认，在9月里他束手无策。当时有人问他为什么9月份不派军队把占领者从工厂赶出去。他回答说："我无能为力，起先我只能采用顺势疗法，只有在这以后才可动用外科手术。"由于塞拉蒂及其走狗的间接帮助，焦利蒂起初运用顺势疗法镇压了运动，而现在又转向外科手术了。法西斯分子是动用外科手术的行家里手。他们正在卖力地拿意大利工人阶级开刀。

意大利社会党和塞拉蒂错过了时机，从而在客观上把工人阶级出卖给了资产阶级。给了资产阶级整整一年的时间去恢复元气，让它组织起来并由顺势疗法转向外科手术，而与此同时，工人阶级则被弄得四分五裂，死气沉沉。

后来，在里窝那举行了代表大会。大家知道，执行委员会打算派我和布哈林去那里，但没有去成，因为意大利党，其中包括塞拉蒂，未尽一点力使我们成行。所以，我们不得不另行组织代表团，派保加利亚的卡巴克奇耶夫同志和匈牙利的拉科西同志做我们的代表。关于这两位同志的发言，在各国的报刊上出现了种种无稽之谈。其罪魁祸首就是塞拉蒂。这是他惯用的伎俩。

有一些同志认为，如果卡巴克奇耶夫同志和拉科西同志的态度灵活些和巧妙些，那么里窝那的局面就会改观。卡巴克奇耶夫被说成是一个蛮横的独裁者。但是，熟悉他的人都知道，这纯属捏造。他是一位马克思主义修养很深而且头脑非常冷静的人，绝对没有塞拉蒂所强加于他的那种狂热。多年来，他一直是保加利亚党的理论家，不愧是一位好同志。

让参加过里窝那代表大会的同志们说说那个大会的场面吧。代表大会简直变成了马戏团的演出。就在卡巴克奇耶夫发表讲话时，会场上有人连喊带叫，并且高呼："教皇万岁！"接着放出许多鸽子，演出了一幕前所未有的沙文主义闹剧。尽管如此，他们竟然嫁祸于卡巴克奇耶夫同志，说他是罪魁祸首。

在座的各位现在知道了他们在9月和10月的言行，现在，恐怕再也没有人怀疑了。我指的不是卡巴克奇耶夫同志的讲话，而是意大利党，至少是它的领导集团，这个领导集团正在蜕变为典型的社会民主党。这就是意大利的现实。领袖们在一系列情况的压力下向后退缩，变成地地道道的社会民主党人。老实说，当初，右翼独立社会党人在哈雷代表大会上对待共产党人的态度，可比塞拉蒂及其一伙礼貌得多。

在我们的这次代表大会开幕以后，塞拉蒂及其一伙提出议案，主张把意大利党称作社会主义共产党，并表示同意接受二十一条，但要保留行动自由。关于分裂问题，议案只字未提。屠拉梯是唯一发表原则性讲话的人，受到了热烈欢呼。实际上，他真正称得上是党的精神领袖。他公开声明：反对暴力，主张一切都用和平方式解决。既然如此，又怎能把党内分裂的罪责完全归于执行委员会呢？再说，难道执行委员会还能有别的选择吗？这是共产国际同改良主义分子的第一次冲突，也是两种力量的第一次较量。如果共产国际在这个问题上让步，那它现在（我坦率地说）就不能存在，即使存在，也不会有任何道义力量和政治力量。我们在这个问题上让步，就意味着共产国际向屠拉梯和其他改良主义分子屈膝投降，共产国际也不复存在，即使存在，甚至有几个大党加入其中，那也是名存实亡。这是第一次较量，因而我们坚决主张，共产国际必须自豪地宣布："在那历史关头，它没有动摇，它毫不含糊地亮明态度：宁愿暂时失去很大一部分意大利工人，也决不后退一步；我们毫不怀疑，他们会回到我们这里来的。后退一步，共产国际就将灭亡。"这是共产国际的纯洁性问题，是共产主义的原则问题。我们感到十分痛心的是，一些领导人，如几位功绩卓著的德国同志，当时没有采取明确的立场。

不过，共产国际作为工人阶级的国际组织，很快就领悟到，归根结底，这是一厢情愿，我们应该把共产主义原则坚持到底。

塞拉蒂一计不成，又出一计。起先他寸步不让，要求不向共济会会员作任何让步。这一回，他一改过去的腔调，提出了权利平等的理论，说意大利和法国应享有平等权利。他质问我们：为什么对法国同志作的让步要比意大利多？我还得重新谈谈法国党。我们的职责是，根据该国的具体条件、该国革命运动的历史情况和成熟的程度等来对待每一个党。我们不能用同一尺度去衡量法国党、美国党、意大利党、拉脱维亚党和捷克斯洛伐克党。我们执行委员会的国际性恰恰在于，我们是依照具体的条件看待每一个党，并由此确定我们对它的态度。我们对待法国党的态度非同一般。不能因为法国党是一个落后的党，因而就像对待意大利党一样对待法国党，从而阻碍法国党的发展。一个真正的共产党人不能这样做，也不能这样说，这是显而易见的。这不是国际主义。

塞拉蒂指名道姓地对我们进行卑劣的攻击。例如，他在 12 月 24 日的一篇文章里写道（我引证他的原话）："如果认为继续争论阿姆斯特丹问题仍然合适，那我们就要问问季诺维也夫：为什么原来如此激烈地反对机会主义者的俄国政府，倒付给了——这是全欧洲都知道的——《每日公报》高达 7.2 万英磅的津贴？实际上，这家报纸支持英国机会主义的社会主义政策。再者说，为什么共产国际非要共产党人加入属于第二国际和阿姆斯特丹'黄色'国际的工党不可？"

　　同志们！仅仅这一段引文就足以使每一个具有真正革命精神的同志明了，在共产国际大会上发表议论的是一个什么样的人了。

　　塞拉蒂宣称，契切林及其政府之所以付给《每日公报》7.2 万英磅，是因为劳合-乔治最先提出一项主张，而这项主张后来成为加米涅夫同志被驱逐出英国的理由。塞拉蒂简直是在告密。俄国政府不得不同形形色色的人物谈判，这一点共产国际也很了解。这完全是因为在这些国家里工人阶级还很弱。然而，世界上唯一的无产阶级政府不得不同资产阶级政府进行谈判这件事，同应该不应该把屠拉梯和其他改良主义者清除出党的问题有什么关系呢？

　　我已经说过，塞拉蒂特别恨法国人。1921 年 1 月他在《前进报》上发表了题为《我们的其他见解》的文章，他写道："在法国昨天还拥护'祖国'和'神圣同盟'的大多数社会党议员，全部转到共产国际一边来了。"他在另外一篇文章里又说，有 55 名议员转到共产党一边了。这个说法完全不对。社会党党团共有 67 名议员，其中 12 或 13 名转到共产党一边，其余 55 名仍留在龙格即塞拉蒂的朋友那里。塞拉蒂利用他在《前进报》的地位无中生有，欺骗意大利工人。他说有 55 名议员转到我们这一边来了。如果真是这样，那就糟了。这是塞拉蒂的厚颜无耻的谎言。关于德国党，他也是谎话连篇。塞拉蒂说："造成德国独立党分裂，主要是民族原因，不是国际理论和实践的原因。"正像他在一篇文章里所说的，这样，党的一半成员分裂出来并转到共产主义一边，是出于民族原因。这说明什么呢？这说明是纯粹的沙文主义。他要意大利工人相信，德国同志加入共产国际并不是出于无产阶级的动机，而是出于民族动机。这是对德国工人阶级的诽谤。塞拉蒂用这种手法来反对执行委员会，反对我们国际的最大支部。我们就以他 1921 年 1 月 1 日写的文章为例，请允许我给同志们读一段："至于提供消息的是什么人，这个问题确实值得研究。共产国际执行委员会从莫斯科往每一个国家派代表，这些代表是从俄国同志中和执行委员会内为俄国同志所熟知的人中挑选的。这些代表是否具备为完成此类使命所必需的各种品质和能否妥当地完成任务，这是执行委员会一手包办的事。执行委员会就从这些'灰色的红衣主教'那里获得消息，而这些消息是'消息提供者'所在国家党的领袖所完全不知道或者可能完全不知道的。这样的消息是不受任何政治监督的。"

同志们！我已经指出过，塞拉蒂是莱维的前辈。塞拉蒂发明了"灰色的红衣主教"这个外号，而莱维则发明了"土尔克斯坦人"（塔什干人）这个用语。

同志们！我本可以再引几段，但是，第一，关于意大利问题的书你们手边都有；第二，我所引用的已足够了。我只想给诸位谈一谈里窝那代表大会在我们的同志退出以后所通过的《本蒂沃利奥决议》。这个决议写道："意大利社会党第十七次代表大会对问题又一次进行了讨论，对该党据以加入第三国际并完全接受第三国际斗争方法的各项决定再次予以确认。代表大会抗议执行委员会代表所作的因在评价地方性和偶然性问题上有分歧而把党开除的声明，这种分歧本来是能够而且应当通过友好的解释和兄弟般的协议而得到解决的。代表大会重申坚决拥护第三国际，决定把争端提交下次代表大会讨论，并保证接受和服从大会的决议。"

同志们！从形式上讲，塞拉蒂的党通过这个决议是在共产党人退出大会之后。现在，它向共产国际第三次代表大会提出申诉，并预先声明服从代表决议。代表大会的决议已经一致通过。以后的情况怎样呢？几个月已经过去了，可是塞拉蒂没有表现出服从大会决议的任何愿望。他施展各种诡计，使得党在这里没有一个代表。同志们，请你们任何一位，不论是法国议会还是别国议会的议员，帮我找一个恰当的议会用语来形容这种行为吧！他们一方面决定，在共产党人退出之后他们要服从共产国际代表大会的决议，另一方面，当这次代表大会召开时，他们却又不派代表参加。明眼人一看就清楚，他们并不想服从大会的决议。在大会决议通过以后，塞拉蒂就明确表示："（执行委员会的）声明很可能是在里窝那写成的，但是第三国际永远不会放弃这些声明。莱维在这里对我说过，在德国对他也相当不客气。其实，第三国际接受具有民族情绪和支持卡普－吕特维茨冒险行为的德国共产主义工人党为同情党，就足以说明问题。"

请看，这就是《前进报》发表的文章。这些文章偏偏在代表大会召开前夕发表。你们可以在这里了解所有这一切。这是问题的表面情况。但是，同志们要清醒地认识到，自里窝那代表大会以来，这个党是继续倒退的。举几个事例。5月11日，《前进报》刊登了一篇题为《国际团结》的文章，文章充满了振奋精神和国际主义情感。这种精神和情感从何而来呢？原来，有个组织给工会寄来5万里拉。这确实是一件可能具有国际意义的事实。但是，寄这笔款子的是个什么组织呢？是阿姆斯特丹工会国际。于是引出了这一篇热情洋溢的文章。其中写道：

"用下列言辞向我们表示团结和同情的阿姆斯特丹国际工会联盟，在关于无产阶级运动的要求方面和我们的意见不完全一致。它的许多领袖同我们的政治理论是格格不入的。现在不是同某些人进行论战的时机，不然，我们就可以对好多人提出指责，指责他们在大战时期同一些人打得火热，而这些人目前无论在我国还是在别国都是资本主义反动势力的最顽固的拥护者。尽管如此，但是我们将不低估这篇感人肺腑的国际贺词的意义。

不管领导阿姆斯特丹书记处的这些人叫什么，毫无疑问，团结在它的旗帜下的千百万国际无产阶级，同全世界被压迫人民有着共同利益。我们也一样。同样，毫无疑问，任何发自内心的真诚国际团结的话语，都有助于全世界工人的无产阶级团结。"

同志们！你们都知道，胜利了的俄国工人阶级援助别国工人阶级本来是理所当然的事情，但是形形色色的庸人，形形色色的修正主义者，以及所有的中派分子，总是围绕莫斯科的金钱而大作其文章。然而，无论怎么说，那毕竟是俄国自己的钱。而今，他们接受的 5 万里拉则是阿姆斯特丹工会国际寄来的钱，该工会国际通过国际联盟劳动局主席托马先生同国际联盟勾结在一起。他们接受这笔钱并把这件事写出来既不感到害臊，也不觉得可耻。塞拉蒂不觉得他玷污了自己的双手。他接过这伙叛徒的钱，也不觉得这是烧红的煤块，会烫伤他的手。他还居然说什么国际团结。你们看，这群活死人跑得还挺欢呢。一个对共产国际说来已经死亡了的人，很快就达到了他的终点。

我手边有一本小册子，叫作《意大利社会党人对布尔什维主义的评价》。它出自一个资产阶级作家的手笔。这本小册子比莱维的小册子叫卖得还响，其中收录的都是塞拉蒂曾经带到我国来的和被我们热情接待过的那些人的言论、文章和讲话。这些先生们煞费苦心，既写了真实情况，也捏造了不少，为的是证明在工人阶级掌权的地方情况是多么糟糕。

同志们！我还想谈谈最近发生的一些事情。就以选举为例。在保尔·莱维主编的、有几位德国统一共产党党员参加编辑的杂志《苏维埃》里，我读了库尔特·盖尔同志写的一篇论意大利选举的文章。

盖尔说，在这次选举中，塞拉蒂的党获得 140 万张选票，共产党才获得近 40 万张选票，于是他断言，选举似乎表明：群众是拥护塞拉蒂的，而共产国际遭到明显的失败。盖尔接着宣称，意大利共产党人的失败不仅是共产主义的惨败，而且也是季诺维也夫的惨败、共产国际执行委员会的惨败。

一个年轻的政党获得 40 万张选票，可以说是失败。不过，谢德曼是在他本人及其一伙杀害罗莎·卢森堡和卡尔·李卜克内西之后才获得

100 万张选票的，并且，没有一个人因为谢德曼获得 100 万张选票而认为这是共产主义的失败，因此，说执行委员会在意大利失败，这又从何说起呢？

总之，工人和许多小资产者继续投这些人的票。那么，失败指什么而言呢？我这里有一篇 4 月 12 日《人民报》刊登的契查列·亚历山德里的文章。他是意大利议员，其观点很接近塞拉蒂。他写了选举的情况，我只引这篇文章的数字：

> "新的社会党党团共有 123 名议员，其中有 3 名代表被囚禁在牢房里，是为表示抗议而特意选举出来的，他们不属于社会党。这样，就剩下 120 名议员，其中 48 名是右派，42 名是左派，30 名属于中派。"

所以，塞拉蒂的朋友契查列·亚历山德里说，新的党团共有 120 名议员，其中 48 名右派，42 名左派，30 名中派。同志们，你们应当仔细地想想，契查列·亚历山德里所说"右派"对意大利来说意味着什么。无非是谢德曼—诺斯克之流的人物。这里说的左派，是指拉查理、马菲和那些又想来这里又不想来这里的人。拉查理在大战时期曾是一个像伯恩施坦那样的狂热的和平主义者，这就是他们所谓的左派，杜果尼先生则是右派。昨天有人给我看过一份报纸，报道在曼托瓦召开的工会代表大会的消息，杜果尼在大会上发表讲话并提出了以下决议："代表大会讨论了由于最近的一些事件所造成的工会运动和合作社运动方面的状况，反对任何人在任何地方采用任何形式的暴力……"（笑声）

总之，在工会代表大会上，塞拉蒂的朋友提出一概反对任何暴力的决议。好一个"中立"的立场：无论是资产阶级的暴力还是无产阶级的暴力，一概反对。这就是他的观点。

我再引证一段话。在选举期间，屠拉梯以个人名义写了一份《告化学工人书》，这份呼吁书转载在法国《工人生活报》上。屠拉梯在呼吁书中写道："兄弟们！不要绝望，不要灰心，不要惧怕！我敢保证，暴力不会给暴徒带来任何好处，别看眼前狂风呼啸，狂风过后，你们就又会强过你们的敌人。不要受敌人的挑拨，不要给敌人以任何可乘之机。要忍气吞声，要发善心，要宽宏大量，要清清白白。一千年来你们都是这样的，现在你们仍要这样。要宽容，要怜悯。对欺侮者不怀恨在心。你们越少报复，你们的功德就越大。对你们采取可耻的恐怖手段的人，事后会不寒而栗。今天，战争还在继续，它的罪恶的魔爪尚未被斩断，虽然停火已经指日可待了。你们是意大利的农民，你们是和平与劳动的象征，因此才有人反对你们。但是你们必然胜利。未来属于你们。"

弗罗萨尔同志引了这个呼吁书里的一段话，写了一句中肯的评语："很明显，这是纯粹的改良主义者。"

确实，这是对上述引文所能作出的最中肯的评语。原来，他们的胜利是靠这类选举书取得的，塞拉蒂的党在1921年是靠这种手段发展起来的。同志们，既然如此，我想，我们在这个问题上作出一致的决定，确实不难。塞拉蒂的党开始四分五裂了。巴拉托诺要求至少要把那些违反党的纪律比较严重的人开除出党。塞拉蒂立即反对。巴拉托诺试图就这个问题发表文章，塞拉蒂也加以阻挠。尽管如此，巴拉托诺在选举以后仍然发表了一封信，他在信中写道："如果你塞拉蒂和你的朋友确信党必须向右转，那你应该找机会召开代表大会，建议党改变自己的政策。"当然，塞拉蒂和往常一样，只是用笑话和谣言来回答。他对巴拉托诺起了某种疑心，于是直截了当地宣布："不错，选举的结果向我们证明，我们应该把党引向右转。这不是我们的发明，也不是屠拉梯的杜撰，而是历史的必然。现在，列宁本人也坚持右的方针。"这种论据，你们在莱维主编的并不光彩的杂志《苏维埃》里也可以找到。最近，他在一篇文章里写道："如今，布尔什维克干什么呢？他们正在向农民和工人作让步，以求保持同群众的联系。""其实，我在德国向莱维提出的也是这样的主张。俄国是一个工人阶级掌权、工人和农民占人口大多数的国家，在这样的国家里，为了维护专政，党正在向群众作让步，也应该作让步。但是在德国就常常忽视这么一件'小事'，即德国是资产阶级专政，而不是工人阶级专政，所以，在这方面作让步就要另当别论。塞拉蒂不是幼童，自然能理解这一点并理解得很透。"

同志们！意大利的情况就是这样。不能建空中楼阁。要使工人真正站到我们方面来，这不是一日之功。我们应该着手这项工作。对我们来说，塞拉蒂是不足道的，工人才是一切。我们应当以本次代表大会的名义向意大利工人发出热情的号召。为把他们争取过来，我们应当有耐心。我们要向全世界揭露塞拉蒂，揭露越快，也就能越快地达到这一目的。（热烈赞同）

我认为意大利的例子对国际的整个状况、对总的政治局势都具有基本的意义。我已经说过，第二次代表大会结束之后，在意大利，五金工人就掀起了一场了不起的运动，占领了一些工厂。这是无产阶级斗争的新形式。在许多地方，工人坚持了两周。他们着手组织了红军。这时，劳动同盟插手了，它从背后袭击工人并出卖了这场运动。接着，塞拉蒂出来了，他在给列宁的复信里说，这场运动根本不是革命运动，只不过是工会运动。"占领工厂，还不足以证明我们有了革命性质的运动。这毋宁说是一次广泛而深刻的工会运动，除发生一次小小的冲突之外，这次运动完全是和平地进行的。"这些话是刻在塞拉蒂额头上的犹大印记。谁都清楚，这次运动不是和平的工会运动，而是真正革命斗争的开始。

在塞拉蒂领导下，社会党千方百计压制这场斗争，竭力把无产阶级完全交给资产阶级去控制。资产阶级自然不放过这个机会。这样的例子我们不应该忘记。不能轻率地发动进攻，但也不能放过可以转入进攻的机会。由于错过机会，意大利运动倒退了许多年。现在，工人阶级所遭受的痛苦和牺牲要比过去严重得多，而造成这一切的原因，是工人阶级的领袖们站在资产阶级一边，而不是站在无产阶级一边，是这些领袖们在运动期间起了阻碍作用。这一点，对意大利党，对我们处理内部关系来说，都是个教训。这个教训使人们想起一句谚语：闪光的东西不一定都是金子，不是所有自认为是金子的人都是真正共产主义的金子。

同志们！今后我们不应盲目地信任。像塞拉蒂那样的背叛行径，我们见到的何止一端。我们在对一个党表示信任之前，应该考验它十次。真正的共产党人是不会反对这样做的。从上述例子我们看得很清楚，主要的敌人不在别处，就在右边。（赞同）在意大利，我们也看到另外一种例子，即坚持国际立场的努力把我们的左翼朋友引上正确的道路。我已经说过，意大利共产党领导人博尔迪加解散了自己的派别，断绝了同老党的一切个人的和党派的关系。这才是一个革命战士。我们需要这样的人。我们应该友好地对待左翼，当然，要在一定的限度内。德国共产主义工人党却超越了这个限度。真正的敌人就在右边，敌人窥视着我们的每一个弱点，利用这些弱点，随时准备钻任何一个空子，以便从内部削弱我们。不久前，塞拉蒂先生说：　"我们现在是站在 devant l'église——教堂的门口。是的，我们是基督教徒，我们等着教堂开门，门一开，我们就进去。"说得多么好听。但是实际上，他并不是站在我们共产主义的大门口。他是把头埋在资产阶级思想的粪堆里。（热烈赞同）我们在意大利问题上采取了极其果断的行动。不言而喻，当时我们完全意识到自己所承担的责任。现在，我们平心静气地等待第三次代表大会来评断，我们的下列做法对不对：我们把这些先生关在门外并对他们说："这边是共产主义，那边是改良主义，谁不跟我们走，谁就是反对我们，谁就是站在资产阶级一边。"（热烈的赞同声）

————

我现在谈谈德国党的问题。不言而喻，我只能涉及确实受到我们政策影响的那些最重要的支部。哈雷代表大会是共产国际第二次代表大会以来我们取得的第一个大胜利，第二次代表大会为这个胜利奠定了基础。我觉得，我们在哈雷代表大会上的发言清楚地说明，共产国际需要的不是宗派，而是强大的群众性的革命政党。所以，我们努力在德国创建一个群众性的政党。我认为，总起来说，这个尝试是成功的。在哈雷代表大会上有两个亟待解决的问题。第一个问题是要不要保留斯巴达克联盟，把它作为以防万一的措施，作为一种保证和补充组织。我代表执行委员会反对保留这个联盟。我认为我们的做法是正确的。在俄国，在处理同这类组织的关系方面，我们积累了许多经验。我们认为，这类组织有其内在的逻辑，既然同这类组织联合有使党分裂的危险，那还是不联合为宜。如果要联合，那就要真心诚意，要放弃单独的组织。我敢说，斯巴达克联盟的一些领导同志实际上也持这样的意见。

　　第二个问题是党的发展速度问题。当时德国的气氛是，甚至像累德堡这样的人也散布"刽子手的中央局"这种论调。为了不让党组织起来，资产阶级勾结社会民主党人、右翼独立党人，竭力挑动党尽快决一死战。当时，我代表执行委员会劝告领导同志们，不要太急于进行决战。当然，我们不是死搬教条的人，我们知道，这不仅取决于我们，也取决于总的形势和敌人的态度。但是我们认为，必须给党以尽可能多的时间以使它得到彻底巩固。在这个问题上，我们内部没有分歧。很清楚，总计约10万和40万党员的两个党的联合，不可能是一帆风顺的，摩擦、中派和半中派的旧病复发等等是不可避免的。综观德国过去的全部运动，我们认识到，这个党所面临的危险主要不是来自左边，而是来自右边。（赞同）我们看到，还在联合以前，斯巴达克联盟就放过了像卡普暴动那样的时机。这证明党在这个历史运动时期是不够积极的。独立社会党也一样，只是在程度上更严重。回顾这个党的历史，我们看到，问题正在于此。在共产国际第一次代表大会期间，我们就对德国同志们说过："我们不明白，为什么你们德国的运动，只要是遭到失败，你们就不假思索地认定那是'暴乱'，是盲动。请不要再乱用这些名词了。我们还告诉他们，不要轻率行事，不要打无准备之仗。不过，回顾德国工人阶级走过的道路，我们不能得出结论，说他们处处冒险，个个都是冒险家。把没有取得直接胜利的运动一概称作'暴乱'，这是不费吹灰之力的事。我们俄国在取得胜利以前，同样遭受过多次的失败。如果把这些失败都说成是暴乱，那我们永远也得不到胜利。"（赞同）

从一开始，我们就担心德国党内将产生中派倾向。遗憾的是，我们必须说，我们的这种担心很快就被证实了。在讲意大利问题时，我就指出过，意大利问题具有国际性质并同德国问题联系着。执行委员会通过了针对以尊敬的克拉拉·蔡特金为首的德国领导同志的决议和惩戒措施。我们这样做，心情是很沉重的。我们反复考虑过，我们该不该这样做。我们清楚地知道，只有在迫不得已的情况下才可做出这样的决议。……冲突是由意大利问题引起的。关于意大利问题，刚才我已向诸位作了详细的报告。

是怎么一回事呢？莱维是受本党的委托到里窝那去的。他同塞拉蒂一起在意大利进行了反对共产国际的秘密活动。里窝那大会以后所发生的一切都证明了这一点。随后，有五名或六名中央委员退出了中央委员会，因为他们不同意执行委员会在意大利问题上的意见，他们指责执委会犯了错误，想人为地制造分裂、搞宗派等等。塞拉蒂到了柏林，并且还到了斯图加特。他在《前进报》上用粗黑体字发表一封信说，德国党站在他一边，年轻的意大利兄弟党受到德国同志的背后打击。我对德国同志说："请你们设想一下，如果在哈雷代表大会分裂以后，有某一个俄国同志，譬如说列宁或托洛茨基，由于不同意执行委员会在哈雷的活动而声明退出中央委员会，你们会说什么呢？意大利党受到的正是这样的背后打击，至少大家是这样理解的。"（喊声："完全正确！"）

我们说过："只有瞎子才看不见，塞拉蒂已经陷入了改良主义。"

今天我已经引了他文章中关于重要问题的论述，以证明他是怎样卑劣地攻击法国党和德国党、怎样在九月运动期间背叛了党的。所以很清楚，在我们面前的是一个典型的改良主义者，可是，竟然有人不顾这一切，还要从后面攻击我们，退出中央委员会。

拉狄克问，在不同意这一点或那一点的情况下，能不能这样轻易地放弃自己在老社会民主党中的委任状？就算我们在意大利问题上错了——其实，我们是百分之百正确的——那也应该谨慎行事。本来，执行委员会毫无成见可言，它是被迫面对既成事实的。所以，我们经过考虑，认为这里有问题，并且不仅仅是意大利问题。我们都是坚定的国际主义者，但是我们知道，在德国，只是为意大利问题，人们不至于神经紧张，只有在涉及自己的党和本国的运动时，人们才往往容易出现这种神经紧张状态。这里面有着一种内在的联系。

如果塞拉蒂把这一切做得特别机智巧妙，如果那些在政治上相当老练的同志只是成了他的受害者，如果所有这一切只是一场误会，那就再好不过了。但是，同志们，这种可能性是微乎其微的。

这就是我们提出这个问题的缘故。为了使共产国际从我们的错误中吸取教训，我们请求代表大会公开指明，我们错了没有。如果同志们确实错了，那就让代表大会如实地承认这一点，这样，我们将有可能体验到自己是真正国际的党。

关于三月发动将有专题报告。关于这件事，我只说几句话。我们听到此事的消息时，在场的有布拉斯、盖尔和克南等同志。在得到最初的消息时，我们产生了这样的感觉：岩石终于移动了，德国终于发生了什么事，空气开始净化了。

我们写第一份文告的时候，已经是在失败以后，布拉斯和盖尔同志所想的同我们大家一样。（拉狄克从座位上喊："你们听！你们听！"）

这份文告是我们直接向库尔特·盖尔同志口授的（众人喊道：你们

听！你们听！"），他只起了速记员的作用。

他们对文告没提出一处修改意见。为什么呢？这是因为，他们的心情也和任何一个革命家的心情一样：我们进行了强加给我们的斗争，我们在斗争中遭到了失败。但是，无论如何，我们决不应从背后攻击工人。他们明白了问题的实质。第一份文告就是这样产生的，文告捍卫了这一发动。这是我关于文告的正式说明，并且相信那两位同志能够证明这一点。（场内活跃）你们读过我们的论策略提纲，从中你们知道，我们没有发表过正式奉承的讲话，而只是清楚明确地说了所犯的错误。这次代表大会不是为了相互吹捧而召开的。

关于革命进攻的理论已经说得很多了。老天保佑我们，别再重复这些荒谬言论。我们完全同意布兰德勒同志在他的小册子里所说的："那不是进攻，只不过是一场防御战。"敌人搞了突然袭击。我们不应该号召进攻。我们犯了许多错误，暴露了不少组织上的弱点。我们中央委员会的同志们没有掩饰这些错误。

问题在于我们是把这次斗争看作前进了一步，看作德国工人阶级的苦难历程中的一个阶段，还是看作"暴乱"？执行委员会认为，三月发动不是"暴乱"。把有 50 万工人参加斗争的事件说成"暴乱"是可笑的。这不是盲动，而是当时环境迫使德国工人阶级不得不进行的一场斗争。我们应该公开承认自己的错误，并从中吸取教训。我们没有掩盖什么，没有实行秘密政策，没有搞秘密外交，但我们认为，德国党上上下下不必为这一斗争感到羞愧，而是恰恰相反。（热烈的掌声）同时，我们也要明确地、直截了当地说，当前，存在着过早开展运动的危险性。听了特拉奇尼同志向执行委员会所作的报告，我有一种感觉，即在意大利共产党人看来，党已经走出泥潭，现在是大干一场的时候了。不行！在没有对形势进行认真研究以前，不能作出这样的结论。正是在现时，必须二十倍地谨慎，要做好一切准备工作，在投入战斗之前要权衡二十次才行。在这方面，托洛茨基同志对法国问题的批评是对的。我们应该随时看到这种危险，甚至把这种危险稍微估计得过分一些，也并不可怕。

现在我谈谈德国共产主义工人党问题。你们知道，这个问题也具有国际意义。在第二次代表大会上，我们向这个党作了许多让步，并给了它在这个国际讲台上说话的机会。可是，这个党的代表们宁愿躲藏起来。奥托·吕勒先生就是这样。大家知道，此人已倒退得相当远了，尽管他认为自己属于极左翼，实际上他却处身于反革命阵营。关于这个问题，在哈雷代表大会上和大会以后，我们和德国统一党的同志们谈过多次。他们几乎全体认为，接收德国共产主义工人党加入共产国际，甚至作为同情党加入共产国际，都是不妥的。执行委员会却不这样认为。还在柏林时，我代表执行委员会对这些同志说了这个意见。当然，在一个关系德国的重要问题上同该党的决议唱反调，是令人很不愉快的。但是，同志们，无论从形式上还是从道义政治上看，执行委员会有权纠正类似情况。根据以下理由，我们认为应当接受德国共产主义工人党作为同情党。我们想，无论如何也要坚持教育这个党的真正革命的无产阶级分子，并把他们吸引到我们方面来。我们认为，我们德国党的过去，它本身的消极性，甚至它所犯的一些大错误，如在卡普暴乱期间所犯的错误，可能给德国共产主义工人党创造了有利的基础。我们认为，借助于国际影响，我们医治好它的根深蒂固的病症并不困难。我们总是认为，尽管它人数不多，是一个不大的组织，几乎是一个小宗派，但我们仍要努力使这些工人中的优秀分子加入国际。我们经常想：在大战和战后时期，整个国际工人运动经历了深刻的危机，不同的党和团体患这样或那样的病，这并不奇怪，但是对待这些革命分子必须有耐性。在这个问题上，执行委员会作出了几乎是一致的决定，一定要接收这个党。经过一场原则性的争论（在争论中，哥尔特同志代表德国共产主义工人党的观点，托洛茨基同志全面地阐述了执行委员会的基本路线），执行委员会决定接收德国共产主义工人党，并给它以发言权。

我代表执行委员会在结束语中讲了这样一段话："从逻辑上说，要摆脱这种状况，出路只有两条。在一个国家里，两个同属于一个组织的党长期并存是不可能的。或者德国共产主义工人党发展成为真正的共产党，从而加入德国共产党，成为该党统一整体中不可分割的部分，或者即使作为同情党也不加入我们的国际。"目前，问题就是这样，因而我认为，代表大会不能不作出抉择。很遗憾，我应该指出，比较而言，领袖们在这个党中的作用比在其他党中要大得多。（喊声："对！"）说到领导层，我们应该承认，一年来，这个党的领导层在步步倒退。我有事实为证。我手头有一本小册子，叫作《莱维博士的道路——德国统一共产党的道路》，是德国共产主义工人党出版的，没有标明书的作者，但是从一切判断，该书出自哥尔特的手笔。只要是哥尔特所写的文章，德国共产主义工人党的同志们一概发表，这实在是给他帮倒忙。不如把他最近写的许多东西仍放在书桌的抽屉里，以免败坏他的声誉，因为他过去确实是一个优秀的马克思主义者。请同志们听听，这个同情党是怎样对待国际的。这本小册子的第三章的标题是：《无产阶级夺取国家政权的前提是什么？怎样夺取政权？》。哥尔特用三页多篇幅向我们作了全面的论述。他在夺取国家政权方面确有丰富的经验，这是他在荷兰得到的。（笑声）哥尔特说："在18—42页上，莱维对这些问题作了答复。这是革命的主要问题。在这些问题上，最清楚地表现了作者的愚蠢，德国统一共产党的愚蠢，莫斯科执行委员会的愚蠢，第三国际的愚蠢。"有人向我解释说，"愚蠢"这个词在荷兰语和德语中不是一个意思。哥尔特接着说："因为执行委员会对国际革命犯了罪。"哥尔特的逻辑是：在俄国，农民是革命阶级，在世界其他各国，农民是反革命阶级；在西欧，只有无产阶级一个阶级是革命阶级，但是存在于西欧的这个唯一革命的阶级其实也是反革命的。这就是哥尔特的前提。按照他的意见，世界上只有一个革命阶级即工人阶级，但工人阶级也是反革命的。所以……不必同这些群众和这些呆头呆脑的工会拖延、磨蹭，最好今天就去完成革命，而不要拖到明天。这就是他的逻辑。所有这一切都掺杂着对共产国际、苏维埃政权和国际的最重要政党的无端的攻击。哥尔特同志接着说："我们现在看清了这个莱维，而和他在一起的有德国统一共产党、第三国际、执行委员会和各国党，只有一个例外……"可是这个例外是什么，始终是一个谜。是指"荷兰学派"，还是指德国共产主义工人党？我不认为哥尔特会这样容易地同荷兰党分手。我不这么认为。就拿共产主义工人党出版的小册子《无产者》来说吧，书上标有简单题词："荷兰马克思主义学派"。这本薄薄的小册子汇集了一整套理论，共有三篇文章。第一篇是哥尔特写的《党与阶级》，第二篇是潘涅库克写的《马克思主义与唯心主义（社会革命的迫切问题)》，第三篇是罕丽达·罗兰-霍尔斯特写的《法国共产主义的群众性政党的产生》。关于罗兰-霍尔斯特，我真可以说："看到你在这一伙人中间，我真替你惋惜。"她本可以用自己的卓越才能为共产国际做更多有益的工作。

　　同志们！我不是说着玩的，就德国共产主义工人党所发表的文章而言，它正逐步暴露出自己是共产国际的敌人。哥尔特的文章中有一句话："莱维的精神就是德国统一共产党的精神，执行委员会的精神，第三国际的精神。君不见他们在哈雷、图尔和里窝那的所作所为吗？"他的意思是说，我们在哈雷把事情办糟了，在图尔把法国中派分子开除是不妥的，在里窝那吸收那么多的群众是错上加错！按哥尔特的意见，我们不应该接受这么多群众。"你们追求的只是数量而不是质量"，这是他的原话。所以，整个国际毫不重视质量，只有哥尔特一个人才重视质量。于是，他学着西塞罗的腔调质问道："何时才会用领袖的政治取代群众的政治？"难道有俄国、巴伐利亚和德国（其实，有一个俄国就够了）这样明显的例子还不够吗？同志们，他的意思是什么呢？这同迪特曼的论调几乎没有两样。他要我们怎么样呢？要俄国成为领袖政治的典范吗？如果是这样，那就让他清楚明白地说明，这表现在什么地方？这些领袖在哪里？这种政策在哪里？工人阶级在什么地方给自身带来无谓的牺牲？这些人谴责的是什么样的领袖政治？让他们明确地说出来。哥尔特接着说："我们对工会的假想斗争还要支持多久？同那些假想因素还要周旋多久？破坏生产组织的斗争还要进行多久？对新的科学的马克思主义策略的破坏活动还想搞多久？"

总之，他们将本来是真正社会革命起点的工会说成是假想因素，而所以说成这样，就因为工会不肯追随我们的政策。诺斯克、谢德曼、托马斯、艾伯特、戈尔琴格他们全是假想因素，只有哥尔特一人是实在因素。

但是，实际情况完全不是这样。是的，工会极端反动，但是如果我们不去争取它们，得不到这个强大的工具，那么无产阶级革命就多半会落空。谁想使工人阶级相信工会是假想因素，那他至多也只是一个头脑简单的空谈家，而绝不是立志推翻资产阶级的工人阶级的真正领袖。哥尔特继续说："说德国统一共产党由于本身还不巩固，因而这一次未能胜任其职，这种说法是不值一驳的。"接着用黑体字印着："既然它要成为群众性的政党，它就永远不会有足够的力量。"

总之，一方面，政党一般不应是群众性的政党，另一方面，共产主义工人党不是群众性的党，但是又要实行群众的政治。真是费解。同志们，我想，"荷兰学派"的这本小册子我们已经引了不少，但我应该说，这里面大有文章。哥尔特开始使用塞拉蒂的那套方法了。我这里有一份五一节那一期的《共产主义工人报》即节日专刊，在这份报纸上本应提出国际团结和强调我们之间的共同点。可是在这份报上你们看到的却是："莫斯科应当记取三月发动的教训。如果不这样，如果莫斯科在下次代表大会上不下定决心提出修改二十一条的动议，那我们将由此被迫作出唯一可能的结论。"

对此，我只能回答说："那就随便吧！我们不反对！"（笑声）

哥尔特接着说："那样，我们就有权得出结论：我们之所以越来越深地陷入泥潭，主要是因为有人对西方革命任务一窍不通和过分关心俄国苏维埃政权的特殊利益，而这一切全都怪执行委员会。"对此，我只能重复我在哈雷代表大会上说过的话。那时，我们向右翼独立社会党党员表明："先生们，今天你们拥护苏维埃俄国，而明天你们又会倒向苏维埃俄国的敌人阵营。"他们回答说："永远不会。"可是现在他们已是俄国的毫无疑义的敌人。今天我要向德国共产主义工人党的领袖们重复这句话："你们奉行这种半孩子气、半犯罪性的政策，总有一天要变成无产阶级共和国的敌人。"（拉狄克从座位上喊道："哥尔特已经是喀琅施塔得的保卫者了！"）

在这篇文章里还写着："设法使第三国际在政治上摆脱俄国国家政策体系，乃是我们为实现西欧革命前提而必须达到的目标。"

这句话虽说得婉转，但毕竟是清楚明白的。我们在第二次代表大会上已经声明过，今天我代表我们党再重复一下："当无产阶级革命在德国（或者在别的任何地方）取得胜利，我们把共产主义运动的中心转到柏林去的时候，我们就将是世界上最幸福的人。"可是直到现在，各国工人仍把这个荣誉给了我们，我们当然感到骄傲。我们将一如既往，继续努力具体研究每一个国家的国际革命问题，研究所有国家的革命条件，学习所有国家的长处。但是，从这篇五一节的文章里清楚地看出，共产主义工人党的同志们是踩着塞拉蒂的脚印走的，而这条路把他们引向迪特曼的怀抱。

我们收到一份1921年6月5日共产主义工人党扩大的中央委员会决议的电报稿。决议写道："德国共产主义工人党扩大的中央委员会声明：德国共产主义工人党无论作为同情党还是作为享有充分权利的党在第三国际的去留，仍然取决于党的纲领不可侵犯这一点。"

如果依了他们，那还叫做什么国际呢！德国共产主义工人党的纲领必须是"不可侵犯的"。那么法国党、意大利党和捷克斯洛伐克党的纲领又该如何呢？哥尔特精神中的这种儿戏究竟是什么呢？如果加入国际的这个党或那个党被认为是"不可侵犯的"，那么，国际就不称其为国际了。

中央委员会接着说："在与德国统一共产党的联合问题上，我们决不接受任何最后通牒的方式。我们的代表团受权声明，在一定条件下，党立即退出第三国际。"同志们，如果事情果真是这样，也就是说，德国共产主义工人党党员确实认为必须退出第三国际——不过我还希望他们事先一定要想好——，如果共产主义的国际无产阶级的决议对他们是无关紧要的，如果只有"荷兰学派"的意见是他们听得进去的，那就让他们退出吧。我想，我们大家即整个代表大会不必为做这种试验而感到惋惜。我们已经向德国共产主义工人党的每一个革命工人证明，我们愿意真诚友爱地同他们一起工作。我们已经给了他们考虑的时间，并向他们作了各种各样的让步。他们现在要离开我们，而现在刚好是在德国已经有了一个群众性的并在斗争中经受了考验的党。这个党可能犯了许多错误（我们也犯过错误），但现在在德国我们毕竟有了一个强大的、在战火中经过考验的革命政党，这是革命无产阶级的党，它在工人阶级心目中享有特殊的精神权威。如果哥尔特及其亲密朋友抛弃了我们，使我们遭到不幸，那我们一定要努力经受住这场灾难，因为我们相信，那些仍然拥护共产主义工人党的绝大多数工人很快就会认识到它的错误，并且他们也决不会认为这些错误是"不可侵犯的"。他们会说；我们都是"可侵犯的"，对我们所有的人来说，共产国际就是法律。

这就是我要对德国共产党所说的话。

在结束关于德国问题的讲话之前，关于"莱维事件"我还要说两句。我们收到保尔·莱维的一封信，他在信里要求重新审查他被开除出德国共产党一事。关于这个问题，主席团将向代表大会提出决议案。大家知道，执委会同意开除莱维。莱维的小册子探讨的是策略问题。所以，在大会讨论策略时，这些问题将得到解决。至于其他问题（关于土耳其斯坦人的议论以及各种胡言乱语和卑劣行为），我认为，而且你们也会同意我的意见，如果我在这里还继续谈论它，那我们就把这本小册子抬得太高了。（鼓掌）所以，这个问题就到此为止。

现在我来谈谈其他党，首先是法国党。我们在执委会扩大会议上宣读过关于法国党的详细报告。我们对待法国党同对待其他党不同，要慎重得多，因为我们了解法国国情。我们应当看到，在这个党内不仅还有像龙格分子那样的人，而且还有列诺得尔分子，所以我们必须给它以准备的时间。这个党的弱点是人所共知的。同志们！请允许我把1921年6月12日我在执委会会议上的讲话速记记录列入我的报告，为了节省时间，在读完记录以后就直接转到其他各国党的问题上。

────────

1921年6月12日季诺维也夫同志在执委会会议上的讲话速记记录

我想向执委会各位委员详细地说明我们同法国党的关系。

你们知道，上届执委会曾决定接受这个党并在一系列宣言中多次宣布过这件事。如你们所知道的，塞拉蒂指责过执委会和我本人，认为我们向法国党所作的让步太过分了。关于意大利社会党的立场，我们已收集了许多文件和决议。在这些文献里可以找到原因，说明我作为执委会代表，为什么对待法国党的态度同对待意大利党的态度不一样，为什么我同法国党缔结了可以说是特殊的协议。关于这个问题，塞拉蒂写了几篇文章，他在文章里要求我们对待意大利党的态度要和对待法国党一样。我认为自己有责任在这里说明一下，我们对法国同志持什么样的立场和出于什么样的特殊考虑。

在同法国党的关系上，我们确实有意慎重一些，并且对它的迁就要大大超过对已经加入我们组织的意大利党，我们这样做，还由于以下的简单原因，那就是：按我们的看法，法国党的状况和意大利党不一样。当加香和弗罗萨尔还在莫斯科的时候，法国党还没有经历过第一次分裂。那时，法国的谢德曼分子、托马和列诺得尔还是这个党的党员。我们应该考虑到，在法国党内共产主义派还很弱，共产主义派的领袖都被关在监狱里。由于这个原因，我们主张对法国党需要采取比对意大利党更温和的方法。同时，意大利党已经加入第三国际，正式参加了第二次代表大会并承担了义务，只可惜它没有履行这些义务。同勒努的协议有一项内容是：如果查明龙格接受"二大"的条件，那么我们准备提请共产国际下次代表大会为龙格破例。这是勒努以洛里欧的名义向我们提出的要求，但我们也答应了，并且从来不感到后悔。自从龙格在哈雷大会上发表了那篇讲话以后，事情就已完全清楚了，他绝对不会接受我们的二十一条。但是法国同志们坚持这一点，他们想以此向法国工人证明，我们准备为龙格破例。我认为，我们在这个问题上是做得对的，而塞拉蒂断定龙格有权继续留在党内，是完全错误的。龙格没有接受二十一条，所以党就同他决裂了。就在龙格已经声明不接受二十一条的最后关头，弗罗萨尔还请求他不要离开党。参加过图尔代表大会的同志们记得，在最后关头，执委会给代表大会发了电报，强烈谴责龙格，称他是改良主义者即资本主义代理人，并要求开除他。弗罗萨尔曾为执委会发来的这份电报向龙格道歉。他说："俄国人有说话不客气的习惯，所以，不必太动感情。"电报确实写得很尖锐，但龙格的离去并不是由于这一点。我不知道，这份电报是否具有决定性的意义。无论如何，我们认为，我们的电报是起了一定作用的。弗罗萨尔在这时候试图劝龙格留在党内，这当然是不对的。

在图尔代表大会作出决议之后，我们就面临一个问题，即今后对法国党持什么样的立场。我们很清楚，它还不是真正共产主义的党。党内还有一些坚持中派主义和半中派主义立场的分子，他们在党内、报刊上和议会里追随旧的传统。尽管如此，我们仍然认为，对待这个党的态度应当有别于意大利党，因为意大利党加入共产国际已经两年了。我们同法国党共产主义派的同志们达成了默契，给他们几个月的时间去调整力量和进行组织工作，并且从来不催促他们。洛里欧昨天引用了一篇文章，似乎我在这篇文章里说过，法国党的活动总的说来是正确的。我承认这一点。这指的是执委会给法国党就最近举行的讨论组织工作的代表大会而发的电报。执委会在这个电报里说，我们向法国党表示祝贺，并准备在代表大会上就必须改变党的政策问题同党的代表进行讨论。

关于政党，我们必须有一个明确的观念，并要考察它的组织情况。昨天和今天在这里所进行的辩论中我们议论的正是这一点。我认为，半年来，执委会对法国党采取极其慎重与极其耐心的做法是正确的。但这绝不意味着我们现在连必须说的话都不说了。我认为，所谓"左派幼稚病"现在对于法国党来说恰恰并不可怕。如果我们看一看法国党现在的整个状况，那每一个人都会承认，对这个党来说，我们应该防止的主要不是"左"的危险，而是来自机会主义分子的危险。（鼓掌）法国的青年运动还很弱。在青年运动犯错误时，必须向它指明这一点。不言而喻，如果党倾向机会主义，那么青年作为先锋就不能跟着倒向机会主义。对改善党的状况来说，青年的态度是起着重要作用的。我认为，某些议员带到法国党里来的老传统是很危险的，在这里我们必须同他们作斗争。昨天和今天有人在这里说过，《人道报》不是真正共产主义的报纸。今天库恩·贝拉同志已受到痛斥，而我也决不想火上加油。可是他断定《人道报》连《自由报》都不如，这不是事实。《自由报》纯粹是反革命的报纸，而《人道报》至多也只是不完全的共产主义报纸。《人道报》是前进的，而《自由报》是倒退的。弗罗萨尔是向前走的，尽管是缓慢地、摇摆地前进，有时还会旧病复发，但他总还是向前的。《人道报》真诚拥护俄国，而《自由报》充当工贼，进行隐蔽下流的反对唯一的无产阶级国家的宣传活动。这就是为什么我们必须坚决主张使《人道报》变成具有革命性的报纸和发展成革命的报纸的原因。托洛茨基同志在他昨天的讲话里举出了许多突出的例子，有许多问题《人道报》完全忽略了。总的说来，法国同志们无论在正式的报告里还是在私下的谈话里都承认了这一点。今天洛里欧直率地说："我们清楚地知道，我们的报纸和我们的党团是倾向机会主义的。我们知道，好多事我们做得不令人满意。"执委会认为现在是该过问这个党的时候了，我们应当直接和公开地提出，我们希望法国党做什么。

列宁同志关于法国工会坚持正确方向并在这个方面向前迈进了一步的论断是正确的。可是列宁同志又补充说，这是法国党工作的结果。对此，我应当说，列宁同志观察得不够仔细。法国同志自己也不认为是这样。洛里欧本人说过，党的工会工作没有做好，党的工会政策摇摆不定。如果在下次代表大会上工团主义分子获得多数，那他们就不知道该怎么办，而党也不知道该怎么办。不过，我们仍然可以断定，工会确有进步，尽管党在工会问题上摇摆不定。党在工会问题上还缺乏明确的路线，同样，工团主义者也没有明确的路线。正因为如此，工团主义者难免不设法主动地尽快建立自己的政党。

关于施瓦伯同志的发言，我想说几句话。他说法国的例子向我们表明，第二次代表大会关于工会问题的决议是不恰当的。正好相反，法国的例子恰恰有力地证明，我们提出在工会里建立支部的主张是完全正确的！如果我们按照德国共产主义工人党同志的意见办，不知我们现在会落在什么地方？我们会比现在离目标更远，只会助长茹奥的气焰。我们的建议是符合共产主义利益的。尽管党的处境艰难，环境恶劣，但是仍有许多工会拥护党。尽管法国的情况还相当混乱，但还是有希望的，党一定能找到通往工团主义者和工会的途径。我再重复一遍，法国的例子恰恰证明，国际第二次代表大会要求法国党重视工会工作，是完全正确的。

可以有把握地说，法国党尽管存在着种种弱点，尽管有老党带来的不良习惯，但它仍然值得信赖。在大战期间，恰恰在法国，工人党是不能信赖的，我们知道，就是工人自己对它也是信不过的。但是正因为在议会和工会中有了共产党人，我们现在可以大胆地、毫不夸张地说，在我们心中重新唤起了对法国共产主义旗帜和思想的信任。这是显而易见的。法国党已经是一个拥有十几万党员的党，党内充满了新的精神。但我们也看到它的种种缺点和不彻底性。机会主义倾向是我们的大敌，但我们必须承认，我们确已迈进了一大步，恢复了法国工人对自己的信任。在法国议会里有了一个虽然弱小但毕竟是国际的共产党。情况尚不十分顺利，但一天天地好起来。我们的法国同志自己也说，他们认识到自己的错误，愿意接受共产国际执行委员会提出的建议。执行委员会应该在决议或在给党的信里清楚明确地说明它要说的话。当然，根本不存在开除弗罗萨尔的问题。这种建议甚至不能成为认真讨论的议题。在法国，情况正在逐步地好转，但还存在着机会主义，这是我们的大敌。我们必须战胜它。我们必须向法国工人说明问题的实质。也许，在一场较为严重的斗争开始后，不仅某些集团会脱离党，甚至整个党都要经历严重的危机。这是法国共产党人也承认的。但我们还是想给予帮助和支持，使它继续成为群众性的政党。法国党的情况表明，在第二次代表大会上，我们在这个问题上所采取的反对如列宁同志今天所形容的"左"

倾鲁莽行为，尤其是反对机会主义罪恶行径的策略，是完全正确的。第三次代表大会也应当肯定我们在第二次代表大会上所制定的这条路线。

现在谈谈捷克斯洛伐克问题，这个问题对我们至关重要，并且在执行委员会扩大会议上也已经详细地议论过。我认为，这份材料也可以收入报告。在这里我只想简单说几句。我们同所谓什麦拉尔派有过一场论战。什麦拉尔本人有可能亲临会场，那样，我们就将当面讨论这些分歧。布里安等同志提供的消息表明，捷克斯洛伐克党确已发展成为群众性的革命政党。我们已经以同志式的态度向捷克斯洛伐克同志指出他们党的缺点，所以，我希望在捷克洛伐克出现一个经受住考验的共产党这样的日子早一天到来。同兄弟的德国党一样，也许会有改良主义分子钻进这个党里来（按照事物发展的规律，这是很可能的），然而我们有根据断言，这个真正无产阶级的机体，即用无产阶级的硬木雕刻而成的捷克斯洛伐克党，在国际的支持下，一定能够顺利地、彻底地战胜混入党内的少数机会主义分子或中派主义分子。捷克斯洛伐克现在还没有代表各民族的统一的共产党，我们应当建立这样的党，应该在捷克斯洛伐克建立一个团结一致、组织严密、有各民族参加的统一的党。这是执行委员会的愿望，我想再重申一下这个愿望。

————

季诺维也夫同志在 1921 年 6 月 13 日执行委员会会议上的讲话速记记录

我受权就捷克斯洛伐克问题的决议作一说明。这项决议由小执行局制定并提交执行委员会审议。首先，我本人对什麦拉尔同志的缺席表示遗憾。在布拉格举行的党代表大会上，他向第三国际提出挑战，要决一胜负。为了替自己的观点辩护，他理应出席这次共产国际代表大会。因此，在同出席大会的捷克同志商量后，我们决定发电报请他来莫斯科出席代表大会，为自己的观点进行辩护。虽然还没有得到他的答复，但我们仍相信什麦拉尔一定会来的。

我准备先分析一下在捷克斯洛伐克问题中起很大作用的民族问题。对这个问题必须极其慎重。首先我要指出，不过几个星期以前，《人权报》竟然荒谬地说什么我和执行委员会根本不承认捷克斯洛伐克这个国家。（笑声）这是毫无根据的。无论执行委员会还是执行委员会的个别委员怎么能够不承认事实呢？捷克斯洛伐克这个国家是战争的产物，是历史发展的结果，如果捷克斯洛伐克同志们声明愿意在这个国家范围内进行斗争，我们是绝对不会反对的。也就是说，我们决不会断言，在所有领土问题上历史已经作出了最后的结论。显而易见，我们拥护民族自决权。诚然，在我们看来，只有在各国都建立了苏维埃政府之后，所有这些问题才能得到彻底解决。如果捷克斯洛伐克注定要成为苏维埃国家，我希望这个国家的代表们在反对君主制的和民主制的共和国战斗中同我们一起走到底。早在第三国际第一次代表大会上，我们就明确地声明，目前这种国际边界线，只是临时的和十分不稳定的，很快就会被历史改变。共产国际从它存在的第一天起就对这个问题持这样的观点，我想捷克斯洛伐克的同志们是同意我们的观点的。在这方面，他们应当坚持不懈地捍卫国际的观点。我们承认资产阶级的捷克斯洛伐克国家，但是作为国际主义者，我们应当声明，捷克斯洛伐克同志有义务用国际主义精神和无产阶级的政策去解决所有的民族问题，因为，民族问题现在已变得极其尖锐，今后会变得更为尖锐。（赞同声）

现在谈谈群众性的政党问题。我们应该特别感谢捷克斯洛伐克的同志们，因为他们使第三国际增加了一个拥有 35 万名党员的党。这是他们的一大功劳。毫无疑问，我们在捷克斯洛伐克取得了很大的进展，给了那里的社会民主党以沉重的打击。我重复一遍，这是我们不能忘记的一大功劳。我们比莱维之流更赞成群众性的政党。他们经常把群众性政党这个词挂在嘴边，群众性政党和反对"宗派"的话，他们比谁说得都多，但是这些人除了自己的小宗派以外，什么也没有建立起来。我们承认捷克斯洛伐克党确实是群众性的无产阶级政党。我们应该以这个基础为出发点，并在这个基础上确定我们对这个问题的政策。尽管如此，现在确有一些群众性政党，它们既不是社会主义政党，也不是革命政党。虽然很遗憾，但这是事实。我们知道，在德国，社会民主党人拥有一个人数可观的群众性政党。我们知道，英国工党是一个群众性的大党，意大利工人阶级也有一个群众性的大党。但是，这够不够呢？假如没有这些群众性的反革命的社会民主党的话，也许我们的世界革命早就成功了。（赞同声）

我们十分了解信奉资产阶级和半资产阶级意识形态的群众性政党。这同捷克斯洛伐克党无关，捷克斯洛伐克党并不承认资产阶级意识形态。但是在捷克斯洛伐克，一部分群众仍然接受甚至很容易接受资产阶级影响。对此，我们不应该视而不见，而应当重视。我们早就盼望在共产国际队伍里看到这种群众性政党，但是我们没有用严格的路线去束缚穆纳、扎波托茨基、什麦拉尔三位同志的手脚，并且我们同意不急于建立共产党，因为如果要建立，那就应该建立真正的共产党。（场内活跃，赞同声）既然如此，为什么捷克斯洛伐克同志们还要一再表示，反对什麦拉尔重蹈里窝那的覆辙呢？这是否意味着承认捷克斯洛伐克党现在具有中派主义性质呢？（场内活跃，赞同声）不然，什么是里窝那呢？我不想扯得太远。关于里窝那，我还要单独谈，现在只就这个问题说几句话。

我是在一个约有20万党员的群众性政党发生分裂的情况下出席里窝那代表大会的。多数人投靠了中派主义者，少数人转到共产党人一边。我们错就错在一直信任塞拉蒂，没有及时考虑在意大利党内建立一个强有力的反对派来反对他。你们说，如果我们谴责什麦拉尔的机会主义，捷克斯洛伐克党就立即会分裂，并且只有极少数人会仍然忠诚于共产主义。这番话意味着什么呢？这意味着你们虽然有一个群众性的大党，但是党内却只有少数人坚持共产主义。如果实际情况确实是如此可悲，那我们就不会用幻想来哄骗自己了。我以为，情况并非如此可悲。我们知道，在捷克斯洛伐克党内有一群人完全了解真实情况。我们在这里读过穆纳和扎波托茨基同志从狱中写来的信。这封信是一份重要的文件，每一个人都必须认真地研究。这两位同志所说的话和我们是一样的。当然，不知为什么，他们没有提到什麦拉尔的名字，这是令人遗憾的。但是他们想的和我们一样。对于他们的这封信，谁也不敢表示反对。这件事本身证明，这些同志在党内有支持者。共产国际至少有义务声援被监禁的同志。但我们还应该更进一步亮明我们反对什麦拉尔的全部观点。我们并不想对同志们说："要立即完成革命。"谁也无权把诸如此类的意图强加给我们。我们也并不要求他们："你们应该今天、明天或过一个月就行动。"但是我们要说：宣传鼓动工作应该具有革命的而不是中派主义的性质。

昨天听了陶西克同志的发言，我认为这是第二半国际分子的腔调。布哈林同志已详细地分析过他的发言。陶西克说："我们被经济上破产的国家包围着，因此，我们不能完成任何革命。"

这究竟是什么意思？我们该不该等着资本主义重新聚集力量，到那时才去攻击繁荣的资本主义国家呢？我还听到陶西克同志高声打断一位发言者的发言，这位发言者说捷克人不要管别的国家。陶西克同志就喊道："既然如此，波兰国内也必须有强有力的运动。"我认为，波兰国内不仅必须有，而且实际上已经有了强有力的运动，尽管存在白色恐怖。但是陶西克的言论几乎同第二国际的言论没有两样。第二国际不是也说过："我准备发动，但是我的邻居也必须同时发动。"他们是怎么设想的呢？可能是这样，有朝一日，领袖们聚集在一起，规定一个日期，开始普遍革命。果真如此，那倒也好，但是，革命的发生不是这样简单的，绝不是彼此签订一个条约，在一个美妙的早上就能一起行动。发动取决于许多因素。其实，根据上述理论，可以提出一个简单的问题，为什么首先发动的是落后的俄国，而不是被资本主义奴役的美国？（全场活跃，赞同声）第二国际和第二半国际的这套理论必须彻底抛弃。我们绝对不打算为任何一个党规定举行发动的日期。执行委员会是不会提出这样的主张的。显而易见，对如此重大的问题必须反复权衡，然后才能作出最后决定。然而目前完全是另外一回事。我们能够允许某些领袖在党的代表大会上貌视共产国际吗？（活跃，赞同声）出席大会的有近千名同志，请他们分成各个小组，认真地读读什麦拉尔的讲话。这篇讲话的调子，玩弄的手法，表现出来的虚伪，同一年前的塞拉蒂完全一样。而且这个讲话是在党已声明加入第三国际之后发表的。对什麦拉尔的讲话，党本应马上表示抗议。那样，情况就完全不同了。现在我们必须反对他。

捷克斯洛伐克人在他们提出的决议案里有两三处声明说，他们完全接受二十一条，并表示要恪守这些条件。这些誓言有什么用处？去贯彻提出的要求不是更好吗？党的领袖正在报纸上自由地进行反对二十一条的宣传，这样，誓言又有什么用处呢？你们一再表示将遵守这些条件，可是什麦拉尔却反对建立共产党，许多领袖鼓动反对二十一条，甚至根本反对加入国际，更有甚者，什麦拉尔放出风，说要联合其他党，宣称作为一个大党，他们能够对现政府施加实际的影响。

凡是熟悉1921年以前社会主义历史的人都十分明白，这些出自像什麦拉尔这样熟练的外交家嘴里的话是什么意思。在十二月罢工期间情况怎样呢？所有从捷克斯洛伐克来的人都证明，除了当地的某些领袖以外，没有一个人在事变面前像孩子那样束手无策。

　　关于接受该党加入的问题，我们必须予以积极解决。下一步对什麦拉尔怎么办？我们并不要求开除他，但是我们想利用我们的权利对捷克斯洛伐克工人说出我们认为必须对他们说的话，提请他们谨防此类言行。我们应该记住，什麦拉尔长达三小时的讲话并非即兴之作，而是早就考虑好的，是字斟句酌的。我们号召捷克斯洛伐克无产阶级前进，而不要后退。捷克斯洛伐克同志们一再向我们表示，我们的决议一旦被通过，资产阶级报刊就将幸灾乐祸。我真不明白这有什么可幸灾乐祸的。我只知道，资产阶级报刊会利用这场强加给我们的论战而大做文章。资产阶级报刊又要大放厥词，说这是莫斯科或匈牙利同志在挥舞指挥棒。我也知道，一些党员听信这些诽谤，相信这种思想。其实，真正的国际主义从来不要求我们去为此类区区小事分心。这些也丝毫影响不了我们的决定。我们必须对捷克斯洛伐克工人开诚布公。我们也丝毫不对什麦拉尔进行人身攻击。一年以前，当他出现时，他向我们开诚布公地说，他曾是一个社会爱国主义者，而现在要站在我们一边。我们没有给他设置任何障碍，给予他兄弟般的接待，而且一年来，还尽可能地支持他。我们没有任何理由对他个人进行攻击。但是我们必须指出他的政治错误。克雷比赫同志说，（1920 年秋在柏林）我们就什麦拉尔的行为同他进行磋商时，曾打算对什麦拉尔采取坚决的措施，这是事实。是克雷比赫劝阻了我们。他坚信，问题仅仅出在策略问题上，只不过是有微小的分歧而已。但是，最近的事件想必使克雷比赫同志从中吸取了某种教训。

　　我们请捷克同志在讨论这个问题时摒弃一切民族考虑。我知道，我们生来就受资产阶级意识形态的熏陶，生来就具有民族感情。但是，当前的问题不是民族问题，而是要在彻底的共产主义和动摇的半共产主义二者之间作出抉择。为什么什麦拉尔现在要提出联邦问题呢？怎么能设想第三国际不是由若干统一的国际主义政党组成的呢？对共产党来说，难道这还是一个值得争论的问题吗？建立一个委员会是当务之急，这个委员会要毫不拖延地尽快实行集中化。同志们，根据上述考虑，我们必须对捷克斯洛伐克代表团亮明我们的观点。保加利亚、意大利、德国、俄国和波兰党的代表也持同样的主张，这绝非偶然。我们非常重视这个问题。我相信里窝那事件不会重演。我坚信，在了解了共产国际的态度以后，多数人，不，岂止是多数人，还有什麦拉尔的所有朋友，都会说：什麦拉尔是我们的朋友，而共产国际更是我们的朋友。我坚信，捷克斯洛伐克的多数工人会拥护我们的决议，我也相信，别国多数同志会赞成我们的决议。我们怀着坚定信念把我们的决议提交执行委员会审议，相信这个决议会大大有助于捷克斯洛伐克无产阶级建立真正的共产党。

————

关于斯堪的纳维亚各国的党我还想谈几句。在瑞典和挪威，我们有两个不同的党。在瑞典，总的来看，半和平主义的党正在逐步发展成为真正的共产党。瑞典党正在演变，但是演变的过程尚未结束，情况就是这样。挪威原来就有一个群众性的党，这个党现在仍然是这样。但是，它必须清除某些中派主义的影响。瑞典党还有大量的组织工作需要完成。例如，该党章程的第 2 条写道："议会党团和其他得到政府某种正式委任的党员，在接受委任前，应该征求中央委员会的意见，而在特别重要的情况下，应该征求党的委员会的意见。"读完这一条，我简直不知所云。第 3 条我也不懂，该条写道："议会党团在其活动中应切实遵守党纲和党的历次代表大会的决议。在党的代表大会闭会期间，议会党团必须按照党的委员会或中央委员的指示执行任务。"资产阶级政府能委任共产党议员做什么呢？这是旧观念的残余，我完全无法理解。关于议会党团的纪律也是这样。要求太低了。不是吗？议会党团在决定自己的行动路线时，应当服从党的代表大会，而在代表大会闭会期间应当无条件地服从中央委员会的决议。太缺乏魄力了。关于瑞典无产阶级服兵役的问题也不完全明确。

布兰亭常常表示："我们的共产党人不错，心地善良！"我知道，一个敌人说出这样的话，是别有用心的，因此，我并不认真看待。我们看问题应该比布兰亭先生客观得多。我们共产党人已经不止一次地向他发难。但我们还是应当指出，党的机关报《政治报》还不是战斗的、生动的无产阶级报纸，机关报在国际共产主义运动的基本问题上还缺乏明确的立场。

我们同挪威党在集体加入党的问题上达成了某种协议，我们作了某些让步。但是我们认为，这种状况只能是暂时的，挪威党的建党原则应该同其他国家的党一样。

同志们！一年来我们不光瓦解了一些派别，而且也促进了主要是英国和美国各派之间的联合。"二大"以前，英国有八个不大的相互对立的派别，而现在有了统一的党。在这个联合过程中，执行委员会起了很大的促进作用。美国党也是如此。我们曾在这里宣布过：在两派联合之前，我们不接受任何一派加入国际。我们要劝告我们的美国朋友，不仅要学会从事地下党的工作，而且要学会在白色恐怖条件下组织合法的和半合法的运动，同党一起活动，逐步争取更广泛的工人阶级群众。对美国党和英国党来说，最重要的是，要彻底克服宗派主义。美国和英国的土地开垦得这么好，党应该善于在这些土地上广为播种。我们坚持认为，对这两个党来说，主要的口号应是，更广泛地联系群众，更广泛地开展合法斗争。（长时间的鼓掌声）

至于其他各国，我首先指出，丹麦工团主义者发生了分裂，一部分工团主义者加入了共产国际。

奥地利社会民主党的左翼也分离了出来并加入了共产党。

在比利时也出现了同样的情况，一个独立派别脱离了社会党。《时报》对这一分裂极为不安。可是我们的比利时共产党的同志们都认为这一事件无关紧要。我说他们错了。我们认为，分裂还是有很大意义的，共产国际热切地希望这个派别能尽快地同我们的兄弟的比利时共产党联合起来。

瑞士的发展情况也一样。瑞士左派分离出来并同共产党人实行联合。不过，它失去了诺布斯，此人在同共产党人发生意见分歧时，引证克拉拉·蔡特金的信作为理由。我想我们应该记取这个教训，今后在党刊上发表文章时要慎重。我也给诺布斯写过信，他把信刊登出来，但其动机是证明我粗鲁无礼。（笑声）他引用克拉拉·蔡特金同志的信，目的在于反对共产国际。这很可惜。瑞士的运动在迅速向前发展。在瑞士法语区，我们的成绩很大，而社会民主党的日子一天比一天难过。瑞士社会民主党人的著名领袖罗·格里姆变成了资产阶级的普通事务管理员。他现在的主要工作是在伯尔尼城为资产阶级修理厕所。（笑声）这位齐美尔瓦尔德党的创始人真是胜任愉快，既不耽误他的这一高尚的行业，又没失去第二国际领袖的宝座。两种行当相得益彰。（大笑声）

在西班牙，各共产主义小组也朝着联合的方向发展。在那里我们看到一种很有趣的现象。曾经有一个老党代表团来我国访问，其中一位代表是工人、共产党员，另一位代表是教授、改良主义者。这位教授坦率而天真地说："我本不想加入第三国际，但是，把我们派到这里来的西班牙工人却想加入。因此，我也只好跟他们一起走了。"（笑声）这样的来访者不止这一个。从罗马尼亚来了一位先生（弗卢埃拉什），从前曾当过部长。布哈林同志用他常有的那种亲切口吻对他说："弗卢埃拉什先生，您曾当过资产阶级的部长，我们认为这个部长您还应当当下去，所以，请您退席。"（笑声）这位先生惊奇不已。我们对国际客人如此不敬，使他深感不满。近半年来，这类莫名其妙的来访者络绎不绝。

罗马尼亚党现在已经分裂。值此代表大会召开之际，我们应该指出，素有中派分子之称的克里斯泰斯库等同志，忠顺地履行了他们所承担的义务。他们作为第三国际的追随者都被关在监狱里。关于罗马尼亚的情况我们知道得太少了，但是我们认为，到目前为止，谈判已获得良好结果。

我们的南斯拉夫党现在已转入地下。这是一个拥有约8万党员的大党。中派分子现在厚颜无耻地出版合法报纸，利用合法地位来反对我们的共产党同志。现在，这个中派集团已被开除出党，他们重新加入了第二半国际。我当然不能担保党内已经没有中派分子的残余，因为对这个地下党的情况我不十分清楚。我们希望那里没有这样的人。如果是这样的话，那我们想利用这个机会并代表上届执行委员会建议南斯拉夫代表团（南斯拉夫派了一个强大的代表团出席这次大会），要把反对中派分子的斗争及早开展起来。改良主义的社会主义是一种奇特的毒药……关于这种社会主义巴比塞同志写过一篇精彩的文章。他说，改良主义的社会主义是毒害无产阶级的奇特的毒药。我们正处于艰苦斗争的时期，如果有几滴这种毒液滴到我们身上，就会突然引起发炎。我们切切不可忽视这种毒药，应经常备足解毒剂。

我们的保加利亚党像捷克斯洛伐克党一样，是一个为数不多的得到本国工人阶级大多数人支持的党。最近有消息说，这个党吃尽白色恐怖的苦头，可能也要转入地下。不知这些消息可靠的程度如何。曾经有人指责保加利亚党，说它在关键的时刻不总是进行群众性斗争。调查的情况表明，这种指责是不能成立的。人们可以考察一下该党自1903年成立以来的全部历史。它经历过多次分裂。不过，我们仍然认为，保加利亚党尽管有某些缺点，但它毕竟不失为一个优秀的、强大的共产党。有朝一日，当这个党从宣传准备转入积极行动时，它必将证明它在20—25年的活动中取得了怎样的成就。我们坚信，当这个时刻到来的时候，这个党是不会使共产国际失望的。

关于芬兰党说几句。它是以地下组织的身份加入共产国际的。尽管有白色恐怖，但芬兰合法运动是全心全意地拥护共产主义的。据统计，合法运动的成员比老社会民主党的成员多一倍。老社会民主党已经无声无息了。芬兰的普通工人每次到我们这里来总是说："如今，在我们芬兰，共产主义问题已不再是宣传问题，而是行动问题了。"（掌声）

同志们，如果我没有提到哪个党的话，那不是因为我没有什么可说的，而是因为我应该结束我的报告了。

现在，谈谈我们设在近东和远东的重要机构。在近东，有在巴库代表大会上成立的宣传委员会。在近东还有许多组织工作要做。远东也是一样。我们无论如何要同日本建立密切的联系，我们必须牢牢地在那里扎下根去。日本当前的处境大致同 1905 年前俄国的情况近似。在那里有广泛的革命群众运动，出版了有价值的著作。《资本论》第 1 卷和第 2 卷已译成日文并已出版。那里有许多工会组织，这些组织不是依靠领袖而是工人自己成立的。他们对共产国际很有好感，但是很遗憾，我们同日本的联系搞得很不好。

同志们！由于我们立志成为世界性的国际，所以，执行委员会就必须把更多的注意力、更多的力量放在它的两个重要部门即妇女国际和青年国际上。妇女代表会议已经开过，我们参加了这个会议。我们创办了国际妇女报《国际妇女共产党员》。我们认为，妇女工作应当继续坚持下去。没有妇女们的帮助，无产阶级就不可能取得胜利。我们必须把妇女争取过来。不然，无产阶级共和国就不可能保持下去。（掌声）

青年国际的作用就更重要了。不久就要举行青年国际世界代表大会。在过去的一年内，我们尽了一切努力来支持这个国际。托洛茨基同志说得对，他说，对于我们来讲，青年的作用远比过去我们所想的大得多，尤其是考虑到无产阶级已经疲惫不堪。我们应该以百倍的力量从事青年工作，以百倍的努力支持青年工作。这是最重要的问题之一。我们希望本届大会能加强青年运动。我们将全力支持它。某些先生们试图唆使青年反对执行委员会，并在莱维的机关刊物《苏维埃》上刊登有关文章，以达到在青年和执行委员会之间制造不和的目的。可是他们的阴谋没有得逞，也永远不会得逞。按我的意见，对青年的政治领导应该由国际最高政治领导机构来进行。如果在各国设立两个平行的机构，那它们的决定就难免不互相冲突和引起矛盾。这对青年运动来说恰恰是危险的。因此，我认为，我们一定能克服所有组织上的困难，把总的政治领导归到一个地方。这个地方现在是俄国，将来在德国或在法国，视世界革命的发展而定。但是无论如何，我们在各地应该比过去更有力地支持青年运动。到目前为止，青年在各处做了大量的工作，无论在捷克斯洛伐克、法国还是其他任何应该开展反对社会爱国主义者和中派分子斗争的国家中，青年总是走在前面。但是，这个任务是很广泛的，在这方面要比过去做更多的工作。我们要全力支持青年运动。（掌声）

根据我们执行委员会的倡议，第二次代表大会成立了红色工会国际。当时这是一项新的事业。现在，我们已经走过很长的一段路了。洛佐夫斯基同志列了一个统计表，从中可以看出，已经有 1500 万按行业组织起来的工人加入我们的工会国际。我们首先发出了反对阿姆斯特丹国际的号召，在这次代表大会上，我们还要向前迈进一大步。我认为，工会国际代表大会的意义对我们所有的人来说都是清楚的，因为必须进行反对阿姆斯特丹国际这个资产阶级的最后堡垒的斗争。因此，这是当前至关重要的问题，代表大会应该给予最大的注意。代表大会以后，在所有的兄弟党内，这个问题应该被看作是最重要的问题。

以上是我们的工作总结。今后怎么办？将来我们应遵循什么样的路线？我认为，整个说来，第二次代表大会所执行的路线是正确的。我们应该纠正某些同志"左"的偏差，因为我们需要的是一条正确路线。

同右派分子的斗争还远没有结束。考虑到拥有 2000 万工人会员的阿姆斯特丹工会国际存在这一事实，这场斗争甚至还没有真正开始。同右派分子作斗争是我们的主要任务。反对阿姆斯特丹工会国际，反对中派分子的斗争，是个策略问题。正是因为我们采取了正确的策略，我们才能看到一年来在各国的成就。我们的策略是正确的，在这面旗帜下，我们一定能取得胜利。我们最重要的口号是，要在我们斗争的第三个年头，在还没有争得多数的国家里，争取多数，接近群众。我们几乎不存在国际协调和共同的战略。有许多同志问："什么是国际战略？是在议会里发难、搞国际示威以及选定日期举行国际罢工吗？"是的，同志们，可以说是这样，但我应该指出，我们没有这样做过。我们没有组织过一次国际示威。应该承认，这是我们的不足。

今年，必须着手组织这项工作。我们应该组织国际示威，我们在各国议会发难，要严格地讲求国际协同一致。打基础就应当从细微处着手。要在一国打开缺口以扩大别国缺口。迄今为止，我们还不善于这样。我们太软弱了。我们当前的任务就是改正所有这一切。

关于集中制我还要说几句。有人企图证明，我们施加了可怕的压力，规定了强制性的集中制。相反，我们的组织恰恰缺乏应有的联合统一。我们很了解，许多重要的问题按其实质说，应该由本党在本国范围内解决。也许有一些实际上只适于在本国范围内解决的问题，我们却过分轻率地企图在国际范围内解决。然而，确实也有些问题必须用国际观点去解决，因此，我们应该有比过去更为集中的组织，应该建立比现在更为密切的联系。大喊莫斯科独断专行，真是糊涂又糊涂。实际上，不够集中和缺少团结，这才是我们唯一的过错。（喊声："对！"）资产阶级组织得比我们强百倍。至少我们应该在这方面同它一样，同时应该明白，我们的任务在于创建一个统一的国际党。

同志们！大家可以批评，我们的错误确实存在。各国务必选派优秀人才组成下一届执行委员会。要克服这样的想法。某某人对我们没用，让他到莫斯科去吧！如果相关的国家不派出可以信赖的负责同志，那我们就不知会干出多少蠢事来。要明白，执行委员会不是摆设。有人说：我们应该有的都已经有了，有良好的党，有工会，有各种组织，何必还要执行委员会？这种论断是荒谬的。情况完全不是这样，要有严肃认真的态度。如果你们希望有一个真正的国际，那就把你们的优秀力量派给我们。有人责备我们犯了许多错误，指出联系工作做得不能令人满意。可是，同志们，请回过头来看一看，并问问各国党，它们为国际组织做了什么？几乎没有。你们的批评我们是欢迎的，但你们还要有自我批评。执行委员会需要优秀力量，需要大批力量，需要足够的辅助性技术设备，它要求各国党作出重大的牺牲。如果这样，那么在明年我们将有一个完全符合"无产阶级革命总司令部"称号的执行委员会。因为在这以前，我们只能在临时的意义上以这一称号自命。我们还不配这个称号。明年，这一点应当改变，无论如何我们也应该建立起真正国际性的执行委员会。只有做到这一点，只有重新调整我们的策略，只有经受住烈火的考验，只有证明我们对待群众的基本行动路线是正确的，我们才可以认为共产国际执行委员会的真正国际性的工作开展起来了。只有这样，执行委员会才真正称得上是代表大会闭会期间的最高权力机关，它的话才能成为法律。到那时，再也不会有什么"不可侵犯的"党、"不可侵犯的"纲领了，有的只是在反对资产阶级的斗争中百炼成钢的统一的国际组织！（暴风雨般的长时间的掌声）

关于麦克斯·赫尔茨被判处终身监禁
致德国无产阶级的文告

主席克南：

在开始翻译之前，我们先听取小执行局为麦克斯·赫尔茨被判处在感化监狱中终身监禁一案而起草的文告。关于这个问题，由拉狄克同志发言。

拉狄克：

同志们！麦克斯·赫尔茨这个名字只有我们的德国同志才熟悉，这个人昨天在柏林被判处在感化监狱中终身监禁。麦克斯·赫尔茨的为人只有德国同志才了解得稍微详细些，因为他没有加入任何共产党（有人喊道："不对，他是德国共产主义工人党党员！"）其他国家的同志只是从资产阶级报刊的报道中才知道这个人。正当德国资产阶级以一个普通强盗或匪徒的罪名将这位忠诚而勇敢的革命者判处终身监禁的时候，我们认为，替他开脱，恢复他的革命者和共产党人的本来面目，是我们的义务。（鼓掌）

赫尔茨的策略并不是我们所提倡的策略。早在1920年三月发动期间，他就按照他自己的主观愿望行事。那一次，他不顾党的纪律和警告，我行我素，要达到报复资产阶级的目的。因而在三月发动期间，他的所作所为，无论从共产主义战略观点还是从党的策略观点来衡量，有许多都是不当的。战前，赫尔茨不是社会党人，大战期间，他谋取的第一个职业是在铁路上当一名小职员，后来，他在德国资产阶级那里混了一个差事，当上了监狱长，这个差事的经历使他逐渐对共产主义的本质有了粗浅的认识。这是千真万确的。据我看，他在大战期间的所见所闻，比各种理论上的大道理和小册子更促使他投入共产主义的怀抱。他亲眼看见资产阶级对人民群众的无情镇压。在德国帝国主义被更强大的英美帝国主义打败以后，在群众奋起反抗以后，赫尔茨立志领导德国一个最落后的省份的无产阶级运动，在这个省份，500年来，工人群众一直遭受压迫，过着饥寒交迫的生活。他深受工人的拥护，但是福格特兰纺织厂工人的血汗早已被榨尽，无力创建强大的组织。然而，这位经历

过战争、深信有志者事竟成的富有进取心和勇敢精神的人，毅然担当起
领导运动的重任，为的是以自己不屈不挠的意志、不怕牺牲的精神和赤
胆忠心领导工人继续前进。

再重复一遍，他的所作所为有许多是不当的。但我们看重的是赫尔
茨的忠心，是他对资产阶级的仇恨。他的仇恨也就是我们的仇恨。因
此，我代表小执行局提出议案，向德国无产阶级发表文告如下：

> "告德国无产阶级！德国资产阶级已先后判处三月发动的参加者监禁的年限
> 总计已达 2000 年，现在又判处赫尔茨终身监禁。共产国际历来反对实行个人恐
> 怖和怠工，因为这无助于直接解决在国内战争中开展斗争的战斗任务；共产国
> 际历来反对搞脱离革命无产阶级政治领导的游击式发动。但是，共产国际认为
> 麦克斯·赫尔茨是资本主义社会的勇敢叛逆者。资产阶级的感化监狱要培养资
> 本主义社会的美德，而资本主义制度则疯狂地推崇这种美德。麦克斯·赫尔茨
> 的行为违背了宗旨。白色恐怖只有工人群众的起义才能摧垮，无产阶级的胜利
> 只有工人群众的起义才能实现。不过，赫尔茨的一切行为都出自他对无产阶级
> 的爱和对资产阶级的恨。
>
> 　　正因为如此，代表大会谨向麦克斯·赫尔茨致以兄弟般的问候，并委托德
> 国无产阶级对他实行保护。代表大会并且希望，有朝一日，当德国无产阶级终
> 于砸碎关押赫尔茨的牢门的时候，德国无产阶级能同德国共产党一道，为德国
> 工人的解放事业而奋斗。"（热烈鼓掌）

同志们！我们坚信，赫尔茨不会被关押到底。我们坚信，只要德国
资产阶级不诉诸武力或不进行暗杀，德国资产阶级在反对德国无产阶级
的斗争中就必将受到削弱。

如果说，赫尔茨始终未能在无产阶级群众的步调尚不完全一致的队
伍中摆正自己的位置，那么，我们毫不怀疑，总有一天，他会成为献身
我们事业的战士，会服从共同意志，以他过去按照主观愿望行事时的那
种热情，跟我们大家一起进行斗争。（鼓掌）

阿佩尔（德国共产主义工人党）：

赫尔茨同志是我们党的党员，共产国际对赫尔茨表示全力支持并发表文告，对此，我有义务表示我们的满意心情。但是，我们还有必要指出，这份文告也会使他感到伤心。（抗议声和喧闹声）文告说，赫尔茨同志的所作所为是完全出于他对资产阶级的恨。这不实事求是。报纸对他在柏林受审的全部过程所作的报道就是证明。赫尔茨的一举一动，无不出于无产阶级的革命利益。文告对他的举动做这种评论实属不当。我们既已确定了在德国同资产阶级进行斗争的方法，我们就应该坚定不移地坚持既定立场，就应该肯定麦克斯·赫尔茨行动的结果，因为赫尔茨所实施和代表的是德国共产主义工人党的策略。（大声抗议）

主席克南：

这次国际代表大会是对全世界无产者具有重要意义的大会，然而，在这样的大会上声援赫尔茨，竟也未能避免引起争议，我感到非常遗憾。既然德国共产主义工人党认为有必要就此展开辩论，拉狄克同志就不能不作出答复。

拉狄克：

同志们！我也为这一争议感到遗憾。产生争议的原因，一是德国共产主义工人党的同志们大概没有听清文告，二是这些同志甚至不了解赫尔茨本人是怎样表示的。

文告说，他的"一切行为都出自他对无产阶级的爱和对资产阶级的恨"。这乃是对一位其行为出自对无产阶级的爱和对资产阶级的恨的同志和共产党人的一种评语。我们完全分享他的这种爱和恨。出于种种原因，今天我不想从政治上评论德国共产主义工人党的策略。我只想说明，赫尔茨在他从狱中寄给我们的一封信中也承认，他的行动确有很多是失策的，这种行动莫如不采取。关于个人恐怖、关于脱离党和党的领导而搞游击式发动的问题，我们彼此没有意见分歧。德国共产主义工人党的同志如果不赞成我们的观点，可以保留自己的特殊意见，但只要是继续同我们保持关系，就必须服从我们的所有决定。我们不想评论他们的特殊见解，但我们要声明，我们不是患歇斯底里病的女人，我们是男子汉，我们要公开说明我们在哪些方面与赫尔茨不同。德国共产主义工人党只能证明它是一个为达到一定目的而不惜碰得头破血流的具有宗派主义气息的团体。我们走我们的路，进行我们所要进行的斗争。德国共产主义工人党的同志既然不愿意参加这一斗争，那么责任就要由他们自己来承担。（齐声赞同）

主席克南：

现在表决。赞成文告的，请举手。宣布一致通过。通知各位，下次会议定于明天下午 6 时举行。明天会议的议题是讨论执行委员会的报告。

（会议于下午 4 时 30 分休会）

第五次会议

（1921 年 6 月 26 日晚上 7 时 45 分）

讨论执行委员会的报告

主席克南：

同志们！在相邻各房间举行的会议已经占用了我们很多时间。因此，我要严格执行关于发言时间的规定。发言时间限定 10 分钟。我们将监督每一个人发言不得超过规定的时间，因为这次讨论涉及的范围很广泛。到 9 分钟时，我就摇第一遍铃，发言人只能把一个题目讲完，不能再讲其他题目。

泽曼（德国共产主义工人党）：

我们抗议主席关于严格执行发言时间规定的声明，因为发言时间本来就太短。

主席克南：

我还是要严格执行规定。这将有助于提醒那些把举行大会的时间用来举行协商会议的代表团。我宣布：讨论执行委员会的工作报告现在开始。首先由德国共产主义工人党代表赫姆佩尔同志发言。

赫姆佩尔（德国共产主义工人党）：

同志们！我们赞成将德国共产主义工人党的问题作为专门议题讨

论，但我们不能不反驳季诺维也夫同志昨天在他的报告中所发表的议论。长期以来，季诺维也夫同志习惯于把我们与诸如塞拉蒂、迪特曼等机会主义分子相提并论。我们坚决抗议把我们与这些人相提并论。我们的全部历史、我们党的全部发展过程都证明，这是违背事实的。

作为证据，我可以举出我们党在冒险的卡普暴动期间以及在去年8月所采取的立场。去年8月，俄国红军接近德国边境，兵临华沙城下。当时，只有德国共产主义工人党以实际行动表示支持。而包括当时的德国共产党和斯巴达克联盟在内的其他各党，都没有为积极支援苏维埃俄国做任何事情。其次，我要指出我们在电气技师罢工期间所坚持的立场，我们的俄国同志和拉狄克同志都承认这次罢工是完全正确的。这种例子不胜枚举。而能够表明我们陷入机会主义泥潭的例子恐怕连一个也举不出来。这就是我们的表现，这就是我们的策略，这就是我们的原则，而所有这一切证明，我们与机会主义风马牛不相及。

关于我们的策略和原则，我们在讨论其他议题时再谈。希望提供机会，使我们得以充分阐明我们的立场。现在，仅用10分钟时间是无法谈清楚的。我只是抗议把我们同塞拉蒂、迪特曼一伙相提并论。

季诺维也夫同志还攻击我们的题为《莱维博士的道路——德国统一共产党的道路》这本小册子。季诺维也夫同志说，小册子的作者是哥尔特。我们声明，这是德国共产主义工人党出版的小册子，哥尔特参加了小册子的编辑工作。但该书的责任完全由我们承担。哥尔特的罪名即我们党的罪名是什么呢？罪名就是我们批评了第三国际的策略，说它只注重群众的数量，而根本不顾群众的质量。我们的确这样说过，在讨论其他议题时，我们不仅仍要坚持，而且要努力说明我们的这一观点。但是，季诺维也夫同志的政治风度令我们深感遗憾，他不假思索地说："你们确实说过，德国没有俄国大老粗，而只有无产阶级，但无产阶级也是反革命的。"你们进而得出结论，认为明天就应当发动革命。我们可以充分地证明，我们遵照第二次代表大会通过的二十一条精神所要进行的革命，恰恰是联合无产阶级群众，而不是相反。我们完全有权在此指出德国革命给国际无产阶级所带来的经验教训。而季诺维也夫同志如此轻视这一经验，实属不该。季诺维也夫同志还说，德国共产主义工人党虽然也鼓吹统一，但无须多久，就会投奔苏维埃政权的敌人营垒。随后，他引证今年5月1日的《共产主义工人报》，从中摘引几行，而我现在也读几行，然后就立刻转入季诺维也夫同志所涉及的问题。我来读："群众性共产主义政党的主张，其实，纯粹是虚张声势，它们要采取的无非是议会—工联主义的斗争方法。这样的党只可奉命在节假日举行支援苏俄的示威游行，而这样的示威游行对于革命斗争是毫无用处的。"

这就是我们心目中的季诺维也夫同志所代表的策略。我们声明，这条道路我们再也不走了。我们还要指出，尽管这一策略已在俄国国家政策中得到论证，但也绝不等于我们和吕勒一样，鼓动人们反对苏俄。实际上，我们将不得不为捍卫俄国这一无产阶级政权而竭尽全力。但是，为适应西欧革命的条件，有一个目标我们必须实现，这就是：设法使第三国际在政治上和组织上脱离俄国国家政策体系。季诺维也夫同志恰恰抓住这一点，对我们说："你们就继续这样干吧，干吧，总有一天，你们会被请出第三国际。"他引证我们党责成我们退出第三国际的电报，断言："你们一退出第三国际，就要反对苏维埃俄国。"同志们！这是无稽之谈。我们声明，现在我们为苏维埃俄国无产阶级而斗争，今后也决不背离这条道路。如果我们不希望留在第三国际，如果我们要继续走机会主义道路，那我们就不会继续支持苏维埃俄国。但是，第三国际的机会主义策略我们决不姑息。

为防止误解或歪曲我们的言论，我们特意为我们的党团起草了一份有关声明，现在我来宣读：

"我们最坚决地抗议用断章取义的手段在政治上把我们与塞拉蒂和迪特曼相提并论的企图。我们一刻也没有忘记苏维埃政权因世界革命进程受阻而面临的困境。但我们也预感到：由于这种困境，世界革命无产阶级的利益与苏维埃俄国的眼前利益有可能产生实际矛盾或表面矛盾。

执行委员会在一次会议上曾经声明，第三国际不是苏维埃政权的工具，相反，俄国苏维埃政权是第三国际的坚强堡垒。我们也赞同这一观点，认为这理所当然。但是我们认为，一旦俄国苏维埃政权的切身利益与第三国际的切身利益发生矛盾，就要把这一点在第三国际范围内以公开而友好的方式加以说明。

我们始终以实际行动履行我们应当履行的支援苏维埃俄国的义务，例如：每年大张旗鼓地庆祝十月革命节，积极支援被扣押的红军战士，为1920年八月发动作准备，尽管这次发动因德国独立社会民主党和德国共产党的过错而归于失败。支援苏维埃俄国，是我们党决定加入第三国际的主导思想之一，尽管我们党因第三国际实施改良主义策略而疑虑重重。

我们的上述立场不会改变，但是，只要我们发现苏维埃俄国的政策因认识模糊而错误地表现为第三国际的改良主义政策，我们就将随时随地加以抵制。同时，我们确信，这种政策也同苏维埃俄国和世界无产阶级革命的真正利益背道而驰。"

弗勒利希（德国统一共产党）：

同志们！我同意赫姆佩尔同志所说的一点，即：这个问题现在难以深入讨论，而要等到讨论德国共产主义工人党是否继续留在第三国际这一相关的议题时才能办到。

执行委员会已经接受共产主义工人党作为同情党加入国际。关于执行委员会这样做的理由，人们已经说得相当明白，那就是；这个党有积极性，它与德国统一共产党①合并将会带来益处，它可以对德国统一共

---

①　此处俄文为 ГКРП，即德国共产主义工人党的缩写，显然有误，应为德国统一共产党（ГОКП）。——译者注

产党起促进作用。原来，我们反对该党加入国际，认为作出这一决定，是因为过高地估计了该党的力量及其积极性。当时我们的意见是，这个党的十分明显的宗派主义性质有碍它发挥积极性，其根据是：它屡次过分炫耀这种积极性，同时，它的积极性几乎每一次都是突如其来的。这个党的宗派主义性质不但表现在组织方面，而且从一开始就表现在若干基本问题上，如议会制、工会工作等，而在这些基本问题上我们两党存在着分歧。事实表明，该党自从作为同情党加入第三国际以来，它的本性难改。我们在实践中看到，这个党在所有重大政治问题上都表现出它的宗派主义性质。该党对待局部行动问题的态度就是如此。它郑重表示，凡是与无产阶级的重大切身利益相关的政策，它一概反对。它把旨在工人阶级革命化和吸引工人阶级参运动的政策称之为机会主义政策。因此，这个党反对我们的《公开信》，千方百计地设置障碍，从而表明它是不会有任何作为的。

后来我们看出，这个党因目光短浅而根本不能正确判断政治形势。在赔款问题上就是如此。这个党根本不理解当时日益紧张的形势和赔款问题对全体无产阶级所具有的潜在意义，竟在党的报纸上发表言论，认为所有这一切与无产阶级不相干，纯粹是各国资产阶级的事情，还说什么它毫无理由干预这种争议，它所注重的仅仅是宣传本党的终极目标。一句话，这表明它完全不善于相机行事，不善于乘机千方百计地壮大自己的革命力量。在执行委员会作出两党联合的决定之后，我们曾力求与该党接近，共同工作。结果，在三月发动期间，我们根本不能共事。我们曾表示，如能共同解决实际问题，共同磋商一切事情，我们就能促使该党在积极发动期间实行明确的政策。但是，同志们，我们的指望落空了，我们上了大当。首先，共产主义工人党对它自己也被卷入的那次发动的意义一窍不通。那位伟大的马克思主义者哥尔特的绝妙小册子挖空心思地"证明"，三月发动是一次不折不扣的盲动。（喊声："胡说！"）

这是《保尔·莱维的道路——德国统一共产党的道路》小册子中的一句话，大家不妨读一读。尊敬的泽曼同志，假如您愿意的话，将来我提出证据给您看。

可见，在这方面，德国共产主义工人党的观点与保尔·莱维的观点如出一辙。多么奇怪，把自己也被卷入的发动叫做盲动，并以此来攻击德国统一共产党。其实，以往不知干了多少真正冒险勾当的正是攻击者自己。赫姆佩尔同志刚才谈到，在进攻华沙期间，德国共产主义工人党组织过一次规模大的发动。搞这次发动的目的何在呢？是为苏维埃共和国占领费里贝尔特和克滕两座城市吗？（喊声。赫姆佩尔同志在台下进行反驳）但是，敬爱的赫姆佩尔同志，要知道，我说的不是德国共产主义工人党和国际的策略。也不是揭露。你们自己也承认，这次发动是我们一手组织的。（喊声："还有别人！"）既然组织这一次大规模的发动，目的在于在两座城市中建立苏维埃共和国，那么，老实说，你们把自己与德国统一共产党一道参加的发动叫做盲动，这又该如何理解呢？

同志们！这次发动使我们得出许许多多的重要结论。我们看出，在组织上，必须加强党的纪律和集中制，发动本身也存在同样的问题。值得指出的是，共产主义工人党得出的结论却与此截然相反，认为这次发动表明，集中制和纪律起着反革命的作用，还要指出的是，这个党恰恰从这次发动中得出狭隘的宗派主义教训。它主张，无论组织任何发动，都要自由表现个人主义，并要注意保持党的纯洁，使之像蒸馏水一样清澈透明，换句话说，要有意识地远离群众，放弃一切严密的组织和严格的纪律。

一个坚持这种观点的党永远也不可能领导真正革命的斗争，长此以往，就只能起破坏作用。

这样，在我们共同组织这次发动之后，我们就继续保持同德国共产主义工人党的联系，我们原以为，该党确实要起到促进我们党的某种作用，果然，就在我们从德国动身前不久，它真的在"政治上"发挥了一次强有力的促进作用。但它不是向我们宣告举行新的发动，而是告诉我们："现在有一个绝招：你们应当以消极对抗来抵制资本主义国家，这个资本主义国家现在已变成斯汀尼斯先生的有效的经济机构。"老实说，这套政治把戏只能出自该党的宗派主义立场，因此，我们认为，让这样的党继续长期留在第三国际是不能允许的。

同时，我们也必须指出，在三月发动期间以及在其他场合，我们都感受到，加入德国共产主义工人党的工人大都是富有朝气的革命者，他们愿意和我们共同斗争。我们确信，当国际向他们提出"你们愿意加入群众性政党还是愿意加入闭关自守的宗派主义政党"这样一个问题时，其中的优秀分子就会转到我们一边来。我们认为，虽然领导德国共产主义工人党的理论家们仍在顽固地坚持其错误立场，仍想堵住通往群众性共产主义政党及国际的道路，但只要国际作出的决定是正确的，他们就会改弦易辙。我们认为，那些现在无端攻击共产国际的人终将醒悟过来，他们不应当再欺骗群众，虽然群众现在还拥护他们，但是他们终将站到我们一边。（齐声赞同）

罗兰-霍尔斯特（荷兰共产党少数派）：

同志们！遗憾的是，我不得不占用几分钟时间，谈谈荷兰的事情，消除误会。季诺维也夫同志在他的报告中提到"荷兰马克思主义学派"，并猛烈地抨击了哥尔特同志。关于这一点，我要说几句。我个人并不认为我有权断言荷兰的这一学派就是马克思主义流派，断言它具有民族马克思主义特殊变种的特点。依我看，民族马克思主义是根本不存在的，其理由是，马克思主义本身就是国际性的。如果说，马克思主义在荷兰确有某些民族特点，那也完全是我国特殊国情所决定的，谈不上是优点。像潘涅库克和哥尔特这样的马克思主义者，在整个共产国际中是不可多得的人才，只是他们生活和工作的国家没有开展群众运动。更可悲的是，这个国家的党至今也尚未建立起同群众的经常而有机的联系，令人遗憾。这一事实使他们在纵观形势时不免失之偏颇。正因为如此，我们为这两位杰出的马克思主义代表没有出席在莫斯科举行的代表大会而感到十分惋惜。潘涅库克同志有公务在身，至于哥尔特，我敢说他是愿意参加的。他好像是已经动身，只是尚未来到莫斯科罢了。尽管如此，但我仍希望他来参加，希望他在这里亲自说明他的观点。

也许，他到不了莫斯科，这样，就由我来陈述如下。去年，在代表大会上散发了潘涅库克同志的小册子译本。全体与会者、全体代表都有机会了解他们的观点。这样做，是对潘涅库克同志的赏识，因此，我只希望哥尔特同志也能享有同等待遇。

昨天，季诺维也夫同志说，有人提议把哥尔特同志最近发表的一本篇幅不大的小册子连同他参与编辑的德国共产主义工人党的小册子一起翻译过来。但季诺维也夫同志认为多此一举。我认为，根据这本小册子评论哥尔特同志有失公允。如果有哪一位想了解哥尔特对上述问题的观点，我就向他推荐哥尔特致列宁同志的公开信，信中包含了他的所有基本观点。如果这封德文公开信尚未译成别国文字，那我希望将它翻译过来。还有，《共产国际》杂志第 17 期刊载了托洛茨基同志在执行委员会发表的抨击哥尔特同志的讲话记录。托洛茨基同志除具有种种非凡的才干以外，他还是一位出类拔萃的雄辩家。人们读了他的这篇讲话，还会发现，他还具有善于击中对方要害的高招。可惜，《共产国际》杂志不发表哥尔特同志的讲话。所以我认为，要了解哥尔特同志的观点，不能单凭托洛茨基的一篇从心理学上说是精彩的讲话，还要根据哥尔特本人的言论，这样才较为妥当。

关于我为德国共产主义工人党机关报《无产者》撰稿一事，再谈几句。昨天，季诺维也夫同志责怪了我几句，虽然责怪的语气婉转，就如给我一粒金丹一样，但我仍觉得有回答的必要。据我所知，至今还无人抵制德国共产主义工人党机关报，因而我认为，我为该党机关报和其他国际党刊撰稿是我个人的权利。虽然我个人并不赞成弗勒利希同志的观点，但我仍认为有必要补充说明如下。首先，我不仅仅为德国统一共产党机关报，而且也为德国共产主义工人党的刊物撰稿，这无疑是我应尽的义务。我乐意尽这样的义务，理由之一是，我赞成德国共产主义工人党的某些观点、策略手段及其党纲的某些论点，理由之二是，我珍视该党所表现出来的诚实的、经检验证明是革命的意图。托洛茨基同志说，法国左派的这种革命精神也是我们所赏识的。其实，在我看来，所谓法国左派，纯系子虚乌有。因而我认为，我可以心安理得地继续为德国共产主义工人党机关报撰稿，不过，我希望这样的日子不会长久。同时，我也希望德国共产主义工人党终于下定决心：在不久的将来与统一共产党实行联合。我个人并不赞成保留这种孤立的小党，这或许是因为多年以来我在荷兰这个有限范围内亲身体验过保留这种状况对党所造成的危害，以及若不改变这种状况保持正确方针的种种困难。我认为，一旦在重大策略问题上产生分歧，要纠正党使其采取正确方针，就完全可以通过内部工作加以解决，而不必由外界施加影响。我深信，我们是左派，我们甘当左派，并且深信，在类似的情况下，我们首先应当服从国际的纪律，因为保持无产阶级行动一致和策略一致，对于我们来说是原则问题。（齐声赞同）

诺伊曼（德国统一共产党）：

同志们！昨天，季诺维也夫同志对德国共产主义工人党的严厉批评与去年在第二次世界代表大会上对它的批评一样，是有充分根据的。执行委员会充分了解共产主义工人党的立场，想必也完全知道这个党的实际活动与理论活动，可是，仍不顾德国统一共产党中央的意志，接受共产主义工人党作为同情党加入第三国际。与德国共产主义工人党合并的后果有两种。我明白执行委员会这样做的动机，只是它的指望全盘落空了。第一，无论在哪一方面，工人党的活动都没有对统一共产党的革命工作起到促进作用，因为本来就没有指靠共产主义工人党的任何必要。况且，自从举行两党联席代表大会以来，工人党的作用已经几乎丧失殆尽。我们可以有把握地指出，接受共产主义工人党作为同情党，只是给了它人为的活力。我们必须承认，在有众多的工人彼此观点相佐的各个企业和各个地方，共产主义工人党的优秀分子都愿意加入统一共产党，而那些已加入共产主义工人党的工人转而加入统一共产党的也大有人在。然而，自接受共产主义工人党作为同情党以来，上述现象就几乎自动地立刻不见了。与共产主义工人党合并还产生了另外一种后果。德国工人具有从事工会组织活动 50 年的历史，因而在他们心目中，共产主义工人党不仅是政党，而且是自动与党相联系的生产组织，因此，凡是加入工会的工人就立刻明白，他们必须谋求另外一种共产主义工人组织形式即生产组织。工人的这种追求，对于我们党的工会工作和企业工作产生了极大的并且是不利的影响。自然，工会官僚就立刻利用了采取袖手旁观态度的工人情绪。这种情绪在统一共产党内部也广为传播，致使生产组织问题、统一共产党日常宣传问题，以及共产主义工人党作为同情党的地位问题，都对加入统一共产党的工人产生了影响。

同志们！现在我们可以指出，在德国统一共产党的一部分人当中，共产主义工人党的宣传不仅得到同情（尤其是在工会分裂问题上），甚至得到某种支持。之所以如此，是因为执行委员会接受德国共产主义工人党，是因为执行委员会没有经常地、明确地强调指出德国共产主义工人党对待其他组织的态度。无论如何不能把德国共产主义工人党对待德国统一共产党的态度称之为同情的态度。不信，你们读一读工人党的报纸，就必然得出结论：在德国，统一共产党是罪大恶极的匪帮。这就使我们的工作陷于被动，但执行委员会在决定接受德国共产主义工人党作为同情党加入国际时，却偏偏忽视了这一情况。

当你听完德国共产主义工人党的同志特别是其他国家代表的发言后，你会为工人党的势力范围之大而感到吃惊。工人党的势力范围果真有如此之大，哪怕有它三分之一也罢，那就糟了。事实并非如此。我们屡次发现，它的所有组织，实际上是工会官僚手中的工具。而工会官僚现在给工厂委员会、德国统一共产党及德国共产主义工人党划等号，目的就在于破坏德国统一共产党的旨在推翻工会官僚的工会工作。但要把这一点向工人解释明白，谈何容易。因此，我们认为，执行委员会和代表大会今后应当对德国共产主义工人党采取十分明确的立场。一个虽然同情国际、但又不放过一切机会并在每一期党报上一贯猛烈抨击国际纲领的党，绝不可以加入国际。第三国际能得到这个党如此这般的同情，真是谢天谢地！因此，代表大会要坚决表明自己的观点，这一点至关重要。在我发言之前，有的同志表示，德国共产主义工人党应当与德国统一共产党达成谅解，对此，我要说，这种尝试我们做过不是一次，而是六次、七次、二十次。到头来，德国共产主义工人党却说，它的立场决不改变。有鉴于此，我们声明，接受德国共产主义工人党作为同情党实属失策，因为我们在德国清楚地了解到，它的加入必将产生人们意料之中的后果。如果说，过去有个别党员另有见解，那么今天，他们应该同意我们早就一再说过的话。

在结束发言时，我要提请代表大会，务必要求执行委员会执行代表大会的决定，务必设法防止这一类只会妨碍各支部工作的事件再次发生，使我们今后不再陷入这种境地。（齐声赞同）

主席克南：

由西顿同志发言。

西顿（荷兰共产党）：

同志们！我们必须简单说明一下。关于荷兰党的方针问题，人们在会上已经谈了不少，给人的印象是，仿佛荷兰党拥护德国共产主义工人党的方针。其实，完全不是这样。相反，大陆上可能再也没有别的党像我们党那样始终一贯地、自觉地拥护俄国党的策略即执行委员会的策略。我们从一开始就在言论和行动上捍卫俄国革命，而我们党并非今日才成立。在荷兰真有德国共产主义工人党的"最高学派"吗？没有，这种思潮在我国无足轻重。

罗兰-霍尔斯特同志代表我们党的少数派，她断言，潘涅库克和哥尔特是国际的不可多得的人才，对此，我们只能说，这两个人在过去是人才，而现在已经不是了。罗兰-霍尔斯特同志为他们辩解的理由是，他们生活的国家一没有开展群众运动，二没有建立群众联系，这种理由不能完全成立。这两位同志无权发表声明，因为他们从不参加宣传鼓动。我们在工作，而他们——无论是潘涅库克还是哥尔特——却从不工作。他们没有为我们的报纸即《论坛报》写过一篇文章。难道能以荷兰没有开展群众运动为理由而为自称是我们党党员的这两位同志开脱吗？不能。诸如俄国和德国那样的群众运动，在我国确实没有。但革命运动在荷兰是存在的，只不过是这两位同志不参加罢了。这也正是他们容易误入歧途的原因所在。脱离运动制定出来的策略当然不会是成功的，因为策略只能产生于同群众的联系，产生于同运动本身的联系。值得庆幸的是，我们在这里即在代表大会上得知，这两位代表德国共产主义工人党"最高学派"的同志与荷兰工人运动毫不相干。

主席克南：

由米哈拉克同志发言。

米哈拉克（波兰共产党）：

同志们！在没有讨论执行委员会的报告之前，关于执行委员会与波兰共产党的相互关系，我想说几句。迄今为止，它们彼此几乎毫无联系。我们生活的国家已变成名副其实的军营，在边境地区，冲突接二连三地发生，枪炮声不绝于耳。我们党与国外几乎无法联系。我们党成立于1918年底，是继俄国共产党之后成立的第一个共产党。可是，我们却不得不在没有任何外来影响、没有与外界任何合作的情况下，单独制定党的策略和解决党的组织问题。当然，执行委员会所必须解决的各种问题，如工会工作问题，我们也都存在。我们从一开始所采取的解决这一类问题的方针，与后来执行委员会和国际一年半乃至两年以来为解决这一类问题所采取的方针相类似。做一个群众性政党，经常深入工会开展工作，是我们一贯的愿望。尽管战前我们就有了所谓党的工会，但我们仍在1918年成立了共同工会。

我们的工会工作和工会活动富有成效，可谓成绩显赫，虽然工作环境异常艰苦。不过，关于这一点，等我谈其他问题时再谈。现在，我只想提请大家注意，在这方面，如同在联系群众方面一样，我们的处境极为艰难，因为迄今为止，就像在沙皇政府统治时期一样，我们仍是一个地下党，这就使我们的任务大为复杂化。但是，做一个群众性政党和开展工会工作对于我们来说是如此重要，以致我们党上上下下都将自己的全部精力、所有的力量都奉献给这一活动。由此可见，在这方面，我们与国际完全一致，虽然我们与国际没有任何组织上和政治上的联系。

现在，谈谈另外一个，也就是季诺维也夫同志谈过的问题即意大利党的问题。在我们中央委员会和我们党接到与事件有关的必要材料和消息之后，不仅中央委员会，而且各地党代表会议就立刻表示在这个问题上完全赞同执行委员会。在许多其他问题上也是如此。至于法国党，我们在得知该党分裂和蔡特金同志在图尔代表大会上的发言以后，也非常高兴。

　　同志们，我们有一个特殊策略问题，大概是你们所完全不了解的，这就是：我国国境与苏维埃俄国和苏维埃乌克兰紧相毗连。我们不能不自问：一旦苏俄与波兰交战，我们怎么办？1916 年初即 1 月或 2 月，波兰社会爱国主义者就曾叫嚷：布尔什维克帝国主义要来了，红军已发动进攻。俄国红军是否有权进入波兰，在当时面临这个问题的何止我们一个党。——1919 年 2 月，我们对此作出了回答：有权，俄国红军有权进入波兰，而波兰无产阶级也有权请求红军支援波兰无产阶级进行反对资产阶级波兰的斗争。我们纷纷举行群众集会，公开申明这一主张。我们的工人代表苏维埃设在华沙，尽管我们的一些同志在集会上发表演讲之后常常遭到逮捕，但是同志们仍然勇敢地把这个问题提交工人代表苏维埃，并按照上述精神通过决议。稍晚些时候，也就是去年，当我们再次面临这个问题时，我们党的组织无一例外地——这一点我要特别强调——无条件地把红军看成是自己的军队，而把波兰军队看成是敌人的军队。在这个问题上没有任何分歧。在德国共产主义工人党的同志提出的其他问题，如苏俄作为国家的问题、西方国家的国际革命问题、红军问题上，我们也没有任何分歧。我们认为，这些问题没有任何区别。我国工人很难想象，将苏俄、俄国党及其任务同西欧任何共产党的任务分割开来。从这个意义上讲，我国工人认为上述问题毫无区别。俄国苏维埃政权就是我们的政权。在苏维埃俄国及其任务与国际的任务之间不存在、也不可能存在任何区别和任何矛盾。谁不这样认为，谁就不是共产党人。以上是我要向大家简单说的几句话。

　　其次，我还要补充一句，晚些时候，我们将以书面形式向大家说明我们对执行委员会活动的态度。不过，我现在就可以说一句，我们对执行委员会的活动表示完全赞同。（齐声赞同）

主席克南：

由德国共产主义工人党党员泽曼同志发言。

泽曼（德国共产主义工人党）：

同志们，前一位发言人再次谈到一个问题，也是季诺维也夫已经指责过的问题，即我们对俄国国家政策的批评与迪特曼的批评在性质上是完全一样的。关于这一点，我本人不打算细谈，以后有人来谈。但我要再次抗议把一切批评都称作反革命的批评的这种手段。采取这种手段，等于压制所有一切反对派。这证明，有人根本不懂反对派存在的必要，而缺少反对派，诸如国际这一类庞大的机体就会完全腐烂。我愿意举例说明。克列孟梭和卡尔·李卜克内西都说过，世界大战不是一场防御战，但我决不认为在座的有哪一位——季诺维也夫同志也好，别人也好——会因为这两个人在这个问题上观点相同就得出结论，说克列孟梭和李卜克内西是同一类人。把我们与迪特曼划等号，同样是可笑的。但我要说明什么是反对派，为什么要有反对派，我要指出，仅仅为了掩饰自己的错误，就要取消反对派，就采取这种对付手段，这是不能允许的。

有人指责我们，说我们出言不逊。我们倒要说，我们可不是在贵族女子学院里上课。这一招是我们向俄国同志学来的，俄国同志只要抓住短处就历来狠批一通。有时，为缓和一下，他们也用上"兄弟般"这样的字眼，但尖酸刻薄的话却照说不误。

现在，我来谈谈我们作为反对派都做了些什么。我们深感重任在身，因而我要说，在我们看来，第三国际问题决非一般的问题，不能等闲视之。我们已经表明，反对派能起有益的作用，可惜，执行委员会不启用能起有益作用的反对派，这是失策。相反，他们念念不忘，总想阻止在莫斯科的执行委员会代表接触我们的刊物。

举几个实际例子。为反对德国统一共产党党刊向工人阶级通报情况所采用的手段，我们在三月发动之前，曾用一个月时间进行了坚决的斗争。我们指出，一项方针，经共产党报纸连续几个月反复宣传，已为广大群众所接受，现在又要求群众立刻转变观念，这是很难办到的。而执行委员会有条件，又有刊物，本应看出统一共产党走的是一条多么危险的道路，执行委员会在三月发动以前掌握这一情况还为时不晚。季诺维也夫同志和拉狄克同志在 4 月和 5 月说过的话，我们早在 1 月就说过了。他们说的话，同我们早先对执行委员会所说的话，一句也不差。当莱维还在其位时，我们就写过一篇文章，题为《德国统一共产党是国际成员吗？》我们在这篇文章中所论述的，也正是季诺维也夫和拉狄克后来所证实的，即：统一共产党的多数党员在发动期间抵制发动，其罪责应由统一共产党来承担，因为它利用党刊在三月发动以前一连数月进行机会主义宣传，导致任何反对派遭受长期压制的手段是不能采取的。

遗憾的是，弗勒利希同志阅读我们的报纸并不比执行委员会多，虽然他有更便利的条件。他简直是信口开河。你们说，我们是天真的傻瓜，我们对所有亟待解决的政治问题的方针是错误的。你们说，这在赔款问题上表现得尤为突出。你们要人相信，仿佛我们的文章在鼓吹：这个问题与无产阶级毫不相干。没有，我们没有写过这样的文章。当然，我们并没有指出德法冲突的威胁，因为现在人人可以确信，这种冲突对于我们不但不构成威胁，反而促使资产阶级实行有效的联合。我们说过，无产阶级应当对此表示关注，而不应等待预料中的德法冲突发生。

我谈的关键是，不能压制批评；对于代表世界各国各式各样工人的这个机构来说，批评是不可缺少的。即使有一天反对派犯了错误，也不要紧。大家一定还记得上次代表大会。当时与季诺维也夫在主席台上并坐的大会名誉主席塞拉蒂和莱维，现在成了上次代表大会的污点。还是关心一下，别让德国共产主义工人党因被迫退出第三国际而玷污这次代表大会吧。（拉狄克同志喊道："那么吕勒呢?"）他不在德国共产主义工人党。

杰纳利（意大利共产党）

（他用意大利语发言。发言译自德文记录稿）：

同志们！专门涉及意大利无产阶级的情况，意大利代表团还会再谈。意大利代表团对执行委员会在意大利问题以及其他问题上所采取的一切措施表示完全赞同。你们所掌握的有关意大利社会党的情况，只能反映该党活动的一小部分。我们不得不提出新论据，指控意大利社会党，如果涉及加入第三国际的问题，那我们就不能不向你们也进几句忠言。意大利共产党深受塞拉蒂所犯错误之害，塞拉蒂给党的组织建设带来了极大的危害，党对塞拉蒂的幻想已经破灭，党从塞拉蒂及其他中派分子的所作所为之中吸取了教训。因此，意大利共产党有义务提请大家注意，如果对什麦拉尔及其他机会主义分子和中派分子采取如同对塞拉蒂等人所采取的那种策略，那将对捷克斯洛伐克及其他国家的无产者构成严重的威胁。

意共有责任在此说明这一点。我们了解捷克斯洛伐克无产阶级及其革命性，了解捷克斯洛伐克无产阶级派自己的领袖来莫斯科的原因。但我们必须得到关于反对什麦拉尔一类中派分子机会主义的保证。在捷克斯洛伐克代表团的报告中有若干部分听来很像塞拉蒂的文章、报告和信件，特别是，报告中说：捷克斯洛伐克党内不存在任何中派分子和机会主义分子，并且要求下次代表大会按照这样的精神通过相应的决议。令人不解的是，为什么执行委员会如此信任什麦拉尔。大战期间，什麦拉尔保护奥地利帝国主义，而在查理皇帝加冕期间，派代表团前往布达佩斯。伊松佐战役之后，他打电报给博罗耶维奇。大战结束后，他来到莫斯科时，已经失去捷克斯洛伐克党上上下下对他的信任，他在捷克斯洛伐克国内已经威信扫地。他找到季诺维也夫同志，要求向他"贷款"。令人十分遗憾的是，他竟然得到了信任。那么，他如何对待这种信任呢？什麦拉尔鼓吹说，做一名共产党人，就是做一名社会党人，既要相信共产主义的终极目标，又不必立志实现这一目标。由于执行委员会的谦让，什麦拉尔便可以随心所欲地百般阻挠捷克斯洛伐克共产党的成立。他希望共产党继续保留社会党的名称，把执行委员会关于捷克斯洛伐克党必须改组的决定隐瞒起来，不让无产者知道。出于何种原因，我们不知道。《红色权利报》的一名撰稿人写了一篇反对苏俄和共产国际的文章。还有一名新闻记者公开发表反对苏俄的言论。坚持共产主义原则的捷克斯洛伐克同志面对这些分子，采取了明确的立场。他们要求把这些撰稿人开除出党，而什麦拉尔则为他们辩解。我们希望，我们同什麦拉尔、莱维和塞拉蒂打交道的经验成为执行委员会和这次代表大会的教训。我们希望避免再次失望，因此，我们要求；第一，撤销什麦拉尔的领导职务；第二，由执行委员会起草告捷克斯洛伐克无产阶级书，指出捷克斯洛伐克机会主义的种种弊端及其危害性；第三，发表告全世界无产者书，号召必须同中派分子和机会主义分子作斗争。

（杰纳利同志宣读意大利代表团的声明如下）

"鉴于捷克斯洛伐克代表团的声明，意大利代表团提议由执行委员会召开会议，批准上述声明，并作为补遗，决定如下：

1. 国际不仅必须同什麦拉尔的活动划清界限，而且必须禁止什麦拉尔担任党内领导职务。

2. 国际将向已经加入共产国际大家庭并取得这个大家庭充分信任的捷克斯洛伐克无产阶级发表文告，指出什麦拉尔及其朋友的一切机会主义倾向，以及由这样的人继续担任领导职务将给党带来什么样的危险。

3. 国际应当继续坚持并尽可能加强它在各国已经开展的反对党内形形色色中派分子和机会主义分子的斗争，这场斗争是我们避免在争取实现无产阶级革命的斗争中再次失望和遭受危险的失败所不可缺少的。"

黑克尔特（德国统一共产党）：

同志们！意大利问题在德国党内引起危机，其原因如下：德国共产党的一部分领导人认为，在里窝那的分裂即意大利社会党内的共产党人脱离塞拉蒂的追随者，是执行委员会一手策动的，因为执行委员会似乎要放弃它自第二次世界代表大会以来所走的道路，要把群众性政党重新变成宗派。在这些同志看来，共产国际执行委员会显然是要利用清党手段把群众性共产主义政党变成宗派，于是他们以此为理由声称，在里窝那的分裂将对整个国际的今后发展起到治标的作用。他们由此得出结论，认为这种政策非反不可。德国共产党内的分歧导致一些领导同志向执行委员会表示，他们不赞成党中央的多数派，说党中央的多数派对意大利问题的评价与保尔·莱维及其某些朋友不同，表示他们不能参与实施这种亡党的政策。事实如何呢？在第二次世界代表大会上——塞拉蒂是会议主席——人们原以为，塞拉蒂一回到意大利，就会以诚实革命家的姿态率领意大利工人奔向共产主义，谁知塞拉蒂辜负了我们对他的信任。

世界代表大会刚一闭幕，塞拉蒂就立即抵制代表大会的决议。他没有回到意大利工人那里去，而在人们稍微促了促他、启发他醒悟、希望他最终履行他应当履行的义务之后，他竟写开了信和文章，公开反对共产国际。1920 年 12 月 18 日，由布赖特沙伊德主编的德国独立社会党的所谓科学社会主义刊物《社会党人》发表塞拉蒂的一篇文章，文章力图证明：在俄国，传播革命的不是广大劳动人民群众；万恶的苏维埃资产阶级继续骑在受苦受难的人民脖子上作威作福。如此卑鄙和露骨地攻击共产国际和苏维埃俄国，恐怕连克里斯平或迪特曼也未必敢。塞拉蒂如此攻击是有其明显的用意的，就是说，他要证明屠拉梯是一个真正的革命者，而屠拉梯也抨击苏维埃资产阶级推行欺压苦难的俄国人民的政策。文章接着罗列了屠拉梯在意大利议会中的历次精彩发言，吹嘘屠拉梯的发言动人心弦，以致有一位未来共产党的党员拥抱屠拉梯。塞拉蒂的文章还写道："如果这是事实，就不能要求我们与屠拉梯分道扬镳。意大利社会党的共产党人提出的要求无法实现。"

其后，在里窝那召开了党代表大会，莱维同志受德国共产党派遣，出席了代表大会。保尔·莱维是领袖，已经加入国际，对国际中的情况并非全然不了解。他不会不知道塞拉蒂在布赖特沙伊德主编的《社会党人》刊物上发表的文章。但在里窝那，莱维却同意谈判，而且，正如意大利同志再次证实的那样，非但不坚决地批判塞拉蒂，反而以其所采取的立场支持塞拉蒂所代表的倾向。而塞拉蒂眼看有莱维在支持，就更加嚣张，竟然同左翼分子连谈也不愿谈开除屠拉梯和特雷维斯的问题。相反，当我们共产党的同志在代表大会上提出是要共产主义和第三国际还是要屠拉梯和特雷维斯这个问题时，塞拉蒂就退出了共产国际，走上改良主义道路。可是现在，莱维及其在德国的一些朋友却说，塞拉蒂走这一条路并只能走这一条路，完全是执行委员会派往里窝那的代表的过错。如此说来，分裂似乎是误会引起的。他们明确表示，在里窝那的分裂有其不可告人的既定的目的，就是要再次把群众性政党变成小党。后来，在党代表与中央委员会举行的一次联席会议上，受到我们党信任的多数派声明，他们不认为莱维是正确的，相反，根据有关意大利国内事态发展的材料来看，必须认定：莱维在工人问题上玩弄了不应当玩弄的把戏，因而分裂是不可避免的。当人们试图弄清执行委员会是否赞同被它派到里窝那去的两名叛徒的立场时，莱维竟然嘲笑德国党中央和他当时已经退出的党代表机构。他说："我们不能走多数派所选定的道路，甚至不能对这一条道路多少表示赞同。于是，多数派乞灵于特尔斐的神谕宣示所①，想从皮蒂娅②口中打听清楚意大利全部历史的真正含义。我们有足够的勇气根据事件得出关于事件产生原因的结论，并作出我们自己的判决。因为——我们假设——中央委员会的党代表机构的多数派会接到莫斯科作出的适合他们的答复。这证明了什么呢？无非是证明执行委员会也错误地估计了具体的对比关系以及由此而产生的必然后果。"接着，莱维在他的一篇题为《我们》（指他本人及其退出中央委员会的朋友）的文章中说："现在，我们一如既往，坚决拒绝把自己同塞拉蒂混为一谈或对塞拉蒂进行谴责，我们作为外国人，拒绝对意大利作出自己的判决；我们不赞成执行委员会的立场，而执行委员会采取这一立场所依据的事实，也就是执行委员会用来论证自己所作判决的那个事实。"

保尔·莱维不顾大量的指控材料，拒绝亲自谴责塞拉蒂。而塞拉蒂这样的人在社会党内岂止一个，他所干的这一类勾当也绝非仅此一项。大家一定还记得有一件比这更为出奇的事。达拉贡纳先生是加入第三国际的意大利社会党党员。他作为第三国际成员出席在伦敦举行的阿姆斯特丹工会国际官僚代表大会，并在一个专门委员会与托马·菲门及代表阿姆斯特丹的其他罪犯一道起草一份文告，说要像远离瘟疫一样远离莫斯科代表，要坚定地维护阿姆斯特丹国际。这就是意大利社会党领袖们的所作所为，而莱维竟认为，跟这样的党不应当分道扬镳！

话又说回来，到头来，会不会是意共和在这个问题上支持意共的执行委员会的同志搞错了呢？会不会是意大利社会党仍愿意继续留在第三国际并和国际其他成员一道共事呢？耐人寻味的是，《前进报》——它是塞拉蒂派或屠拉梯派（塞拉蒂已经不失时机地把自己从一类领袖降到

---

① 据古希腊神话传说，阿波罗神亲自选中在特尔斐城修建自己的神庙，其中有神谕宣示所，影响很大。——译者注
② 阿波罗神庙的女祭司。——译者注

了二类领袖）以及特意跑来出席大会的拉查理、马菲和里博尔迪三位代表（他们来此的目的是攻击那些脱离他们的共产党人）的中央机关报——在 1921 年 6 月 16 日就莫斯科举行的代表大会发表文章说：

"与去年不同，代表团已不抱多大希望，也不再无条件地、满腔热情地代表我们党对国际运动领袖表示赞同。事态天天证明，我们不仅对意大利问题，而且对许多其他国家问题的观点是正确的。

法国共产主义运动比意大利社会党内部运动更加右倾。共产国际执行委员会代表所犯的严重错误，使一个本来非常有希望的党——德国党内部出现了严重危机的征兆。

如果我们的消息确实，现在，就连俄国国内也有人开始反对始终不肯正视现实的顽固态度。毫无疑问，这种变化丝毫也不会影响代表大会，因为季诺维也夫同志是操纵代表大会的行家里手，他的观点历来能获得普遍的赞同。但是在国际内部，已经有愈来愈多的人对个人独裁表示不满，这种独裁就其实质而言，不是无产阶级独裁，而是对无产阶级独裁的讽刺。（齐声抗议）

尽管处境艰难，但我们的同志仍以克拉拉·蔡特金、保尔·莱维及其他许多人为榜样，决心表明自己的愿望，决心指出表明这种愿望的必要性。我们希望，我们的意见能被那些应当听取意见的人所听取。共产国际不能为任何人所垄断。共产国际应当存在、发展和斗争，但它也必须清醒地判断时机，恰当地估计无产阶级活动的各个方面。"

这一期《前进报》还刊载了一幅表现意大利社会党与焦利蒂作斗争的漫画。漫画中的焦利蒂是一个投掷炸弹的法西斯分子，对方则是一个手执选民证的男子。漫画告诉人们：对付资产阶级和法西斯分子要靠选票。（高声赞同）这就是那些英雄好汉，为了国际，莱维曾经要拉他们一把，为了他们，莱维又和其他一些同志示威式地退出了中央委员会，以便把意大利问题变成德国问题、国际问题，以此来直接为反革命分子效劳。

　　同志们！国际应当采取措施，防止这种结果今后在一切场合再次出现，并希望以此为教训。我们要完全赞成杰纳利同志对捷克斯洛伐克问题所表明的一切见解。我们坚持认为，共产国际执行委员会应当充分重视捷克共产党，以避免里窝那事件重演，避免什麦拉尔变成塞拉蒂第二。里窝那之类的事件所引起的震动对于我们继续向前进未必有利。我请求执行委员会允许我们今后在所有诸如此类的问题上采取像在意大利问题上所采取的完全一样的步骤。（齐声赞同）

主席克南：

　　由德国统一共产党反对派代表马尔察恩同志发言。

马尔察恩（德国统一共产党反对派）：

　　同志们！我只就季诺维也夫同志在报告中所谈的德国三月发动发表意见。顺便援引他在报告中说的话，他说："我们公开承认，我们犯了大错误。革命进攻的理论是胡闹，是癖好。愿上帝保佑，取消这套理论。"① 这是他公开承认的，我就从这一点谈起。我们是所谓反对派，被人骂成机会主义分子，可是，季诺维也夫同志今天所说的，当初我们就完全料到了。我们看到德国共产党和共产主义运动所遭受的危险。正因为如此，我们千方百计提醒人们注意这种危险，并同既定方针展开了斗争。同志们！中央委员会和几乎所有的党刊、党报都是坚持这一套理论的强有力的阵地，有意识地竭力强调这一套革命进攻的理论。执行委员会对这个问题的见解，你们现在从季诺维也夫同志的言论中已经了解得很清楚。我要补充的是，我们作为革命者眼看有这种危险，提醒人们注意，我们认为这是我们应尽的义务。我想，假如季诺维也夫同志是在

---

① 见季诺维也夫在本次大会上所作的《共产国际执行委员会的工作总结报告》。这里所引文字与报告有出入。见本卷第153页。——编者注

德国的话，那么他的所作所为也绝不会与我们两样。这就是为什么现在他对这个问题的判断与我们的判断相吻合。限于发言时间，我不能深入地分析策略论点，也不能介绍事件发生前的历史背景。待讨论策略问题时我再细谈。

同志们！趁此机会，我要指出一点。希望各代表团共同遵守一条，即：不互相猜疑，实事求是，态度明朗，有话当众讲，不遮遮掩掩，实话实说，以便我们大家从不同国家的斗争中吸取应有的教训，得出必要的结论。我之所以提出这一点，是因为季诺维也夫同志说，被卷入三月发动的工人多达50万。我想，季诺维也夫同志和执行委员会得到的材料把数字弄错了。所以，我们有义务在这里当着德国代表、执行委员会和我们自己的面，把德国这一场斗争的规模彻底弄清。今天，我只想弄清这个事实。以后，在讨论策略问题时，还有必要对这场运动所引起的方针问题和前提进行研究。

那么，运动的规模到底有多大？除发生战斗的地区以外，即在国内其他地区，运动搞得如何？首先，我们要指出，在西里西亚、东普鲁士和西普鲁士，在波美拉尼亚和梅克伦堡，人们关于总罢工一无所知。其次，我们要指出，在整个德国南部、巴伐利亚、符腾堡和巴登，丝毫不见这一类运动的踪影。在美因河畔法兰克福、马格德堡、安加利特和汉诺威，也看不见总罢工的征兆。那么，德国还有什么地方？当然，首先是萨克森工业区，这里有百万之众的无产阶级。可是，必须指出，在三月发动期间，在萨克森工业区参加总罢工的也仅仅是个别企业的几批人数有限的工人，总计约有几千人。（喧闹声和抗议声）再看柏林这个工业中心。柏林是德国政府所在地，有几百万工人大军，他们继1918年11月之后再次表明德国工人具有从事伟大革命斗争的能力；柏林有统一共产党，在举行党的联席代表大会期间，该党拥有党员35—40万。在柏林参加罢工的工人约有4500—5000人。（喧闹声）同志们！这是事实，我们是共产党人，不能不谈事实。情况必须彻底弄清，以免根据错误的前提下结论。在讨论策略问题时，我们将详细说明斗争未能充分开展的原因。我们对中央委员会采取反对立场，对中央委员会在三月发动问题上所采取的立场持批评态度，是出于我们正确的无产阶级嗅觉和革命成功的愿望。

在莱茵河沿岸地区、威斯特伐利亚以及作为产煤区和全国重要工业中心的鲁尔地区，情况如何呢？大企业根本谈不上举行罢工，举行罢工的仅仅是一部分煤矿，至多占煤矿总数的20%。即使这一部分煤矿，举行的也只是局部罢工，只有几个除外，举行了有全体矿工参加的罢工。同志们！这至少不能叫作总罢工，因为矿工只罢工一天，第二天就又复工。在鲁尔区和其他地区，工人队伍闹分裂，工人与工人之间展开斗争。在莱茵河沿岸地区和威斯特伐利亚州，党委会不顾党中央的意志，在复活节后的第一个星期三就被迫放弃斗争，放弃总罢工的口号。

沿海一带的情况如何呢？在不来梅和不来梅港举行过几起局部罢工，罢工工人有二三百人。在斯德丁、基尔和卢卑克无一起罢工。至于汉堡，州党委会向地方政府提出最后通牒，限三天之内解除国家警察、地方警察和民团的武装，否则，就要举行总罢工。工人占领了几个造船厂和几家工厂，继而举行游行示威，最后以流血冲突告终。不到两天，即在短短的时间内，汉堡的斗争即被镇压下去。

同志们！让国外同志了解德国三月发动的规模，我认为是非常重要的，三月发动已经成为人们普遍议论的话题，这样，等晚些时候讨论策略问题时，就可以根据事件真相来决定我们下一步应该怎么办。

现在，我来谈一下"战场"即德国中部和与之相连的图林根州的情况。在德国中部，工人受了赫尔青言论的挑拨。必须指出，在这里参加斗争的莱恩工厂工人有2.2万人，铜矿和页岩矿采掘工人约有4万人。可是，同志们，我们内部的意见也不一致，不信，所有了解事件经过的人都能证明，当时，就在一个州范围内，有的地方打枪，有的地方干活，（笑声）只有军队到处镇压工人。这是不能不承认的事实。但是，在德国中部参加罢工的足有 12 万人。加上别处罢工人数，总计约有 20—22 万人。季诺维也夫同志，这就是德国的客观实际。我提议，可以由任何一位来自柏林的同志进行反驳，也可以请任何一位来自科尼斯堡、东普鲁士或其他地区的人根据他本人的所见所闻来介绍事件的经过，看我说的对不对。出于推进德国革命这一忠诚的无产阶级观点，（喧闹声）我们希望执行委员会和代表大会先调查情况，然后再说我们中央委员会的指导观点是错误的。这种现象再也不能继续下去了。我请求，讨论三月发动，不能脱离这一观点。以上是三月发动的真实情况。关键就在于：人们在这场运动中操之过急，不等事态正常地发展，也不等工人多少掌握一些有关赫尔青卑劣挑拨勾当的情况，就立刻开展斗争。

最后，再补充几句。现在，执行委员会在对德广播中向德国工人表示：你们做得对。这一点我能理解，因为事到如今，即使执行委员会已了解真相，它也只能做这样的表态。但我们要谴责中央委员会的一些委员和党的活动家，他们在党内讨论他们的理论是否正确时，滥用执行委员会的上述表态。我们确信，这种表态会被人利用，这是执行委员会至今未曾料到的。

我们之所以有必要就以上所有这些事实和三月发动的教训发表意见，就因为必须用革命观点，为着革命和共产国际的利益，来解决我们在德国所面临的重大课题。（赞同）

明岑贝格（德国共产主义青年联盟）：

同志们！人们往往责备青年，说青年过分好强，过分好胜。因此，我们原不打算在今天下午的会议上发言，而希望由其他党，首先是在报告中遭到严厉批评的党代表发言。我们指的是瑞典、挪威和意大利的社会党，这些党都有代表在场。但他们不发言，所以，只好由青年联盟先发言。

同志们！我们预先声明，无论在共产主义青年国际——这一点，季诺维也夫同志已经证明——还是在基层青年联盟中，青年联盟都完全、彻底地拥护、支持和运用共产国际执行委员会去年提出的策略。首先，我们赞同共产国际对意大利问题的方针，这尤其明显地表现在以下事实：里窝那代表大会闭幕刚刚几天，意大利青年代表大会就召开了，4.2 万名青年联盟成员中有 4 万名青年一致强烈地反对塞拉蒂，一致热烈地拥护共产国际和共产党。

我们也赞同共产国际对德国问题的立场。我要指出，马尔察恩同志探讨三月发动问题的方式相当奇特。假如马尔察恩同志真的愿意阐明这次事件，那么，正如青年联盟任何支部的任何年轻成员都知道的那样，马尔察恩同志不会不知道，评论策略和三月发动，关键不在于运动规模的大小，而在于党从当时的实际情况出发，应不应该号召起来斗争，马尔察恩同志不会不知道，问题并不在于运动规模有多大，而在于运动规模为何不更大。（齐声赞同）因此，亲爱的马尔察恩同志，等会儿有其他同志会向您证明——公公道道地讲——罪责和责任主要应由莱维及其一派承担。因为他们坚持消极立场。这才是问题的关键所在。（喊声："那么你跑到什么地方去了呢？"）问我吗？当时我在柏林，听候中央委员会支配，我们正忙于出席国际代表大会的准备工作。

我们还认为，如果共产主义工人党议会党团早就积极贯彻第二次代表大会的决议，即以革命方式有效地利用议会，德国共产主义工人党的问题就不至于演变成旷日持久的危机。我们深信，如果德国统一共产党当初就是一个如同它现在立志要成为的那样的党的话，那德国共产主义工人党早就不存在了。（赞同声）

同志们！我声明，将来在调整青年联盟与共产国际的关系时，我们将主动宣布：青年联盟在一切可能场合发挥政治上独立作用的使命已告完结。我们将以此实际行动表明，共产主义青年国际联盟完全、彻底地拥护执行委员会的政策。我们已经在新提纲和议案中宣布：各国青年联盟的任务是，在确有真正革命的共产党的地方，服从真正革命的共产党的政治口号。（齐声赞同）

但是，在此我们要指出一点不足，也是季诺维也夫同志在他的报告中所承认的一点不足，即组织上的联系太差。我们明知道这个问题还要讨论，可我们现在就希望引起高度重视，因为组织问题同时也是政治问题。当初，若与执行委员会更迅速地取得联系，那么一些荒唐事件也许就不会在中欧发生。与执行委员会及执行委员会代表的联系问题、报纸问题，干脆说，这一系列问题，对于我们不仅具有组织上的而且具有政治上的意义。我们并不是提出、而只是指出这个问题。

还有一个情况。季诺维也夫同志在结束他的讲话时提到，有人挑动共产主义青年联盟对执行委员会和共产国际采取一种因不满而对抗的立场。季诺维也夫同志表示相信，这个问题并不存在。我只能证明他的话确实是对的。无论怎样处理共产主义青年联盟与共产国际之间的个别组织问题，我们都只能表示：在齐美尔瓦尔德时代率先转到共产党人一边，并在艰苦的大战期间英勇支援共产党人的青年联盟，永远也不会断绝与共产国际的关系。（齐声赞同）

再有一点。当前，机会主义分子为拉帮结伙——这一点我们清楚地知道——抛出"莫斯科可以休矣，莫斯科的指挥棒可以休矣！"的口号。当前，俄国共产党正单独承受革命重担，以保证世界革命，在此危难关头，我们要对德国共产主义工人党的朋友们断然宣布：由于你们消极，不求进取，俄国共产党在艰难困苦的情况下承受斗争的担子越重，我们对俄国共产党的感情就越深厚，我们的精神就越振奋。我们毫无理由在危难关头叛变和出卖我们的同志，而这些同志在危难关头不得不采取的一些手段，在你们德国共产主义工人党看来，不是不符合民主社会主义，就是不符合这个，不符合那个。

正是在此危难关头，我们要同全世界共产主义青年联盟一道声明："我们同莫斯科站在一起，同共产党站在一起，同共产国际站在一起！"（齐声赞同）

拉狄克（俄国共产党）：

同志们！作为执行委员会委员，我一直在观察报告的辩论情况，我越来越感到惊奇，但也松了一口气。我看完有关指责执行委员会把事情办得一塌糊涂的材料以后，本以为西欧、中欧以及虽然是东方的、但与西欧交往密切的其他国家（笑声）的同志会纷纷站起来发言，先是历数执行委员会的罪过，当着代表大会的面指责我们犯了这样那样的错误，继而宣布：我们可不想跟这个怪物、跟这个陷阱沾任何边。（笑声）可是，同志们，实际却不是这样，德国共产主义工人党的一群喽啰反倒成了辩论的中心，他们既骂我们可恶透顶，又煞费苦心地为自己辩解、开脱。会上有两位德国统一共产党的同志发言，他们是该党反对派特别请来的。目的在于声讨执行委员会所犯的罪行。罪行之一，执行委员会是西欧暴动的罪魁祸首，罪行之二，执行委员会大搞独裁，用我们从前的一位朋友莱维的话说，执行委员会变成了货真价实的"肃反委员会"。

这种指控我一句也没有听到。诺伊曼同志以为他被选民派到莫斯科来是要争论共产主义问题，其实是上当了，而马尔察恩同志称三月发动为"巴枯宁式的"盲动，一口咬定"你们错了"，并以此得意洋洋，其实是徒劳的。事已至此，我们就奉送你们一句家喻户晓的俄国成语："你们咎由自取。"既然你们不肯批评，那我们就要提出质问。诺伊曼同志和马尔察恩同志在这次国际代表大会上作过发言，他们跟莱维一样，说三月发动是巴枯宁式的盲动。现在，我们要问："既然被卷入这次发动的工人尽管不足 50 万，但毕竟达到 20 万——这个数字是我们今天才知道的——那么，这到底是巴枯宁式的盲动还是阶级斗争？至于 20 万这个数字，让德国代表团同你们去争论吧。我只问：这是不是巴枯宁式的盲动？如果不是，那么，莱维宣布将德国党革除教门，当着西欧工人的面践踏执行委员会的威信，把执行委员会说成是一小撮丧尽天良的冒险家，而你们却为他打掩护，居心何在？问题并不在于莱维。那个莱维从来也不是无产阶级革命的同壕战友，他的指责与执行委员会无干，可是你们，同志们，你们是无产者，你们打算继续留在共产党内，所以，我要告诫你们，这件事情不能这样轻率地对待。你们与莱维相互帮腔足有一个月之久，你们跟随他到处反对国际，也反对你们自己的党，而现在却跑来表示亲善，对我们讲："你们在共产主义工人党的问题上错了，参加斗争的工人只有 20 万。"马尔察恩同志，这怎么行！（掌声）（马尔察恩同志喊道："只有 10 分钟时间，我怎么可能面面俱到。"）马尔察恩同志！本来，你应该办的头一件事，就是向大会表示：我们宣布赞成莱维是犯了政治上的错误。这才是你应该办的头一件事情。（掌声）马尔察恩同志，你说："是的，季诺维也夫同志自己也说过，那套进攻的理论是胡闹。"这是执行委员会说给浴血奋战的德国工人听的，因为德国工人不是在进攻中，而是在赫尔青向他们发动进攻，他们是在奋起保卫自己的阵地时吃了败仗，那时称进攻的理论是错误的是我们的责任。马尔察恩同志，在我的面前放着蔡特金同志于 4 月 7 日战斗过了一个月以后，在一次扩大的中央委员会会议上提出的议案。议案关于进攻是怎样论述的呢？我来谈一下："德国统一共产党之所以非加紧活动不可，之所以非采取进攻行动不可，这是经济形势、国际政治形势和国内政治形势所决定的。当时，进攻的条件也是具备的。"同志们，这才是关键所在！马尔察恩同志本来有机会谈到这一点。我暂且指出这样一个事实（我本人从未赞成过进攻的理论），即：如果说，坚持进攻的立场是罪过，是错误的话，那么，蔡特金同志也有一份。你们责备我们——其实，我们对于进攻不应承担任何责任——为什么不批评德国党中央？我们的回答是：应当受批评的还有其他同志。如果说，现在，不仅已经退出中央委员会的同志，而且蔡特金同志也都认为进攻策略一般不应成为非采用不可的策略，那么，我们也并不因此而感到欣慰。代表上述一派发言的马尔察恩同志不应当苛求塔尔海默同志和弗勒利希同志，指责他们是进攻理论的"凶神"。这个理论是我们大家通过的。

这个问题，等讨论策略问题时，我们还要充分地说明。现在，经过辩论，有一点应该明确，即我们想了解你们如何看待执行委员会在它的报告中赞成开除莱维这一件事。你们的见解如何？莱维有一段话说得完全正确？他在扩大的中央委员会会议上的讲话中说："皮克同志说过，我们不就其实质讨论三月发动。问题纯属'违反纪律'。而我认为：'问题就在于三月发动是对还是错？如果是对，我就应该被开除，如果是错——我及我的许多朋友都认为是错——别人就应该被开除。'"

现在，从你们口中再也听不到"巴枯宁式的盲动"这一提法了，一句也听不到了。这怎么行，亲爱的同志们，你们要说个清楚明白！执行委员会的报告已经肯定了开除莱维这一件事，现在需要人们在这里对执行委员会的报告是赞成还是谴责表态。同志们！在讨论总结报告的过程中，有各种各样的问题需要我们审议。有很多同志要发言，我请求你们在意大利问题上采取明确的立场。在座的有意大利社会党代表。重要的是，这些代表要说出他们的见解，同样重要的是，他们也要听取我们对这个问题的意见。要通过意大利问题来检验我们所通过的并在去年已着手实施的全部策略是否正确。

　　季诺维也夫同志在他的讲话中说过，我们的方针是群众方针，但是我们在里窝那也说过，我们所主张的群众性政党并不是不讲条件的。谢德曼的党和英国工党不也是群众性政党吗？我们要的是革命的群众性政党，因此，那些从前说过执行委员会在里窝那走上宗派道路的同志（有五位同志正是以此为借口而退出德国党中央委员会的），今天，在了解了有关塞拉蒂党及其策略，以及该党如何从莫斯科发展到阿姆斯特丹的详尽材料之后，必须说出来，我们对意大利党实行了什么样的宗派政策？他们是站在我们一边，还是站在屠拉梯一边？第二次代表大会本来为我们指明了创造革命的群众性政党的途径，而如果说我们在里窝那反对第二次代表大会的决定，因而我们的行动是错误的，那么，我们在哈雷的行动也同样是错误的，（热烈鼓掌）不然，我们就必须接受希法亭和迪特曼，因为拥护这两个人的群众比拥护塞拉蒂及其一伙的群众更多。

　　同志们！还有一系列根本未涉及到的问题如法共政策问题、巴尔干各国形势问题和巴尔干各国党的问题，有待你们讨论。执行委员会和主席团有意识地将执行委员会报告的讨论与策略问题的讨论分开，以免有人怀疑我们逃避责任或躲避批评。我们想做的，执行委员会已经最大限度地替我们做了。我们与个别党的联系确实很差，但你们对执行委员会的工作发表意见，要避免笼统，力求具体，逐一说明。赞成也罢，不赞成也罢，反正，执行委员会今后要走的路仍旧是它过去所走的路。这就是：反对国际中一切中派的和半中派的倾向，强化共产党的纪律，使之成为统一的、战斗的党，但也绝不允许策动群众性共产主义政党以群众性为借口而过早地举行发动。（鼓掌）对所有这些问题，代表大会必须采取明确的立场。

　　最后，关于德国共产主义工人党再谈几句，该党在我们的辩论中所占的分量太重了，不成比例。这确实是一场精彩的演出。罗兰-霍尔斯特同志曾被一期《共产主义工人报》授予荷兰学派代表头衔，但她谢绝了这一称号，甘当这个学派创始人潘涅库克和哥尔特的辩护士。她说：我们是小国，搞不了大革命，我们的同志偶尔写几篇异样的文章，不值得大惊小怪。同志们！我们还可以替他们举出其他原因。他们之中有一位是天文学家，只知道抬头看星星，而对活生生的工人却从来视而不见。另有一位是哲学家兼诗人。（笑声）所以，当西顿同志站起来发言并以荷兰党名义宣读反对荷兰党的声明时，我对他寄予几分同情。而当共产主义工人党的同志也在这里发言，只从自己的宗派问题出发，淋漓尽致地发挥宗派主义想象力时，人们就不难看出，这些同志受荷兰货的毒害何其深。如果说，我们不得不与许许多多的发言人展开论战，那么，问题就出在这个荷兰派，这个学派已形成思潮，只要共产主义运动在哪里兴起，它就在哪里冒头。

这场战役就要在这里、在这块土地上、在这个会场进行。共产国际走去年所选择的道路对与不对，今天，共产国际经一再延期而终于宣布："玩笑不能再开了，要荷兰学派还是要共产国际，现在你们必须作出抉择。"对与不对，要弄个水落石出。同志们！你们对执行委员会的工作总结报告发表什么样的意见，将预先决定你们对大会其他各项议题的态度。这个问题如果能圆满解决，其他问题就迎刃而解，因为以往工作中遵循的就是这个方针，所走的道路也就是这条道路。那也就是：联系群众，带领群众进行革命斗争！（热烈鼓掌）

主席克南：

明天的会议定于上午 11 时举行。各专门委员会会议或明天晚上或后天上午举行。全体会议或专门委员会会议明天是否举行，待明天下午 5 时决定。无论如何，辩论明天继续进行，现在宣布闭会。

（会议于夜晚 12 时休会）

第六次会议

（1921 年 6 月 27 日中午 12 时）

继续讨论执行委员会的报告

主席洛里欧：

同志们！由于意大利社会党代表团已经到会，主席团一致决定向代表大会提议，把日程上的最后两个议题，即意大利问题和德国问题，同目前正在审议的执行委员会的报告联系起来讨论。主席团还建议各国代表团不要重复发言，换句话说，就是要让意大利社会党和意大利共产党的代表有较多的发言机会。其他代表团除非有特别重要的问题，就不要发言了。

克南：

同志们！现在的问题是，在继续讨论的时候，要把执行委员会的报告同德国共产主义工人党的问题、同最终解决意大利的问题联系起来讨论，因为它们是不可分割的。明天上午意大利社会党的同志要准备好就他们自己的问题发言，这样我们就能在明天同时结束意大利问题和执行委员会报告的讨论。主席团请代表大会批准此项动议。现在继续讨论，由马尔察恩同志发表声明。

马尔察恩（德国统一共产党反对派）：

同志们！拉狄克同志昨天的发言是想给人造成这样一种印象，似乎……（拉狄克从座位上说："我抗议主席团让马尔察恩同志作这样的声明，因为议程上没有这个项目。"）拉狄克同志昨天的发言是想给人造成这样一种印象，似乎我们德国反对派的同志想回避讨论三月发动的问题。我要明确声明：当我昨天请求主席把我列入发言人名单时，主席问我想谈些什么问题，我说想谈谈三月发动，因为季诺维也夫同志的报告提到了这个问题。主席回答说没有必要，因为三月发动问题将在讨论策路问题时审议。我所以没有接受他的意见，并不是因为拉狄克同志在发言中也涉及了这些事。关于策略和理论前提，我们将在审议策略问题时再谈。我在发言时也说过，我所以提到理论问题，是因为季诺维也夫同志自己在报告中提到了这个问题，即谈了自己对三月发动的看法，而执行委员会的同志是同意他的看法的。总之，可以明确说，我们从来也没有回避讨论三月发动。再强调一下，我们在三月发动期间完完全全履行了自己的职责和义务。（喊声："说得多好听啊！"）中央委员会也应当承认这一点。（一阵喧哗，表示反对。有人喊道："同志！这不是声明。"又一阵喧哗。主席打铃制止。）出席这次会议的反对派在三月发动期间完完全全履行了自己的职责。中央委员会应当承认这一点。至于其他问题，以后再谈。

拉狄克（俄国共产党）：

同志们！马尔察恩同志刚才发表声明进行申辩，可是谁也没有对他作过这方面的指责，谁也没有指责过他不从理论上详细论证三月发动。我只是怪他和诺伊曼同志作为反对派的代表，既没有足够的勇气支持反对派对执行委员会的耸人听闻的指责——说执行委员会通过自己驻柏林的代表挑起了巴枯宁式的冒险，又没有足够的勇气收回这种诽谤。马尔察恩同志在这里有足够的时间来说明反对派在三月发动期间的英勇业绩，但是他只字不提影响到他们反对派与共产国际关系的这个关键性问题。另一个不可动摇的事实是：莱维攻击说，三月发动是共产国际执行委员会挑起的，反对派本应声明是否仍旧支持莱维的这种攻击，但是他们对此也只字不提。至于说马尔察恩声明他们那伙人参加了三月发动，我可以断言，任何人也没有指责过马尔察恩、诺伊曼和蔡特金三位同志抵制三月发动。相反，这种指责是针对理查·弥勒和多伊米希的。说起多伊米希，那是他本人写信给中央委员会证实这件事的，他在信中写道，他的良心不容许他参加三月战斗。（掌声）

雅克莫特（比利时工人党左翼）：

同志们！执行委员会邀请比利时工人党左翼作为同情派别来参加第三国际的代表大会，我们应邀来了。自从接到这个邀请，比利时工人党左翼就决定同旧的党决裂。我们殷切地希望在下一次共产国际代表大会上，能够作为全权的国际支部来参加代表大会的会议。

考虑到代表大会还要讨论一些特别重要的问题，我不打算占用大会的宝贵时间来详细叙述我们在比利时不得不克服的那些困难，例如我们不得不同社会党进行斗争。这里只要提一件事就够了，即比利时恰恰是第二国际的名副其实的头面人物的大本营。我经常听到一些同志抱怨说，他们不得不在民族运动中同社会爱国主义者作斗争。必须指出，我们特别有资格谈论这一斗争的困难，因为社会爱国主义者的政治领袖大多出自我们这个国家，如王德威尔得（前主席）、胡斯曼（第二国际书记）、德·布鲁凯尔、安塞尔、胡本，他们占多数而且影响很大。我们的可悲之处就是和他们生活在一个国家里。列举这些人的名字，就等于承认比利时工人在政治上是落后的，因为他们迄今还容忍这些不称职的领导人窃据党的领导职务。

在王德威尔得担任比利时司法大臣期间，警察抄了比利时工人党党员及其左翼领袖们的家。然而，令人奇怪的是，王德威尔得竟向国务会议抗议进行这种司法性的抄家，而这种抄家行动又是他自己的检查机关下令进行的。

卡米耶·胡斯曼在公开的议会会议上，主张为政治目的保留身份证制度，并主张完全取消种种限制，以恢复国内正常的工商业活动。

德·布鲁凯尔在比利时，就像波里斯·索柯洛夫巡回马戏团在俄国到处散发伪造的照片，以败坏俄国革命运动的声誉一样，起着破坏革命运动的作用。

常任议员胡本，身为党员，却认为帝国主义战争结束得太早了，如果再打四个星期，我们就有可能赢得公正的持久和平。

我提到这一切，只是为了说明必须消除社会民主党至今还存在的影响，必须在比利时建立强大的共产党。为此，对于我们来说，极其重要的是取得共产国际的支持，并同邻国兄弟党保持正常的牢固联系。我们并不是要向代表大会提什么忠告，我们只是想说，各国党只是同共产国际执行委员会保持联系，只是每年召开各自的代表大会，这是不够的，它们还必须使邻国之间的政党也保持经常的密切联系。我很高兴地得知以瓦扬-库蒂里耶为代表的法国同志和以蔡特金为代表的德国同志作出保证，将竭力以自己的全部道义威望来支持年轻的比利时共产党。

我一贯认为在邻国之间保持这种密切联系是绝对必要的。我在这里还想特别提一提跨国工业地区，或者至少是跨界工业地区的意义，如比利时和卢森堡工业地区、法国的布吕埃和隆维矿区，以及共产国际应予特别关注的鲁尔区。依我看来，对这些工人居民特别稠密的工业区，应予特别关注。这要靠加入共产国际的有关各国党相互协调进行。当然，要在共产国际的监督之下进行。

还有一个问题也应当在这次代表大会上提出来，因为它会阻碍比利时共产主义运动的发展。这个问题是由于有一个集团已加入共产国际而造成的，不过，如果共产国际执行委员会愿意运用自己巨大的道义上的影响促进比利时的共产主义运动，那我们希望近期就同这个集团合并。在已经加入共产国际的那个集团与目前正处于分裂过程中的比利时工人党左翼之间，存在着一些严重的分歧。最近一期《工人共产党人》报刊登了《是什么把我们给分开了》这样一篇文章，作者就比利时工人党左翼同已加入共产国际的比利时共产党之间关系疏远的问题写道："我们不主张搞议会活动，因为它只会给党的革命活动带来危害。我们反对建立群众性的党，因为它注定要像老社会民主党那样走上改良主义和叛变的道路。"

同志们！要知道，在这种情况下，我们要在比利时开展既符合比利时共产主义发展的可能性，又符合共产国际纲领的共产主义运动，将是极其艰难的。

我不想占用代表大会的时间来延长自己的讲话，只希望在最近的将来，执行委员会能就这个问题给我们一些指示和教导。我在这里所要指出的只有一点，就是我们强烈希望在已经加入共产国际的邻国各党的帮助之下，杜绝自己内部的一切敌对行动，并且深信我们能够在比利时建立一个强大的共产党。比利时工人是革命的工人，他们过去不止一次为纯粹政治目的运用总罢工这个武器，他们今后也将这样做。王德威尔得说，战争使理想破灭了。是的，战争只是使那些牺牲无产阶级运动前途去追求资产阶级政权的人的理想破灭了，但它绝不能使真正信仰共产主义的工人的理想破灭。

我坚信，到下次代表大会时，我们定将建成一支完整统一的大军，成为共产国际中强大的一员。

马尔科维奇（南斯拉夫共产党）：

同志们！我很愿意遵照拉狄克同志昨天的建议，对执行委员会的报告引起的一切重要问题明确表态。但我要说明，在 10 分钟之内是做不到这一点的。只有在专题委员会中让大家预先充分交换意见，才可以限制大会的发言时间。（喊声："完全正确!"）如果不是这样，责任就不在我们，而在执行委员会了，因为执行委员会没有给我们在专题委员会中充分交换意见的机会。（拉狄克从座位上说："我建议延长大会发言人的发言时间。"）我要先用几分钟时间对季诺维也夫同志报告里涉及南斯拉夫的各点，发表一些不同的意见。季诺维也夫同志使我们想起他去年的一次演说，他那时指出，在强大的南斯拉夫共产党内也存在应当立即加以清洗的右翼。季诺维也夫同志现已确认，南斯拉夫共产党确实摒弃了这个右翼。但是他又硬说南斯拉夫党内还有一些机会主义分子。季诺维也夫同志的这种担心是无中生有、毫无根据的。我不得不用一系列事实来反驳他的轻率推测。整个共产国际都很清楚，南斯拉夫共产党曾经作为斯拉夫社会党进行了 20 年的革命活动。在整个共产国际内，恐怕找不到一个像我们这样的党，从一成立时起就杜绝了改良主义的影响。每一个战前就关心社会主义的人，都能证明这一点。南斯拉夫共产党的前身是塞尔维亚社会党。由于奥匈帝国覆灭，塞尔维亚变成了南斯拉夫，塞尔维亚社会党也就成了南斯拉夫共产党。塞尔维亚资产阶级继承了奥匈帝国的大量财富。而我们塞尔维亚社会党人的情况就不同了，我们继承的奥地利遗产是最丑恶的机会主义和改良主义。更糟糕的是，我们还继承了匈牙利的改良主义。因此，我们不得不开展艰巨的斗争，以清除奥地利和匈牙利的社会民主主义残余。我们从第一天起就进行了这种斗争，并且在短期内完全战胜了改良主义。所以现在无论如何不能说南斯拉夫无产阶级队伍里还存在改良主义。

1919 年 4 月，南斯拉夫党战后第一次代表大会一致通过了加入第三国际的决定。所以我们是第一个加入第三国际的欧洲大党。我党早在开始活动的日子里，就作为一个革命政党经受了考验。在我们国界那一边曾出现匈牙利苏维埃共和国，因此，武装干涉匈牙利问题被提上日程。南斯拉夫资产阶级完全依附于法国。在法国的财政支持之下，在南斯拉夫国内民族主义的宣传鼓动之下，南斯拉夫资产阶级曾打算参与扼杀匈牙利苏维埃共和国。但是，我们党的力量及其对广大群众的影响，已经大得足以使南斯拉夫资产阶级根本无法进行武装干涉。我国没有一个士兵参与镇压匈牙利苏维埃共和国的行动，却有成千上万的南斯拉夫工人加入了第一批匈牙利红军。（全场活跃表示赞同）

最近三年我党经历了三次分裂，从而完全清除了中派和半中派分子。我们不惜一切牺牲维护了我党的共产主义纯洁性。我们开除了身居塞尔维亚社会党领袖地位 20 年之久的拉普切维奇。他不同于加香，他不仅在战前，而且在战时，都以其革命立场著称于整个共产国际。尽管如此，只要拉普切维奇同志企图使我们的共产党偏离共产国际的革命道路，我们就开除他。同志们，我不得不指出这个事实以消除季诺维也夫同志的无限疑虑，并向所有同志证明：我党无可非议的革命风格，我党对党内中派和半中派分子采取的革命态度，都足以保证我们今后决不会容忍任何机会主义倾向。所以，我们不需要季诺维也夫同志的个人保证。

现在谈谈必须答复的第二点。季诺维也夫同志说，他不了解南斯拉夫的情况。这能怪谁呢？南斯拉夫共产党去年年底被宣布为非法组织。在最近五个月里，我们给共产国际执行委员会写了三个详细的报告，其中一个报告已经登载在最近一期《国际》杂志上。当季诺维也夫同志说他不了解南斯拉夫的情况时，我不由得出这样的结论：共产国际的主席竟不读共产国际的正式机关刊物。尽管这是难以设想的，然而这似乎是事实。否则，他就不会说不了解南斯拉夫的情况了。还应当指出下面一点。南斯拉夫共产党是在去年年底被宣布为非法的。这是一个极其重要的情况，特别是因为罗马尼亚资产阶级，好像还有保加利亚资产阶级，也步了南斯拉夫资产阶级的后尘。季诺维也夫同志在自己的报告中几乎一点也没有注意到这个情况。然而，这个情况非常重要，因为它开始了巴尔干各国的一个新的政治时期。南斯拉夫资产阶级就这样明目张胆地宣布了实行严酷的专政。他们对我们共产党人说："是的，你们共产党人是正确的，完全正确。你们正确地提出了这样的问题：要么是资产阶级专政，要么是无产阶级专政。"南斯拉夫资产阶级选择了这个两端论的前者，宣布实行严酷的资产阶级专政，从而证明它放弃了关于资产阶级民主的种种幻想。西欧无产阶级要是能效法它就好了！的确，南斯拉夫资产阶级丢掉了一切幻想，它公然宣布法律和宪法只应保证资产阶级的阶级统治。只要民主手段行不通，就必须诉诸武力。南斯拉夫资产阶级就是以武力来维持其阶级统治的。所有国家的资产阶级只要一感到自己脚下不稳，都会诉诸武力。我国资产阶级实行了反共的国家政变，其借口是南斯拉夫共产党在那些日子里，即五个月之前，打算步俄国的后尘实行暴力革命，夺取整个国家政权。遗憾的是，那时这样的说法是错误的，因为共产党还没有强大到足以用决斗来夺取政权，但是它已经强大到足以使南斯拉夫资产阶级在革命面前发抖了。由于害怕令人可畏的革命，南斯拉夫资产阶级诉诸了武力。罗马尼亚和保加利亚的资产阶级也步了南斯拉夫资产阶级的后尘。同志们！在任何一个国家，资产阶级专政必定先于无产阶级专政出现。遗憾的是，许多国家的资产阶级的行动表明，它们从俄国革命接受的有益教训要比无产阶级本身多得多。资产阶级说，它根本不想充当克伦斯基这样的角色。我国内政大臣的这句话，在罗马尼亚和保加利亚得到了响应，恐怕在其他国家也会得到响应。这是共产国际执行委员会的报告中所应特别强调的一个重要之点。由于时间的限制，我想……

拉狄克：

建议延长发言时间。

季诺维也夫：

我建议给发言人延长 20 分钟时间。我个人请求马尔科维奇同志谈谈塞拉蒂和莱维的问题。

马尔科维奇：

非常乐意…… 我本来还要谈许多关于我党地下工作期间的活动情况。但是现在必须转变话题，免得季诺维也夫同志以为我要回避他让我谈的问题。

现在谈谈意大利问题。我已提到南斯拉夫共产党在最近两年里①发生过三次分裂，所以不会有人责怪我们害怕分裂。正因为我们在这方面有丰富的历史经验，听听我们对意大利社会党发生分裂的意见是不无好处的。我们有机会直接观察意大利社会党的发展，我们对意大利社会党的发展过程一清二楚。季诺维也夫同志对塞拉蒂的批评实质上是有根有据的。季诺维也夫同志提到的塞拉蒂的那些文章有很多地方带着中派主义和半中派主义倾向。应当指出的一个情况是：季诺维也夫同志直到现在，才在代表大会上就塞拉蒂一年前写的文章对他进行批评。我们南斯拉夫对塞拉蒂及其中派主义倾向的批评就早得多了。应当告诉各位，我们在同南斯拉夫的中派分子和半中派分子划清界限的时候，总得提到塞拉蒂的名字，因为南斯拉夫的这些中派和半中派分子总是引用塞拉蒂的话和他的文章。由于塞拉蒂当时得到共产国际执行委员会的充分信任，所以中派分子在反对我们时，硬说塞拉蒂和执行委员会（执行委员会与塞拉蒂的根本观点是一致的）才是真正的共产主义者。照他们看来，我们不是共产主义者，而是无政府主义者。因此，早在一年之前，在塞拉蒂的第一篇文章发表之后，我们就不得不冒着同执行委员会决裂的危险

---

① 原文如此。此前一次讲话为"最近三年"——编者注

去反对塞拉蒂，因为我们当时根本不了解执行委员会是否赞成塞拉蒂的上述文章。所以，不能因为我们认为意大利社会党的分裂在某些方面是错误的，就指责我们袒护机会主义分子、中派分子和半中派分子。我们是根据以下考虑来认识意大利社会党的分裂的。

意大利党的分裂没有经过充分的准备。而我们党在分裂方面却有一些经验。在南斯拉夫，我们把每一次分裂看作是党内生活的一件大事。像党的其他任何行动一样，分裂不仅要有心理上的准备，而且也要有组织上的准备。意大利党没有做到这一点。这要怪谁呢？一方面要怪意大利共产主义派的同志，另一方面要怪执行委员会。执行委员会有权而且应当反对任何党内刚冒出来的中派主义和半中派主义倾向。执行委员会没有理由这样长期耐心地对待塞拉蒂。意大利同志对塞拉蒂及其中派主义倾向也表现得犹豫不决。按照我们南斯拉夫的观点，意大利社会党分裂得晚了，分裂得太晚了，而不是太早了。（拉狄克喊道："所以你们才反对？"）（笑声）不，不是的，是说这次分裂没有经过准备。分裂是应当有所准备的，应当早得多地实行分裂。意大利同志和执行委员会没有这样做。意大利的革命群众没有充分认识塞拉蒂是一个带有中派主义倾向或半中派主义倾向的共产主义者。这能怪谁呢？只能怪意大利的共产主义派，因为他们反对塞拉蒂不够坚决，过分迁就了他。

正由于分裂没有经过充分的准备，在这个意义说它是错误的。为了不致引起任何误解，我想把问题说得更清楚一点：同中派主义者分裂并没有错，错就错在意大利社会党的分裂没有经过充分的准备。如果在塞拉蒂的第一篇文章发表之后，季诺维也夫同志马上表态，意大利的群众就不会在里窝那支持塞拉蒂，而会同共产主义派站在一起，最近几年变成机会主义分子的塞拉蒂就会被揭露，并被迫卸下自己的假面具。但是意大利的同志没有这样做，意大利的分裂就错在这里。同志们！我认为我已经非常清楚地阐明了我们对意大利社会党分裂所持的态度。

现在谈谈德国问题。三月发动揭示了两个重要的方面：一方面是德国工人共产主义者具有坚定的斗志和奋不顾身的精神，另一方面是领导很不得力。早在三月发动期间，在我们根本不知道莱维的小册子和共产国际执行委员会的态度的情况下，贝尔格莱德的我党中央委员会就对三月发动有了一定的看法。那时，我们就清楚地看出，三月发动的领导人犯了一系列极为严重的错误。我们当时的意见是，三月发动为德国共产党提供了同德国资产阶级进行广泛斗争的极好机会，遗憾的是这个极好的机会被错过了，这一方面是因为理论观点不对头，另一方面是因为三月发动期间犯了一系列实践方面的严重错误。尽管如此，三月发动还是向前迈进了一步。（喊声："听听吧！"）我们赞扬三月发动，把它看作是工人被迫起来反抗赫尔青进攻的一种自卫行动。但是我们必须特别强调，三月发动的领导人犯了许多严重的错误，因而本来会成为夺取政权的伟大斗争的三月发动，却以德国共产党的失败告终。我们对三月发动的看法就是这样。

至于说莱维的问题——我看出拉狄克同志很想知道我对这个问题的意见，——我认为，莱维发表小册子是犯了一个很大的错误。也许不仅犯了一个错误，而且犯了许多错误。（场内喧哗声）德国三月发动的领导人也犯了许多错误。如果他们认为非把犯了错误的莱维开除出党，那么以同样的尺度来衡量，三月发动的负责的或非负责的领导人就应当为他们的错误受到更重的惩罚。（全场大哗。喊声："把他们绞死！"）我对莱维问题的看法就是这样。——（拉狄克喊道："马尔科维奇同志，那您就提出一个绞死他们的提案吧！"）（笑声）——我想，我们还有机会谈三月发动问题，谈它的优点，也谈它的缺点。（拉狄克："现在是审议莱维的问题。"）我希望在表决之前，先把这个问题拿到专题委员会上再讨论讨论。

再讲几句就结束了。应当说，季诺维也夫同志的报告有一个很大的缺点。我本来期待这个报告会提供一系列统计资料。托洛茨基同志说得好，他说统计是一种斗争武器。但我认为，我们任何时候都不应当忘记，在我们的政治工作和革命工作中，统计这个斗争武器所起的作用与武器的统计同样重要。缺乏统计数字无疑是季诺维也夫同志的报告的一大缺点。

最后，我完全赞成季诺维也夫同志在报告中最后发出的呼吁，即要求各国共产党把自己的得力人物派到共产国际执行委员会里来，使共产国际成为真正的世界革命总参谋部。（全场表示赞同）

主席洛里欧：

本来该由西罗拉同志（芬兰）发言，但是他没有来，所以由柯拉罗夫同志发言。

柯拉罗夫（保加利亚共产党）：

我代表保加利亚代表团声明，完全赞成季诺维也夫同志代表执行委员会所作的报告。但是，我的发言不仅是为了表一个态，我是想简略谈谈报告中涉及的一个问题，即必须创造一种局面，使执行委员会能真正领导国际共产主义运动。

我们过去一直主张，共产国际的组织和领导要集中化，现在也仍旧坚持这个观点。这是世界革命取得胜利的必要前提。我们不怕资产阶级和社会爱国主义者骂我们是莫斯科的仆从。我们所需要的是一个有远见的、积极工作的、有进取精神的共产国际执行委员会。

我们完全赞成执行委员会以明确而又坚定的态度对待德国党、法国党、意大利党和捷克斯洛伐克党的分裂问题，以及莱维违反革命纪律的问题。但是，我们也要指出，执行委员会有时没有及时地明确表态，例如不久前协约国与德国之间在战争赔款问题上发生危机时，就是这样。

在危机最尖锐的时刻，德国共产党人提出了这样的口号："关上我们通向西方的大门，打开我们通向东方的大门，让我们同苏维埃俄国结盟吧！"

法国共产党人则认为自己不能明确反对法国帝国主义的阴谋。

在这样的时刻，执行委员会本应提出明确的口号，尽力使两国共产党根据双方同意的纲领采取同一个方针。

非常可悲的是，在这个危机时刻没有做到这一点，两国共产党没有按统一的计划行动而犯了错误。德国共产党人开始宣传同苏俄结盟，这是正确的，但是他们也有不对的地方，他们对德国无产阶级说什么"关上通向西方的大门"，要知道，在这扇大门外面站着的是协约国的无产阶级，德国共产党人本来应当寻找接近协约国无产阶级的道路。法国党在这个极端重要的问题上的表现特别可悲，它陷入一团乱麻的罗网之中。

执行委员会对法国无产阶级政党的态度是完全正确的，但是它没有把工作做到家。我特别注意执行委员会对法国党的态度，因为法国帝国主义在欧洲反革命势力中起着举足轻重的作用。另一个原因是，法国政治首领实际上是我们保加利亚的太上皇，他们可以迫使保加利亚政府颁布镇压共产党的法令。从这一观点出发，我们保加利亚共产党人有理由把法国共产党部分地看作是自己的党，因而关心它的活动和发展。

当然，我们承认法国的发展进程有利于我们的目标，我们很高兴看到法国共产党的进步，但是我们也不愿闭眼不见法国党必须克服的严重障碍，以使其成为真正的共产主义组织。

试看，在法国是怎样利用议会主义的。首先，社会党的议会主义弊病孕育出了工团主义，把工人推上了无政府主义道路。现在，当法国无产阶级渴望团结在共产国际周围进行革命的时候，就必须抛弃旧的议会主义传统，坚定不移地走上新的革命的议会主义道路。

在这方面，我还想就报刊问题提一点意见。正像老的社会党传统所表明的那样，工人在党的机关报上从来看不到党的领导核心的观点。他们从机关报上了解到的，只是不同派系的不同观点，而且一般是差别很大的观点。工人必须对此作出判断，并根据各人的胃口提出自己的观点。法国共产党是否抛弃了这个传统，是否能创办一个真正的党的机关报？对这个问题的答复是否定的。在《人道报》上还找不到占主导地位的、首先是清晰明确的共产主义思想。甚至像保尔·路易同志这样的学者，也只是把法国帝国主义的反革命掠夺政策看作是认识错误和偏离方向，也只限于劝告法国帝国主义今后要避免这样做。

在执行委员会内有人已经谈到共产党和工会的相互关系问题。在这次代表大会上必须再次指出，法国共产党人对于共产党在工会中应起什么作用的问题，还没有一个明确肯定的态度。这一情况在法国革命运动中孕育着严重的危机。

必须承认，法国党在进行群众性的革命斗争方面，还处于初级阶段。它还没有赢得作为组织者、作为公认的群众领袖的威望。特别要强调的是，法国党至今还不能积极动员群众去反对法国资本主义，而法国资本主义的反动性和反革命性是举世闻名的。

指出这些情况，绝不是为了谴责法国党。相反，我认为法国同志有努力建立一个真正的共产党的良好愿望，他们在这方面已经取得一些成绩。现在的问题是，必须尽一切力量帮助法国同志。这是执行委员会的一个极其重要的任务，希望执行委员会今后能更加努力地去解决这个问题。各国共产党的任务，则是加强和巩固执行委员会开创的事业，关心改善执行委员会的组织，派自己的优秀人物充实执行委员会。

克拉拉·蔡特金（德国共产党）：

同志们！季诺维也夫同志前天在自己的报告中开始数落我的一连串罪过，昨天拉狄克同志又接着这么干。我请求给我这个主犯较多的发言时间，因为在 10 分钟内谈不完所要谈的问题，哪怕是蜻蜓点水也谈不完。谈起我的罪过，首先必须明确，我从来没有同苏黎世的诺布斯同志进行过任何秘密活动，也没有同他通过信。硬说我犯有这种罪过，想必是一场误会。

谈到意大利问题和我对意大利问题的态度（这对于我退出中央委员会起了很大的作用），必须作如下说明。从季诺维也夫同志对这个问题所持的态度中，从黑克尔特和其他同志的发言，其中包括拉狄克同志的发言中，我得出这样一个印象，似乎意大利问题几乎就等于塞拉蒂问题，而不是意大利无产者群众的问题（遗憾的是，意大利无产者对共产主义的思想基础还不甚了解）。大家在这里谈了很多关于塞拉蒂的模棱两可态度、叛卖行为和影响。是的，塞拉蒂的态度不十分明朗，他的政策经常摇摆不定，由此必然得出塞拉蒂是个糊涂人的结论。但是，同志们！我还不敢根据这些理由就对意大利问题妄加判断。同志们！如果我们处理问题只根据个人品行，只根据一贯坚持的政治方针，把一位政治家的态度、立场一股脑儿地暴露在朋友和敌人面前，那么（强调一下，我决不是要批评任何人），拉狄克同志，我看，照此办理，在座的同志中，恐怕就有几位有资格出席这次会议了，因为他们的态度、立场也是动摇不定的，往往是反复无常的。

同志们！在这个问题上，我完全抛开了个人因素。季诺维也夫同志说，有人对于没有让美髯公（我不了解此公）达拉贡纳来装点主席台的门面也惋惜不已。我决不是季诺维也夫同志所说的这种人。不，同志们！坦率地说，我的审美观，由于我们的朋友季诺维也夫的引人注目的仪表和一头卷发而得到了充分的满足。（笑声）如果只根据个人的好恶来看人，那么老实说，我更喜欢屠拉梯，而不是塞拉蒂，因为屠拉梯的形象很完美，尽管我发现他的政策是令人厌恶的，非坚决反对不可。对于我来说，决定的因素始终是同广大群众的关系问题。遗憾的是，广大群众还站在塞拉蒂一边。我只想说明一点：如果塞拉蒂确实像季诺维也夫同志宣读的文件所描绘的那种人，那我就不明白，怎么能把这种人选入共产国际第二次代表大会主席团，也不明白执行委员会为什么没有更早、更坚决地让意大利党分裂，更加明确地解决争论的问题。

同志们！我终于了解，执行委员会为什么对于大力干预意大利党内关系的发展表现得犹豫不决。因为意大利党是在最困难时期无条件加入第三国际的第一批大党之一。当然，后来发生的一些事件使我们警惕到不能过高地估计这个情况。九月事件表明，意大利党无力控制局势，无力以革命方式利用局势来广泛进行夺取政权的政治斗争，哪怕在这方面进行一次有力的冲击也好。

特拉奇尼同志在这里告诉大家，意大利党中央委员会连续争吵了两天，讨论是否应当作出必须开始革命的决定。照我的看法，如果党中央委员会当时立即决定千方百计地开始政治斗争，那是比较合适的。那才能令人确信意大利真正走上了革命道路。但是对于没有作出这样的决定，无论如何不能怪塞拉蒂，因为他当时不在意大利，而是在从莫斯科回国的途中。我也很明白，我们同样不能完全责怪塞拉蒂派，因为在党中央占多数的是最高纲领派。党中央毕竟通过了一个决定：把问题转交给机会主义的工会去解决。从这里可以明白两件事：（1）我们为之骄傲和赞叹的意大利党，无论在思想上还是组织上都没有达到应有的水平；（2）意大利的起义群众当时还没有走到自己领袖的前面去，否则，根据我过去一贯维护、迄今也一直在维护的观点来看，如果群众确实满怀革命激情和革命意志，他们就不会理睬那些动摇不定的工会领袖和政治领袖的任何决定，而是越过这些领袖径直投入政治斗争。

（黑克尔特从座位上说：“这和1914年谢德曼派力图掩盖自己的叛卖行径的托词如出一辙。”）（喧哗声）

对不起，这不是托词，只是指出了一个历史事实：领袖的水平在一定程度上总是应当适应群众的水平。当然，领袖的行动有时会起决定性的作用，但是在其他情况下，在一定的革命环境中，成熟的革命无产阶级确实会从自己的队伍中推选出新的领袖去接替老的领袖。这样说，丝毫不是想低估政治领袖的过失，而是另有原因的，那就是为了说明执行委员会应当认真对待自己的任务——千方百计地促使意大利产生一个思想上和组织上团结一致的党，这个党要亲自掌握那些还没有觉悟起来而只是受到革命鼓舞的群众的事业，教育他们，领导他们。

在意大利问题上，我始终认为非建立这样一个党不可。所以，我完全同意执行委员会的如下决定：意大利党如果想成为第三国际的一员，就必须立即公开同屠拉梯及其一伙决裂。我强调"立即公开"决裂这样的措辞，免得有人说我支持所谓统一派，让他们打着共产主义幌子推行屠拉梯的改良主义政策。实行这种决裂的难处在于，这是一个中间性的党，党内无疑存在一大批无产阶级群众，他们过去和现在都证明自己是在诚心诚意地寻求通向共产主义和第三国际的道路，诚心诚意地渴望找到这条道路，他们不仅在口头上说说，而且在行动上这样做。因此，把这些群众吸引到统一的意大利共产党内来是很重要的。为什么呢？并不是像这里有人旁敲侧击的那样，似乎我偏爱中派主义或半中派主义政策。不是的，那是另有原因的。第一个原因是，据我所知，在这些群众里有参加了工会和合作社的工人，恰恰是这些工人能够而且应当成为反对一切改良派机会主义政策和策略的代表者。第二个原因将向各位表明，我同任何半中派主义的和平主义方针风马牛不相及。有人告诉我（我不知道转述得是否确切，如果不确切，请我们的意大利朋友给予纠正）：意大利的城市自治机关、市长和市政委员会，在国内战争期间也有权指挥政治警察。照我看来，意大利必将爆发这样的战争，所以，如果千百个公社中的共产主义者能够指挥武装力量，即使是指挥警察，那么共产主义者的力量实际上会是很强大的。当然，不是让警察充当示威游行队伍中的仪仗队，而是要他们介入冲突，加强革命斗争。

根据这种考虑，我坚持不仅同屠拉梯分子立即分裂，而且尽量把大多数所谓统一派共产主义者都吸收到党内来。老实说，如果有可能，就不要吸收塞拉蒂，但在万不得已时，如果没有其他办法，也可以吸收塞拉蒂。因为从政治上考虑，魔王必要时也得靠苍蝇为生。我坚持这样的看法：一个内在意志坚强的共产党的进一步发展，必将迫使塞拉蒂态度明朗化并在党内执行实事求是的政策，或者迫使他自我暴露得连任何工人都不再对他抱什么幻想。所以，我坚持这样的观点：执行委员会要求开除屠拉梯分子是正确的，但是另一方面，在经过分裂前的长期摇摆之后，显然应当从保存群众力量出发，而不是从同情塞拉蒂出发，竭力把这些群众的大多数争取到自己方面来。因此，执行委员会的代表在里窝那的任务本应是：既同我们的左派朋友和塞拉蒂分子共同协商，如何千方百计地把成千上万的工人吸收到共产党内来。格拉齐亚德伊的建议没有指明这一点，但是它也许可以成为团结的基础，把真正信仰共产主义的工人吸收到统一的共产党内来。这个建议还可以使分裂发生得不像现在这样糊里糊涂，不明不白，而是泾渭分明，一清二楚。

我向中央委员会提出的决议案是符合这个观点的，总的说来，也同执行委员会代表提出的决议案相吻合。我只是对后者作了一处改动，即必须为塞拉蒂派的大部分工人敞开共产党的大门。我的决议案说了些什么呢？首先，它完全赞成执行委员会关于立即无条件开除屠拉梯集团的要求；其次，它愤怒地查明塞拉蒂犯了两大错误：（1）在第二次世界代表大会召开后的六个月里，他没有提出任何其他可导致与屠拉梯集团分裂的建议；（2）在里窝那，他宁愿同1.4万个屠拉梯分子联合，而不愿同共产党及其6.8万个无产者联合。决议案的结尾部分确认，有些无产阶级分子无疑是支持塞拉蒂的，但是他们又真诚地渴望共产主义，所以必须给他们留出一条路来，让他们同共产党互相协商并联合在一起，决议案建议执行委员会试试在这方面能做些什么。决议案接着说，当然，在意大利只有一个权威性的共产党，即意大利共产党，只有这个党能够并且应当得到所有兄弟党的大力支持。同志们！执行委员会在后来的会议上一致通过了类似的决议案，从而证明我的决议案并不包含任何中派主义倾向。如果有人根据这个决议案指责我带有中派主义倾向，那我的处境就一点也不孤立了。

同志们！让我继续讲下去。有一段时期，我下乡宣传去了，所以对家里的情况一无所知。我可以说：这不关我的事，我一无所知。当我回来参加中央委员会的会议时，完全出乎意料，我们又得重新研究意大利问题。我问，这是为什么？答复说：首先是因为莱维的在柏林党的工作人员会议上用塞拉蒂的精神解释了这个决议案；其次是因为从里窝那来的执行委员会代表说，我们的决议案不能令人满意，必须修改。至于莱维的解释，我认为，无论怎样高度评价莱维的才能，他个人的意见也不能改变整个组织的决定。其实，中央委员会只要做下列声明就够了：莱维的所作所为并不代表中央委员会，他随便解释这个决议案，从而歪曲了我们的观点。塔尔海默和什特克尔两位同志向我们提出了另一个决议案。我还想说明一点：很遗憾，由于我身边的材料在边境上被细心的德国警察搜走了，所以我只能凭记忆说，第一个决议案是在 1 票弃权、2 票缺席的情况下由中央委员会一致通过的，后来却重新把这个决议案拿来同塔尔海默和什特克尔的决议案一起讨论。关于塔尔海默和什特克尔的决议案，我在下面还要说明，它已经被中央委员会的多数票所否决。第一个决议案重新被绝大多数票通过，后来根据我的建议，修改得更加明确，因此，对它作任何有利于塞拉蒂的解释都是徒劳的。我完全有理由这样考虑问题，因为执行委员会派驻意大利的代表似乎也说过，原先的决议案无懈可击。

同志们！关于纪律和少数服从多数的问题，大家在这里议论得很多。中央委员会的有关会议曾经明确决定向扩大的中央委员会提出一个更加严密的决议案，作为整个中央委员会的决议案。我们没有特别坚持像现在所解释的那样要求遵守纪律，禁止个别党员提出自己的决议案。那么我为什么要反对塔尔海默和什特克尔的决议案呢？因为我是同意像现在这样解释纪律的。我强调这样的决定：只应提出整个中央委员会的决议案，而不是别的什么决议案。这就是多数的决定。

（黑克尔特从座位上说："当时恰恰作出相反的决定！"）

同志们！当时曾决定，这个决议案应是整个中央委员会的决议案，但是后来却有人解释说，个别党员如果愿意的话，也有权提出自己的决议案。不过，这是一个次要的问题，它丝毫不会改变问题的实质。照我看来，纪律被理解得太死了。我反对塔尔海默和什特克尔决议案的第一个原因是，该决议案在说明开除塞拉蒂集团的理由时，没有提到这个集团在民族问题、工会问题和土地问题上所持立场引起的其他错误。这三个问题恰恰是第二次世界代表大会讨论过的问题。照我看来，把该集团在这些问题上所持的立场作为开除的理由，违背了第二次世界代表大会的决定，破坏了它的威信。我不由得想到，如果意大利人在这些问题上所持的立场与整个共产国际的立场相距甚远，那么第二次世界代表大会早就该把意大利党开除出共产国际了。我反对塔尔海默和什特克尔决议案的第二个原因是，几乎所有国家、几乎所有共产党在这三个问题的理论和实践上，至今还存在着分歧。我记得，俄国兄弟党最近还在土地问题和工会问题上发生了激烈的争论，这种争论与其说是理论上的，不如说是实践上的。因此，如果把这种问题当作衡量一个党是否能参加第三国际的标准，那么现在就不会有哪一个党还能留在第三国际之内了。我反对塔尔海默决议案的第三个原因是，它要求坚决向塞拉蒂集团宣战。我丝毫不反对坚决向塞拉蒂本人宣战，但是不能向塞拉蒂集团宣战，那样，打击面就太大了，照我看来，那样就等于向渴望靠拢共产党的无产者宣战。

当时我认为，这样的宣战在政治上极不明智，理由如下：大家知道，有人责备我同塞拉蒂有过什么外交活动。我要声明，塞拉蒂到柏林去时也在斯图加特耽搁过，他这样做的一个众所周知的、确定无疑的理由是，到柏林和斯图加特总比到莫斯科容易一些。那么，怎么能说我和他有什么外交活动呢？我认为，在这次代表大会上澄清这个问题是有特殊意义的。听说，塞拉蒂在柏林同德国党中央委员们进行了会谈，让德国党中央委员会向莫斯科的共产国际执行委员会转交了一份建议书或请求书，请执行委员会讨论一下能否派一个特别使团到意大利去，这个使团要同共产党和无产阶级取得联系，要找出一种立即开除屠拉梯集团和实行新的分裂的方式。考虑到这个情况，我暗自寻思，如果中央委员会已经这样做了，我就不可能比"教皇"本人具有更大的权威了……（拉狄克从座位上说："这个教皇就是莱维！"）这一点，我不可能知道。有人告诉我，同塞拉蒂谈话要小心谨慎，谈话之后要立即写成书面材料送交中央委员会，再让库尔特·盖尔同志带交莫斯科。我完全照此办理了。塞拉蒂来了以后，我不仅没有同他搞什么外交谈判，反而劈头盖脸地痛斥了他一顿，痛斥他不该给列宁写那封信，不该在图尔发生分裂之后与龙格联系。我告诉他，这样做是错误的。他承认了这一点。但是他竭力为自己的立场辩解，说他处于四面楚歌的困境之中，左、中、右各派一齐向他攻来，为了保住自己，他难免做出不恰当的事来。这些说法极不可信，但是我想利用他的处境来促进分裂，使意大利党内形势明朗化。我对塞拉蒂说："如果您真想同共产党和解，同共产国际和解，单靠德国党中央委员会去转达您的建议是不够的。您最好还是说服意大利社会党中央委员会，让它自己去向莫斯科的共产国际执行委员会直接提出这个建议，那样会显得更真诚，在政治上更明智。"经过长谈，塞拉蒂承认了这一点。我寻思应当再把他向前推一步，所以对他说："您只是这样做是不够的，您应当说服自己的中央委员会立即把这个请求书的副本送交意大利共产党的中央委员会，并大体附上这样的话："尊敬的同志们！兹附上致共产国际执行委员会请求书的副本一份，请予知照，务祈首肯为感。'"

同志们！塞拉蒂对此也表示同意。但是，我没有同塞拉蒂谈到这样做的目的。我的目的是什么呢？我是要迫使塞拉蒂或者忠实履行对我的许诺（这有利于互相了解，并使意大利的形势明朗化），或者明确不履行这个许诺。那时我们就抓住了反对他的把柄，那时我们就能证明，他承认第三国际，表示忠于第三国际，只是口头上说说而已，并不打算付诸实践。在这种情况下，是不宜投票赞成塔尔海默和什特克尔的决议案的。为什么呢？因为他们的决议案为塞拉蒂提供了廉价的借口，使他可以不必履行自己的许诺，可以不同意大利共产党和共产国际达成任何妥协。当然，我已经从我们的意大利朋友那里查明：塞拉蒂根本没有履行自己的许诺。（喊声："听听吧！听听吧！"）他所能找到的借口，恰恰是扩大的德国党中央委员会通过了向他宣战的决议案。必须说，如果我处在塞拉蒂的地位，这种威胁性的宣战是动摇不了我的决心的，我仍旧要寻求通向第三国际和意大利共产党的道路。我会说，尽管德国党通过了这样的决议案，我偏要在现在这个时候宣布诚心诚意渴望加入第三国际。（掌声）

同志们！共产国际驻意大利代表拉科西同志也参加了德国党中央委员会这个决议案的辩论，从而促使我退出了中央委员会。就我本人来说，无论如何也不能指责卡巴克奇耶夫同志，不过有一点例外，即照我看来，他也曾挑起新的分裂（不过，并不十分起劲），像我一样指责过莱维，说莱维明明看到对方消极，却不把主动权抓在自己手里。总之，再强调一下，我所说的执行委员会驻意大利代表，指的是拉科西同志一个人。只要仔细看看他的第一次发言稿以及他在德国党的委员会里的讲话稿，就会明白他没有提出任何新东西，只是换汤不换药地重弹老调而已。他在执行委员会的会议上参加讨论时，确实说过应当效法意大利的分裂，把不称心的分子也从法国党内清洗出去。他在这里指的是拉封和加香，并且说还可以分裂十次。拉科西提出这样一个观点：对于共产国际来说，重要的不是党的群众性，而是党的纯洁性！他坚决表示，共产党不能够、也不应该招募党员，共产党所需要的是在任何情况下都头脑清醒、政治上成熟的同志。这种观点遭到了反驳，后来拉科西同志收回了这个观点。但是，同志们！不久前他向我私下谈话时又提出同样的主张，而且补充说："蔡特金同志，你们德国党过分臃肿了，必须精简。"我当面讥笑他："对不起，您这种观点只能令人发笑。照我们看来，德国党还小得不足以胜任自己的任务呢。我们必须千方百计地发展党，当然不仅要在数量上，而且要在质量上发展党。我们的问题不仅在数量上，而且也在与数量有关的质量上。共产党的任务是扩大自己队伍中的无产者的数量，以提高党的质量。"

同志们！由于共产国际执行委员会驻意大利代表发表了这种论调，我认为必须重新提出这样的问题：是建立群众性的党呢，还是建立只会做宣传工作的小宗派？我现在才认识到自己的错误所在。过去我天真地以为，共产国际的代表即共产国际执行委员会的代表，不会自作主张地发表一通像那次会议上的那种言论。

（喊声："最后该怎么解释呢？"）

最后的解释同以前的说法互相矛盾。在中央委员会的解释是，这位有关同志只是发表个人意见而已。再强调一下，我过去天真地以为，在意大利当时的形势下，执行委员会的代表是根据执行委员会的委托和指示行事的，怎么也不会想到，在里窝那这样复杂和严重的关头，执行委员会的代表竟自担风险地发表那种论调。我现在才明白自己错了，并且非常高兴地得知，执行委员会根本不同意这位代表的看法。但是，这里还要指出一个情况。根据执行委员会代表所持的态度，意大利问题肯定会成为共产国际所有支部极其重要的课题。这可能是一种错误观点。同志们！我不是那种高明的理论家，以为自己既是蹩脚的实践家就有权夸夸其谈理论。我是根据当时身临其境的形势作判断的。我暗自寻思，在那样困难的情况下，我不能承担责任。我公开承认还有一个原因支配着我，但是为了避免造成个人之间的紧张关系，决定不把它提出来辩论了。我确信，相当大一部分中央委员已经改变了自己对这个问题的看法。这样说，不是为了责备这些同志。我可以一天改变二十四次观点，并承认其中二十三次当了傻瓜，因为不了解情况嘛。但是令人不解的是，怎么能只凭新的论据而不拿出新的实际材料就推翻原有的决定。

（喊声："可是，莱维的态度呢？"）

对不起，莱维的态度根本不能作为中央委员会必须遵循的法律。老实说，我本不想证明莱维无法左右中央委员会的态度。

（喊声："而我们呢？……"）

莱维的态度在多大程度上成了你们必须遵循的法律，那是你们的事。至于我自己，我从来不考虑谁表示什么意见，不管是莱维、弥勒的意见，还是舒尔茨的意见。我所关心的始终是意见的正确与否。同志们！在党受到政治上和精神上的致命威胁的情况下，在无产阶级处于万分危险的情况下，局势随时都会迫使我们投入决战，在这种情况下，凭良心我不能保证同那些我原来认为观点改变得太快的同志合作，虽然我也很尊重他们。

同志们！我还想说，谁也不能指责我在什么时候害怕当少数，我几乎总是处于少数地位。记得长期以来我总是单枪匹马地争取利用议会讲坛，甚至弄得连主张参加议会的中央委员都不敢支持我，说什么不能违背民众的一般情绪。请大家来评一评，指出我在四十二年议会活动中的哪一个时候违背了选民的意志，或者有过躲躲闪闪、藏头露尾的情况。

没有。所以我寻思，在既定局势下我离开自己的岗位，就某种意义来说，是一种警告的表示。我退出中央委员会一事，在这里竟被指责为违反纪律。我不打算在措辞上进行争辩，只想说，我若是多少考虑到党还不够巩固，多少考虑到退出中央委员会（我的退出与莱维和其他人的行为毫无关系）会给党造成损失，我是无论如何不会退出的。我还暗想，党的职务并非赏给政治品行优秀者的一块巧克力。不是的。同志们！这是大家确信把合适的人放到了合适地方才委托给他的战斗岗位。在目前情况下，我不会是这种合适的人选，不会是中央委员会和党的顶梁柱，只会成为他们的累赘。

同志们！我的考虑就是这样，但愿执行委员会主席尽量善意理解我的意思。执行委员会主席凭自己的经验应该知道，有的同志尽管无限忠于党并且严守纪律，但是在某种情况下还是不得不向自己提出这样的问题：什么是对党应尽的义务？什么是对无产阶级应尽的义务？什么是对革命应尽的义务？是留在岗位上好，还是离开岗位继续悄悄工作好？我回想起 1917 年 10 月 10 日到 11 月 4 日布尔什维克党内发生的事件。1917 年 10 月 10 日，加米涅夫和季诺维也夫两位同志认为自己非退出当时的中央委员会不可。

（拉狄克喊道："他们为此受到了严厉的斥责！"）（笑声）

是的，同志们！但是我也受到了斥责呀！（笑声）他们凭自己的良心当时必须退出中央委员会。他们受到了应有的惩罚，然后又回来公开承认自己的错误。同志们！我从来不怕公开承认自己的错误。只要认识到自己有错，我就公开承认。我有权要你们相信一点：为了党和无产阶级的利益，我认为自己当时只能那样做。再说：根据自己的信念再次考虑情况之后，我认为非继续那样做不可，因为对于我来说，忠于无产阶级要比严守党纪更重要。但是，同志们，一旦认识到自己犯了错误，我会首先出来公开悔过。但是，正如我已经说过的，必须先认识到这一点才行。对于是否违反党纪的问题。我的看法就是这样。我从来不因别人指责我犯了真真假假的错误而感到屈辱。但是，如果我做出任何违背自己良心的事情，我就不仅每次都会感到屈辱，而且会感到卑鄙可耻。我接受指责而不作反驳，并静待代表大会处理。

现在再讲一点有关意大利的问题。照我看来，塞拉蒂及其社会党自里窝那代表大会以来所执行的政策，无疑是改良主义的、机会主义的。（场内表示赞同）我完全认识到这一点。仅就该党在自卫军问题和反法西斯问题上的立场来看，就清楚地证明了这一点。只会用基督教的传道方式去对付法西斯挑起的内战，这样的党还能不能叫做共产主义的党，甚至还能不能叫做一个政党呢？（笑声）不能。我宣布，在无产阶级斗争中我始终遵循这样一个原则：以牙还牙，以暴力摧毁暴力。要战胜意大利法西斯主义，不能靠《前进报》上委婉动听的箫声，只能靠无产阶级群众的武装斗争。（全场活跃表示赞同）塞拉蒂分子在所有政治问题上的总的立场，无疑都暴露了他们的机会主义本质。有些同志说，这一点恰恰证明里窝那代表大会的分裂是正确的。同志们！也可以从另一个角度考虑问题，可以说，左翼的退出几乎是硬把统一派推入了屠拉梯分子的怀抱。

（拉狄克从座位上说："就像把希法亭推入了谢德曼的怀抱一样！"）（笑声）

可是，同志们，这里有两个方面。一方面，我欢迎这样做，因为这样能揭露不坚定的、犹豫不决的领袖，另一方面，我又对此表示惋惜，因为还有成千上万的无产者处在这些领袖的影响之下。我寻思，尽快把这些成千上万的无产者吸引到意大利共产党方面来，不是更容易使他们摆脱领袖的迷惑吗？我想，最好还是让学者们去争论：意大利党的进一步发展证明里窝那代表大会的分裂是正确的还是错误的。我注意到，迫使（照我看来）共产国际表态的政策是极端机会主义的。我认为，代表大会还不能只是满足于让希望加入共产国际的党派严格遵守二十一条，同屠拉梯分子彻底划清界限。代表大会还应当坚决摒弃只会使群众受骗上当的机会主义政策。同志们！不听取双方代表的意见，是不能解决这个问题的。根据现有文件，我表明了自己的观点，并且已经向大家作了说明。

如果容许的话，我还想稍微谈谈莱维的问题，免得有人误解我想回避这个问题。强调一下，我们并不指责执行委员会所持的态度，我们完全赞成它同屠拉梯分子彻底决裂的务求。只不过应当预先考虑，能不能分裂得更早一些，准备得更充分一些，主要是尽量分化塞拉蒂分子，把其中优秀的工人分子吸收到共产党的队伍里来。另外，我要公开批评执行委员会在驻外代表人选问题上不够慎重。这不仅是指我听过他讲话的那位执行委员会驻意大利代表（我不想评论其他人，因为我不了解他们），而且指执行委员会驻德国代表。在讨论三月发动时，我们还要回过头来谈这个问题。执行委员会在委托季诺维也夫同志所作的报告里，说明了自己对第三国际所属各共产党的性质和任务的态度，从而充分暴露了上述两位不负责任的驻外代表对执行委员会产生的致命影响。因此，没有理由对执行委员会进行猛烈抨击。

（拉狄克："莱维这样做了，可是你们并没有撤掉他！"）

关于这个问题，我们还要谈下去。请稍待片刻。关于莱维的问题，首先不仅仅是一个纪律问题……（喊声："完全正确！"）……它首先是一个政治问题。凡是注意总的政治形势的人，都能正确评价和理解这个问题，所以我认为，只有同共产党的策略问题、特别是同三月发动问题结合起来，才能讨论这个问题，因为莱维事件在这里被看成违反党纪的问题。我不反对这种看法。但是必须把它同三月发动结合起来看，否则就既不了解历史背景，也没有把这个党纪问题弄得水落石出的气氛。我还想说一点：拉狄克同志昨天私下提到莱维的问题，并且形象化地责问道："莱维是在哪一方的革命战壕里作战？"拉狄克同志！如果您是在直接意义上使用这个词，那么我倒要问您：三月发动的所有理论家和组织家都是在真正的革命战壕里作战吗？

（嘈杂的喊声："当然了！"）

另外还有一点。拉狄克同志和我一样清楚，莱维同志决不是逃避斗争的胆小鬼。在1919年1月和3月的危险日子里，他没有离开过战场，尽管在利希滕贝格事件之后，敌人悬赏两万马克索取他的脑袋，他不得不同塔尔海默同志一起东躲西藏地过着地下斗争的危险生活。照我看来，这也是一种"革命战壕"。我只提这一点，不再往下细说了。我确信，只要同三月发动结合起来看，我们就能正确评价莱维的行为。我始终赞成的只是他对三月发动所持的原则性政治立场。在有成千上万工人参加的一些集会上，我也是这样说的。我总是申明，并非赞成莱维小册子中的每一句话，也并非同意小册子中的所有意见。如果你们问我心里是怎么想的，我可以告诉各位，我本人决不会写这样的小册子，如果要写，也是写成另一种样子。不过，当时确实需要对党的活动进行严肃的批评。为什么呢？因为中央委员会声称将继续执行原来的政策。这是一个关键。同志们！在没有决定是否要把三月发动同执行委员会的报告结合起来讨论之前，我不想在这里进一步谈这个问题了，因为只有弄清三月发动的来龙去脉，才能评论莱维事件。为了答复拉狄克同志提出的问题，我只想谈一点：照我看来，不应当指责执行委员会的决议助长了盲动行为。但是有一点毕竟是肯定无疑的：在讨论三月发动时我们必将证明，对于三月发动之所以如此发生，以及对于错误的政治提法导致了错误的决定，执行委员会的驻外代表是负有大部分责任的。没有人比拉狄克同志更清楚这一点了。

（拉狄克从座位上说："为什么？当时我不在德国啊！"）

几天以前，您当着证人的面说，您一了解全部情况立即对执行委员会驻外代表说，执行委员会的决定（我不想使用非议会用语）至少是不明智的。照我看来，只有我们这些反对派的代表才有资格对莱维的行为表示不满。要知道，我们批评三月发动，不是反对进行这场斗争，而是反对错误的斗争方法，反对中央委员会对它的错误领导。可是有人不去讨论中央委员会的政策，却在莱维问题上无休止地争吵。照我看来，中央委员会应当为莱维同志树碑立传以示感谢。（笑声）要知道莱维成了替罪羊，成了失望的无产者因三月发动进展不利、领导不力而发泄怒气的替罪羊。

（黑克尔特："毫无价值的论据！"）

等讨论三月发动的时候，我们还会拿出其他论据的。现在我不想多谈这个问题了，因为现在还没有决定我们是否马上讨论三月发动，或者把它同策略问题联系起来讨论。

（主席："同策略问题联系起来讨论。"）

我还想提一提马尔科维奇同志的一个非常正确的说法。他说，如果莱维因批评三月发动和已经造成的错误而受到严厉惩罚，那么造成这些错误的人应当受什么样的惩罚呢？盲动主义错误在于中央委员会，不在于斗争的群众参加了这次发动。不，同志们！正如哥尔特同志正确指出的，盲动主义存在于中央委员们的头脑里，他们率领群众进行盲动主义的斗争，发出互相矛盾的命令，结果把事情弄得一团糟。

我丝毫不反对代表大会就莱维事件立即通过一个决议。但是，我已经说过，只有搞清全部事实真相之后，才能这样做，因为莱维同志是根据信念行动的。他可以引述俄国同志当年因违反纪律所做的辩解那样，来为自己违反纪律的行为辩解。莱维是根据真诚的信念行动的，他想拯救党，想为无产阶级效劳。

（拉狄克喊道："他在为检查官效劳！"）

拉狄克同志，这是很无聊的说法。因为给检查官提供材料的不是莱维的小册子，而是《红旗报》上登载的各种各样的宣言和文章。（喧哗声）莱维所起的作用是次要的。我想，提出这样的指控很不明智，正是这样的指控清楚地表明领导人完全不可靠，或者部分不可靠。

（喊声："对!"）

（拉狄克："那么，莱维所说的革命进攻呢"？）

拉狄克同志，在我们讨论整个问题的时候，我会谈进攻或退却问题的。您是从整个小册子中断章取义，用不假思索、随手拈来的老药方治病。我可以从任何著作中随便挑出 20 行字，然后把作者判定送上断头台。我以后会解释我是怎样理解退却和进攻问题的。

（黑克尔特发出一阵感叹声）

黑克尔特同志，不管您是否愿意，我都要这样做。迄今为止，您还不能主导我的政治灵魂。

同志们！在莱维事件上，应当考虑实际的政治形势，然后考虑他那本小册子的基调和它给人留下的印象。拉狄克同志竭力抹杀小册子给人留下的印象，硬说它为检查官提供了材料。可是，《红旗报》为检查官提供的材料要多得多呢，它提供了制造谣言的根据，使人有可能说三月发动是由国外导演的，因为《红旗报》登载的宣言和文章根本不是我们德国的文风，敌人一看就知道不是德国人写的。

但是，同志们，尤其令人痛心的是，莱维的小册子使许多工人蒙受了精神上的痛苦，使他们不能实事求是地对待中央委员会的立场和言行。我完全理解像回声一样爆发出来的工人们的愤怒和激情，但是我也要说，敌人竭力利用莱维的小册子来达到自己的目的，而共产党人却无力加以反驳，对于这样的有觉悟的共产党人，我感到惋惜。如果我们担心敌人会根据我们书面或口头的声明对我们评头品足，那么我们在任何时候都不能写一行字，也不能说一句话了，因为敌人总是要歪曲我们，在鸡蛋里挑骨头。我完全相信，如果莱维不站出来批评，大家就不会这样快地对三月发动进行理论分析和实际分析，共产党和无产阶级就有重犯同样错误的危险。同志们！我之所以要在这个问题上采取如此不调和的态度，原因在于我过去和现在一直都认为，德国无产阶级在当时情况下必须无条件地采取最有力、最激烈的行动。使我感到痛心的不是工人在错误的口号和错误的领导之下进行了自己的斗争，不是的，使我感到痛心的主要是共产党在迫切要求采取有力行动的时候表现得太软弱。（抗议声）我现在要求代表大会从理论和策略上全面评论三月发动，因为我确信：我们的评论必然会导致一个结果——准备进行更坚决的新的战斗，而不管这种战斗的结局如何。失败也可能是一种成果，只要无产阶级群众是在同优势敌人的战斗中失败的，只要无产阶级在失败之后能够高傲地说："我们虽然丢掉了一切，但保持了荣誉，我们进行了革命的战斗，但是遭到了革命的失败。"（长时间的喊声和掌声，表示赞同）

主席：

宣布休会。到晚上 7 时再讨论意大利问题。

（会议于下午 3 时 40 分休会）

第七次会议

（1921 年 6 月 27 日晚 8 时 30 分）

继续讨论执行委员会的报告

弗里斯兰特（德国统一共产党）：

由于执行委员会的报告涉及德国问题，所以德国反对派的代表们在今天的大会上（有的在昨天的大会上）就这个报告发了言，但是他们非常巧妙地回避了争论问题的实质和关键。蔡特金同志在长篇发言中慷慨陈词，为自己对党的态度以及自己在党内的行径寻找根据，然而，她这种激昂的调门并不能改变我们这样一种看法。蔡特金的记忆，她的政治上的记忆，较之她那慷慨激昂的言辞是略逊一筹的。她在这里就一系列政治问题所作的发言，其性质已经不同于我们德国所发生的情况。至于马尔察恩那样一些反对派代表堕落到什么程度，就不去提了，因为马尔察恩本来可以借助统计资料来证明自己朋友的政策是否正确。我十分清楚，马尔察恩周围的同志们有足够的时间在德国进行统计工作。我也清楚地知道，他们利用了这个机会坐汽车跑遍柏林的大小工厂，但不是为了鼓舞工人，不是为了号召工人进行斗争，他们唯一的目的是给工人泼冷水，通知工人某某地方并没有发生罢工，从而阻止工人参加斗争。（喊声："听听吧！听听吧！"）显然，莫斯科的气氛使马尔察恩同志的态度有所收敛。现在，他已经改口说有 20 万人参加了罢工，但是在德国实际上要少于这个数目。还应当指出，他对三月事件的评价也略有变化，已经不说它罪大恶极，不说它是一次大规模盲动了——照他现在的说法，三月发动是共产党大胆强加于人的一场斗争。必须指出，在讨论执行委员会的报告时，是可以涉及这个问题的，因为季诺维也夫同志在报告中提到了这个问题。从德国的观点出发，这个问题的关键是：共产党在这场斗争之前的发展情况如何？这场斗争的意义何在？应当说，不管这次发动犯了什么样的错误，错误都是极其严重的。我们决不是闭眼不看自己错误的人。我们要同参加斗争的同志一起谈论我们的错误，而不是同抵制无产阶级斗争、不断反对我们的行动的人去谈论这些错误。我们只是同和我们一起进行斗争的人讨论我们的错误，而不是同其他什么人讨论我们的错误。（全场活跃表示赞同）

毋庸置辩，无论是在德国，还是其他什么国家，任何一个共产党在进行这样的斗争时，都不会不犯任何错误。既然提到错误，首先就要谈我们的主要错误在哪里。这个主要错误是以蔡特金等同志为首的前中央委员会造成的。前中央委员会甩手不干了，因为它不喜欢拉科西同志，怀疑拉科西同志是因德国党的领导缺乏革命性而奉派来分裂党的。不过令人怀疑的是，在前中央委员会垮台之前，党的领导已经不能保证党具有战斗力了。有时甚至蔡特金同志也意识到这一点，并强调指出，德国党受到了她的朋友们的消极情绪和无所作为的严重威胁。我清楚地记得蔡特金同志说过这样的话。

同志们！德国党的关键问题是什么呢？是自从共产国际第二次代表大会以来，它就有计划、有组织地反对共产国际执行委员会。不言而喻，德国党反对的不是那位对我们来说似乎很显赫的、仪表堂堂的、"满头卷发的季诺维也夫"。德国党反对执行委员会的矛头，实质上是指向俄国革命和整个共产国际的政治方法和原则。凡是注意德国党内事态发展的人都知道，莱维从莫斯科一回来，就有计划地破坏共产国际及其执行委员会在德国党心目中的威信。而且在任何问题上都会使人感到有一股势力想在共产国际中增强西欧的影响，以对抗"亚细亚式的布尔什维克"的影响。请大家注意反对派是如何对待共产主义工人党问题的。我直截了当地提一个问题：反对派同志今天是否认为前德国党中央委员会对待共产主义工人党的态度是一个政治行动，或者只是一种过分敏感的歇斯底里大发作？我们非常乐于听到你们就这些争论问题发表的意见。最后，同志们是否认为，莱维和多伊米希对这个问题的态度证明他们想把事情弄到同共产国际发生冲突的程度？令人惊奇的是，马尔科维奇同志早在三月发动期间就自以为非常了解情况而向他的中央委员会报告了德国的形势，并让中央委员会作出决定。我想维也纳的中央委员会也可能同莱维博士有勾搭，这大概不会错。不管怎么说，大家都还记得，莱维曾斩钉截铁地表白他同共产国际有联系，真是天晓得。我们可以肯定，从共产国际第二次代表大会开幕之日起，在德国和共产国际内部就有人策划幕后活动。既然如此，莱维还说什么他觉察到了形形色色的派别倾轧，觉察到了德国党和其他党内的"土耳其斯坦式"的秘密勾结，这对于熟悉莱维这位活动家的政治手法的人来说，只能是一种笑料而已。可以肯定，在我们党的工作进程中，不断有人热衷于玩弄这种手法。我们说，德国工人、德国革命的无产阶级有高度的识别力，他们能一针见血地看出这种手法的政治用意及其斗争目的。如果说，有些领袖在德国的斗争刚出现高潮时回避了斗争，没有为革命任务发动无产阶级进行斗争，那么，对于这样的领袖，德国工人是会根据他们的所作所为作出评价的。

同志们！我要结束发言了。遗憾的是，10 分钟时间不够把所要讲的话都讲完。请大家不要放弃专门讨论三月发动的机会，不要放弃专门讨论德国党在三月发动期间所犯错误的机会。请那些愿意就这一问题发表意见的有理论修养的共产党人在发言时要谨慎周密一些，因为你们会了解到，你们所要指责的那些人已经比你们更狠地指责了这些错误，而且看来，他们不是同莱维站在一起，而是同战斗的工人群众站在一起进行这种指责的。请大家不要回避目前的公开讨论。再强调一下，尽管我们非常尊重蔡特金同志，但是我们认为蔡特金等同志的一切论断恰恰是在回避问题。

蔡特金同志在这里声称她从来没有支持过莱维。希望蔡特金同志不会站出来反驳我。我清楚地记得，蔡特金同志支持过莱维。请大家注意《红旗报》上有一篇报道说，蔡特金同志在一次邦的会议之后表示：如果她不支持莱维，就是卑鄙的胆小鬼。先不谈三月发动期间的错误，试问同志们是不是至今还容忍莱维的无耻污蔑，例如诽谤土耳其斯坦人，胡说什么执行委员会的代表躲在幕后策划各式各样的恐怖活动，胡说什么他们让俄国出钱拼凑种种派别来搞垮德国党？（场内活跃，表示赞同）难道在我们的同志中真有这样一些人，他们根据拉科西同志在中央委员会和区代表联席会议上可能脱口而出的话，就确信执行委员会不同意建立群众性的共产党？记得这种疑问一出现，联席会议就一致表示，如果这个观点能站得住脚，那我们德国党也会赞成。后来有人说，我党可能存在着发展过头的倾向。这种倾向确实可能在什么地方出现过。但是把党变为宗派的倾向却从来没有过。我们希望经过这次代表大会的辩论，最后能在这个问题上明确态度，使我们在德国不再碰到过去的那样困难。

有一位俄国党的代表遭到警察的追捕，后来他被多伊米希和迪韦尔同志在反对派公布的材料中卑鄙地出卖了。这位俄国党的代表在中央委员会里正式质问道："请你们说，我到底参加了什么活动？"可是没有人答复。我们声明，我们再也不想亲眼看到这种把戏了，再也不愿看到有人悄悄干出这样的勾当来。我们期待同志们最后能发表意见。我们希望带着明确的答复回去，而不想听别人说什么莱维是个聪明人，他明白三月发动的错误之所在。我们希望这些同志以及代表大会能作出明确而公开的解释。

我们坚持，凡是支持莱维并劝他不要在代表大会作出决定之前就放弃议员资格的人，凡是从背后攻击党、不断损害中央委员会的政治和道义威望的人，都不得留在共产国际的队伍中，除非他们保证不再这样干。蔡特金同志声称她会写出另外一种小册子来，这是非常可能的。然而，八位反对派同志对于印发莱维的小册子是不能推托他们的过失的。完全可以肯定，这本小册子的校样是预先经过仔细通读和校改的。（喊声："听听吧！听听吧！"）这是德国政治运动中的一个关键问题，不只是蔡特金同志所说的纪律问题。执行委员会的整个工作是为了建立一个群众性的革命党，这是德国政治活动中的一个最重要的问题。在前统一社会党的群众参加第三国际之后，因循守旧的惯例就结束了。所以我要说，开除莱维是所有党内同志极其赞同的一件事。德国工人还从来没有经历过这样的事。谢德曼、艾伯特和诺斯克这样一些领袖都背叛过德国工人，但是从来没有一个德国工人出来反对他们。现在第一次出现了一个坚持维护纪律、迫使领袖与群众步调一致的共产国际。我们根据整个组织工作和政治工作可以知道，在这个问题上，所有工人群众团结得像一个人那样站在党的一边。这不是偶然的，只要指出这样一个事实就够了：蔡特金同志在工人群众中的威信比莱维高得多，甚至连蔡特金这样的同志都不能让同她交谊很深的人接受他的观点。这证明，革命的无产阶级在关键时刻能很好地理解党和共产国际的利益，有时比最负责的优秀领袖理解得更透彻。（热烈鼓掌表示赞同）

主席洛里欧：

在同志们继续发言之前，代表大会必须重新明确规定发言的时间。如果每个发言人都要延长时间，那就干脆把发言时间都加以延长。

拉狄克：

　　我建议维持发言 10 分钟的规定。有人提到蔡特金同志的发言持续了 1 小时 15 分钟。如果登记发言者认为有必要延长发言时间，我们是可以满足这项要求的。关于延长发言时间的问题，可以个别处理。（全场表示赞同）

主席洛里欧：

　　由于登记发言的人还有 14 位，我建议代表大会停止继续登记。

德拉格朗热：

　　由于登记的发言人还有 14 位，我建议任何人发言都不得超过 10 分钟。

苏瓦林：

　　发言时间限制为 10 分钟的规定，应适用于所有人。

主席洛里欧：

　　赞成停止继续登记而仅限于已登记的 14 位发言人的，请举手。

　　（进行表决）

主席洛里欧：

　　现在停止登记，发言时间仍旧限制为 10 分钟。现在轮到贾瓦德–萨迪同志（波斯）发言，由于他缺席，所以请奥弗斯特拉滕同志（比利时）发言。

奥弗斯特拉滕（比利时共产党）：

　　同志们！我不得不对比利时社会党左翼代表雅克莫特同志的声明作

一些修正。雅克莫特同志提到建立共产国际比利时支部过程中碰到的一些障碍，尤其是他指出比利时是第二国际以往的代表人物的大本营。但是，第二国际的王德威尔得或胡斯曼以及其他任何代表人物本身，并非是严重的障碍，其实他们只是整个改良主义体系上的一个光环。这种改良主义体系在比利时发展得比任何地方都厉害。在比利时，工人党把政治组织、工会组织和合作社组织同自己联成一体，这种高度的集中化产生了兴旺得出奇的官僚机构，它压制工人组织中迸发出来的强烈斗志。在缔结停战协定之后，我们立即理解到，政治组织如果得不到工会的支持，就无法存在下去。我们马上告知那些态度不太明朗的同志："不能局限于专门批评政党组织的政治原则，还要在工会中进行宣传鼓动工作。"少数派拥护者当时答复我们说："这种观点根本不合逻辑，因为抛弃了政治组织，也就等于抛弃了工会组织。"我们回答说："不！尽管党可能有这样的危险，但是我们恰恰希望在工人活动频繁的组织即工会中进行宣传鼓动工作。"尽管如此，我们确实遇到了许多障碍。今天上午，雅克莫特还认为必须维护比利时共产主义集团（去年成了一个小小的共产党）最初坚持的一些观点，而这个集团一直是反对第三国际的一些纲领，特别是有关议会活动的纲领的。去年，我曾经维护过博尔迪加同志提出的纲领。我从代表大会回国之后，我们那里还在竭力坚持反议会主义的观点。但是代表大会曾决定，党必须服从执行委员会制定的纪律。

另一方面，雅克莫特认为必须强调，党自己坚持不愿发展成为群众性的政党。当然，不能掩盖这样一个情况：在比利时工人运动有了痛苦的经验之后，作为一种反应，小小的比利时共产主义集团在这方面就表现得很不坚决。但是我们认为，用不着担心被一小撮摇摆不定、不够坚决的动摇分子吞掉，我们应当不失时机地竭力同组织在工会里的工人群众密切接触。因而在最近一年，党集中全力在工会里进行了宣传鼓动工作。

雅克莫特闭口不谈一个十分重要的情况，即党内少数派迄今为止的活动和态度总是同第三国际的所有原则相抵触。当然，少数派是赞成搞议会活动的，但是我们在最近的市政选举中看到少数派如何维护议会活动以后才明白，它维护的不是革命的议会活动，而是改良主义的议会活动。当时少数派的最漂亮手法之一，就是援引列宁《左派幼稚病》①一书中的某些段落和季诺维也夫同志演说中的某些片断。再说一遍，少数派所维护的议会活动不是革命的而是机会主义的议会活动，是通过彻底的改良主义途径逐步达到其目的的机会主义议会活动。

少数派的不坚定性和中派机会主义倾向在这一年里有各种各样的表现，我们可以举出许许多多的例子来。虽然如此，少数派在其最近的一次代表大会上还是接受了第三国际的纲领。我们决不是不想同少数派统一，我们只是怀疑统一的可能性。虽然在比利时也存在着建立群众性革命政党的条件，但我们还是应当竭力创造我国非常需要的主观条件。的确，我国工业无产阶级具有革命精神，他们已在各个时期有力地证明了这一点。但是，除了这种革命精神之外，还应当使他们具有坚定明确的政治信仰，这是我们必须坚决承担起来的压倒一切的任务。在我们比利时，在往日的生活中，既无马克思主义，也无革命工团主义。如果不算王德威尔得的马克思主义的话，我国也不曾有过马克思主义传统。主要是我们不曾有过革命的工团主义，所以，在这个不得不经历的准备时期，我们不得不尽力地确立明确的立场，即确立主观因素——建立我们急需的有觉悟的工人支部。雅克莫特今天上午呼吁法国同志给予帮助。但是，老实说，在对群众进行革命教育方面，法国同志现在能给予的帮

---

① 列宁《共产主义运动中的"左派"幼稚病》，见《列宁全集》中文第2版第39卷。——编者注

助也许是微乎其微的。我们的法国同志一致表示，他们的全部力量都要用于自身的事务，而且他们的力量还不足以完成托洛茨基同志不久前要求他们完成的任务。大家只要看《人道报》，就会相信法国同志的力量现在也很有限。

最近两年，《人道报》在比利时拥有的读者特别多，当然它比《人民报》① 更受我们欢迎。但是，每当我们不得不把《人道报》发给工人的时候，心中就感到一阵痛苦，因为我们明明知道《人道报》不是一张革命的报纸。虽然观点不同，我们还是常读《工人生活报》②，因为它毕竟有比较明确的革命方针。我们的法国同志是能够给予我们很大帮助的，只要他们全力办好一张革命的机关报，让我们在群众中散发，而不必担心经常在法国报纸上读到的那种伪造的新闻。

当然，我不能占用代表大会的时间来谈统一问题。必须着重指出，我们并不是坚决反对统一的人。但是我们深信，比利时将成为一个残酷斗争的舞台，我们必须全力以赴地反对共产党内积重难返的改良主义倾向，反对从一开始就有所表现的严重的不坚定性。我们赞成富有革命精神的意大利工人在不久的将来能转而采取政治行动。必须强调，我们现在掌握着良机，因而要最充分地加以利用。

克南（德国统一共产党）：

同志们！讨论蔡特金同志冗长发言中不厌其烦涉及的问题，绝不能得出结论说：问题的实质在于某些领袖犯了错误或误入歧途。不！这个集团的行径对一个年轻的群众性共产党来说是一次真正的实难。本次代表大会应把这些领袖造成的悲剧性的实难弄个水落石出。在卡普暴动之

---

① 《人民报》（*Peuple*）是比利时工人党的中央机关报。——译者注
② 《工人生活报》（*Vie Ouvrière*）是法国革命工团主义者的机关报。——译者注

后，工人们懂得需要有一个统一团结的政党，于是德国的共产主义运动特别高涨起来。工人们过去曾经流血斗争，结果一无所获而被打垮，原因就在于他们缺乏统一的领导。然而，他们立志斗争下去，并着手建立统一的政党。经过斗争，工人们改弦更张，抛弃了以前领导过他们的领袖。抛弃了克里斯平，抛弃了屡次同他们共同斗争的老累德堡，抛弃了路易莎·齐茨等人，而去寻求新的领袖。他们同原先的领袖分道扬镳，希望能找到新的更称职的领袖。结果，他们在统一共产党内、在新的中央委员会中找到了这样的新领袖。这个新的中央委员会是他们引以为荣的，因为其中有一些无产阶级在斗争中所熟悉的、具有国际声望的著名人物。这个中央委员会深受真正愿意战斗的工人们的信任。在 200 万参加了政治组织的真正工人中间，约有 50 万是成熟了的工人，他们个个决心为德国革命的利益不惜牺牲一切，他们在许多场合——在冲突、政治运动和罢工中，都证明自己不愧是真正的战士。困扰他们的唯一问题是：如何进行斗争？于是他们向那些新领袖去求教，希望新领袖切实解决他们当时在德国碰到的这个唯一的大难题。要知道，这些在德国有一定声望的领袖的背后，还有俄国的领导机关——世界革命的总参谋部为之撑腰。经过真正斗争考验的无产者发自内心的这种无限信任，却受到了五位领袖及其八九位追随者的无耻玷污和践踏。（全场活跃表示赞同）所以说他们践踏了这种信任，不仅仅是因为莱维及其追随者竭力怂恿中央委员会不信任共产国际，而且因为他们以退党和随后的一些行径来打击党。这个党若不是真正由战士组成的党，就未必能从这次打击中复苏过来。（全场活跃表示赞同）我们大家都寄厚望于这些领袖，为有这些领袖感到自豪。我们非常爱护他们，所以避免过早发表反对意见。正是在发生退党事件的那次中央委员会的会议上，出现了反对所谓左派的斗争。大家承认这些同志在下列四个极其重要的问题上的观点完全正确：关于组织问题，关于工会问题，关于德国共产主义工人党问题，关于同苏俄结盟的问题。他们的立场受到了称赞。最后冒出了一个意大利问题，他们在这个问题上第一次处于少数地位。奢谈良心、责任感、革命精神和其他美德的这些领袖认为，虽然党在其他问题上总是承认他们正确，但是意大利问题却是关系到（他们个人以为）他们个人良心的问题。于是他们——这些领袖置群众和党于不顾地挂冠而去。不仅如此，他们还攻击年轻的意大利党、年轻的德国统一共产党和共产国际执行委员会。这就是他们所干的一切，这就是他们的良心容许他们干的一切。挂冠而去——然后奢谈什么良心！（全场活跃表示赞同）

还不仅如此。在原先的领袖退出之后，工人群众里难免发生一阵骚乱。于是，新领袖用了几个星期的时间竭力号召全党更积极地进行工作，更充分地做好战斗准备。方针上的这种转变，当然需要一些时间。但是，前中央委员会错过了转变方针的时机，而新的中央委员会还没有结束全部准备工作时，赫尔青突然跳出来进行挑衅，迫使处于准备状态的新的中央委员会仓促投入激烈的斗争。于是，就发生了有良心、有责任感的人大谈特谈的那些错误。实际上，错误应当归咎于没有做任何进攻准备的人。（全场活跃表示赞同）新的中央委员会表明它是想做一些工作的，但是如果有人妨碍它进行准备工作，那就不能怪它了。转变立场并不是一件容易的事，但是新的中央委员会毕竟做了尝试。当时置党于不顾、而现在却又夸夸其谈党的错误的人，是很不光彩的。

党勇敢地投入了战斗，而这五位同志却打击党，彻底抛弃了党。我只能提醒大家注意一下多伊米希、弥勒、沃尔弗、安娜·盖尔、西韦尔斯、迪韦尔的所作所为，以及《红旗报》编辑部的丑闻和一些支部的争吵。到处都是这伙人的观点造成的障碍。他们的所作所为使错误变得不可避免，而现在他们却来对这些错误说三道四。虽然这伙人犯了这些错误，虽然在扩大的中央委员会会议上这伙人只得了4票，但他们还是敢于再次从背后打击党和共产国际。莱维的小册子是经过他们同意才印发的。而且，他们是在党正在流血、正在同骇人听闻的迫害拼命斗争的时候，随身带着莱维的小册子出现的。党还没有从钻心的创伤中复苏过来，他们又继续以各种各样公开的发言和反党声明撕裂党的躯体。他们这样做怎能对得起自己的良心和世界革命！这种以良心为借口的手法真令人吃惊。

但是，在干了这一切之后，这伙人并没有停止捏造事实。虽然他们有自己的《苏维埃》①，虽然他们在国内大力进行鼓吹，但是他们在任何地方也不能比较牢固地站住脚，拥护他们的只是微不足道的少数，没有一个地区承认他们的地位。甚至莱维所在的法兰克福地区，都以 2/3 的多数票支持中央委员会。可见，这伙人在党内是得不到任何支持的。从他们退出中央委员会的第一天起，拥护他们的人数就急剧减少，他们的影响和地位就直线下降。尽管如此，他们还是继续反党。真不明白，他们这样捉弄党，还谈得上什么良心和对无产阶级的责任感。这不是孤立的事件，不是个别同志的偶然失误，而是刚刚建立起来的群众性政党的一次实难。这个党同蔡特金、多伊米希和莱维这样的民众代言人较量了三个月，这个党经历了三月发动的战斗，那么试问：它要拥有多大的力量才能经受住这一切，并从自己队伍中选拔出越来越多的新生力量呵？（全场活跃表示赞同）经受了这一切，而且不久前又遭到了无数牺牲的党，证明自己现在又继续前进了。我们要用自己掌握的关于三月事件报告中的数字来证明这一点。

这里有一个问题：他们现在能用什么理由来为自己对党和共产国际采取的恶劣行径进行辩解呢？克拉拉·蔡特金是怎么说的呢？她说，她退出中央委员会，是由于共产主义精神没有充分深入到意大利群众中去。她指出，革命群众最终会抛弃自己的领袖，只要等着瞧就可以了。

---

① 《苏维埃》（*Sowiet*）是保尔·莱维主编的月刊，在柏林出版。——译者注

凡是革命运动热火朝天开展起来的地方，很显然，例如在德国，群众确实抛弃了自己的领袖，不过，这是党遭受了严重打击以后才发生的。蔡特金同志是否想让年轻的意大利党也步德国党的后尘，就是说，意大利党也应该先经受所有这些打击，然后再去清算自己的领袖？不，比较正确的做法是避免发生这种情况。执行委员会说，要把领袖同群众区别开来，这是完全正确的。有一种论调，说什么警察总局的共产党机关应当利用自己的组织为阶级斗争服务，那当然是一种幻想，代表大会根本没有必要去谈论它。（全场表示赞同）

另一个理由（它也是我们今天要讨论的最重要的问题）是：塞拉蒂曾对蔡特金同志作过一些许诺，因而蔡特金说德国党中央委员会不能另作决定，否则塞拉蒂将有借口拒绝履行自己的诺言。同志们，这就令人不解蔡特金同志究竟应当相信谁，是相信德国党，还是相信塞拉蒂。非常令人奇怪的是，她今天声称这是促使她退出中央委员会的主要理由之一。我们总是怀疑，同塞拉蒂的谈话对蔡特金起了如下的影响：诺言本来不该违背，既然违背了，蔡特金同志就退出了中央委员会。但是，难道诺言比中央委员会的决议更重要？这是责任感不强的一种表现。

拉科西似乎也说了些什么。首先，我敢断言，关于他的谈话的报道是不符合事实的。我在执行委员会的会议上已经澄清了这一点。如果连他的这些谈话也可以被同志们利用，那么我们就要说，只是把一个被派往意大利的负有专门使命的代表的意见作为退出中央委员会的理由，那就太站不住脚了。除了那些心里有鬼的人会相信外，任何一位严肃的共产国际的同志都不会相信这种借口。所以说，蔡特金同志的解释只能是一种事后找到的借口。她以为我们没有掌握任何实际材料，其实，这种材料中央委员会有的是。首先，我们有莱维的报告，不过，他为我们提供的实际材料很少。其次，紧接着莱维的文章之后，博尔迪加同志发表文章说，莱维的立场危害很大。当时我们寻思，这里也许有某种误解。

后来，我们又收到贝切尔的报告。（我们在里窝那还有一位代表，他很靠拢我们，并同共产主义群众保持密切联系。）贝切尔提供的情况与莱维的迥然不同。最后是塞拉蒂。当然，同塞拉蒂的谈话不能算作材料——我也同他谈过整整一小时，他一开口就令人感到他要以克里斯平和迪特曼的精神发表意见。在火车站进行初步交谈之后，一切都清楚了。已经披露出来的事实使我们怀疑，莱维没有对我们讲真话。再后面是拉科西，实际上他给我们提供了许多其他消息。我很乐意把这些消息告诉还不知道的同志们。这许多消息给我们留下了深刻的印象。当然，对于另有所好、另有打算的人，这些消息不会起什么作用。相信塞拉蒂的人是不会相信拉科西的。最后，在我们通过了执行委员会代表提出的决议案以后，莱维又到党务工作者会议上去发言，他不是作为一个普通党员，而是作为党的代表发言的。这就成了后来发生争执的导火线。虽然有了新材料，莱维还是按照自己第一次发言的精神反对决议案。这是对执行委员会发动的一次攻击，于是展开了辩论。中央委员会多数赞成决议案，少数却说："现在一切正在澄清之中。"面对年轻的意大利党，我们必须立即纠正莱维的所作所为造成的一切危害。这是我们的职责。所以，我们又提出了措辞更明确的、有利于年轻的意大利党的决议案。如果蔡特金同志和莱维觉得没有必要帮助这个年轻的党去同机会主义、法西斯主义以及政府进行激烈的斗争，那就说明他们还不理解什么是国际共产主义的团结——而我认为，这是最为重要的。

最后，同志们！蔡特金说她从来不违背自己的信念，她不能昧着良心去为某个行为辩解。这种话我们已经听够了。我们应当在共产国际中说清楚这一点。不言而喻，如果是为了党的利益，我们也可以违背我们的信念。（喊声："对呀！"）在一定的情况下，同良心发生的冲突只能这样解决：或者是一切为了党，或者是同党分手了事。这是解决问题的唯一办法。共产国际不容许在党内玩弄辞藻。所有的党都应该清楚地了解这一点。如果有人在党内玩弄起辞藻来，那就说明他们身上产生了一种腐败的东西，必须加以清除。（喊声："对呀！"）

我还要向共产国际提一个忠告。这是老生常谈了，即必须对自己的领袖进行监督。奉劝各位，切莫让领袖变得高傲自大，切莫过分地抬高他们。一旦领袖骄傲起来，他们就会把党看作是自己手中的玩物，他们会把自己置于党的利益之上。对于一个党来说，出现这样的事是灾难性的。这就是我们在这次争吵中得到的教训。这已经成了国际惯例。当然，领袖是我们所需要的……我们眼看德国垮掉了这么多的领袖，但是党照常发展下去了。我们不知道什么叫伤感主义，我们什么都不在乎，只要有一条明确的、勇往直前的行动路线就行了。这就是我们要向所有的党介绍的东西，以免它们同样遭受自己领袖的沉重打击。我提请捷克斯洛伐克党和法国党，要从德国党的遭遇中吸取教训，领袖首先要始终如一地贯彻党的基本原则，遵守党的纪律。党纪高于一切！这是我们应该从德国党那里吸取的教训。一旦党纪需要，就应当唾弃什么良心，什么责任感！（全场活跃表示赞同）

贾瓦德-萨迪（波斯共产党）：

书面发言如下：

"我受近东地区同志们的委托，就共产国际执行委员会的报告强调指出，我们完全赞成季诺维也夫同志的发言。他说，我们在东方广泛开展了宣传鼓动工作和政治工作，但是组织工作做得很少，甚至完全没有做。这是实际情况。目前，整个东方正在进行大规模的宣传鼓动工作，以说明共产党和共产国际的作用。但是，除了这种广泛的宣传鼓动工作之外，没有一个组织能够把一切同情共产国际的分子团结起来，以便开展世界革命运动。共产国际第二次代表大会详细地研究过民族问题，并且非常正确地指出，所有东方国家的民族运动都应当得到最坚决的支持。不过，在这方面，东方各国民族主义者之间的联系，以及他们同共产国际的联系，都是极其薄弱的。因此，很显然，整个民族主义运动，本来可以直接用来反对世界帝国主义，而目前共产主义组织的情况却不能用来为共产国际的利益服务。"

接着，贾瓦德-萨迪同志指出：在东方，人们十分同情共产主义，共产主义的影响很大，以致在许多还没有强大的共产党的国家里，共产主义运动内部已出现危机。这似乎有些奇怪，然而却是事实。例如，土耳其就有三个共产党。波斯也有几个共产党。朝鲜也是这样。这是因为在东方，在土耳其或波斯，随便哪个帕沙①只要心血来潮，就可以拼凑一个共产党，利用共产主义扩张自己的势力。帕沙为此可以立即自封为党中央委员会的主席，共产党就这样拼凑成了。例如在土耳其的安卡拉，有些共产党就是这样拼凑成的。在波斯，也是这样拼凑了两个共产党，虽然它们的影响很小。之所以发生这样的事，是因为共产国际执行委员会和共产党之间联系不够密切，没有一个领导机关出来阻止建立这种昙花一现的大有问题的共产党。

贾瓦德-萨迪同志最后说："我们还是希望，共产党人在东方积聚起来的革命力量，共产党人在群众中的影响，会促使未来的共产国际执行委员会特别关注他们，帮助他们，以满足殷切盼望着共产国际执行委员会的东方各国人民的夙愿和希望。"

特拉奇尼（意大利共产党）：

共产国际第二次代表大会曾经通过了改组共产党的条件。第二次代表大会决定，所有共产党必须根据加入共产国际的二十一条，在三个月

---

① 帕沙，旧土耳其、埃及等伊斯兰教国家的高级军政长官，如省长、总督等的称号。——编者注

之内进行改组。

意大利的社会党在二十一条公布之前就加入了第三国际。这个党希望仍旧留在第三国际内。但是要想达到这个目的，必须进行改组。马尔科维奇和蔡特金两位同志今天上午在这里提出的问题，可以用一句话来表达：虽然意大利也应当接受二十一条，但是稍微等待一个时期就更好了。然而，马尔科维奇同志又提了一个截然不同的意见。他说，在意大利，在塞拉蒂、统一派和机会主义派窃据意大利社会党内的地位之前就必须实行分裂。马尔科维奇同志还说，他早就预见到了塞拉蒂在里窝那代表大会和第三国际第三次代表大会之前所做的一切。所以，马尔科维奇认为，必须从党内清洗出去的不仅有改良主义分子，而且还有机会主义分子，因为他早就预见到了后者的所作所为。

马尔科维奇同志说，分裂的准备工作还没有完成，蔡特金同志也断言，意大利同志和共产国际执行委员会的同志的准备工作做得不够。我不知道怎样使这两种意见协调起来。而且这两种意见是由一贯反对在意大利实行分裂、反对对意大利所实行的策略的同志提出来的。

既然蔡特金同志说意大利社会党实行分裂的准备工作做得不够，那么我倒要问一下：还需要做些什么才能实现这种分裂？执行委员会已经给社会党和塞拉蒂本人发了信。季诺维也夫同志也发了告意大利无产阶级书和告意大利社会党人书。执行委员会不可能更直接地干预意大利社会党的事务了。它只能完全指望意大利共产主义派，只能把开除改良主义分子出党的准备工作全部交给意大利共产主义派了。

请问马尔科维奇同志，怎么才能在里窝那代表大会之前，在2月份之前实行意大利社会党的分裂？我们不可能更早地实行分裂，因为第三国际第二次代表大会去年7月才举行，要几个月之后，意大利才能获悉代表大会的决议。直到10月份，意大利社会党和其他各国社会党才知道加入共产国际的二十一个条件。

可见，我们不可能早于 10 月驱逐改良主义分子。要知道，不经过扎实的准备，就不能实行分裂。分裂的准备工作是完全必要的，意大利共产主义派完成了这个准备。准备工作持续了很长一段时间。如果马尔科维奇同志也读《前进报》、《新秩序报》和所有的意大利周刊，那他就会相信，从 1920 年 10 月到里窝那代表大会召开前的三个月之内，没有一期报刊、没有一期意大利社会党机关报不刊载讨论加入共产国际的二十一个条件的文章。意大利群众是有可能了解共产主义派、统一派和改良主义派的各自观点的。

当我们抵达里窝那时，可以说，大家已经事先知道意大利社会党会做出什么决定。因为党内各种派别已经完全形成，其中也包括共产主义派。共产主义派有自己的大小组织，有自己的专刊。我们不能说意大利没有做驱逐改良主义分子的准备工作。不过有一个现象几乎使所有这里的与会代表都感到疑惑不解：无论是在共产国际执行委员会的会议上，还是在这里的代表大会上，我们经常提到意大利的**分裂问题**，提到实行意大利社会党分裂的准备工作，但是我从来没有听到有人说**开除改良主义分子问题**。在制定二十一条时，谁也没有想到分裂某个党。而当时必须把一切机会主义分子和改良主义分子开除出意大利党。共产主义派曾力图把改良主义派开除出去。共产国际执行委员会的同志在其给意大利工人的信件和告意大利工人书中，也总是提到开除改良主义分子的问题。为什么在意大利发生了分裂呢？因为塞拉蒂拒绝把改良主义分子开除出党，想和他们抱成一团，从而挑起了分裂。这时，在里窝那代表大会上才提出了分裂社会党的问题。过去，我们从来没有想搞垮意大利社会党，因为我们想把它完全保留在第三国际内。

有些同志还提过这样的意见：可以在里窝那代表大会之后，经过一段时间再实行分裂。他们认为，如果我们等待一段时间、许多站在统一派方面的工人、许多还没有摆脱塞拉蒂影响的意大利社会党人就会明白，同改良主义分子搞在一起没有什么好处，那时跟我们走的工人就会比现在多得多。对此，我想补充一点：对意大利来说，在里窝那代表大会之后继续拖延，就意味着不可能建立共产党。

我们看得很清楚，社会党已经不是一个稳固的组织，它没有任何纲领，它不能团结已经加入其组织的 20 多万党员。如果我们继续等待，就只会加剧社会党的混乱，如果我们想建立共产党。那就不能继续等待。

蔡特金同志说，拉科西同志在分裂问题上犯了许多错误。她还硬说当她了解到拉科西同志的意图及其对共产党工作的观点时，就辞去了德国统一共产党执行委员会的职务。

必须说（虽然拉科西同志完全不需要辩护人），在意大利社会党分裂的问题上，拉科西同志是无辜的。他抵达里窝那的时候，卡巴克奇耶夫同志已经在那里，代表大会已经开幕了。

拉科西同志是同卡巴克奇耶夫同志和执行委员会的步调一致的。他没有把自己的意见强加于任何人。他向代表大会提出过自己的提案，而且共产主义派执行委员会的同志当时也可以对他的提案提出任何修正。令人不解的是，蔡特金同志怎么可以硬说这次分裂的责任在于拉科西同志。蔡特金同志赞成卡巴克奇耶夫的声明，而反对拉科西同志的声明。可是卡巴克奇耶夫和拉科西的步调始终是一致的。所以，要么指责他们两人犯了错误，要么证明他们两人都正确。别人没有必要为拉科西同志的行动辩护。他自己会出来讲话的，他自己会解释为什么他在意大利一定要这样做，为什么他在德国统一共产党执行委员会里一定要这样说。蔡特金同志还提到，早在 9 月间就会引起分裂，并提到工人占领工厂的问题。如果这里有意大利社会党的代表出席，他们听到蔡特金同志的这些说法是不会很高兴的，因为对于社会党来说，占领工厂问题是一场意料不到的大灾难。蔡特金同志说："当意大利工人在 9 月里占领工厂的时候，社会党中央委员会正在米兰开会。当时在中央委员会中占多数的是共产主义派、最高纲领派，即你们这些出席这次第三国际代表大会的意大利共产党的同志们。"诚然，当时中央委员会里还有屠拉梯同志和达拉贡纳同志。然而，所有代表都必须知道发生占领工厂事件时的意大利形势。必须知道，在全国劳动总联合会里占优势的改良主义派用什么手段抵制了党和工人的全部工作，而在占领工厂之后，党中央委员会又不让工人采取必要的措施。

为此，全国劳动总联合会的同志们退出了党的中央委员会。他们说："照我们看来，目前五金工人的运动难以扩展。照我们看来，这个运动只能是工会运动，不能把它扩展成为政治运动。但是，如果你们党中央委员会的同志们想赋予这个运动更广泛的性质，如果你们想把这个工会运动变成政治运动，那么我们就退出劳动总联合会理事会，请让其他同志来接替我们。"蔡特金同志和其他许多同志问我们："为什么你们不接受劳动总联合会理事会的辞职？为什么你们不让其他人去接替想离开负责岗位的同志？"让我来给各位说一说吧。请设想一下这样一个情况，当苏维埃国家必须同某个外国例如波兰开战的时候，红军领袖托洛茨基同志却反对开战，再设想一下，当终于决定开战的时候，托洛茨基同志却说："好吧，我辞职好了，让其他同志来指挥红军。"请问，在这种情况下，还想开战的那些同志难道不觉得有必要等待一下吗？领袖是带领群众和军队去战斗的，他集中掌握着军队的组织，难道容许这样的领袖离开自己的岗位吗？毫无疑问，在这种情况下开战必然要吃败仗。意大利社会党及其执行委员会在工人占领工厂的时候就处于这种境地。在劳动总联合会的领导同志辞职的时候，中央委员会里没有什么人能够去接替他们。劳动总联合会理事会掌握在杜果尼、达拉贡纳和布奥齐的手中，他们实际上是群众的代表。

主席洛里欧：

您把意大利问题扯得太远了，您的发言时间已经超过。大会是否同意特拉奇尼同志继续发言了？

特拉奇尼（意大利共产党）：

再延长几分钟……我说，洛里欧同志，我要谈这个问题，只是因为今天上午蔡特金同志涉及了这个问题，与会代表中可能有人对这个问题不清楚。这个问题并不影响今后的辩论，因为工人占领工厂的问题，只是关于开除改良主义分子和关于分裂的比较广泛、比较全面的问题的一部分。再接着谈这个问题。我只是想让代表们相信，社会党中央委员会、中央委员会内的共产主义派同志之所以没有赶走劳动总联合会的领袖，只是因为他们认为，在劳动总联合会理事会放弃它所筹划的整个运动的领导责任的时候，挑起斗争是不合适的。

这样一来，又回到我开始谈的老问题上来了。意大利社会党的分裂，完全是第三国际第二次代表大会所通过的决议造成的。第二次代表大会的决议要求把第三国际所属各党的改良主义分子都开除出党。决议说，凡不执行代表大会这个决议的党都要被开除出第三国际。意大利无产阶级的组织能否留在第三国际内的问题，被十分明确地提出来了。如果在里窝那不分裂，那么不服从代表大会决议的整个社会党就会被共产国际开除出去。

我想向代表大会提一个问题，希望能够在讨论中央委员会的报告时或在审查其他问题时加以研究，并且作出明确的决定。我说的是有代表出席本次大会的犹太复国主义组织，它们虽然只有发言权，但却享有其他国家共产党同样的权利。我担心，如果第三国际容许犹太复国主义组织的代表参加共产国际代表大会，如果第三国际不在这个问题上作出明确决定，使这些民族主义组织变成纯工人的共产主义组织，那么将来我们就会遇到许多麻烦，因为每一个国家都会出现犹太复国主义党与共产党并存的局面，俄国对待崩得的做法，是对待犹太复国主义组织的唯一正确的做法。但是，其他国家没有采取俄国的做法。执行委员会曾经呼吁某些国家采取这种做法，但是不够坚决。例如，曾向波兰发出过类似呼吁，建议波兰的崩得同波兰共产党合并。但是，波兰崩得的代表还没有同共产党人联合。这种联合极不容易，可能要到遥远的将来才能实现。当我在资格审查委员会里提出这个问题的时候，拉狄克同志答复我说，崩得不是巴勒斯坦社会党那样的犹太复国主义组织。据我看来，这些组织只是表面上有所不同，其实都是沾亲带故的犹太工人组织。加入这些组织的人必须属于犹太教和犹太籍。我不认为犹太工人的斗争方式应当不同于基督教工人或其他教的工人。我觉得，只有全体工人都从资产阶级及其国家的压迫之下解放出来，犹太工人才能获得解放。我们从俄国的例子看到了这一点。在俄国，只是在共产党的革命发展起来的时候，只是在工人夺取政权的时候，犹太工人才获得解放。总之，照我看来，必须更坚决有力地把这些组织纳入共产党组织。我建议让这些犹太人政党与各该国共产党合并，到那时，第三国际就不再邀请那些不愿与各该国其他工人组织联合的工人组织参加下届代表大会，从而取消这些组织的代表参加第三国际代表大会的权利。

拉科西（匈牙利共产党）：

同志们！有人指责执行委员会，说它把不称职的代表安排在极负责的岗位上，其中之一就是我。德国同志和意大利同志已经就我的问题发表了一些意见，我要补充的不多。我在意大利的活动，完全得到了卡巴克奇耶夫同志和意大利共产党执行委员会的同意。我们之间没有发生过任何意见分歧，我也不需要做许多纠正工作，因为我们对局势的看法是一致的。只有在曾经是同志的莱维博士介入的时候，才发生了意见分歧。同志们都知道，在里窝那代表大会上的主要问题是把改良主义分子和屠拉梯分子从意大利党内清洗出去。已经实行了分裂的各大共产党的代表本来可以在这方面给予我们许多帮助。在这方面我们首先期待得到年轻的法国共产党的帮助，因为法国共产党就在此前几个星期实行了分裂，它的缺点主要也是为塞拉蒂辩护。尽管共产国际意大利支部发出了邀请，但是法国党没有派任何一个代表出席意大利党的代表大会。或许这个邀请也像卢森堡国同志们的请求那样没有送达目的地，因而年轻的法国共产党执行委员会认为不便作为不速之客去出席意大利党的代表大会。于是，我们也就只得放弃了法国同志的帮助。

另外，我们还期待德国同志给予帮助，因为他们有多次分裂的经验，他们已经把自己队伍中的机会主义苦果甩得远远的。我们特别惊讶的是，莱维同塞拉蒂谈了两小时之后向我们表示的意见，几乎和我们多次从塞拉蒂嘴里听到的一模一样。我们提醒莱维，这可能只是他个人的意见。莱维不慌不忙地抽出一封"随便"放在上衣口袋里的蔡特金同志的信，用以答复我们。信的内容大体上就是塞拉蒂和莱维在代表大会上对我们说的那些东西。

信里写道，蔡特金同志认为塞拉蒂是一位卓越的革命家；相反，她对博尔迪加、邦巴奇和格拉齐亚德伊这些人却印象极坏。照蔡特金同志的意见，前者比后者更有可能促成共产党的建立。这当然更使我们挨了一闷棍，于是，我们要求莱维至少不要在代表大会上讲出自己的意见。不用说，我们的要求已经有点晚了，因为塞拉蒂绝对不会对莱维和蔡特金同志的意见保密。一个最大的共产党的两位领袖支持塞拉蒂，自然会使他更加有恃无恐，相反却给我们的工作造成了许多困难。我们要求莱维同志按照我们的意思发言，但是他发表了一个很不像样的声明，并且在第二天就溜掉了，虽然我们曾要求他坚持到代表大会结束再走。我们希望，莱维同志到代表大会结束时，会改变自己的意见。同志们已经知道了代表大会上的票数比例。共产国际执行委员会（尽管它似乎没有很好地履行自己的职责）从无线电里了解这一情况后，立即对意大利事务进行了干预。它针对塞拉蒂发表严正声明说，执行委员会只承认即将重建的意大利党。执行委员会从莫斯科清楚地看出：塞拉蒂想让屠拉梯分子继续操纵群众，其办法是竭力授意屠拉梯分子无论如何要表示留在共产国际内，坐镇莫斯科的执行委员会一了解这个情况，立即给予警告。当然，塞拉蒂也不是笨蛋，他收到这个警告电以后说，这只不过是执行委员会的意见，他们要向共产国际第三次代表大会提出申诉。于是我们毫不犹豫地作出决定：在这番论证之后，凡是愿意出席共产国际第三次代表大会的党，都必须无条件地反对塞拉蒂。法国党确实没有正式表态，但是它的中央机关报登载一篇雅克·梅尼的文章说，塞拉蒂正好同法国共产党左翼一致。这当然对塞拉蒂极其有利。尤其使他激动的是，《红旗报》1月22日登出了莱维那篇卓越的文章。

意大利同志们在里窝那代表大会之后，立即着手召开各区代表大会，实行组织分裂。这种情况显然使他们陷入了极其难堪的境地，因为塞拉蒂可以声称，站在他一边的不仅有莱维，甚至还有两个极大的共产党。

我在柏林了解到德国统一共产党就意大利问题通过了决议，立即看出这个决议中的某些地方又使塞拉蒂能够继续玩弄其无耻伎俩。为此，我要求德国统一共产党执行委员会另外通过一个不致引起歧义的决议。

德国党根据我的报告另行制定了一个相应的决议。而同时，莫斯科的执行委员会也与我们不谋而合，确认德国党的决议有缺陷，要求加以修改，免得被人曲解。在我所参加的中央委员会会议和扩大的中央委员会会议上，我向同志们讲述了意大利的情况。德国同志们，首先是布兰德勒同志听后非常气愤，因为莱维告诉他们，意大利真正的共产主义群众是站在塞拉蒂一边的，而自称共产主义者的群众则是由工团主义者、无政府主义者和不坚定的分子拼凑起来的。照蔡特金同志的武断说法，我在这次汇报中犯了三个错误：我说了德国统一共产党过分臃肿，我在评论法国党时说了必要时可以再分裂十次，此外，我说了我们想把意大利问题当作一个典型。

在和蔡特金同志私下交谈时我说过，如果党一下子吸收 40 万新党员入党，那么在需要采取共产国际第二次代表大会上各国共产党认为必须采取的行动时或者进行清洗时，这 40 万新党员中的相当大一部分人必然会脱党。我从这个意义说，德国统一共产党过分臃肿了。我还说过，党在必要时也可以分裂十次。这是就法国党的问题而言的。当时法国党面临两种选择：或者是数万无产者为机会主义分子的错误付出代价，就像匈牙利无产阶级服从机会主义领导所得到的结果那样；或者是使党分裂十次。我说，在这两种情况下，我一定选择分裂。（掌声）另外，我说过我们应当树立一个典型。这是就意大利党的问题而言的。我们知道，当参加第三国际成为一时风尚的时候，就会出现一批机会主义分子，他们参加第三国际仅仅是为了维持自己的领导地位，利用共产国际的光环继续玩弄改良主义的把戏。这样的骗局在意大利党内开出的花朵比任何地方都更鲜艳夺目。所以我说，我们应当在如何对待屠拉梯、莫迪利扬尼、特雷维斯及其追随者方面树立一个典型，向他们表明共产国际不仅容易参加，而且也容易被开除。（掌声）蔡特金同志反对我的三件事就是如此。顺便提一下，我在德国也讲了这三件事。莱维博士抓住我的话，胡说什么我从意大利党分裂的经验中得出了必须分裂德国统一共产党的结论。如果莱维不用这种圆滑的律师手法利用我的话，莱维博士就不成其为博士了。当然，为了对付莱维的胡说，我在同一次会议上立即进行了坚决的反驳，并且一字不改地把这次反驳发表在《红旗报》上。正如同志们所知，这次会议不顾蔡特金同志的极力阻挠，通过了一个关于意大利问题的决议。这个决议明摆着是为了帮助意大利共产党的，但是六个委员退出中央委员会一事完全抵消了它的作用。同时，他们的退出又是给塞拉蒂分子输送了一件重型武器。

在意大利党的分裂问题上，我所起的作用就是如此。我们千方百计地想从组织上把意大利的共产主义群众拉入共产党里来。相反，蔡特金同志的所作所为，却只能从各个方面把这些靠近意大利共产党的群众引入歧途。情况就是如此。如果在过了五个月之后的今天，蔡特金同志亲自看到了事实后变得聪明起来，承认对塞拉蒂作了错误的判断，那么很遗憾，她这样做也只能改正自己对意大利党和意大利革命所犯严重错误的极小部分。我还要补充一点：既然蔡特金同志对意大利党的分裂和整个意大利党作出这样错误的判断，那么根据这些错误的前提，她必然会对德国统一共产党的未来政策作出同样错误的结论。我想，这些结论也会像她在意大利问题上的幻想和意见一样不合时宜。（掌声）

我还想代表匈牙利党就执行委员会的报告说几句话。我们对执行委员会的全部工作表示满意。至于说有些技术性的缺点，首先是同各国支部缺乏联系，我们是很清楚的。但是根据经验，我们认为缺乏联系的部分责任在各国支部本身。问题是各国支部很乐于把组织联系工作都交给执行委员会去做，自己情愿只限于批评批评，而不去改进工作。

我以匈牙利党的名义请大家在吸取意大利党分裂的教训之后，注意观察共产国际所属各党中继续出现的中派和半中派主义倾向，免得下一次共产国际代表大会同法国的塞拉蒂分子或捷克的塞拉蒂分子发生麻烦。（全场活跃表示赞同）

史密斯（英国共产党）：

同志们！英国代表团决定不在这个时候谈英国问题，因为英国问题将在讨论关于策略问题的报告时加以讨论。我不愿多浪费时间，所以想谈谈其他问题。拉狄克同志昨天说，我们应当研究执行委员会的工作和组织。我现在就谈其中的一点。

昨天使我感到奇怪的是，虽然妇女书记处及其工作是国际书记处的一个组成部分，是它的整个工作的一部分，但季诺维也夫同志却对国际妇女书记处的问题漫不经心，甚至根本就没有提这个问题。给我的印象是，执行委员会在这方面没有履行自己的职责，否则它是会谈到妇女书记处的工作的。季诺维也夫同志认为妇女组织非常重要，这是完全正确的。他谈到青年团意义重大，在这一点上我也完全同他一致。妇女问题之所以重要，其中一个原因是妇女会影响到儿童和少年。去年的妇女代表会议的提纲迄今只翻译成一种德文本，这一事实再次说明执行委员会在妇女工作方面没有履行自己的职责。其他国家迄今看不到这个提纲，如果它们在这方面工作做得不多，也就不足为奇了。代表大会将在晚些时候讨论妇女问题，所以我现在就不细说了。但是，我要求代表们要比过去更加有力地责成执行委员会重视妇女书记处的意义，让各国共产党认识到必须更积极地从事妇女工作。

主席宣布，今晚还有四位同志要发言，即拉狄克、库恩·贝拉、蔡特金和另外一位同志。我代表主席团请求那些准备就德国三月发动提出问题辩论的同志，推迟到讨论策略问题时再发言。

拉狄克同志对此表示完全同意。大会随即宣布讨论结束。

（会议于夜间 12 时半休会）

第八次会议

（1921 年 6 月 28 日晚 7 时 30 分）

讨论德国共产主义工人党问题

主席柯拉罗夫：

同志们！关于执行委员会工作报告的一般性讨论已经结束了。昨天决定，意大利社会党问题和德国共产主义工人党问题要分别审议。现在我们就来审议这两个问题。昨天晚上宣布，今天开会先讨论意大利问题。但是意大利同志至今尚未到会，因此，先讨论德国共产主义工人党问题较为合适。主席团提议，由德国共产主义工人党和德国统一共产党各派一位代表发言，大会不再进行任何讨论，因为在就执行委员会工作报告进行一般性讨论时，这个问题已经讨论得相当充分了。当然，执行委员会代表也要发言。刚才我接到通知说，德国统一共产党放弃就这个问题发言。

季诺维也夫（俄国共产党）：

同志们，我在报告中已经初步地提出了我们的提案，现在，在代表大会开始讨论之前，我要就这项提案作出进一步的说明。提案敦促代表大会要求德国共产主义工人党务必在两个月或至多三个月之内召开一次党代表大会，审议共产国际本次代表大会的决定，然后，必须向我们报告它是否愿意服从国际的纪律，是否同意加入德国统一共产党。如果答复是肯定的，那么问题就迎刃而解了，否则执行委员会就有权将其开除出共产国际。

（主席柯拉罗夫通知大会，德国统一共产党代表团完全赞同季诺维也夫同志的提案。）

赫姆佩尔（德国共产主义工人党）：

同志们！我要谈谈会议程序问题，因为德国统一共产党对执行委员会关于接受德国共产主义工人党作为同情政党加入第三国际的决定正式提出了申诉，而这个问题始终是本次代表大会的一项特殊议题。原来决定，在解决各项原则问题和策略问题之后，再来处理这个问题。这本来是完全正确的，我们也是同意了的。

谁知道昨天或前天，主席团发出简短的通知，宣布意大利问题和德国共产主义工人党的问题要在讨论执行委员会工作报告时一并解决。在此之前，主席团抛开我们，单独同刚刚到会的意大利代表团就此达成了协议。待我们得知消息，这项决定已是既成事实了。当时我们并没有表态，认为只要与主席团达成协议——正如我们声明的那样——我们就会取得令人满意的结果。作为协议的基础，我们向主席团递交了一份声明。请允许我来宣读这份声明：

"在会议开幕前5分钟，主席团才通知我们说，允许我们发言半小时，要求我们立即陈述意见，以了结德国共产主义工人党的问题。

德国共产主义工人党的问题极其复杂，不是辩论几句就能了结的，所以这项提议同这个问题的重要性是很不相称的。我们要求提出报告或补充报告，报告的时间不少于1小时，并且要允许我们在总结发言中作出答辩。

主席团现已决定不采纳我们的这项建议。我们认为这是刁难我们的片面决定，我们表示抗议。

为了不使人们产生错觉，误以为代表大会是在经过充分的调查研究之后才作出裁决的，我们决定放弃就这个问题发表意见。"

上述声明业已递交主席团。5 分钟以前，我们得到答复：发言仍限半小时，德国共产主义工人党的问题就此了结。我们声明，这是存心要封住我们的嘴。我们声明，这是绝对办不到的。你们谴责我们也罢，反正我们不能在半小时之内阐明我们的观点。我在此正式声明，并请求备案待查。（喧哗声）

拉狄克（俄国共产党）：

同志们！首先我要澄清事实。我声明，与赫姆佩尔同志的说法相反，我的秘书不是在会议开始以前 5 分钟，而是在会议开始以前 5 个小时就通知德国共产主义工人党代表团说：执行委员会决定今天会议的第一项议题是德国共产主义工人党的问题，德国共产主义工人党和执行委员会各有一位代表发言 30 分钟，陈述自己的观点。对此，德国共产主义工人党代表未提出异议，只是坚持要求允许发言 1 小时。这就是基本事实，也是能说明问题的事实。德国共产主义工人党代表根本不了解季诺维也夫同志提案的用意。如果德国共产主义工人党想了解代表大会的工作，并向我们阐明自己的观点，那么在讨论其他各项议题时，他们是都有这种机会的。下面来谈谈我们对德国共产主义工人党的意见。谈完之后，该党可以继续出席代表大会，谁也不要求它立刻向代表大会报告它的决定。赫姆佩尔口口声声说，我们要封住他们的嘴，其实，诸位高兴地看到，德国共产主义工人党何尝闭过嘴，他们口若悬河，滔滔不绝，由此不难推断，今后它会继续大力发挥这个灵敏器官的功能。（笑声）可见，赫姆佩尔的上述抱怨纯属胡闹。如果德国共产主义工人党退出本次代表大会，我们就只有表示十分惋惜，并且只有去翻阅该党的刊物了。我们到底还有几部"荷兰学派"的经典，还有你们的刊物，今后只有依靠这些资料来了解你们的情况了。

贝尔格曼（德国共产主义工人党）：

同志们！会议正在审议的问题，对德国共产主义工人党来说，是生死攸关的问题。当初，我们同意执行委员会的建议，即在各项原则问题审议完毕之后，单独审议德国共产主义工人党的问题，已经是大大迁就了执行委员会。拉狄克同志刚才说："是我们这样决定的。"这"我们"二字就暗含着代表大会全体，足见他是在为代表大会全体预先定下了调子。德国共产主义工人党的问题以及执行委员会应对这个问题采取什么样的态度，都应当由代表大会讨论决定。这个问题必须由大会讨论，况且，我们党的主张和刊物尚不为群众充分了解，也不是每一个同志都熟悉，因此，由代表大会从原则上加以审议也是重要的。基于上述理由，我们要求允许我们的发言人就这个问题即正当的议题，发言1小时，当然，还要求允许我们在大会辩论之后作总结性发言。这是我们的明确要求。如果我们的要求得不到满足，只允许我们发言半小时，并且不把问题提交大会讨论就不了了之，那我们就预先放弃发言，随你们便吧，把我们送上断头台，也是罪有应得。

季诺维也夫（俄国共产党）：

同志们！德国共产主义工人党特别看重的工会问题尚未讨论。到那时，德国同志自然有机会发言。策略问题也是一样。此时此刻，问题就在于：一个不服从、也不愿服从纪律的政党能否继续留在国际之中，如果能继续留在国际之中，那条件是什么。这是现在代表大会唯一要讨论的问题。德国共产主义工人党的同志已经就各项议题发表了意见，今后他们可以继续就各项议题发表自己的意见。关键就在于代表大会要不要向德国共产主义工人党提出要求，要它在今后三个月之内向我们明确宣布：它是打算做一个与众相同的政党呢？还是要做一个不可侵犯的政党，就像它在一项公开的决议中所宣布的那样。这是我们唯一要解决的问题。令人惊奇的是，德国共产主义工人党的同志竟然向代表大会下最后通牒。代表大会的会议开得完全正常。昨天上午，会议收到一项提案，要求在讨论执行委员会工作报告时，也把意大利问题和德国共产主义工人党问题一并加以讨论，理由是这两个问题密切相关。德国共产主义工人党的同志当时在场，他们没有对这项提案说出半个不字。昨天，代表大会就这项提案一致通过了决议，这样做，在座的每一位也都会认为是合情合理的，因为这两个问题确实是密切相关的。意大利同志尽管同我们有原则分歧，但是他们也不能不认为作出这项决定从形式上讲是正确的。现在唯一可行的办法是，先由执行委员会代表发言，然后由德国共产主义工人党的同志作总结发言。不过，此时此刻要解决的问题既十分简单，又非常明了，即：共产国际能否把一个自称是不可侵犯的政党留在国际之中。我们已经听取德国共产主义工人党好几位同志的发言，所以这个问题不必经过反复争论，心平气和地就可以解决。因此，我请求代表大会根据会议前一段的整个情况作出裁决。果真德国共产主义工人党的同志拒绝发言，那他们的行为就几乎可以和奥托·吕勒在1920年的行为划等号了。（全场赞同）

主席柯拉罗夫：

有关会议程序问题的讨论，我认为可以结束了。（全场赞同）

拉狄克（俄国共产党）：

同志们！执行委员会的提案就在于让以同情政党的资格加入共产国际已有六个月之久的共产主义工人党有两三个月考虑的时间，以便就它是否同意服从共产国际的决定，即是否同意根据这项决定与统一共产党合并，作出明确答复。为论证执行委员会的观点，我有必要列举一些事实来说明共产国际与共产主义工人党以往的相互关系。自共产主义工人党成立之日起，一直到今天，我们同该党在观点上始终存在着分歧。共产主义工人党不赞成搞群众性运动，而主张建立小型的纯粹共产主义的政党。在工会问题上，他们不主张从内部争取工会，即不赞成共产党员在工会内部通过斗争而把工会从一个"国内和平"与"合作"的工具变为阶级斗争的工具，主张共产党员彻底脱离斗争中的广大工人群众而单独成立工会，并首先仅仅接受拥护无产阶级专政纲领的工人加入工会。在利用议会制的问题上，共产主义工人党也与共产国际唱反调，拒绝采用这种手段，尽管问题仅仅在于通过这种手段来启发和组织工人以进行革命斗争。自共产主义工人党成立之日起，共产国际就力求为该党搭桥，但其目的绝不是不分青红皂白地笼络所有一切政党，而是考虑到共产主义工人党的上述观点有可能给世界各国开展革命共产主义运动的无产阶级造成思想上的混乱。正在觉醒和积极投身政治斗争的新兴革命阶层的眼力还不强，它们不可能随时随地一眼就认清整个政治形势。鉴于问题涉及全体无产阶级，就是说，为避免造成全体无产阶级思想上的混乱，共产国际便下定决心，千方百计把这些无产者争取过来。因此，执行委员会就在共产国际第二次代表大会上排除一切干扰，力争使统一共产党①代表能够参加代表大会，向代表大会陈述他们的观点，并且使他们也有机会了解世界各国绝大多数共产主义无产者的观点。执行委员会甚至，决定如果共产主义工人党代表出席会议，就给他们以表决权。尽管他们预先声明他们不受代表大会决议的约束，可是共产主义工人党代表却以临阵逃脱为妙，用他们自己的话说，避开大会对他们的政策进行谴责。这是吕勒后来解释他所以不出席代表大会的原因所在。

---

① 原文显然有误，应为共产主义工人党。——译者注

在代表大会之后，共产主义工人党有所收敛，向左迈出了一步，先是脱离了党内以沃尔弗海姆和劳芬贝格为首的民族布尔什维主义派，后来又脱离了吕勒。当德国共产主义工人党决定派代表前往莫斯科恢复同执行委员会的谈判时，执行委员会便不顾德国统一共产党的忠告，决定再次为这些误入歧途的无产者创造向我们靠拢的条件，遂决定吸收德国共产主义工人党作为同情政党暂时加入共产国际。同时，执行委员会也公开告诉德国共产主义工人党代表："要么与德国统一共产党合并，从而正式加入共产国际，要么退出共产国际，别的出路是没有的。何去何从，由你们自己选择。"任何国家，在经过一定的过渡时期之后，只能有一个共产国际支部。执行委员会认为，德国共产主义工人党既已加入共产国际，就有义务与德国统一共产党就当前各项问题达成兄弟般的协议，有义务全面支持德国统一共产党的活动。

同志们！回顾半年来德国共产主义工人党发展的情况，可以认为，该党不是由宗派组织逐渐变为群众性政党，而是相反，它的宗派色彩愈来愈浓，冒险性也愈来愈大。

德国共产主义工人党自成立之日起，就抵制执行委员会的策略，而最近，该党公开发行的小册子竟然称执行委员会的策略是对国际无产阶级的犯罪。例如，哥尔特就在他的小册子中写道："既然俄国党的策略和领袖专政已经造成种种可悲的后果，那么如今继续遵循这套策略，继续受那些领袖摆布，就不单单是胡闹，而是对革命的犯罪。"

德国共产主义工人党根本否定群众性共产主义政党，并且顽固地坚持这个观点。在《莱维博士的道路——德国统一共产党的道路》这本小册子的第26页上有这样一句话："三月事件证明，这种群众政党是不存在的，更确切地说，这种政党绝对不是共产主义的群众性政党。"

德国共产主义工人党的国际政策已经出格了，如今，它与孟什维克报刊一唱一和，攻击共产国际，攻击苏俄。举《共产主义工人报》上的一篇文章为例，该文攻击共产国际，说共产国际是苏维埃政府对外政策的工具。更有甚者，德国共产主义工人党出版的哥尔特的小册子竟然为喀琅施塔得叛乱打掩护。哥尔特写道："喀琅施塔得无产阶级已经造了你们共产党的反。为对付无产阶级，你们被迫在彼得格勒实行特别戒严（这全怪你们自己，全怪你们那一套策略）。既然如此，难道你们还不明白，必须放弃共产党专政而实行阶级专政吗？"

这表明，事态如此发展下去，其结果将十分不妙。我们坚信，这绝不是加入德国共产主义工人党的工人，而仅仅是一小撮工人领袖执意要这么干的。我们的这种信念不是没有事实根据的，例如，德国共产主义工人党一贯阻止该党的工人与德国统一共产党的工人共同进行斗争。大家不会忘记，当德国统一共产党发表致德国所有工会的公开信，号召建立统一战线的时候，德国共产主义工人党就断然拒绝共同进行斗争。大家更不会忘记最近几周在汉堡和柏林发生的事件，在汉堡，德国共产主义工人党领袖同海员工会和德国统一共产党说得好好的，可是临到具体行动时就变卦了，唯恐群众乱了阵脚。在柏林也是如此。

鉴于存在这种倾向，共产国际就不能不向加入德国共产主义工人党的工人提出，请他们作出抉择："要么继续追随一小撮误入歧途的领袖，要么站在共产国际一边；要么迫使这些领袖回心转意，留在共产国际，要么跟他们一起离开共产国际。"

除上述情况以外，还有一些情况不能不指出来。最近，在德国共产主义工人党内盛行一种冒险主义倾向，对此，我们是不负任何责任的。这种倾向表现为搞个人暗杀，把秘密活动奉为原则，鼓动工人采取根本违背共产国际政策的行动。对此，共产国际是不负任何责任的。德国共产主义工人党要么全面服从执行委员会的决定，包括策略方面的决定，要么一概不服从。照前者办理，它就能够依照共产国际的决定，与德国统一共产党合并，就能够按照共产国际的原则，与德国统一共产党共同进行斗争。否则它将失去作为共产国际同情政党的资格，并且休想继续打着共产国际同情政党的旗号推行它的政策。

同志们，我们请求代表大会一致通过我们的提案。我们确信，任何一个立志为社会主义思想而斗争的无产者都不会因此而离开我们的队伍。德国统一共产党尽管在三月发动期间犯了种种错误，但它以其三月发动而向群众证明，那种认为德国统一共产党即共产国际德国支部缺乏斗志的说法是完全错误的。德国统一共产党证明了自己有斗志，从而使迫不及待的广大无产阶级群众，首先是失业的无产阶级群众纷纷加入这个党。

如果说在德国统一共产党举行三月发动之前，曾经有人担心这一举动会使该党失去与迫不及待的工人群众的联系，那么最近有种种事实证明，这种担心是多余的。在三月发动失败之后，德国统一共产党在汉堡失业工人选举中所得的选票，在数量上几乎与德国独立党和社会民主党所得选票总和相等。（有人喊道："甚至还超过呢！"）同志们，这证明我们在德国已经深入到无产阶级的各个阶层中去了。果真德国共产主义工人党不服从，那它就只能成为运动的绊脚石。但我们还是要求德国共产主义工人党服从国际，它既然是共产国际成员，就必须在党内实行左右两派都要遵守的纪律。今天，我们要就意大利问题作出决定了。现在，我们要问意大利动摇分子：你们拥护谁？是拥护共产国际，还是拥护改良派？同时，我们也要问加入德国共产主义工人党的工人："你们拥护谁？是拥护所谓荷兰学派的言之无物的小册子和一小撮这一思想体系的代表人物呢，还是愿意跟着千百万拥护共产国际、同心同德地反抗资本主义的无产者一道前进？"

同志们！我们实在不忍心把那些有阶级觉悟、有斗争意志的工人（即使他们的数量很有限）拒之门外。此时此刻，我们大家心照不宣，知道代表大会将要作出什么样的决定，因而我们提议执行委员会以代表大会名义向德国共产主义工人党的工人发出一份兄弟文告，如实地阐明代表大会的决定，就是说，力争使他们加入无产阶级的统一大军。无产阶级的统一大军我们不但立志要建立起来，而且一定能够建立起来。（全场活跃表示赞同）

主席柯拉罗夫：

请德国共产主义工人党代表发言。（无人响应）看来，德国共产主义工人党不与执行委员会作对是决不甘心的。那就还请不赞成执行委员会关于共产主义工人党问题的决定的人发言吧。哪一位发言？

请罗兰-霍尔斯特同志发言。

罗兰-霍尔斯特（荷兰共产党少数派）：

同志们！现在我来宣读荷兰代表团少数派通过的一项决议：

> "荷兰代表团少数派认为，代表大会拒绝延长共产主义工人党代表发言的时间，是一种施加精神暴力的行为，对此，荷兰代表团少数派坚决表示抗议。"

同志们！我现在并不打算正面地谈论共产主义工人党以同情政党的资格继续留在共产国际的问题。这应当由这个党的代表自己去谈。但是，我不能不指出，由于施加精神压力，他们欲言不能。我们不认为可以把纪律问题同原则问题和策略问题截然分开，就原则问题和策略问题而言，共产主义工人党在共产国际中占有特殊地位，莫说允许他们发言半小时，即使允许他们发言一小时，他们也未必能把问题谈深谈透。共产主义工人党提议把它的问题放在代表大会各项提议进行完毕之后审议，我认为是完全正确的。因为，显而易见，到那时，经过对各项议题的审议，大家摆出各式各样的理由，代表大会的观点就可能有所改变。经过对各项议题的审议，共产主义工人党的同志也就能深入地阐明自己的观点。由于代表大会一再缩短他们发言的时间，他们一直到现在也不能畅所欲言，而陷入困境。鉴于克拉拉·蔡特金昨天发表她本人对意大利问题的见解时未受时间限制，人们便不难看出，本次会议上有两种待遇。同时，我要指出，这种情况不是个别的，也不仅仅是今天才有，此时此刻才有，而且从前在不同的场合也有过。只不过是此时此刻，这种情况十分突出罢了。我敢断言，代表大会也罢，执行委员会也罢，都绝对不会把塞拉蒂的意大利党发言的时间限制在半小时之内。要待人公平嘛，我实在说不出，哪怕是从形式上也说不出为什么要作出这样的决定。

关于问题的实质，我认为我也有责任简单地谈几句。在执行委员会会议上，领导同志一再表示，来自"左"的危险并不比来自右的危险小。我们左派是不赞成这种观点的。我们认为，来自右的危险不但远比来自"左"的危险大，而且也更可怕。当前，革命进展缓慢，各国党内部和共产国际外部的广大工人群众总是摇摆不定，信心不足，因此，有必要鼓励所有的政党，无论是左翼政党或极左翼政党，都发展起来，以促进共产国际正常而健康的发展。同志们！目前在共产国际中根本不存在左翼政党。这种政党刚刚在萌发之中。关于各种问题，如利用议会制问题、工会问题、过分集中化问题以及其他问题，都没有作出规定。而左翼政党只有同各政党的斗争、同共产主义的推进相结合，才能得到发展。我们把极左翼排挤出去——大会的决定便为实施这种排挤开了个头——就等于使它失去与我们达成协议的机会，等于阻止它发展，等于有意无意地助长右翼政党的势力。我担心，这项几乎是未经讨论和辩论而作出的决定，将给共产国际带来严重的不良后果。开除共产主义工人党将导致别国纷纷成立小型政党。即使这些政党一时还不肯服从我们的纪律，我们也要挽留它们，这才是上策。我们要有涵养，要相信革命会发展，要信任各党现有的人物。各党除优秀人物以外，还有我们用得着的其他人物，但是他们分散在各地，并且都有一个共性：他们怀有远大的理想，但是都只顾远大目标，而不善于探讨当前的政策。殊不知，这也就是一门深奥的学问，一门高深的科学，我们都希望探讨也应当探讨这门科学，因为当前的政策也就是革命的政策。正是为此目的，我们才来出席代表大会，并且首先要拜俄国同志、拜托洛茨基同志为师。此时此刻，令我们痛心的是，托洛茨基同志对待极"左"派比对待右派还要刻薄。

（托洛茨基喊道："我还没有来得及谈右派。请等一等，不要着急嘛。"）

我何尝不愿意等，我非常愿意等。但是，列宁同志和托洛茨基同志在执行委员会中对待法国党的缺点和错误所采取的态度，以及他们二位对我们的年轻法国同志所说的话，使我感到他们已经右了。我还要补充说明，他们人数虽然不多，但是个个都有强烈的个性，个个都有坚强的斗争意志，他们虽然不免犯教条主义错误，但是却聪明过人，如哥尔特同志，他们虽然偶尔忽略当务之急，但是都坚定地追求远大目标。如果将这样的人拒之共产国际的大门之外，那无疑会使他们沿着宗派主义的道路越滑越远。所以我也劝过共产主义工人党要克制一些。我们不提倡暴力，而提倡自决。只要德国共产主义工人党被开除出共产国际，那么不管愿意与否，这个党就必将对共产国际构成新的威胁。这是整个发展过程的一种必然，是任何人也改变不了的。因此，我们要向代表大会声明：我们不能、也不该排挤这些人物，排挤这种崇高的理想主义。我们希望第三国际不仅拥有出类拔萃的政治家——当然，他们也不是十全十美的——而且拥有坚强革命意志的同志，尽管这些同志的政治嗅觉还不灵敏，但是他们具有革命坚定性，具有革命理想主义。正因为如此，我与荷兰代表团少数派一道，认为这项决定是太冒风险了。

不过，我相信，共产主义工人党的同志将会继续正常地参加会议，我相信，他们的观点必将对代表大会产生一定的影响；我相信，到了代表大会行将闭幕的时候，这项可悲的决定也许终于能够改变。（赞同声）

（列宁同志来到会场，代表大会的与会者热烈鼓掌。）

主席柯拉罗夫：

报名发言的人都已经发言了，现在宣布：关于这个问题的讨论就到此结束。

下一个议题是意大利问题。由意大利社会党代表拉查理同志发言。

讨论意大利问题

拉查理（意大利社会党）：

同志们！意大利社会党人与国际之间关系不和睦，并非自今日始。诸位不妨回忆一下——我想，在座的一定会有人记得——我们同胡斯曼和王德威尔得主持的国际发生过一场争论。他们把我们看成是"小国"代表，看成是运动中的一个可有可无的因素。

今天，我们也是出席第三国际代表大会的代表，但是我们感到很不自在，因为我们知道，我们在别人心目中是代表叛徒来出席大会的！我们历来全心全意地履行我们的民族义务和国际义务，我们从不计较个人利益，一心扑在运动上面，因为我们是运动的代表！自犹大时代以来，人们一向把那些唯利是图和自私自利者称作叛徒。而我们则一贯无私地、忘我地献身我们的事业。正因为如此，令我们十分伤心的是，我们现在不得不经受精神上的屈辱，具体地讲，就是《莫斯科报》发表了一篇由意大利人杰纳利署名的文章。文章以侮辱性的语言指出，我的唯一可取之处就在于我对屠拉梯的态度，而只字不提40年来我所经历的艰苦斗争，为了这场斗争，我牺牲了我的家庭，毁了我的身体，一句话，毁了我的一切。文章的作者还指责我在欧战期间推行两面派的政策。但是我有义务提醒文章的作者，提醒诸位，正因为推行这个政策，我才被判刑，进了班房，而杰纳利推行的政策虽然无可挑剔，但他却没有这番经历。

我们已经以书面形式就我们受党的委任在本次代表大会上所要贯彻的各项意图阐述了理由。这些理由都是客观的、积极的，也是能够为大家所接受的。

不幸，我们迟到了很久，但是这不能怪我们，众所周知，如今出远门谈何容易，况且我们的处境大家也是了解的。因为迟到，所以没能听取季诺维也夫同志的报告。我一直等待法文译本，可是没有等来，只好看英文译本，看完英文译本我才知道，报告对意大利问题不仅论述得相当详尽，而且面面俱到。但是不能不指出，看完报告之后，我们是喜忧参半。我们仍然希望看到，共产国际的同志对意大利运动表现出更大的尊重和赞许。

我们满意地看到，季诺维也夫同志的情报局搜集意大利运动的材料，搜集得相当全面。我们衷心感谢情报局在取舍材料的过程中表现出客观态度。但是，我总觉得这些材料还有些不足。我们动身来这里时，无从知道哪些材料是代表大会所感兴趣的。其实，我们意大利人难得利用书面材料，我们对付资产阶级从来不用笔，从来都是干实事。我仅仅指出一点，就是季诺维也夫同志不应该把有些材料也搜集来，例如，他把我们的党组织既不支持也不同情的、对党的生活不曾发生过任何影响的、个别的、一文不值的文章也归到意大利社会党的材料之中了。

意大利共产党代表跑到这里来向诸位表白，他们在里窝那代表大会期间并不想分裂。但是，这位代表却忘记说了，在伊莫拉，共产主义派就明确表示过，如果争取不到多数，它就退党。这位代表也忘记说了，正是都灵的代表即工人和共产党人声明过，由于占领工厂不成功，他们已无法继续斗争，无法继续占领工厂了。

上述言论使我们有理由认为，我们有资格充当第三国际的成员。我们是先于所有其他国家加入国际的。1919年初，我们意大利社会党刚一接到俄国派到意大利的一位同志（他在意大利被捕，是我们把他营救出来的）送来的共产国际第一份宣言和第一份呼吁书（他把宣言和呼吁书藏在脚上穿的鞋子里），就立刻宣布无条件地加入共产国际，因为从俄国革命一开始，我们就对俄国革命充满了诚挚的感激与敬仰之情，受其鼓舞，我们目睹俄国革命的雄伟气魄，目睹俄国人民万众一心，为在俄国建立一个劳动与自由的王国而历尽千辛万苦，不由得产生羡慕之心。我们一直在维护我们的第三国际成员的资格，因为我们必须保持国际联系，这不仅仅是由于我们有着理想的追求，而且是由于有大量的意大利人移居国外，我们希望移居世界各国的意大利工人都能受到同情和兄弟般的接待。

本着这种愿望，无论在战时或和平时期，我们都不遗余力地履行了我们的义务，即使在战争期间，为了高举国际的旗帜，我们也尽了我们所能尽的一切努力，我们在齐美尔瓦尔德和昆塔尔就是这样做的。（这一点，列宁同志是非常清楚的。）只要重复一下当时我们说过的一句话也就够了："我们意大利社会党人不敢保证能有惊人之举，但是我们敢保证一点，就是永远履行自己的义务。"

意大利社会党人就是怀有上述感情的人，他们在一个贫穷和文化不甚发达的国家里兴起了运动，迫使资产阶级也不得不把这场运动视为一个了不起的因素。他们唤起了意大利的包括工人和农民在内的所有劳动阶级，并把他们组成一支令人生畏的力量，可是大会竟把这样一些人视为变节分子，这怎能不令人黯然神伤呢？

尽管我们的运动有失误，也有弱点，但基于上述原因，我们仍努力保持行动上的政治统一和阶级统一，并且为了维护阶级统一，我们同抱成一团的意大利资产阶级进行斗争。我们曾热切希望第三国际有一个强大的意大利党,可是共产党人偏偏退党了,使我们的力量大为削弱了。我们责怪第三国际,因为恰恰是第三国际在里窝那制造了分裂,我们这次来跟同志们一道出席大会,但是同志们待我们太苛刻了。我们受到了不公正的指责,但是我们决不反其道而行之。不错,我们对政敌说了不大中听的话,但是这无关紧要,我们敢肯定,对于我们提出来的归属国际的要求,你们的答复必定离不开这样的字眼:"你们不必完全服从,但是也休想绝对独立。"其实,这是弗罗萨尔同志的话,这种话也可以说给我们的法国、英国和德国的同志听,因为他们十分了解我们。这样一来,这种答复就将变成大会代表建议共产国际采纳的一种公式了,这种公式真可谓既灵活又明确。(洛里欧喊道:"听,一大堆形容词!")到了讨论德国问题和意大利问题时,人们就会搬出这个公式,而这场讨论想必会是非常热闹的。我们相信,诸位在审议我们的书面声明时,不但不会按照我们现在的政敌和竞争对手意大利共产党人的要求对我们作出宣判,反而会想起这些意见。况且,我们声明过,我们随时准备服从国际代表大会的决议。对我们的指责虽然太不公正,但这无损于我们尽力履行我们的国际义务,无损于我们一如既往地继续捍卫俄罗斯社会主义共和国的自由与尊严。就在最近,我们仍在罗马维护苏维埃使团的地位和利益。我们同使团团长沃罗夫斯基同志保持着联系,在他受到民族主义分子和资产阶级分子的敌对接待时,我们还表彰了他。这也是我们为支持和维护俄国革命政府艰苦卓绝的努力而尽的一份微薄之力,一想到这里,我们就感到荣幸。至于法国同志,你们既然一贯以意大利通自居,那我们就要提醒你们,我们从来都是极力维护我们运动的尊严,即便在你们法国同志——他们现在是第三国际的亲密朋友——来到罗马,把我们当作"卖身投靠凯撒"的人看待的时候,我们也是如此。我曾有机会在波旁宫发表演讲,我当着法国议会党团和桑巴、托马和盖得三位部长的面坚决要求承认我们运动的尊严，气得这几位部长用拳头敲打桌子。是时候了，你们应该对于我们在本国的地位以及我们在国际中的地位作出正确的评价了。

我知道，在讨论季诺维也夫同志报告的过程中，我们处于微不足道的少数地位，我们不被承认为国际支部，我们没有表决权，也没有权利和办法对大会就执行委员会工作报告将要通过的决议发挥什么影响。果真代表大会要就意大利问题作出决议，那我们如能参与讨论并起草这项决议，就再好不过了。来此之前，我们就知道，你们对于我们的道德信誉和党内发生的分裂——是你们亲手造成的分裂——存有戒心，尽管如此，也不管我们周围现在全都是政敌（他们有时变成名副其实的敌人），但我们心中的团结与兄弟之情丝毫不变。出于对意大利运动共同的热爱，我们仍然相信，大会将会满足我们的愿望，将会把我们当作兄弟加以接纳。我们知道，我们的运动有种种不足之处，但是，即便你们不协助我们，即便你们不为我们提供在党内进行必要的清洗所需要的手段，我们也能够改善我们的组织，改善我们的工作。我们相信，只要你们为我们提供坚实的政治基础，我们就能迫使我们党内的改良主义者作出抉择，但我们要讲究方式方法，不使人误以为这是在打击某个个人。

你们在起草决议时，不可把我们的党看作是个别人物如屠拉梯和塞拉蒂纠集起来的派别集团，因为在我们党内，任何个人只要违背组织和群众的要求，他就不再起任何作用。这样的人就没有任何威信了。我们到这里来不是要维护哪一个派别，而是要维护与个别人物没有关系的整个运动的权利，我们所代表的也正是这样一种运动。我们完全了解，执行委员会迫切需要早日把各地的、特别是意大利的革命力量充分地、牢固地联合起来。我们并不拒绝开除改良主义者，但是我们必须有权利和责任选择适当时机，以维护党在群众中的影响。

列宁同志！我们懂得，革命运动分各个不同的阶段，在每个阶段必须采取与之相适应的措施。当前，意大利处于准备阶段，但是到了革命高潮阶段，请您相信，我们决不动摇，我们会采取一切必要的措施以建立意大利无产阶级专政。我们建议各位出席代表大会的、希望深入了解意大利问题的同志认真地读一读刚刚出版不久、与我们有关的一本书，在该书第 136 页上有一份文献，这就是在里窝那代表大会上发生分裂之后，我们党中央委员会发表的宣言。宣言列举了我们运动的功绩，指出了在意大利共产党人退党之后，我们为扭转运动所处的被动情况而采取的形式和提倡的精神。当然，要继续执行我们历来所维护的政策，我们已经感到力不从心了，但是我们相信，党和经济组织中的群众不会上想入非非的改良主义政策的当，他们会坚决反对与政敌合作，反对政敌加入我们的组织。最后，我想指出，在接纳我们加入第三国际的问题上，无论你们通过什么样的决议，都绝对改变不了我们的方针。我们既然承担义务，那也就是忠心耿耿，心甘情愿。我们要永远履行我们承担的义务，要永远维护这样一种政策，这种政策能保证俄国革命政府以其光辉的榜样永远照亮全世界备受压迫的无产者的生活之路。这是我们的光荣，也是我们应尽的职责。我们深信，总有一天，你们会承认，正像我们在书面声明中已经说过的那样，意大利社会党干的是革命，而不是反革命。

我刚刚看过执行委员会提交代表大会审议的策略提纲。这是一份珍贵文献，有了它，我们就能纠正我们运动的政策，就能同无政府主义幻想和改良主义幻想划清界限。我们相信，实践将证明，意大利人决不会对本次代表大会的成果漠然视之。不过，我要指出，即使我们正式承担履行代表大会将要通过的各项决议的义务，我们也不能不尽力保护意大利无产者免受德国、芬兰和匈牙利无产阶级因失败而遭受过的那种苦难。这既是努力为世界革命作贡献，也是认真地为本国的劳动解放做准备。

杰纳利（意大利共产党）：

执行委员会当初邀请意大利共产党①代表出席第三国际代表大会时，本应提出两个条件：一是代表团要有充分的权威性，以避免借口权力有限而回避突出地摆在它面前的问题；二是代表团成员不仅要有中央委员会代表，而且要有密切联系群众的代表。代表团还应当明确表明它是否赞成那些参加过众所周知的雷焦艾米利亚会议的人出席第三国际的会议。

现在代表团已经来了，拉查理也已经发表了他的见解，我只好就他已经谈过的问题来发表我的意见。拉查理试图否定意大利共产党人的言论，但是我要以材料为依据，确认意大利共产党人的言论是正确的。为此，我既不需要变讲演戏法，也用不着别人呐喊助威。

首先我要指出，在意大利社会党内有社会爱国主义者，他们并不比托马和谢德曼强多少。有人向我们鼓吹说，意大利机会主义者一贯反对战争。这是欺人之谈。我举奇科特等人的文章为例。几篇文章都鼓吹要把"既不鼓励战争，也不抵制战争"作为党的口号，这就不难看出社会爱国主义者的本质了。

多亏最高纲领派，其中也包括我在内，党才回到正路上来。

那时，拉查理和塞拉蒂一起称我们是"佛罗伦萨狂人"。塞拉蒂硬说意大利共产党缺少老战士，这是自欺欺人。

正当我们为反对战争而从事艰苦斗争时，像贝利尼和索利亚这样一些人就发布过具有强烈爱国主义色彩的文告。意大利共产党党员、律师马佐尼的爱国业绩也是有目共睹的。

屠拉梯本来躲在暗处，但是在意大利军队在克罗雷托之战中遭到惨败之后，他便跳将出来。屠拉梯和劳动总联合会领导人里戈洛大放厥

---

① 从上下文看，应为社会党。——译者注

词。屠拉梯和特雷维斯撰文说："祖国处在危机之中！今天，在野蛮的战胜国忘乎所以地将其魔爪伸向我们祖国的时候，我们才明白，祖国毕竟是祖国，它不同于别国。我们既是马克思主义者，又是富有感情的现实主义者。我们不能无视爱国这一客观事实。我们不是出于人道而怜悯意大利，而是要意大利将人道精神发扬光大。出于爱国，也出于对祖国应尽的义务，我们党再也不能作茧自缚，一定要从烦琐的例行公事中解脱出来。"

劳动总联合会起草和散发的通告，其宗旨也是这样。

米兰社会党市政委员会也是这个主张。这种被歪曲了的爱国方针吓坏了塞拉蒂，于是为纠正这一方针，塞拉蒂就转而求助于我们马克思主义者，即求助于我、博尔迪和其他的人。在审判拉查理时，检察官就指名道姓地提到屠拉梯，说他堪称是明智的社会党人的爱国楷模。

此外，由于蒙特格拉茨亚之战引起局势变化，屠拉梯的爱国热情又一次大发作。

他在议会中讲演完毕，所有在场的人，甚至包括被开除出党的社会爱国主义者比索拉蒂在内的心毒手狠的议会分子，也都拥上前去跟他热烈亲吻。

议会党团与屠拉梯心心相印。结果，中央委员会在召开的临时会议上严厉训斥了屠拉梯和议会党团全体成员。无产阶级目睹屠拉梯在议会中备受赞扬，而其他社会党人则被逮捕入狱，无不感到愤慨。

中央委员会扬言要将屠拉梯、贝洛里等人开除出党，但是屠拉梯满不在乎。

议会会议刚一开幕，屠拉梯就又在会上发表演说，他以挖苦的言辞说："上次我在议会中出于常理和爱国发表演说，事后，一群教堂祭司找我来了，说了一大堆话，全是陈词滥调和陈规陋习，他们又想束缚我的手脚。"尽管如此，但屠拉梯仍没有被开除出党！拉查理断言，社会党人从来也没有举手赞成军事拨款。这是理所当然的。是无产阶级的态度使他们不敢冒此风险；但是，马佐尼、齐博尔迪、贝洛里和索里奥却与大主教串通一气，发表告无产阶级书，要求无产阶级拿出自己的积蓄购买爱国公债券，还说什么这种爱国举动有商业利益可图。

那何不在议会中直接举手公开赞成军事拨款，这样岂不更光明正大吗？

其次，我要明确指出，在社会党内，和平主义者是不在少数的。固然，拉查理本人猛烈抨击过威尔逊，但是米兰市长科尔代罗及其他许多人却赞扬威尔逊主义。

在罗马代表大会上（我的朋友拉查理，你没有出席那次代表大会，当时你被关在狱中），屠拉梯在他的发言中道出了他的信条。他说，进攻战与防御战是两个不同的概念，不能混为一谈，以保卫受欺凌的小国为目的的战争是正义战争。他指责国际主义者破坏民族统一，鼓吹所有的阶级携起手来，并且证明他这样做主要是出于无产阶级的利益，否则无产阶级就要遭受被本国资本和国际资本扼杀的危险。

拉查理断言，意大利社会党人决无与资产阶级合作之心。当然，由于资产阶级的态度，想公开这么干也不行，但是，改良主义者何尝不希望有这样的机会，我认为，现在他们有了这样的机会。早在1918年，屠拉梯和另外几个人就加入了所谓"战后国家复兴委员会"。为此，中央委员会曾责令屠拉梯辞去这个职务，但是他拒不服从。

我还要明确指出，一种明显的社会民主主义倾向在社会党内相当盛行。莫迪利扬尼就是这种倾向的主要代表人物。难道他没有说过，如能组成半社会民主主义性质的联合内阁，以阻止共产主义的蔓延，资产阶级就心满意足了吗？

我还坚持认为，社会党内有明显的反革命倾向，在波伦亚代表大会上，屠拉梯也这样说过俄国，结果举座哗然，与会者报以嘘声，使他的发言被迫中断。在辩论意大利复兴问题时，屠拉梯希望社会党最终打消以暴力手段夺取政权的粗率念头，而响应他们的号召，参加复兴国家的组织工作，与资产阶级分享政权。

从波伦亚代表大会开始，塞拉蒂就串通他的朋友，总想败坏俄国的声誉。

在意大利社会党内有第三国际的死对头。而拉查理却大言不惭地说，社会党率先响应号召，加入第三国际。但是我要提醒他，正是他本人和巴契同志一道不赞成加入国际，说为时尚早。

那么屠拉梯又怎么样呢？马尔托夫和苏霍姆林诺夫攻击革命俄国的文章不就是他登载的吗？下面的话不就是出自他的笔下吗？他写道："再过几年，俄国革命的神话就会被人们忘掉。俄国布尔什维克的力量就在于他们的独特的民族主义，这种民族主义就其作用来说虽然与协约国的资产阶级帝国主义相对立，但它也是一种帝国主义。布尔什维主义现在面临着抉择：要么灭亡，要么蜕化，所以它拉住我们不放，要建立第三国际，作垂死挣扎。但是，我们决不做东方帝国主义的工具。我们要加入文明国际。"

屠拉梯出版了鲍威尔的《专政与民主》一书，并为该书撰写序言，满口称赞作者的观点。他称赞第二半国际，认为第二半国际所提倡的精神也就是意大利社会党的精神。改良主义者从来都反对在社会党内与共产党人共事，他们从来不隐瞒这个观点。

屠拉梯认为这两派之间不是在枝节上，而是在世界观的基本原则上存在差异。

那为什么改良派非要赖在党内不可呢？这位虔诚而又天真的机会主义者向我们说出了底细。他说，不外乎两个原因：（1）我们可以在党内进行批判并传播中庸的精神，这种精神对于党本身尤其是对于同情党的群众是颇有影响的；（2）同党决裂就意味着脱离自己打算指挥的大军，从而使自己失去政治上的作用。

既然如此，拉查理还竟敢说分裂是按照莫斯科的命令人为地制造出来的！不！分裂得太晚了，老早以前就该分裂，战前就该分裂！我们都承认有分裂的必要，而莫斯科仅仅是肯定了这种必要。

你们强调统一，这是对的。但是，我们看重的只是革命者的统一。一个政党一方面容忍敌人继续留在党内，另一方面塞拉蒂为实现这种统一而迫使全体共产党人退党，这能叫做统一吗?!

是党的右倾造成分裂的。党没有同法西斯分子作斗争的丝毫决心。更有甚者，党的机关报《前进报》引证《圣经》中基督的话说，若有人打你的右脸，你就应当把左脸也凑过去让他打。

前不久，社会党公布了竞选宣言。屠拉梯对这份宣言十分满意，他写道：虽然宣言的前半部分仍有空洞的革命词句的残余，但后半部分却照抄他的文字，他还补充道："跟离奇的第三国际搞在一起，真是愚蠢。"

朋友拉查理，为了这群人，你们不惜同我们决裂！应当把他们赶出去，就凭他们自己赖着不走的那些理由，也应当把他们赶出去。只要把他们赶出去，他们就会成为光杆司令，再也发挥不了任何作用。

意大利共产党代表团要求将意大利社会党开除出第三国际，要求开始认真地对付意大利社会党，发布文告，彻底批判它的整个方针。意大利共产党代表团要求第三国际敦促意大利无产阶级退出意大利社会党，而在第三国际的旗帜下联合起来。（热烈鼓掌表示赞同）

列宁（俄国共产党）：

同志们！我主要想答复一下拉查理同志的问题。他说："拿出具体事实来，不要讲空话。"好极了。但是，如果我们对意大利改良主义-机会主义倾向的发展作一番考察，那是什么呢，是空话还是事实呢？在你们的言论和你们的整个政策中，你们都忽略了对意大利社会主义运动具有重大意义的一个情况，这就是：已经有很长一段时间，不仅存在着这种倾向，而且存在着机会主义-改良主义集团。我还清清楚楚地记得伯恩施坦是在什么时候开始进行他的机会主义宣传的（这种宣传最后成了社会爱国主义，并导致第二国际的叛变和破产）。从那时起，我们不但知道有一个叫屠拉梯的人，而且知道他在意大利党内和意大利工人运动中所进行的宣传。他20年来一直是意大利工人运动的破坏者。由于时间不够，我没能详细研究有关意大利党的材料，但是我认为，意大利一家资产阶级报纸（我记不得是《新闻报》① 还是《晚间信使报》②）关于屠拉梯和他的朋友们在雷焦艾米利亚③召开代表会议的报道是一份极其重要的文件。我把这篇报道和《前进报》④ 上所发表的对比了一下。这难道不是充分的证据吗？在共产国际第二次代表大会以后，当我们同塞拉蒂和他的朋友们争论时，我们曾经公开而明确地告诉他们我们对局势的看法。我们向他们声明，只要意大利党仍旧容忍像屠拉梯这样的人留在自己的队伍里，它就不能成为共产党。

这究竟是什么呢？是政治事实抑或依然不过是空话呢？我们在共产国际第二次代表大会以后曾公开告诫意大利的无产阶级"不要跟改良主义者、跟屠拉梯搞在一起"，而塞拉蒂却开始在意大利报刊上发表一系

---

① 《新闻报》（*La Stampa*）是意大利资产阶级报纸，1897年起在都灵出版。——编者注

② 《晚间信使报》（*Corriere della Sera*）是意大利资产阶级报纸，1876年在米兰创刊。——编者注

③ 雷焦艾米利亚，在《列宁全集》中译作艾米利亚雷焦，新版的《马克思恩格斯全集》改译为雷焦艾米利亚，其他一些地名词典也多译作雷焦艾米利亚或雷焦-艾米利亚。——编者注

④ 《前进报》（*Avanti!*）是意大利社会党中央机关报（日报），1896年12月在罗马创刊。——编者注

列反对共产国际的文章，并专门召开了改良主义者的会议，——这一切难道都是空话吗？这比分裂还严重，这已经是在建立新的党了。除非瞎子才看不到这一点。这个文件对于这个问题有着决定性的意义。凡是参加雷焦艾米利亚代表会议的人都应当开除出党，因为他们是孟什维克——当然不是俄国的孟什维克，而是意大利的孟什维克。拉查理说："我们懂得意大利人民的心理。"对于俄国人民，我个人不敢这样说，但这并不重要。拉查理说："意大利社会党人很了解意大利人民的精神。"这是可能的，我不想反驳，但根据具体材料和顽固地不愿根除孟什维主义的事实来看，他们是不了解意大利的孟什维主义的。我们不得不说：必须批准（不管这是多么不幸）我们执行委员会的决议。容忍像屠拉梯这样的机会主义者和改良主义者留在自己队伍里的党，是不能加入共产国际的。

拉查理同志问道："为什么要改变党的名称呢？这个名称蛮不错嘛！"但是我们不能同意这样的观点。我们知道第二国际的历史，它的衰落和破产。难道我们不知道德国党的历史吗？难道我们不知道德国工人运动最大的不幸就是直到战前还没有实行决裂吗？为此付出的代价是两万工人牺牲了生命，他们是被不断攻击和抱怨德国共产党人的谢德曼派和中派出卖给德国政府的。

难道我们现在在意大利所看到的不是同样的情景吗？意大利党从来就不是真正的革命党。它的最大的不幸，就是直到战前还没有同孟什维克和改良主义者决裂，而让他们继续留在党内。拉查理同志说："我们完全承认有同改良主义者决裂的必要；唯一的分歧仅仅在于我们并不认为必须在里窝那代表大会上实行决裂。"但是，事实并非如此。我们并不是第一次讨论意大利的改良主义问题了。去年，当我们同塞拉蒂争论这个问题的时候，我们问他："对不起，为什么意大利党不立刻实行分裂，为什么要拖延？"塞拉蒂怎样回答我们呢？什么也没回答。弗罗萨尔有一篇文章，说"要做个灵活而聪明的人"。拉查理同志在引用这篇文章时，显然认为这是一个对他有利而对我们不利的论据。我认为他是弄错了。恰恰相反，这个绝妙的论据对我们有利而对拉查理同志不利。当拉查理将来不得不向意大利工人说明自己的行为和退避的理由的时候，意大利工人会怎样说呢？如果意大利工人认为我们的策略比冒牌共产主义左派（他们有时简直不是共产主义左派，而更像无政府主义）的曲线策略灵活和聪明，那么，你们将怎样回答他们呢？

塞拉蒂和他的党硬说，俄国人只希望别人模仿他们。这种无稽之谈是什么意思？我们的要求恰恰相反。单是熟记共产党的决议，在任何场合都使用革命的词句，这是不够的。我们预先声明，我们反对死背决议的共产主义者。真正共产主义的首要条件就是跟机会主义一刀两断。我们将开诚布公地同赞成这一点的共产主义者交谈，我们将非常自信地、毫无顾忌地对他们说："不要做蠢事；要聪明一点，巧妙一点。"但是我们只是对已经同机会主义者决裂了的共产主义者才这样说，而你们还谈不上同机会主义者决裂。因此，再说一遍：我希望代表大会批准执行委员会的决议。拉查理同志说："我们正处在准备时期。"一点不假。你们是处在准备时期。这个时期的第一个阶段就是同孟什维克决裂，就像我们在1903年同我们的孟什维克决裂一样。德国党当初没有同孟什维克决裂，使得整个德国工人阶级在德国革命史上长得令人厌烦的战后时期内一直遭受苦难。

拉查理同志说，意大利党正处在准备时期。这一点我完全同意。这个时期的第一个阶段就是要认真地、彻底地、毫不含糊和毅然决然地同改良主义决裂。这样，群众就会衷心拥护共产主义。第二个阶段绝不是去重复革命口号，而是要采纳我们聪明和巧妙的解决办法。这种办法将永远是聪明和巧妙的，永远要反复重申，那就是：应当使革命的基本原则适应不同国家的特点。

在意大利进行革命和在俄国进行革命不会是一样的。意大利的革命将以另一种方式开始。但究竟是什么方式呢？咱们大家都不知道。意大利的共产主义者有时并不是地道的共产主义者。在意大利，在占领工厂的时候，有没有出现哪怕一个像样的共产主义者呢？没有，那时的意大利还没有共产主义，可以说有某种无政府主义，绝不能说有马克思主义的共产主义。马克思主义的共产主义还需要创立，还需要通过革命斗争的实践灌输给工人群众。这样做的第一步就是同那些和资产阶级政府合作了20多年的孟什维克一刀两断。在齐美尔瓦尔德和昆塔尔两次代表会议上，我曾有机会稍微观察了一下莫迪利扬尼，他很可能是一个相当狡猾的政客，他不参加资产阶级政府而留在社会党中央机关，因为这样能给资产阶级带来更多的好处。但屠拉梯及其朋友们的全部理论观点和全部宣传鼓动工作却是同资产阶级合作。杰纳利的发言中所引证的许多话不是已经证明了这一点吗？是的，这就是屠拉梯筹划好的那条统一战线。因此，我应当告诉拉查理同志：像您所作的以及像塞拉蒂同志在这里所作的那样的讲话，都不是在为革命作准备，而是在破坏革命。（喊声："对！"鼓掌。）

你们在里窝那获得了很大一个多数。你们获得9.8万票，改良主义者获得1.4万票，共产主义者获得5.8万票。对于像意大利这样一个具有一定传统、对分裂没有充分准备的国家里刚刚开始的真正的共产主义运动说来，上述数字是共产主义者的一次很大的胜利。

这是一次很大的胜利，也是一个有力的证据，说明意大利的工人运动将比我们俄国的运动发展得快。因为，如果你们知道有关我国运动的数字，你们就会明白，在1917年2月沙皇制度崩溃以后，在资产阶级共和国时期，我们同孟什维克相比还是少数。而这是经过15年的激烈斗争和分裂以后的情况。在我们这里，右翼没有得到发展，但也不像你们在轻蔑地谈到俄国时所想象的那样简单。在意大利，发展的情况肯定会完全不同。我们在同孟什维克进行了 15 年的斗争并推翻了沙皇制度以后开始工作的时候，拥护我们的人比你们那里要少得多。你们那里态度暧昧的、联合起来的中派分子有 9.8 万人，而拥护共产主义的工人已经有 5.8 万个。这是证据和事实，一定可以说服那些不愿闭眼不看意大利工人群众运动的人。任何事情都不是一蹴而就的，但是这已经可以证明，拥护我们的是工人群众，不是旧的领袖，不是官僚，不是教授，不是新闻记者，而是真正的被剥削阶级，是被剥削者的先锋队。这也表明你们在里窝那犯了严重错误。这是事实。你们拥有 9.8 万票，但你们宁愿同 1.4 万个改良主义者联合而不愿同 5.8 万个共产主义者联合。你们本应当同共产主义者联合，即使这些共产主义者不是真正的共产主义者，即使他们不过是博尔迪加的拥护者——实际上并不是这样，何况博尔迪加在第二次代表大会以后已经十分诚恳地声明他放弃一切无政府主义和反议会主义。你们是怎么做的呢？你们宁愿和 1.4 万个改良主义者联合，同 5.8 万个共产主义者决裂。这就再好不过地证明塞拉蒂的政策对意大利是一个不幸。我们从来不想让塞拉蒂在意大利模仿俄国的革命。这是愚蠢的。凭我们的智慧和灵活性还不致做出这种蠢事。但是，塞拉蒂的行为却证明他在意大利的政策是错误的。也许他应当随机应变。这是他一年前在这里最爱说的一句话。他说：“我们是善于随机应变的，我们不愿意盲目地模仿别人。这是愚蠢的。我们应当随机应变，找机会同机会主义分家。你们俄国人不善于这样做。在这方面我们意大利人比你们有本事。我们走着瞧吧。”而我们看到了什么呢？塞拉蒂可真会随机应变！他和 5.8 万个共产主义者决裂了。现在，同志们到这里来说：“如果你们把我们拒之门外，就把群众的思想搞乱了。”不，同志们，你们错了。意大利工人群众的思想现在已经搞乱了。假使我们对他们说下面这样的话，倒会对他们有好处。我们说：“同志们，意大利的工人们，你们在共产国际和孟什维克之间挑选一个吧。共产国际永远不会要求你们盲目地模仿俄国人，而孟什维克，我们认识他们已经20年了，我们永远不能把他们当作邻居留在真正革命的共产国际里。"这就是我们要向意大利工人讲的话。结果是不容怀疑的。工人群众一定会跟我们走。(热烈鼓掌以示赞同)①

主席柯拉罗夫：

会议休会。下次会议于明天上午11时举行，继续讨论意大利问题。要求大家准时出席，以保证会议按时举行。

(会议于夜晚12时休会)

---

① 列宁的发言按照《列宁全集》中文第2版第42卷第21—26页译文刊印。——编者注

第九次会议

(1921 年 6 月 29 日中午 12 时 15 分)

继续讨论意大利问题

主席柯拉罗夫:

今天的议程是讨论意大利问题。主席团有必要声明，它将严格执行发言时间不超过 10 分钟的规定，也请发言人严格遵守。由意大利社会党马菲同志首先发言。现在先请安贝尔-德罗同志宣读意大利社会党的声明。

意大利社会党代表团致共产国际第三次代表大会的声明

意大利社会党是最早参加共产国际的政党之一，而且还是齐美尔瓦尔德会议和昆塔尔会议的倡议者之一。它根据共产国际第二次莫斯科代表大会的决议，于 1921 年 1 月在里窝那召开代表大会，审议加入共产国际的二十一条。意大利社会党能否继续留在第三国际，取决于它是否接受这二十一条。

里窝那代表大会以绝大多数票通过如下决议:

意大利社会党决定加强内部的统一，力求使党的组织和机构进一步一体化，力求实行使每一个党员、每一个党组织的行动都服从共同利益、都追求共同目标的集中制。任何其他工作，如宣传工作，都要服从党的监督。

为此，代表大会决定，务必使工会组织的政治任务和政治觉悟高于机会主义的和工会的临时性任务。为此，工会的经济组织的中央机关必须绝对服从政党领导。

代表大会确认，只有保持党的绝对统一，才能早日夺取政权。必须用力所能及的一切方法达到此目的，但唯一要遵守的条件是，这些方法要严格符合阶级斗争的原则，完全符合共产主义革命的目的，而共产主义革命则要求以工会的经济组织的活动来补充政治工作。因此，任何公开的或不公开的党组织都必须在自己的工作中千方百计促进群众教育，使其获得成功，必须千方百计采取一切手段，以获得这种成功，以建立新机关，取代现有的机关。

至于意大利社会党和共产国际的关系问题，代表大会再次确认原先自愿通过的关于参加共产国际的决定，从而承担服从上次莫斯科代表大会各项决议的义务。因此，代表大会宣布：意大利社会党把二十一条全部列入自己的党纲，并放弃涉及共济会会员的附加条件。至于如何实施二十一条，根据共产国际的决议，应由有关国家按第 16 条和第 21 条并参照其他国家已经实施的方法自行决定。

凡服从第三国际决议者，均须坚决地实际贯彻二十一条。关于第 17 条，代表大会抗议有人指责党在万恶的战争时期的作为不够积极。其次，党代表大会建议修改共产国际代表大会的决议，以便暂时保留意大利社会党这个名称，因为这个名称是同工人运动的许多光荣的历史联系在一起的。但是，党代表大会并不坚持非要照此办理不可。

鉴于执行委员会宣布，意大利社会党通过这样的决议就是自绝于第三国际，党代表大会一致通过决议如下：

意大利社会党第十七次代表大会再次确认自己参加第三国际的决定，并毅然决然地采取一切必要的行动，抗议共产国际代表关于要把意大利社会党开除出第三国际的言论。发表这样的言论，其唯一原因是在如何看待意大利党的活动问题上存在意见分歧，而这种分歧只有通过兄弟般的诚恳的讨论才能消除。

意大利社会党重申自己是第三国际的拥护者。在第三国际本次代表大会分清谁是谁非之后，意大利社会党定将服从它的决议，并且重申：从今以后，决心遵守这个最高机构的一切决议。

根据共产国际章程第9条，意大利社会党代表谨向共产国际第三次代表大会提出里窝那代表大会多数派通过上述决议的主要理由如下：

1. 意大利社会党代表大会既然接受了全部二十一个条件，它就不会违背国际的纪律。大会决议已经载明，二十一个条件全部接受。

意大利社会党代表大会只就开除改良主义分子一事，向执行委员会提出三个问题请求讨论，这也是我们共产主义者的权利。

2. 至于开除改良主义分子，里窝那代表大会根本没有做。在这方面，意大利社会党有自己的、比共产国际更严格的传统。1912年，改良主义分子比索拉蒂、博诺米、卡布里尼、波德雷卡等人因违背党的纪律和策略而被开除出党。1914年，共济会会员因对各级党组织施加有害影响，唆使这些党组织与左派联盟勾结而被开除出党。1914年对主战派也是照此办理的。党内多数派很清楚，有许多人虽然答应无条件服从党纪，却继续奉行妥协政策。这当然对党极其有害，并危及党的前途。我们务必消除这种危险。但是采取这一严重步骤，必须善于选择时机。在意大利社会党代表会议上，大家的意见分歧点仅此而已。一批自称"真正的共产主义者"的同志在里窝那坚持要把改良主义分子清洗出去。但是多数派认为，时机还不成熟，突然把他们开除，劳动群众不会认可。

用这种方式处理问题自然会引起争议，但是不能算违反党纪。召开第一次代表会议时遇到的麻烦，使我们清楚地认识到，进入到一定的斗争阶段，开除改良主义分子和中派分子是绝对必要的。但是，只有在认真研究形势之后，才能确定这一阶段是否到来。正因为如此，共产国际第一次代表大会在其对各国社会主义运动的态度的一份提纲中，一方面承认在组织上同改良主义分子决裂是历史的必然，同时又补充说，要根据该国的发展水平以及该国共产主义运动的发展程度来恰当地确定决裂的时机。

共产国际第二次代表大会肯定了这种共产主义策略观点，大会制定的第 16 条明确地说，各党必须考虑其所处的工作与斗争的具体环境。

意大利社会党认为，推迟决裂对意大利无产阶级有利。党和工人群众仍念念不忘九月事件，赞赏当时各地党组织一致同意占领工厂。我们所以没敢果断发动政变，不是由于意见分歧，而是由于我们缺少必要的军事力量，以对抗政府动员起来的军警。

劳动总联合会全国理事会，以及在技术上作了周密的战斗准备的都灵城代表，都是这个主张。

党中央委员会成员实际上大都是所谓的"真正的共产主义者"，这样一个中央委员会暴露了自己对斗争没有决心和完全没有准备：在混乱时期，甚至在反对派焚烧《前进报》编辑部和爆发阿尔孔起义之后，党中央委员会始终表现得没有信心，甚至连波伦亚事件（1920 年 11 月）也弄得中央委员会措手不及，尽管如此，但它依然如故。在占领工厂期间，尽管执行委员会授予了意大利社会党全权，但这个共产主义的中央委员会却不去致力扩大运动，不反对和平结束运动。

不应该忘记，在没有能力分辨所争论的理论问题的群众中，意大利社会党右翼代表是享有声誉的。右翼代表反对过战争，他们派代表常驻过齐美尔瓦尔德联盟，他们现在隶属于共产国际，他们热情地维护俄国革命，他们赞成把工厂交给工人管理。诚然，他们反对扩大运动，但这也是许许多多社会党人坚持的意见。他们在工会中身居要职，并受到选民的无限信任。撤换他们谈何容易。自以为有能力领导一切政治运动和工会运动的所谓"真正共产主义者"，迄今只是一味许愿，而真正一接触实际，就发现自己要么被迫无所事事，要么被迫采取最危险的冒险行动。

所有这些对里窝那代表大会的多数派及其通过的决议产生了极大的影响。我们曾向共产国际执行委员会申述过这些理由，现在又向代表大会报告这些理由，以证明问题不在于根本偏离了主义和策略，不在于无谓地担心个别人和集团的命运，而在于促使我们推迟彻底决裂的极其严肃的政治理由。其他国家的代表在这里严厉批评了我们的里窝那代表大会。而在意大利，工会普遍站在多数派方面，至于从前站在所谓"真正的共产主义者"方面的少数工会，也很快回到意大利社会党一边来了。这证明里窝那代表大会的多数派是正确的。我们认为，我们已经相当清楚地向国际代表大会阐明了争端的实质。请国际代表大会作出裁决。

谈到里窝那代表大会的立场，那是十分明确的。第三国际对里窝那代表大会的指责，同意大利社会党无关：意大利社会党在战争期间始终坚持无比正确的立场，如果指责这样的党犯了社会爱国主义错误，那么全世界就没有一个党能够成为共产国际的合格成员了。

意大利社会党明确表示，自己的方针是继续留在第三国际内，它不允许丝毫偏离阶级斗争原则，它谴责同资产阶级搞联合。意大利社会党中央委员会已经决定召开一次新的代表大会。在意大利政治史上最困难、最关键的时刻召开的这次代表大会，也将提出这个问题。意大利社会党一贯坚持革命，今后也永不背离革命。

马菲（意大利社会党）：

在拉查理同志昨天讲了那些话之后，在列宁同志的简单明了又令人信服的有力发言之后，特别是在我党发表声明，部分地涉及了昨天大体上在这里探讨过的问题之后，再来谈这个问题看来几乎是多余的了。这是我不坚持把上述声明预先翻译出来的唯一理由。作为一个受到指责的党，我们决不能让人在代表大会上产生丝毫的想法，以为我们要回避杰纳利教授提出的鸡毛蒜皮的指责。我们有责任、也有权利进行答辩。就我个人而言，我希望主席团务必像对待所有被指责的人那样，对我们采取宽容态度，给我们充分的自由就各种指责一一进行答辩。进行这样的答辩不是出于个人考虑，而是因为这些指责反而说明我们在许多方面是正确的。

同志们！我本人情愿放弃任何争论。我明白，我们这里是无产阶级的克里姆林宫，而不是县级、州级或省级代表大会，也不是里窝那。杰纳利同志！您那鸡毛蒜皮的指责在那种场合提出也许完全合适。（喧哗声，喊声）在里窝那提出来也未尝不可，因为被指责的一方在那种场合能对您作出答辩。（喧哗声，喊声）但是，把这类资料随身带到千里迢迢之外的世界代表大会上实属罕见。歪曲真相的办法极简单：引证谈话只取一句两句，不问原意，不顾全文，罗列孤立的事实，对党的工作总方针作含糊其辞的解释，从而把事实真相断章取义地端给公众。我反对这样断章取义，这样歪曲事实真相，这不过是最大的谬误而已。（喊声，喧哗声）请不要误解，我们不袒护屠拉梯，决不袒护！改良主义分子自有他们的理解方式和行为方式，屠拉梯同志从来不想对此加以隐瞒。所以，我们感到很惊奇的是，所谓的塞拉蒂问题演变至今，仍然是一个纯属个人性质的问题。我们只知道，意大利社会党被邀请来参加第三国际代表大会。杰纳利刚才指责意大利社会党，其实他指责的是他自己及其朋友。如果我没有弄错，《社会评论》在杰纳利"当权"期间从未间断出版。屠拉梯则为之撰稿，读者不过是2000个知识分子，工农群众迄今不知道有这些文章。一向乐于登载杰纳利和屠拉梯言论的资产阶级报刊，却对这些文章了如指掌。（喊声："从来没有！"）为了把全世界无产阶级引入歧途，他们不惜利用列宁的话。这种把戏是众所周知的，只不过显得很幼稚。杰纳利教援昨天的发言，也可以算是这种蓄意的幼稚把戏。杰纳利用屠拉梯的言论和思想来论证自己的结论，以反对我们和意大利社会党，以为这样就能加重其观点的分量和权威性。其实，这一切不过是一种把戏，屠拉梯与其说是一个政治家，不如说是一个文学家，他机关算尽太聪明，反倒成了众矢之的。正像我们一贯断言的那样，他害党害得不浅。为了党的利益，我们一次又一次地由此作出适当的结论。我个人回想起屠拉梯在卡波雷托战役失败后的一次演说。在他发表演说时，我觉得，我预料到比索拉蒂会热烈地拥抱他。为此，我痛苦地泪流满面。试问，你们当中哪一位当时揭发过屠拉梯？你们的议会领袖、当时最狂热的爱国者、你们的格拉齐亚德伊这样做了吗？（喊声："证据呢！"）

证据无济于事，况且都已印成书面的，在这里重新转述完全没有必要。（喧哗声）是的，白纸黑字，在这里重复它是愚蠢的。（喊声："这是胡说八道！"）要说胡说八道，那人所共知的200页才是胡说八道，你们如果有胆量，就会同意这一点。屠拉梯在博洛尼亚代表大会之前就写下了自己的政治信条，而杰纳利当时是党的书记。（喊声："他是在博洛尼亚代表大会之后才当书记的！"）请等一等，让我把话说完。杰纳利是在拟好候选人名单一个月之后担任党书记的，屠拉梯照例是在米兰被选为候选人的。（喊声："不对！不对！"）那么当时谁在书记处呢？是邦巴奇吗？对了，我的朋友们，是邦巴奇。但是，在杰纳利和邦巴奇之间难道有多大差别吗？那时就已经形成一股存在至今的"清洗风"。屠拉梯在1919年的政治选举中充当候选人，就是代表现在的这股"清洗风"。（喧哗声，喊声）人们由此得出什么结论，就没有必要重复了。（喊声："不对！不对！"）结论自然会产生的。请耐心等一等。在博洛尼亚悲剧之后，屠拉梯发表的演说引起了我们中间一些人的热烈掌声。（杰纳利喊道："我们对他发表的演说坚决表示了抗议！"）抗议有什么用！应当声讨。只抗议……

主席：

让发言人把话说完，他只剩下两分钟了。

马菲：

我只想稍稍涉及现在自称所谓"真正派"的人所犯的严重错误。在今天的意大利共产党内有"真正派"和"被清洗派"，这难道不是事实吗？如果我没有记错的话，杰纳利过去就是一个改良主义派，当他在全国联盟中的时候……（喊声："这是胡诌！"）你们太性急了，等我讲完嘛。我只剩下两分钟了。显然，两分钟不够把要讲的话都讲完，因此，我请求代表大会给我延长发言时间。（喊声："您再讲几分钟吧！"）

主席：

根据规定，每一个发言人至多有 15 分钟发言时间。关于这项规定的提案，是经代表大会全体通过的。

马菲：

很好。我不谈细节了，我只想告诉诸位：我本来可以用杰纳利对别人的指责来反驳他。不过我不打算这样做了，因为我只想证实，在战时和战后，无论由哪一位书记领导，意大利社会党都尽力而为了。诚然，这是一句平淡无奇的话，但也是一句实实在在的话。意大利社会党在战时和战后做了力所能及的一切。例如，拉查理把韦罗纳和辛比特达列纳的代理人开除出党。但是他不能开除雷焦市政委员会，首先是因为该委员会表示服从，其次是因为限于特殊情况，不同时期的不同书记的行为方式只是大体一致。因此，我才把一些必须慎重对待的、很容易引起误

解的、有争议的事情公布于众。杰纳利教授，您既然宽以待己，又何必
苛求于人呢？做工作就难免犯错误，要想不犯错误，除非不做工作。总
之，分析意大利社会党实际生活中所有这些小事能证实什么呢？它向我
们证实，在意大利，摇摆不定的、踌躇不前的、很少靠得住的书记处和
执行委员会何其多。它向我们证实，所有迫切需要做的事情都因超出了
党的能力，它完全不能胜任。一切诚挚的社会党人不会不赞成分析问题
时的这种观点。事实胜于雄辩。

主席：

您的发言时间已过。

马菲：

请再给我 5 分钟。我提请大家注意，我是作为一个被告在这里发
言的。

主席：

意大利问题不是代表大会要讨论的唯一议题，在议事日程上还有
15 个问题要审议。

马菲：

我明白。不过我只想指出，有 10 分钟我就能把问题讲完。

主席：

您以后还有机会要求答辩么。总不能……

马菲：

我声明决不在一些个人问题上纠缠。但因为各个书记处和执行委员

会的所作所为很少有什么差别，所以我的论据必然是一般性的，是经不起批评的。而现在的问题就在于，如何根据需要和可能使用现有的力量。再次辩论这个问题是大有益处的。确实，现在可能就是讨论这个问题的所谓"有利时机"。（有人问："开除改良主义分子的问题呢？"）同志，请等一等，时间还来得及。（同一个人的声音："我已经等得太久了。"）那就再给我 10 分钟时间。

主席：

您已经讲了整整 20 分钟。

马菲：

但是我的讲话老是被打断……

主席：

这全怪您的讲话风格。

马菲：

不是风格，这是我的责任。我决不想公然违背主席团，但是我声明还需要几分钟时间结束发言。我服从权力，尤其是社会主义的权力，但是反对不让我把话讲完，反对打断我的讲话。我大概还需要 8 分钟时间，请不要打断我的发言，因为我有合法的理由……

在今年最初几个月间，意大利政局急转直下。在我们的国家里，时机逐渐成熟。现在我们有证据说，资产阶级正在武装起来，至少是打算武装起来。有些人和集团产生政治分歧的根源，现在同过去不一样。任何一个普通人都清楚，现在是该关心武装无产阶级的时候了。每一个人都明白，把我们过去不得不留在党内的人继续留在党内是多么的危险。

根据上述一切，请问，从意大利无产阶级和世界无产阶级的利益出发，你们是否认为，代表大会在弄清所发生的全部事实之后通过一个重要的决议，即通过一个莫斯科所属的全体无产阶级都明白的、而我国农民和工人只能大体明白的重要决议更为有利呢？我个人认为，不如让这个如此迅速发展的成熟过程在内部独立发展反倒合适。这就是我们所坚持的观点，它不同于要按资产阶级法律追究我们责任的人的观点。类似的问题我们没有必要答复了。在里窝那代表大会之后，意大利党内的情况是十分明朗的。在表决了巴拉托诺的决议案之后，又来了一个卡巴克奇耶夫的声明。接着，代表大会通过了本蒂沃利奥的提案，措辞如下："兹声明，为遵守纪律起见，我们将服从第三国际第三次代表大会的所有决议。"这难道还不够吗？我们已经说明……（他的话被喊声打断）同志们，我有权要求别人不要打断我的发言，否则我就要错过所能支配的几分钟时间了。总而言之，还要召开一次代表大会，大会的情况不会太复杂。意大利社会党下次代表大会……（他的话又被喊声打断，发言中断半分钟。）下次代表大会不得不放弃里窝那代表大会的决议。政党有处理本党党务和本党代表大会的自主权，因此，意大利社会党下次代表大会只要执行第三国际的决议也就够了。这一点我们已经明确声明过了。实际情况就是如此。我的朋友们，既然我们聚集到这里来是为了进行协商的，那么刚才就这一问题作了说明之后，就不该有任何疑问和不清楚的地方了。如果说穿了，现在有人在玩弄政治把戏（我不知道这是为什么），那自然又当别论了。同志们，我要说明，我们将坚持进行清洗，这是一定的……共产国际代表大会将作出裁决。但是，我们作为代表必须告诉诸位，我们没有理由答复你们毫无根据的"滚开！滚开！"的喊声。我们只能开诚布公地提请你们注意里窝那代表大会的决议。除此之外，我们要求你们同我们党长期保持联系，这样，第三国际的负责机关就能够同我们保持兄弟般的团结一致，也就能够研究和探讨我们的内部关系的发展，以及像列宁同志中肯提出的那样理解什么是合理的要求。我们所希望的就是这个。我们将建议我们党的下次代表大会接受共产国际第三次代表大会的决议。但是，我们不是孩子，不能像对孩子那样对我们说："不行，你们非要照我这样说不可，这是命令。"此刻，起决定作用的不是决议的字义，而是我们的意志、我们的信念和我们的意见……我们到这里来不是为了徒劳无益地玩弄辞藻，不是为了从事外交阴谋。第三国际的同志们！请用你们出自肺腑的、始终如一的同情心来帮助我们吧！请用你们切实可行的、明智的忠告来帮助我们吧！请用你们令人信服的、富有经验的力量来帮助我们吧！因为有了这种力量，你们才解放了俄国人民，并为全世界无产阶级树立了无数的榜样。我们热切的希望莫过于此，我们再次要你们相信：我们履行各项义务的决心决不改变。

主席：

同志们！根据已通过的关于议事日程的提案，执行局坚持不得延长发言人的发言时间。会议必须遵守共产主义的纪律。现在请拉柯夫斯基同志发言。

拉柯夫斯基（乌克兰共产党）：

同志们！每一个人都清楚，意大利问题至关重要。意大利无产阶级恰恰在去年，即在意大利资产阶级经过巧妙的随机应变之后，终于撕下假面具对工人阶级进行猖狂进攻的时刻分裂了。听了拉查理和马菲的发言，我寻思，是什么动机促使他们在意大利无产阶级中制造这次分裂的，因为必须把这次分裂看作是意大利社会党不愿服从共产国际第二次代表大会的决议的结果。分裂的责任不在共产主义少数派，因为他们忠于在莫斯科开会的世界无产阶级的代表的指示。我寻思，用什么政治理

由来解释列宁同志昨天在这里提到的反常现象，即意大利社会党决定同
1.4万个改良主义者联合起来反对5.8万个共产主义者？

　　我注意听取了拉查理同志的发言。附带提一句，我到过意大利，稍
微了解一些意大利的实际情况。我是了解这个国家的。最近30年来，
凡是注意观察社会主义运动的人都知道，改良主义在意大利不仅确实存
在，而且还是德国改良主义的先驱，屠拉梯就是伯恩施坦的先驱。从
1893年苏黎世国际代表大会以来，屠拉梯从来没有参加过国际代表大
会。而且我记得，1913年他和安娜·库列舍娃同志一起退出苏黎世代
表大会，是为了抗议德国人的领导。当时担任领导的是李卜克内西和倍
倍尔。1915年，当我应意大利党之邀到罗马参加争取中立运动的时候，
那里也是笼罩着这样的气氛。当时我见到了屠拉梯和特雷维斯，他们对
我说：“我们确实结束了德国人的领导。”机会主义派败坏了一度是革
命运动的运动，他们为此兴高采烈，希望从此彻底摆脱国际的领导。此
外，在机关报《社会评论》上一次又一次出现意大利复兴运动时期①的
传统。屠拉梯的彻底堕落就是这种旧的社会爱国主义传统的反映。凡是
熟悉意大利社会主义运动史的人都清楚地了解，在意大利始终存在着改
良主义，党的执行委员会是隐瞒不了这一点的。我想问一问拉查理同
志，他在最近20年里要了多少花招去隐瞒屠拉梯的这些丑闻？协约国
为把意大利拉入战争而玩弄的花招，恐怕还没有意大利党为隐瞒屠拉梯
的议会丑闻而玩弄的花招多呢。

　　当我们质问党的执行委员会，怎么能容忍《社会评论》这样的刊
物，怎么能容忍经常在《前进报》上炫耀《社会评论》是得到党鼓励
的机关报之一的时候，执行委员会给我们的答复就是刚才我们从马菲嘴
里听到的那句话：“其实，这个刊物的读者不过是2000个知识分子，工

---

　　①　指1831—1870年意大利为解放和统一进行战争的时期。——编者注

人们甚至根本不知道有这个刊物。"

在卡波雷托战败之后，比索拉蒂和屠拉梯之间又干起仗来了。但是，屠拉梯真值得称道的地方是，他一如既往，仍旧顽固坚持改良主义者和民族主义者的立场。他是俄国革命的敌人。昨天有人在这里表示，两个意大利代表写的那本诋毁俄国革命的书，其序言没有多大意义。不，同志们，这绝不是小事一桩。问题不在俄国革命——俄国革命不是屠拉梯及其朋友所能诋毁的。（场内表示赞同）没有必要在改良主义诽谤者面前为俄国革命辩护。然而，有人在慢慢毒化意大利无产阶级，在他们面前把无产阶级革命描绘成丰盛的结婚筵席，在这种筵席上既没有恐怖、饥饿，也没有搏斗。这使人想起蒙特奇托里奥式的改良主义革命。（场内表示赞同）为了袒护屠拉梯，他们在报刊上，在社会党的著作里，在塞拉蒂的杂志上，编造了奇特的理论。我们甚至去年就在这里听到过这种理论。这种理论力图证实，意大利中派分子，甚至塞拉蒂同志，都要比第三国际的共产主义者进步得多。这一切都是为了让梯拉屠能够为此目的留在意大利社会党内。在土地问题和民族问题上，在英国和美国共产党的策略问题上，他们创造了真正是披着共产主义外衣的形而上学。

意大利社会党领袖之一塞拉蒂，醉心于不受时空限制的抽象公式。他以为执政的共产党与在野的共产党是没有区别的。他和他的朋友们说：我们反对共产国际关于民族问题的决议，因为我们反对民族主义，我们反对英国共产党加入工党，因为这是同国际对意大利劳动总联合会提出的要求矛盾的。塞拉蒂连最起码的知识都没有，即共产党的策略不应该是教条主义的，而应该是辩证的、适应各种情况的。换句话说，适用于英美的策略并不一定适用于意大利，因为英美的共产主义运动还没有牢牢地站稳脚跟，而意大利的社会党早在去年就表示拥护共产主义，并且准备夺取政权和工会运动的领导权。是的，意大利无产阶级已经受到毒害，并将继续受到伪学说的毒害。这一切完全是为了袒护屠拉梯和改良主义者。对于我来说，这是心理学上的一个谜：难道屠拉梯是少不了的宝贝，非要花费 20 年时间用意大利整堆整堆的白粉去替他粉刷不可吗？

意大利社会党的同志们不是把自己的全部希望寄托在工人阶级和农民身上，而是寄托在社会的精神贵族即专家身上。他们说："意大利工人还不够成熟，在政治上不够开拓，所以需要专家。"

他们说，屠拉梯不是一个好的共产主义者，却是一个出色的议员战略家。（拉查理喊道："已经把他打发走了！"）是的，已经把他打发走了，但是另一个改良主义分子达拉贡纳接替了他。要知道，他们在劳动总联合会里是很吃香的。

他们还断言："我们所做的一切，都是为了维护党的统一，为了不分散我们的力量。我们掌握着 3000 个公社。"我这里没有引用任何一句在意大利正式文件中找不到的话。"我们需要有威望的工会运动工作者，需要熟悉工会运动、富有工会工作经验的人，我们需要懂得议会战略的政治家。"意大利党紧紧抓住这个统一的幻想不放。他们主张无论如何要维护党的统一，甚至为此不惜牺牲革命。拉查理同志！人必须始终忠于自己的信念：在伯尔尼、昆塔尔和齐美尔瓦尔德的时候，你们拼命反对关于维护党的统一的说教。如果这个说教不是抽象的原则，而是革命的因素，你们就应该始终忠于它，而不应该撤销以王德威尔得和胡斯曼为代表的声名狼藉的第二国际布鲁塞尔国际局。你们不应该赞成社会民主党人之间的分裂，随后是德国共产主义者和独立党人之间的分裂。你们既然认为分裂政策是不能容许的，就不应当赞成在其他国家也实行分裂政策。你们现在断言，这种分裂政策适用于其他国家，而不适用于意大利。矛盾就出在这里。难道在意大利没有改良主义分子吗？你们的改良主义有过之而无不及，因为它是由千万根链条同意大利激进主义联系在一起的，同在你们党内起非常特殊作用的意大利知识分子联系在一起的。

哪里会有这样的共产主义的民族主义？怎么能这样虚荣：公然宣称意大利所发生的一切都不同于别的国家？这是一切机会主义者惯用的论据。

法国机会主义者声称，德国机会主义者都是民族主义者，而列诺得尔则是遵循法国社会主义优良传统的，德国机会主义者在战时声称，法国社会主义者都是民族主义者，只有他们自己才是马克思的学生。这是过去的事了。你们创造了一个专家论。就算你们的代表蒙特奇托里奥等人都是最优秀的战略家，就算你们能靠这些代表成立一个最好的政府，但是你们干不了革命。你们可以同里戈拉和达拉贡纳一起抵制令人震惊的钢铁工人运动，但是你们干不了革命。由于中央委员会竭力向工人隐瞒各位领袖之间的意见分歧，由于中央委员会坚持家丑不得外扬，这就可以使最好的计划始终不过是计划而已。你们靠这样的领袖是绝对干不了革命的。你们忘记了共产党必须是群众性的党。

你们没有把希望寄托在劳动群众出身的人身上，参加了工会的工人身上，参加了党组织的党员身上。你们党的领导核心是20年一贯制的老人，如屠拉梯、特雷维斯等等。我们党现在已经一劳永逸地彻底解决了这个问题。原来想维护意大利改良主义者，结果却使他们受到了更多的指责。请问，你们意大利社会党人现在怎么行动，将来又怎么行动？你们是跟着革命的无产阶级，跟着共产国际走呢，还是回到维也纳和阿姆斯特丹去？莫非你们想建立一个 $2\frac{3}{4}$ 的国际？不，你们自己曾经为此狠狠地指责过谢德曼分子、独立党人和法国机会主义者。如果有朝一日你们劝说意大利无产阶级回到叛徒那里去，无产阶级就会同你们一刀两断。

同志们！我要利用你们还有的时机向你们说明：你们还没有自绝于

共产国际，你们正在出席国际代表大会，我们也正在听取你们的意见，我们本身都同情在意大利社会党内起重要作用的同志。马菲同志提到的"滚开，滚开！"的喊声不是针对你们的，甚至也不是针对你们党的。不，如果你们像去年的弗罗萨尔和加香那样亲自加入我们的行列，我们将非常高兴。但是，你们必须说："我们答应无保留地接受共产国际的条件，如果有必要的话，我们宁愿反对自己的党，也要坚持党接受这些条件。"至于党的合并问题，那是个技术性问题。当我了解到最近召开的里窝那代表大会决定无条件地服从国际代表大会决议的时候，我寻思道："没有必要召开新的党代表大会了！只要党的执行委员会服从国际的决议就行了。"可是我又回到原来的想法并且重复说：问题不在于你们自己，也不在于党，而在于无产阶级，在于每一个意大利工人的良心。每一个意大利工人都应当问问自己："我站在哪一边：是站在全世界革命的无产阶级一边，还是站在背离我的事业的国际一边？"你们没有别的选择。你们必须在这里向优秀的无产阶级的代表宣布，你们意大利社会党人无条件无保留地服从世界无产阶级莫斯科第三次代表大会的决议。如果你们想使意大利无产阶级集结自己的力量走向共产主义的胜利，你们就必须毫不迟疑地接受这种决议，它会使意大利无产阶级恢复组织力量和革命信心。

克拉拉·蔡特金（德国共产党）：

同志们！我们要对意大利问题作出决定。恐怕我们没有一个人不懂得作出这个决定的艰巨性和重要性。因为，这里的问题不在于我们是否喜欢的个别领袖的命运，也不在于他们的政策引起我们方面的激烈反对和拼命抵制。问题甚至远远超出参加社会党的意大利工人的政治命运。这里的问题在于部分地决定世界各国共产党的命运和整个国际的命运，并通过国际决定全世界千百万被剥削压迫者的命运。要知道，无产者是否还要在资本主义桎梏下继续受到剥削和继续处于农奴般的地位，或者无产者通过共产主义的解放最终被提高到真正的人的地位，这将取决于追随共产国际的世界工人的进攻速度和决心。

同志们！不仅意大利的，而且全世界的形势都要求有一个强大、团结、统一的党来领导意大利的革命无产阶级。有人借口统一而阻挠意大利无产阶级齐心协力地进攻资产阶级。现在比任何时候更需要这种齐心协力的进攻。意大利资产阶级现在已经撕下了漂亮的民主外衣。在意大利，占统治地位的剥削阶级的所有自由主义空谈，纯属一派胡言和欺骗。意大利统治阶级也是以军事权力和血腥暴力对付群众的。这个军事权力必须由统一的革命无产阶级来粉碎。但是同志们，建立无产阶级的统一战线，绝不应当牺牲革命的目的性、革命的刚强和革命的积极性。任何时候都不应当用这样的代价来换取统一。我们不仅应当用卓越的决议，而且应当用坚强有力的行动来做结论。

在里窝那代表大会之后，党没有统一，革命战线没有统一。我仍旧认为具有极重要意义的是：把意大利共产党的重要力量和无疑继续留在统一派阵营内的力量团结成统一的力量，但决不放弃斗争的原则和指导性的策略路线。刚才拉查理和马菲两位同志真诚地表示，意大利社会党决心走这条路。但是同志们，我坦白地说，我们现在有权提出同样的问题，有权向整个意大利党提出在里窝那代表大会之前不得不向塞拉蒂提出的同样的指责：在里窝那代表大会之后，意大利党为维护第三国际实际做了些什么？我不想在这里引用事实来说明什么也没有做。我只想提一个像聚光灯那样给我们照亮的情况来说明，意大利党的行动还不表明它打算继续留在第三国际。意大利社会党领导机关即不评论也不斥责阿姆斯特丹国际提供给意大利劳动总联合会5万里拉赠款一事，而从共产主义的观点来看，本来是应当对此加以评论和斥责的。实际上，这笔赠款是怎么一回事呢？这5万里拉实际取自工人阶级的叛徒、社会党的叛徒之手。这些叛徒一连四年跟着各国资产阶级踏遍了世界大战的血腥战场。这些钱来自德国沾满 2 万死难无产者鲜血之手。所以，这 5 万里拉从来都不是兄弟般的国际团结的象征，而是犹大手中的银币，为了这些银币而想把莫斯科红色工会国际出卖给阿姆斯特丹黄色工会国际。这件事没有在意大利党内引起群情激愤的抗议。相反，《前进报》还兴高采烈地赞赏它为国际团结的象征。我想，只提这件事就够了。共产国际应当告诫意大利社会党："必须悬崖勒马。"十分清楚，只要不同屠拉梯分子彻底决裂，意大利党再团结，再统一，也绝不能成为同资产阶级斗争的战斗纵队，相反，它将成为资产阶级和革命无产阶级之间的一堵屏障。（鼓掌）

你们说你们的意图是善良的和美好的，但是不管意图多么善良，政治逻辑终究是有自己的规律的。目前，在资产阶级和无产阶级之间不可能存在中间状态的改良主义。凡是承认塞拉蒂之流的改良主义的人，凡是容忍改良主义的人，都是在阻挠革命无产阶级实现自觉的团结。我明确说，过去我们怎么样批判塞拉蒂本人，现在我们也可以怎么样批判党的政策。所以我认为，第三国际本次代表大会应当作出一个明确的决定。首先，代表大会应当声明，必须毫不动摇地、无情地立即同屠拉梯分子实行决裂，其办法不是以所谓当场抓获盗窃革命基金的罪名开除个别领袖。不！必须抛弃整个方针，准确些说，必须抛弃整个改良主义政策。

必须在无产阶级的战斗部队和这个垂死的派别之间，筑起一道牢固的堤坝。这不难做到。鉴于目前的僵局，我并不认为尖锐激烈地批评社会党的政策是特别明智的办法，就像我们的意大利朋友最近所做的那样，他们确实相信这种批评是正确的。代表大会应当毫不含糊地、不受歪曲地、不被曲解地说出，我们现在要求意大利社会党作为统一的意大利共产党的组成部分执行哪一种实际政策。同志们！我认为，我们大家、我们代表大会给我们的意大利社会党朋友提供参与起草有关决议的机会，这当然是情如兄弟的公正行为，绝不是他们有时认为的施舍。同时，我坦白说，拉查理和马菲两位同志应当尽一点儿兄弟般的国际主义义务。

我们知道，这两位同志没有被授权在这里发表声明，或者表决某项决议。我们知道，决定问题的应当是下次党代表大会。我们可以要求他们做一件事。我们应当对他们说："拉查理同志，马菲同志，以及你们所有出席这次代表大会的、与意大利无产阶级血肉相连的同志，作为证人，作为意大利无产阶级优秀传统和战斗传统的体现者，你们应当在意大利党内，在意大利无产阶级内，老老实实、原原本本地热情传达本次代表大会的决议。你们的任务是消除群众和意大利党在斗争过程中产生的误会。你们有光荣的历史，所以我们充分信任你们，相信你们在这种情况下会充当忠实可靠的传达者，相信你们回到意大利后一定会告诉自己的朋友，告诉意大利工人说：'共产国际的作为，不是出自某种卑微的动机，不是出自权力野心和开除别人的癖好，更不是癖爱分裂，都不是。共产国际赞成分裂，其唯一目的是在更高的发展水平上实现更牢固的团结。意大利的工人们，你们要从中吸取教训！你们要从中学习，并作出正确的判断！如果你们真诚追求共产主义目标，那就要把不可能也不应当凑合在一起的人在全国范围内打散，但是要把应当联合起来的人在国际范围内联合起来！何去何从，你们自己选择吧！'"（长时间地热烈鼓掌）

托洛茨基（俄国共产党）：

同志们！我认为，我们不必老是纠缠意大利社会党的过去。这个问题我们已经谈得够多了。目前的状况是去年发生的九月危机造成的，所以九月危机才是我们的主要问题。只要对政治形势略加回顾，我们便不难看出，甚至不难相信，意大利无产阶级在战后采取的是不折不扣的革命方针。《前进报》发表的所有主张，社会党发言人的一切言论，都被群众理解为号召进行无产阶级革命，这种宣传渗透到他们的心中，激发起工人阶级的斗志，引起了九月事件。

从政治观点来判断意大利党，我们的结论（也是唯一可能的解释）是：意大利社会党口头上夸夸其谈革命政策，却从来不考虑其后果。众所周知，意大利社会党策划了九月事件，可是到事件发生的时候却惊慌失措，惘然若失。这就表明，是意大利组织（不应该忘记，党不仅有主张、宗旨和纲领，而且还有机构和组织），是意大利组织以自己的一贯行动保证了胜利。九月事件对意大利无产阶级和意大利社会党来说，都是严重的关头。这次事件对无产阶级产生了什么后果呢？考虑到阶级一经脱离自己的政党，便立即丧失一切思想基础，人们一时还很难说出个究竟。那么党从这次实践中得出了什么结论呢？在战后整整三年之内，每一位来自意大利的同志都对我们表示："我们做好了一切革命准备。"大家也知道，意大利当时处在革命的前夜。可是，革命爆发了，党也垮了。这次事件的教训是什么呢？到底有准备没有呢？他们又对我们说："我们没有做好准备，因为在我们的组织里混入了尖锐对立、互相拆台的分子。要有愿望才能创造一定的条件，至于条件创造得好坏，就要看我们的意志如何了！"这就对了，拉查理同志，根本的一条就在这里——要有取得革命胜利的愿望！有了这个愿望以后，再进行讨论、再进行分析也不晚，因为还必须讲究战略，单靠坚强的意志还不能取得胜利。战略是必要的，但进行革命和取得革命胜利的愿望是主要的！屠拉梯和他的朋友们在这方面还算诚实，他们每天不止一次地公开声称，不愿意进行革命。他们虽然不愿意进行革命，却偏要留在社会党内，而且还是党内要人。

九月事件你们熬过去了。但是在经历了这个悲剧性的月份之后，你们到底干了些什么？向右转了。改良主义分子，即不希望进行革命的分子，在你们新组成的议会党团里占了多数。你们的主要机关报《前进报》急剧地向右转了。现实就是这样。现实的情况如此确凿无疑，就不要炫耀过去了。在口头的革命辞藻和强硬的革命要求之间存在着矛盾——九月事件恰恰暴露了这种矛盾。这种矛盾可能产生两种结果：或者，你们必须否定你们口头革命的那段历史，换句话说，就是同阻挠革命运动的改良主义分子决裂，或者你们必须说："既然我们不愿发动九月事件，那挑起九月事件的方法，我们自然也应当放弃。"

屠拉梯一定会吸取九月事件的教训，并指出由此产生的明显矛盾。至于你们，即你们的党和中央委员会，你们现在的所作所为只能进一步制造思想上的混乱。这种思想上的混乱，是你们自己造成的，当初它预先决定了九月事件的失败，现在又推动意大利社会党向右转。塞拉蒂主张集中力量，他想把共产主义分子、中派分子和改良主义分子都集中在一个党内。在一定时期，集中力量的主张也是合乎道理的，就是要把尽可能多的革命力量集中保存在党内。塞拉蒂想这样做，想把这三派力量联合起来，然后对人说："这是我们党的真正砥柱，除了我们之外，都是我们的敌人。"

你们做了一次最残酷、最鲜明、最惨痛的尝试。只是后来，集中力量的主张，当然是有点抽象的集中力量的主张，才转变为一定的政治形式。它成了浸透改良主义而不是中派主义的主张，因为党现在显然偏右发展了。

屠拉梯说过："无产阶级在九月事件中还不够成熟。"无产阶级确实没有成熟，但是你们向无产阶级解释过没有，为什么党也没有成熟？你们对无产阶级说过没有："屠拉梯并没有说错，他所以说你们意大利工人还不够成熟，就因为你们还不能在采取坚决行动之前，先把妨碍党的工作的一切分子都清洗出党。屠拉梯并没有说错，他所以说意大利无产阶级在采取决定性的九月行动方面还不够成熟，就因为意大利无产阶级没有把屠拉梯开除出自己的大家庭。"意大利无产阶级的目前状况怎样呢？我坚信，它变得更加小心谨慎了，因为它完全信赖的党不由自主地欺骗了它。拉查理同志喜欢从道德和个人角度理解这一类说法。他说："有人责备我们背叛，但是我们从背叛中捞到了什么呢？"这里指的不是自私自利的个人的背叛。这里指的是党垮了台，而从政治上讲，党垮了台就是背叛无产阶级的利益。我寻思：意大利无产阶级究竟会怎么想呢？党在无产阶级中的威信想必受到了严重的损害。现在又诞生了一个新的党——共产党。我们深信，共产党即使继续像今天这样孤立，也会发展壮大。这个党面向无产阶级，向无产阶级提出自己的革命的共产主义纲领。你们难道不怕意大利无产者在听了你们的话之后会说："这类调门我们已经听过了，在九月事件中我们已经受过骗了。"你们在意大利造成的极端困难局面就是这样，但愿这种局面早日改观。

年轻的意大利党必须以大无畏的顽强工作赢得真正革命的声誉。这种声誉不仅对议会活动是必需的（这是另一回事了），而且对再次向资本主义社会发动进攻也是必需的。党由于在九月事件中的作为，更确切些说是无所作为，使自己丧失了革命的声誉，现在必须重新赢得这种声誉。你们向我们指出，屠拉梯是服从党纪的。可是有人说得太对了，他们说，这里有人为屠拉梯辩护，而且是按一切法律辩护程序为他辩护。应该怎样理解党纪呢？有形式上的纪律，也有实质上的纪律。我觉得，不由自主和自觉自愿，二者是有区别的。我们现在服从资本主义国家的纪律，服从资本主义的法纪，这是为什么？这只不过是不得已而为之。同时，我们又嘲笑资产阶级的法纪，建立各种秘密机关以摧毁资产阶级的法纪，千方百计地破坏资产阶级的法纪，或争取使它放宽尺度。而屠拉梯是如何对待你们的纪律的呢？他对待你们的纪律的态度同拉查理同志一模一样：他就像我们服从资产阶级法纪那样服从你们的纪律，在你们党内建立自己的秘密组织和派别，同政府进行勾结，当然是不公开的秘密的勾结。他千方百计地松懈和瓦解你们的纪律，而且还在自己的言论和报纸上嘲笑你们的纪律。可见，他是一个蓄意反对我们的、手法高明的敌人，就像我们是资产阶级社会和资产阶级法纪的敌人一样。实际情况就是这样。

他们说："我们毕竟没有抓到开除屠拉梯的实际理由，我们缺少事实。"是的，如果我们继续无限期地等待下去，我们确实永远也抓不到这种事实，因为屠拉梯的目的很明确。屠拉梯不是一个想当资本主义国家部长的庸俗的官迷。据我所知，他是有一定之规的，他一旦得手，就不肯轻易罢休，所以，他不稀罕部长的职位。噢，我完全可以想象屠拉梯和焦利蒂之间的谈话。焦利蒂对他说："现在您该当部长了。"屠拉梯回答说："我亲爱的同行，难道您没有听到拉查理的演说吗？如果我当了部长，那他就有把柄了，他一定会抓住不放。我将被开除出党。如果被开除，我对于您、对于维护资本主义国家就不起任何政治作用了。既然问题不在于增设一个社会党的部长席位，而在于维护民主制度即资本主义社会，我就不想当你们的部长了，我不想为我的挑剔的同行拉查理提供揭发我的把柄。总之，为了资产阶级社会的利益，我们还是维持现状吧。"

你们说："对屠拉梯，对屠拉梯的言论，对屠拉梯的著作和前言，是否管得太多了？会不会是干涉私事，多此一举呢?!"果真是这样，果真是因此而丧失一个或几个人的问题，果真是多此一举，那你们何必如此焦虑不安？亲爱的意大利同志，你们不妨想象一下，当我们在这里讨论问题的时候，焦利蒂打电话问屠拉梯："拉查理到莫斯科是不是要接受什么任务？"屠拉梯回答说："不，不！这纯属偶然。"诸位知道，资本主义社会实行劳动分工原则，你们为维护屠拉梯而同共产国际断绝关系，就是帮了资本主义社会的大忙。你们表白说，你们对俄国共产党和苏维埃俄国的热情日益高涨。请允许我公开谈谈这个问题，不仅对意大利同志而且对所有的党公开谈谈这个问题。大家一谈起我们，口气总是那么委婉，唯恐得罪我们。你们大家都了解，我们的处境非常艰难。你们到过红场，你们不仅看见了我们的士兵，看见了那些决心捍卫第三国际而武装起来的共产党员，你们还看见了我们的青少年，他们大都营养不良，连鞋子都没有。你们每一个参观过我们工厂的人都会看到，我们的经济物资极端匮乏。谁想到这里来寻找共产主义的天堂，谁就会大失所望；谁到这里来搜集赞美俄国的观感，谁就不是一个真正的共产党人；但是，谁到这里来搜集我们的赤贫现象作为反共论据，谁就必定是我们的敌人。（鼓掌）可是，同志们，你们的党员屠拉梯谈到俄国时就说过："俄国人是为了自己的利益，为了本国的利益，才发明了苏维埃和共产国际的。"他对意大利工人，即为了虚构的国家利益才被卷入战争并且受到其他类似东西欺骗的意大利工人，就是这样说的。现在，又有人向意大利工人描绘另外一种危险——国家危险。他们说什么，现在苏俄想利用共产国际谋求本国的利益。你们拿出三月发动时期的德国报刊来看看，就会发现有关苏维埃政权的这种说法。他们说什么苏维埃政权当时威信扫地了，为了摆脱困境，它通过共产国际下令在德国挑起革命发动。现在，我们狡猾机灵的敌人散布一种奇谈怪论，你们的屠拉梯也热衷于宣传这种奇谈怪论，说什么我们为了自己国内的利益，要求其他政党不根据各国的政治和社会发展状况去进行革命发动。如果我们把这种思想的鼓吹者保留在共产国际内，那就可能使共产国际陷入极端严重的困境。

是的，同志们，我们在我国树立了世界革命的砥柱。我们的国家很落后，我们的国家还不开化。这个国家在你们面前展现出一幅穷苦赤贫的景象。但是我们要捍卫这个世界革命的砥柱，因为目前它是世界上唯一的革命砥柱。等到法国或德国树立起这种砥柱的时候，俄国这根砥柱就将失去十分之九的作用，我们就会到你们欧洲去保卫另一个更重要的堡垒。最后，同志们，如果认为我们把俄国革命砥柱当作世界的中心，如果认为我们出于我国内政的需要，有权随时要求你们在德国、法国、意大利发动革命，那就大谬不然了。如果我们善于干这种叛卖勾当，就早该把我们所有的人都押到墙壁跟前去一个一个地枪毙。

拉查理同志！屠拉梯是你们党的党员，他把我们的国际称作"荒唐的"国际。这是他的原话。我们怎么能和这样的人在同一个国际之内共事呢?！李卜克内西和卢森堡已经逝世，然而他们是永远活在这个国际内的。我们怎么能把李卜克内西和卢森堡这两位国际的骨干同屠拉梯相提并论呢？屠拉梯说我们的组织是荒唐的，可他自己昨天还是这个组织的成员，真是耐人寻味。这才真正是第三国际内出现的荒唐事。（全场活跃表示赞同）

洛里欧（法国共产党）：

拉查理同志原想批评法国党，以此来为意大利社会党的立场辩护，可惜他的论据不能成立。不错，拉查理同志这一次批评法国党的某些成员时，没有像在里窝那代表大会时那样过火。然而，不管拉查理同志对弗罗萨尔同志的文章所提的意见如何婉转，这些意见都有必要仔细加以分析，因为根据这些意见得出的结论是完全错误的。法国代表团决不发表任何有损意大利社会党声誉的言论，决不发表任何有损该党在战时赢得的荣誉的言论。法国代表团尤其不会纠缠这样的问题：的黎波里塔尼亚战争的经验和工人阶级对意大利所卷入的武装干涉的帝国主义性质的理解，究竟在多大程度上影响了党的战时方针。拉查理同志！我们没有忘记你们党为社会主义事业作出的努力。我们没有忘记，在齐美尔瓦尔德会议之后，你们成了一座灯塔，特别是我们的灯塔。我也没有忘记，我在伦敦作为法国党极"左派"的唯一代表时，唯一支持我的发言的是意大利同志。除了拉查理和莫迪利扬尼两位同志之外，我找不到一个在我们的提案上签名的人。然而，当时这个提案是同特定的局势相关联的，现在局势已经发生了深刻的变化。你们经常用齐美尔瓦尔德会议来为自己辩解，但它也已经成为历史事件了。它的作用虽然无可争辩，但是现在它已经成为历史陈迹了。

梅尔黑姆和马尔托夫参加过齐美尔瓦尔德联盟，然而这能说明他们现在也正确吗？评价他们现在的活动，能用他们早已消失的影子来对照吗？像革命活动家一样，政党也不能靠吃老本过日子。必须看它们的现实表现。你们把法国共产党和意大利社会党相提并论，可是你们忘记了必须立足当前，所以你们的判断是脱离实际的。如果从当前情况出发，你们就不难发现，你们像塞拉蒂那样责备法国党是毫无道理的。我们接受你们一切合理的批评。我们知道，我们的党还不能算是合格的共产主义政党，我们有些同志的世界观还没有正确树立起来，其中有些同志有时陷入小资产阶级的机会主义。但是，法国党不管受到什么批评，它终究是在走一条革命道路上。当然，它新开辟的这条道路并不平坦，有时也会被绊住。它的人数太少，不足以克服必须克服的困难。但最重要的是，它意识到自己所走的道路是正确的，并表示要以顽强的意志走到底。意大利党的情况就不同了。相反，意大利党走的是一条反动道路，一条被资产阶级吞噬的道路。（有人喊道："这是您的发明吧？"）这不是发明，这是研究党的历史及其发展得出的信念。我会尽量向你们证实这种信念的正确性。我刚才听到，这里有人指责屠拉梯说："我们到这里来根本不是为了维护屠拉梯的事业！"这句话说得完全正确，可是意大利同志对此提出了抗议。不过，拉查理同志，不管你们愿意不愿意，你们都是在维护屠拉梯的事业，尽管你们是想维护你们的党。请注意周围的情况吧。即便在法国，在党内发生类似你们那种分裂时，法国党内的情况怎么样呢？在老的党内总会留下一些自以为很接近、有的确实很接近已经分裂出去的人。甚至（法国曾经是这样）有时恰恰是这些人在分裂期间领导着党。以龙格和保尔·福尔为首的老的法国党和以塞拉蒂为首的老的意大利党就是如此，这就容易给人造成一种错觉，以为它们能继续坚持在分裂时所坚持的立场。其实不然。在分裂之后，右翼的势力因不再受抵制，反而会扩大。左翼分子若不成为新党的最激烈反对者，就完全失去活力或者卷入批判，在批判中自觉不自觉地日益被迫脱离自己原来的活动范围，沿着斜坡滑下去，很快就同右翼同流合污。

在分裂之后，法国党内那些不同我们站在一起的所谓的革命派变得怎样了？福尔之流、普雷斯曼之流和龙格之流曾力图使人相信，他们仍旧要像分裂之前领导党那样保持不变，而在分裂时他们制造假象，仿佛他们要保住领导权。后来他们变得怎样了？他们在自己的党内变得怎样了？分裂后的党已不受这些人的影响。这些人靠后站了。请读一读《人民报》吧。分裂后的党的政策受什么原则、什么人鼓舞呢？受极右翼代表人物的鼓舞。现在，莱昂·勃鲁姆是分裂分子的政治方针的主要鼓吹者。所谓的革命派现在在党内被迫保持沉默。这个党最近干了什么？该党恢复了左翼联盟，就是说，该党同法国激进派联合起来了！这就是保尔·福尔、龙格以及相信他们的革命空话是真话的人现在所掩盖的政策，尽管他们形式上持反对派立场。他们中间有些人无疑力图表现这种立场，但这种立场是完全软弱无力的，是得不到党外的任何响应的。

《人民报》只是反映多数派的意见。所有那些人（只要异端派中还有这样的人），即还保持一点儿革命信念的人，还想当社会党的人，定将在某个时候被迫做出他们在图尔拒绝做的姿态，即脱离这个日益叛变的党而参加共产党。你们自己也有偏离原有路线的突出例子，这种偏离把你们直接引向同政府合作，而你们又无力加以反对。塞拉蒂从俄国回去之后，允许公认的叛徒梅尔黑姆滥用自己的主张。你们有一位亚历山德里同志。他在法国哪个机关报上撰稿？在《人民报》上。几天以前，该报为了拉方谋杀案，竟然堕落到袒护资产阶级警察的地步。拉查理同志，未来是属于左派的。如果说，在我深信不疑的意大利党内还有真诚谋求无产阶级彻底解放的真正革命者，那么他们就不应当跟屠拉梯这样的人继续留在一个党内。他们或者把屠拉梯、改良主义者以及所有跟着屠拉梯走的人都开除出党，或者自己退党。他们这样做，不仅对意大利革命，而且对西欧各国人民革命即世界革命，都将是一个贡献。

洛佐夫斯基（俄国共产党）：

马菲同志说过，意大利改良主义者自有他们的观点，以及由此而来的行为方式。这是千真万确的。然而，我们最感兴趣的是意大利社会党的立场。该党的行动证明，不仅仅意大利改良主义者根据自己的观点行事，而且全党都遵循改良主义者的观点行事。这个情况无比重要。

我这次请求发言，是想举一个例子谈谈。在里窝那召开的意大利劳动总联合会代表大会，决定让劳动总联合会同党保持最密切的联系，并委托党中央委员会和总联合会中央委员会探讨两个组织实行联合的可能性。意大利同志都知道，拉查理同志也可以证明，劳动总联合会的政策大体上是同意大利社会党的政策相吻合的。在里窝那代表大会上，曾表决过关于红色工会国际的决议案。该决议案的逐字内容如下：

"（1）无保留地赞成创建红色工会国际，但有一个不可改变的条件，即：劳动总联合会同社会党之间的关系不受侵犯，承认在意大利劳动总联合会范围内统一工会运动的原则。

（2）根据莫斯科代表大会即将通过的决议，同阿姆斯特丹工会联合会决裂。"

同志们！我觉得，如果里窝那代表大会说的是它同阿姆斯特丹决裂，而服从莫斯科代表大会的决议，那就很清楚：意大利劳动总联合会和阿姆斯特丹工会国际之间的关系就不应当这样密切。但是我们看到，意大利劳动总联合会在里窝那代表大会之后越来越靠近阿姆斯特丹工会国际，越来越疏远红色工会国际理事会。根据劳动总联合会全国理事会的四月会议，劳动总联合会应当就法西斯主义问题去找阿姆斯特丹国际商量。意大利劳动总联合会去找的是明知什么也不想做、什么也不能做的组织，去找的是一个只会暗中破坏世界革命的组织。我想，没有一个同志不知道窃据这个"国际"领导职务的茹奥、胡斯曼之流的业绩。可是，意大利劳动总联合会还是去找阿姆斯特丹工会国际。阿姆斯特丹工会国际写了一封友好的复信，答应给劳动总联合会汇去 5 万里拉，用于反法西斯斗争。这意味着什么呢？劳动总联合会是怎么回答的呢？它给阿姆斯特丹工会国际寄去一封表示好感的信，其中写道："感谢工会国际在我们的运动处于困境时帮助了我们，从而证实国际无产阶级同我们志同道合。"

意大利同志非常清楚，正是那些汇出 5 万里拉的老爷们，在国际劳工局里肩并肩地同意大利大企业家如阿尔伯特·皮雷尔和意大利君主政府代表米歇尔斯坐在一起。在国际劳工局里，他们同策划意大利法西斯暴行的人保持睦邻关系。他们用左手给意大利无产阶级汇出 5 万里拉，同时伸出右手与暴徒握手言欢。

劳动总联合会与阿姆斯特丹工会国际执行局如此眉来眼去，证明劳动总联合会走得比里窝那代表大会所希望的远得多。党为此作出了什么决定呢？《前进报》就这种亲密表示发表文章说："其实，不久前向我们的总联合会作了亲密表示的阿姆斯特丹工会国际，在无产阶级运动极重要的需求方面，与我们的见解不尽相同。它的一些领袖的主张甚至同我们的理想相去甚远。如果现在有机会进行辩论的话，我们就要指责其中的很多人，指责他们在战时所联络的人现在国内外都是资产阶级反动派最凶恶的代表。尽管如此，我们决不低估这种国际支援的意义，因为它使我们深受感动。"

我们能指责阿姆斯特丹工会国际执行局领导人，说他们在战时有卑劣的背叛行为吗？不能。但是我们有理由指责他们目前在法国、英国和德国的所作所为，我们有理由指责这些工会运动领导人是革命的头号敌人。是谁协助镇压了德国的三月发动？难道不是他们吗？为什么党的中央机关报撰文说只能谴责他们战时的行为呢？他们现在正在干什么？他们给劳动总联合会汇款，这种行为就无可指责了吗？这是个别情况吗？绝对不是。既然党奉行改良主义政策，那么劳动总联合会就必然滑向阿姆斯特丹工会国际。

为了向你们说明在意大利劳动总联合会领袖当中盛行什么样的精神，我还可以给你们举一个例子。几天以前，我们收到的总联合会一封电报如下："劳动总联合会提议在斯德哥尔摩或勒韦召开一次国际代表大会，并提议把会期延至8月份，以便大会能获得第三国际代表大会的决议文本。这次国际代表大会除讨论一般性问题以外，还要专门研究工会的国际状况、工会的纲领和共产国际的纲领。"我们答复说，我们不仅准备在斯德哥尔摩，而且还准备在意大利召开代表大会。同时我们强调说，已经召开的代表大会无论如何不能解散。我们猜不透他们为什么要把代表大会迁到斯德哥尔摩或勒韦去召开。可是，我们刚刚收到达拉贡纳5月25日的信。电报比这封信发得晚一些。这封信解释了我们把代表大会迁到斯德哥尔摩去召开的理由："为了保证全体代表同自己的选举人保持经常接触，为了能够审查代表是否合乎资格，我们希望代表大会能够在具备所有这些条件的城市召开。也是为了确保你们的利益，我们提议在斯德哥尔摩或勒韦召开会议。"

问题是瑞典政府是否允许召开这样的代表大会？我们谁敢肯定瑞典政府不会把我们的代表送进监狱？还有，在斯德哥尔摩或勒韦更便于审查代表是否合乎资格——这种含糊其辞的话是什么意思？他们暗示，在这里，在莫斯科，我们可能在代表资格上捣鬼，怕我们指派冒名顶替的人。为了能够进行审查，他们希望在斯德哥尔摩开会，但是他们只有得到资产阶级政府的恩准才能在那里开会。拉查理同志，这是什么意思？这无非是一种计谋，这种计谋虽然很机灵圆滑，但我并不认为多么高明。我觉得，劳动总联合会的领导同志们在这封信里故弄玄虚，但是万变不离其宗。

劳动总联合会接受阿姆斯特丹工会国际执行局的赠款，同它进行友好的书信往来，并且给我们寄来一封外交辞令浓重的信——这一套策略表明，意大利劳动总联合会企图通过后门重新投入阿姆斯特丹工会国际执行局的怀抱。同志们！我怀疑意大利工人是否容许自己的领袖推行这种稀里糊涂的政策。里窝那通过的决议说得相当明确："我们全力支持红色工会国际。"可是，实际上怎么样呢？他们不但不向红色工会国际靠拢，或者同我们打交道，反而投奔阿姆斯特丹，而阿姆斯特丹是同世界各国的暴徒有千丝万缕的精神联系的。这些事实清楚地向我们表明，意大利社会党已经死心塌地地走上了改良主义的道路。然而，运动是有自己的逻辑的，现实是回避不了的。克服"左"倾，就难免不出现右的偏向。走一辈子钢丝绳是不可能的，到头来，不是倒向右方，就是倒向左方。

意大利同志在里窝那代表大会上干了些什么呢？他们自始至终都坚持了右的方向。我指的是工会运动。拉查理同志！请坦率地告诉我们，关于意大利劳动总联合会提议把代表大会迁到斯德哥尔摩去召开，您是怎么想的？劳动总联合会是否能保证我们在那里开会呢？在外交上，这是一步灵活的棋，然而却是马基雅维利主义①的一着棋。（这是一个意

---

① 指16世纪意大利政治家马基雅维利的治世原则：为达到目的而不择手段。——译者注

大利词!）既然知道数百位代表已经云集莫斯科，既然知道例如美国和其他遥远国家的代表为了准时到会，已经在代表大会之前两个月离开了祖国，从阶级和革命的观点出发，就不应该提出这样的提议。据我看来，这种提议，这种想脱离国际工会组织的企图，极清楚地表明意大利党想通过阿姆斯特丹工会执行局的大门进去，想通过政治大门回到第二半国际或第二国际去，因为工会运动和政治是互不可分的。

拉查理和马菲两位同志！你们可要当心啊！你们和其他忠于共产国际的同志都希望党向左转。但是，请注意以上事实，而且不是个别的事实：这是一个总的政策，它表明在里窝那代表大会之后，社会党在工会运动乃至全部活动中都在向右转，这对意大利无产阶级具有很大的现实危险性。

法西斯分子捣毁职业介绍所，制造暴行，破坏工会，打死起来斗争的无产者——这些事情之所以发生，是因为意大利社会党的同志对他们反抗不力。我看了一份关于社会党会议的报告。该会议是专门分析如何抵抗法西斯主义的。会议的发言都充满托尔斯泰主义的色彩。但是我们所处的时代绝不是搞托尔斯泰主义即消极主义的时代。为了同法西斯主义进行斗争，意大利党必须清除党内的改良主义分子。否则，你们就要和意大利无产阶级分道扬镳，一个被迫向右转，一个向左转。没有你们，意大利无产阶级照样革命，而且还要革你们的命。

拉柯夫斯基：

同志们！我代表乌克兰代表团提议停止讨论。这个问题已经谈得相当透彻了。我认为，继续讨论下去有违代表大会的主旨。（鼓掌）

主席柯拉罗夫：

有没有人反对拉柯夫斯基同志的提议？没有。宣布通过。现在请克南同志宣读关于执行委员会的报告的决议案。

讨论执行委员会报告的决议案

同志们！许多代表团向我们提交了有代表团成员签名的决议案，决议案是对执行委员会的报告进行讨论的总结，必须经大会通过。这项决议案全文如下：

关于执行委员会报告的决议案

代表大会满意地通过执行委员会的报告，并确认执行委员会去年一年的政策和活动都是以贯彻第二次代表大会的决定为宗旨的。代表大会对执行委员会将第二次代表大会拟定的二十一条运用于不同国家特别表示赞赏。代表大会对于执行委员会在建立大型群众性共产主义政党以及在同这些党暴露出来的机会主义倾向展开无情斗争方面所作的努力，也表示赞赏。

1. 在意大利，第二次世界代表大会刚一结束，塞拉蒂采取的方针就表明，他并不重视世界代表大会和共产国际的决定。他的党在九月战斗期间所起的作用，他在里窝那代表大会上所采取的方针，尤其是他后来所执行的政策，都非常清楚地证明，他和他的党员只是想利用共产主义作为推行机会主义政策的幌子。因此，分裂是不可避免的。代表大会满意地指出，执行委员会在事关大局的情况下采取了坚决果断的行动。代表大会赞同执行委员会当时立即承认意大利共产党为意大利唯一的共产国际支部的决定。

在共产党人退出里窝那代表大会之后，大会通过的本蒂沃利奥提出的决议案如下："意大利社会党代表大会重申它拥护第三国际，因而把争端提交第三国际下届代表大会讨论，并预先保证承认和贯彻大会的决定。"

共产国际第三次代表大会深信，以塞拉蒂为首的领导集团的这一决定，是在革命工人的压力下作出的。现在，第三次世界代表大会既已作出决定，就期待工人阶级中的革命分子努力执行这些决定。

为了答复里窝那代表大会致第三次世界代表大会的声明，第三次世界代表大会断然宣布：

只要意大利社会党不把雷焦艾米利亚改良主义分子代表会议的参加者及其支持者开除出党，它就不能充当共产国际的成员。

如果这项事先的断然要求得到履行，第三次世界代表大会就将授权执行委员会采取必要的措施，把清洗了改良主义分子和中派分子的意大利社会党同意大利共产党合并成为统一的共产国际支部。

2. 在德国，鉴于共产国际第二次代表大会的决议总结了工人运动的发展，独立社会党便在哈雷召开了代表大会。执行委员会的主张是，在德国建立一个强大的共产党。实践证明，执行委员会采取的这一方针是正确的。代表大会也完全赞同执行委员会对德国统一共产党内后来发生的事情所采取的方针。代表大会相信执行委员会将一如当初，继续贯彻国际革命纪律这一原则。

3. 共产国际接受德国共产主义工人党作为同情政党加入共产国际，目的在于考验这个党是否朝着共产国际遵循的方向继续发展。这种考验已经没有必要进行下去了。现在，必须要求德国共产主义工人党在一定期限内加入德国统一共产党，否则就取消它作为共产国际同情政党的资格。

代表大会赞赏执行委员会把二十一条运用于法国党时采取的方式。大量走向共产主义的群众因此而摆脱了龙格派机会主义分子的影响，加快了前进的步伐。代表大会期待执行委员会继续协助法国党发展成为一个原则明确的战斗组织。

4. 在捷克斯洛伐克，执行委员会经过对无产阶级革命发展的一切情况进行耐心而谨慎的观察，认为捷克斯洛伐克无产阶级以其行动证明，它有斗志，也有战斗能力。代表大会赞成执行委员会关于接受捷克共产党加入共产国际的决议案。代表大会期待执行委员会把二十一条运用于捷克共产党，期待执行委员会坚持不懈地尽快建立一个捷克斯洛伐克各族工人的统一的共产党，建立一个具有鲜明共产主义纲领的、在集中制基础上实行共产主义坚强领导的工人的党。代表大会希望尽快有步骤地把捷克斯洛伐克各工会争取过来，并希望它们加入国际联合会。

最后，代表大会坚决驳斥公开和隐蔽的反共分子反对推行强有力的集中化的国际共产主义运动。相反，代表大会深信，所有各国党都会把自己的得力人物输送到执行委员会里来，因为它们理解到必须为业已结成牢不可破的联盟的各国共产党建立一个更富有战斗力的政治领导。例如，就因为缺乏这样的领导而导致执行委员会对失业问题和战争赔款问题的干预不够迅速，也不够有力。代表大会相信执行委员会将在加入共产国际的各国党的有力配合下，着手建立更完善的联络机构，并且相信，各国党在执行委员会中加强合作，使执行委员会能够比以前更有效地完成它面临的日益艰巨的任务。

在决议案上署名的各国共产党代表团有：

意大利代表团——特拉奇尼

保加利亚代表团——柯拉罗夫

波兰代表团——米哈拉克

德国代表团——塔尔海默和弗勒利希

挪威代表团——沙夫特斯

捷克斯洛伐克代表团（德语区）——克雷比赫

匈牙利代表团——香托

奥地利代表团——弗雷

瑞士代表团——罗莎·格里姆

罗马尼亚代表团——巴都列斯库

青年国际代表团——威·明岑贝格

洛里欧（法国共产党）：

同志们！法国代表团还没有签署上述决议案。法国代表团认为，意大利问题可以汇总审议，而德国问题就不能这样。确实，德国问题有两个截然不同的方面：第一是三月发动问题，第二是德国共产主义工人党的问题。在刚刚结束的讨论中，代表大会被迫仅限于审议德国共产主义工人党的问题，其原因我们是十分清楚的。法国代表团也认为，三月发动问题不能在代表大会全体会议上讨论。然而它还是认为，所有代表团都应当了解这个问题，因此它提议立即成立专门委员会来审议这个问题。基于同样的原因，代表大会也没有审议可供执行委员会对所有国家施加影响的专门机构，所以也可以把这个问题提交专门委员员审议。法国代表团认为，在授权执行委员会解决德国共产主义工人党同德国统一共产党合并的问题之前，各国代表团必须了解执行委员会的主导动机，并就此展开讨论。因此，我们请求停止讨论，并把决议案延期到我们提议成立的专门委员会工作结束时再进行表决。

苏瓦林（法国共产党）：

我们并不要求非成立专门委员会不可。我们同意保留现有的委员会。

洛里欧：

我同意苏瓦林同志刚才提出的修改意见。

扎克斯（德国共产主义工人党）：

同志们！我是按照发言顺序，受德国共产主义工人党代表团的委托来发言的。首先，请求表决通过法国代表团的提案，即把已经提交的决议案延期到代表大会结束时表决。其次，请求立即作出安排，把决议案中的各个问题分开来逐项表决。当然，最后还要把整个决议案汇总表决一次。鉴于德国共产主义工人党的问题要逐项表决，我们对整个决议案的有关部分提出了自己的提案。现在我宣读这项提案：

1. 第二次代表大会提出的二十一条，今后比过去更难保证各党不陷入改良主义泥潭。

2. 在具有中派主义和改良主义看法的大党成立并被第三国际接纳之后，第三国际比任何时候都更需要纯无产阶级的革命反对派了。

3. 这样的革命反对派要做出成绩来，就必须避免党机关的臃肿和党员人数的膨胀。因为党的原则是无论如何要把大批人吸收进来，这就必然使党陷入机会主义。

4. 德国统一共产党的策略原则，特别是现在，仍旧同保尔·莱维的一样。即便党的左翼，也无非是在危险地自欺欺人。

5. 最后，几乎在参加共产国际的所有党内，都逐渐形成了类似共产主义工人党这样的派别。但是，除非德国共产主义工人党作为独立政党留在共产国际内，否则这些派别不能向有利于无产阶级革命、有利于共产国际的方向正常发展。

基于上述原因，我们提议：代表大会批准德国共产主义工人党今后仍旧充当共产国际的同情政党。

如果这个问题被交回委员会，我们同意把这项提案也提交委员会讨论。反之，如果决定直接交付表决，我们就请求发言，以简略说明提案的理由。

拉狄克（俄国共产党）：

同志们！我请求拒绝法国代表团的提案，理由如下。洛里欧同志列举了我们结合执行委员会的报告所审议的一系列问题：意大利问题、卡普叛乱问题等等。他附带说明，这些问题在代表大会上已经谈得相当透彻了。他认为唯一还谈得不够透彻的，因而希望延期到委员会工作结束时交付表决的问题，就是三月发动问题。但是，关于执行委员会报告的决议案根本就没有提到三月发动问题。因此，洛里欧同志代表法国代表团全体说他们对这个问题还不够了解，我是完全相信的，但是这丝毫也不妨碍他们对执行委员会的工作发表自己的意见。（场内表示赞同）执行委员会并没有组织三月发动，因此，对这个问题还不够了解，不应妨碍人们对执行委员会的各项工作发表意见。

至于委员会，我想说，我们已经有了一个策略问题委员会。它的任务不是研究历史，而是研究策略。实际上，在执行委员会的报告里，没有一个问题是不需要在专门委员会里进一步讨论的。至于策略问题委员会为什么迄今没有开会，原因很简单。在委员会第一次会议上我们就注意到，我们只有俄国代表团提出的提纲，因此我们决定，每一个代表团必须就自己的策略路线提出专门的报告，作为进一步讨论的基础。由于委员会主席迄今为止既没有收到新的决议案，也没有收到法国代表团的报告，所以无法召开策略问题委员会会议。据此，我建议拒绝洛里欧同志提出的决议案，尽管它得到德国共产主义工人党的拥护。至于德国共产主义工人党提议把决议案分开来逐项表决，那是技术性的问题。如果这里有人想投票赞成决议案的这一部分，同时否决其中的另一部分，那我不反对这项提案。至于德国共产主义工人党谋求在共产国际中享有特殊地位，自以为是什么革命美酒，只要我们把杯中之酒咽下肚去，就能全身暖和，精神焕发。我想，从迄今为止进行的讨论中，我们就知道这杯美酒是什么滋味了。（笑声）最后，德国共产主义工人党在声明中表示，由于该党品格出众，应该享有更多的革命选举权，对此，我们现在已经心中有数了。总之，我提议表决通过执行委员会的决议案，否决洛里欧同志的决议案，同意德国共产主义工人党关于分开来逐项表决的提案。

黑克尔特（德国统一共产党）：

同志们！德国代表团的理解是，洛里欧同志所以提出这项议案，是因为不便把三月发动的所有问题都端到代表大会上来讨论，因此只有拿到委员会去讨论才合适。果真如此，那我建议德国代表团坚决拒绝这项提案，因为我们根本不想在共产党内搞秘密忏悔那一套。（喊声："完全正确！"）如果想在全会审议之前，先把三月发动问题交由专门委员会讨论，那就交给策略问题委员会就行了。在其他问题上，我们同意拉狄克的意见。（场内表示赞同）

季诺维也夫（俄国共产党）：

我没有机会同执行委员会全体委员就目前的僵局交换意见，但是我相信我要说的话表达了几乎全体委员的意见。我想，法国代表团同志是因为语言障碍引起的小小误会才提出这个提案的。我想，三月发动不言而喻应该在审议下一个议题即审议策略问题时加以讨论，而且也只能在那时讨论。但是，我们完全赞成法国同志关于要仔细审议这个问题的意见。如果法国代表团同志的希望仅此而已，那就颇有商量的余地了。否则，我作为报告人应当声明，此举隐隐约约包含着对执行委员会的不信任感。请我们的法国朋友坦率地说清这一点吧。其实，法国朋友完全有理由对我们的策略表示不满。在决议案中说清这一点要好得多，策略得多，以免我们之间的关系受到不必要的损害。但是，随便延期表决已不可能，这是明摆着的。难道经过 4 天连续不断的政治辩论，还难以答复赞成还是不赞成的问题吗？我们的会议为全世界所瞩目，今天不表决，就等于是对执行委员会表示不信任。再重复一遍：法国同志完全有理由说我们不够革命化，不够共产主义化，说我们执行二十一条不当，贯彻第二次代表大会决议不力，但是这一切都应当明明白白地在决议案中表达出来。否则，法国同志就是对执行委员会的全部工作打上了问号。如果这是出于误会，那我请求法国同志撤销自己的提案。如果不是出于误会，而是想否定我们的工作，那么我要说，在共产党人之间应该提倡知无不言，言无不尽。如果在我们作了解释之后仍不撤销这项提案，我将把这看作是对执行委员会的全部工作不信任的表示。

拉柯夫斯基（乌克兰共产党）：

请允许我也讲几句话，主要是对法国同志讲几句话。法国同志对议会程序无疑是内行。他们必然懂得，在代表大会上，在某个委员会提出报告之后，信任案被搁置就等于不信任所任命的委员会。所以，为了我们的会议能正常进行，我吁请你们撤销自己的提案。经过 4 天的讨论，无疑应当对执行委员会的工作明确表态，因为执行委员会一年来是代表全世界的革命无产阶级的。我们必须表明，我们是否赞成它所做的工作。显然，决议案的措辞可以作这样那样的修改，但是，总的表决意见是应该明确一致的。我们认为，执行委员会无愧于受到世界各国共产党的信任。

罗兰-霍尔斯特（荷兰共产党少数派）：

同志们！荷兰代表团和荷属印度共产党代表团少数派，提议搁置德国共产主义工人党的问题，直到该党阐明自己在策略、组织等问题上的观点为止。请允许我扼要说明提出这个建议的理由。

我想，在这次代表大会上会有许多同志感觉到，关于德国共产主义工人党的问题的讨论方式未免有些不公道，认为该党受到了一定的压力。（喊声："管得太多了！"）我是同各种政治派别的代表交谈之后才得出这一结论的。这些同志对我说，本来是可以让德国共产主义工人党亮明自己的观点的。当然会有人反驳我说，即使在表决之后，德国共产主义工人党的代表照样能参加代表大会的会议。我不反驳这一点。我只想说：既然这样，那代表大会何不宽容一点。大会上形成的心理气氛对这些同志相当不利。大会上除了德国和荷兰的代表之外，还有许多不同国家的代表，甚至还有来自其他大陆的代表，他们不太了解或者根本不了解德国共产主义工人党的总方针。我想，单就公道而言，也应该让他们有机会不偏不倚地分析情况，而不要在德国共产主义工人党周围制造不利的气氛。我呼吁所有在本国党内或在第二国际内处于少数派地位的人都要发扬正义感。

马尔察恩（德国统一共产党反对派）：

同志们！我确认，决议案没有提到三月发动。所以，就我们代表团而言，我们建议拒绝洛里欧同志关于把这个问题提交专门委员会审议的提案。我们赞成在讨论策略问题时要仔细审议三月发动这样的愿望，因为这有助于使整个代表大会吸取三月发动的教训。

顺便提一下，我们在策略问题委员会里迄今还没有自己的代表。

拉狄克（俄国共产党）：

同志们！罗兰-霍尔斯特同志呼吁处于少数派地位并苦于受到压力的人要发扬正义感。我现在对她作一个简略的答复。我也经常受到压力，但是同志们，我从来没有陷入过自大狂。有一个小党的代表，大会每讨论一项议题，他们都要发表意见，而且往往在同一个问题上发表两次意见。昨天这个小党竟然放肆地拒绝发言了，可是罗兰-霍尔斯特同志反倒呼吁彻底发扬正义感。其实，用不着怀疑，每一位代表都是富于正义感的。同志们！可不要受人挑拨啊。（笑声）我劝你们珍惜自己的正义感，待到真正需要发扬它的时候，比如说在罗兰-霍尔斯特同志及荷兰少数派同志受到抱成团的"大党"多数派的压力的时候，再去发扬它吧。（又爆发出一阵笑声）为了分析我们正在分析的问题，既不需要预先了解德国共产主义工人党的观点，也不需要搬弄荷兰派哲学或柏林派哲学。症结就在于：一个在自己的党纲中蔑视共产国际的党能否留在共产国际内。有一点无论如何是明确的：作为一个国际团体，我们当然应该承认有过渡时期，因而应当允许某个党在过渡时期同我们保持的关系不那么紧密。但是，我们迟早要向他们提出这样的问题：你们同我们是不是同一战壕的战友？看来，要使德国共产主义工人党是否归属共产国际的问题完全成熟，等六个月不行，九个月才够，这也符合生理学的规律。（笑声）请求大家不要给代表大会出难题了。

黑克尔特（德国统一共产党）：

同志们！在马尔察恩同志发言之后，我们不得不再声明一下，以便在通过决议案时能从中得出一切应得的结论。执行委员会已经批准开除莱维。代表大会既然赞成执行委员会在处理德国问题上所采取的方针，那也就表明它确信执行委员会今后将继续贯彻这一方针。

马尔察恩（德国统一共产党反对派）：

每一位细心的代表大会与会者读了决议案之后会确信，其中既没有提到三月发动，也没有涉及莱维事件。既然黑克尔特同志持相反的意见，那我必须指出。决议案经过一而再、再而三的修改之后，已让人根本摸不着头脑了。只有一点是肯定的，即决议案只字没谈莱维事件。如果主席团也按黑克尔特同志的意思作解释，我们就建议把决议案延期到审议策略问题时去表决。如果代表大会同意黑克尔特说什么决议案既解决了德国问题又解决了莱维事件这种说法，那它就没有理由讨论三月发动了，因为三月发动也是"德国问题"。我们不允许这样做。我们丝毫没有不信任执行委员会的意思，而是想问问主席团，它是否认为今天就能最终裁决三月发动问题？如果答复是肯定的，我们就建议延期到审议策略问题时再对决议案进行表决。

季诺维也夫（俄国共产党）：

同志们！作为报告人，我敢解释，这个决议案毫无疑问表示我们同意开除莱维先生。（热烈鼓掌表示赞同）关于三月发动，将在讨论策略问题时再谈。至于莱维先生，他在某些策略问题上是否正确是无关紧要的，问题在于他写了一本背叛性的小册子，把迄今享有、我认为今后仍将享有国际无产阶级信任的共产国际执行委员会，称作幕后演员剧团和"土耳其斯坦分子"剧团。这位先生把三月发动称作"不负责任分子的盲动"，从而给全世界的资产阶级，其中包括美国资产阶级，提供了攻击执行委员会的口实。把这样一位先生从共产国际清除出去是理所当然的。（热烈鼓掌表示赞同）

如果代表大会另有高见，就请说出来。如果代表大会信任我们，就应该同我们一起说：莱维不是共产国际的人。（场内活跃表示赞同）

诺伊曼（德国共产主义工人党）：

同志们！我认为，大会运用的方法相当奇怪。在策略提纲中，在论述三月发动的那个部分的最后一段里说，代表大会赞成把莱维开除出党。莱维事件当然应该由代表大会自己来下判断。但是，我一开始就把莱维事件看作党纪问题，而季诺维也夫同志也说，莱维小册子中有一部分批评意见可以被认为是公正的，因此，再次讨论莱维事件，就要看他对三月发动批评得是否正确了。否则，再次讨论，显然又是讨论开除莱维这件事本身。尤其令人奇怪的是，大家讨论莱维事件而不预先考虑导致这一事件的种种条件。我们确信，讨论莱维事件不能不结合三月发动问题。因此我声明，我们认为应当延期到审议三月发动时进行表决。如果你们做不到这一点而迁就多数派的意见，那就还不能证明你们在评价这个问题上是正确的。洛里欧同志是对的，在讨论三月发动时会弄清这一点的……（场内表示反对）请不要反对：这个问题已经预先决定了。因此我说，现在就表决是完全错误的。我赞成马尔察恩和洛里欧两位同志的意见：这个问题必须延期表决。

拉狄克（俄国共产党）：

诺伊曼和马尔察恩两位同志是莱维集团派到这里来的有发言权的代表。整个代表大会都可以作证，他们的行为从一开始简直就是挑衅性的。我们向他们打过招呼，少谈什么你们同德国共产主义工人党的关系，少谈什么你们同各种宇宙系的关系，只谈一点就行了：在你们到这里来宣布三月发动不是盲动之后，你们现在是怎么看待莱维事件的，你们现在是怎么对待莱维的。（诺伊曼喊道："先别着急！"）这个问题他们避而不答。（"诺伊曼：不对！"）他们一贯畏畏缩缩，躲躲闪闪。（掌声）他们声称……（诺伊曼："即使您再讲上十遍，也不过是谎言而已。"）他们声称："我们是要谈三月发动的。"（诺伊曼："要谈的！"）我们答复他们说："但是，当前讨论的问题是，执行委员会把一个人开除出党做得对不对，这个人在有 7000 名德国无产者坐牢的时候，在党流血的时候，胆敢向这个党投掷炸弹……"（场内活跃表示赞同）我们对他们说："诺伊曼和马尔察恩两位同志，你们是无产者，你们尽管认为三月发动是错误的，但还是对它履行了自己的义务。"我们现在要问你们，在你们收回了"三月发动是执行委员会制造的盲动"这句话之后，我们要问你们："如果有人在那样一个时刻，不通过组织或共产国际预先对党施加影响，而起来反对自己的党，你们是否有勇气把这个人叫做叛徒？"我们向你们明确说出了这一点，你们沉默不语，而现在你们却鼓起可悲的勇气到这里来，要求代表大会像你们一样充当懦夫，要求代表大会打消"叛徒就是叛徒"这个念头。叛徒尽管能写出像样的哲学著作，但他毕竟是叛徒。我提议，停止在这个问题上进行一切争论。（热烈鼓掌表示赞同）

主席柯拉罗夫：

主席团提议，停止关于议程问题的讨论。有异议吗？没有。

法国同志请求给他们机会讨论撤回自己提案的问题。

（宣布休会10分钟，然后由洛里欧同志发言。）

洛里欧（法国共产党）：

同志们！法国代表团撤回自己的提案，并将投票赞成执行委员会提出的决议案。同时，法国代表团必须严正声明，不赞成对它的发言进行的解释。我们从来没有打算对执行委员会表示丝毫的不信任。我们一开始就同执行委员会意见一致，并赞成它所做的一切，赞成我们所了解的已经发生的一切。我们也有一些疑问，那只是因为我们只能赞成自己了解的东西。我们认为有必要对我们进行解释。现在，问题仍旧悬而未决。促使法国代表团放弃提案的原因是，一些代表团起草了一个文告，建议代表大会讨论三月发动问题、执行委员会在三月发动中的作用问题以及组织问题。因此，我们很满意并且相信，通过解释，所有疑团定将一扫而光。

主席柯拉罗夫：

开始进行表决。首先表决罗兰-霍尔斯特同志的提案。她提议把德国共产主义工人党的问题延期到代表大会把所有问题审议之后进行表决。谁赞成这个提案？6 位赞成。这就是说，只有少数人赞成。提案被否决。

第二个是马尔察恩和诺伊曼两位同志的提案。他们提议在讨论策略问题之后，再表决决议案。谁赞成他们的提案？没有人。提案被否决。

在正式表决决议案之前，我要请报告人季诺维也夫同志代表执行委员会讲话。

季诺维也夫代表执行委员会讲话

我尽量讲得简短一些，只讲几点意见。我一定能做到这一点，因为尽管问题讨论得很广泛，但执行委员会本身的工作受到的批评却很少。你们本来应该给予我们多得多的批评。由于你们没有这样做，所以我更可以讲得简短一些了。在杰纳利、拉科西、列宁、托洛茨基和其他同志发言之后，我对意大利问题没有什么好补充的了。我完全同意他们的意见。我要满意地指出，蔡特金同志（至少在这个问题上）在自己的发言中实际上也赞成执行委员会的策略。因此，我想请蔡特金同志注意下面这段引文。在莱维主编的、有一批同志撰稿的《苏维埃》杂志 6 月 1 日第 3 期第 84 页上，有一段关于意大利问题的话："选举结果是意大利共产党败北，而社会党大获全胜。后者获得 121 个当选证书，共产党只获得 16 个。这样的失败只能叫作惨败。但是，这不仅是意大利共产党的失败，而且也是第三国际执行委员会和德国统一共产党的失败。"

你们看，短短一段引文里有一连串的失败……（喊声："这篇文章是库尔特·盖尔写的！"）是的，是库尔特·盖尔。他自称是共产国际的人。他同蔡特金等同志一起退出德国统一共产党中央委员会，但迄今还同这一批人一唱一和。我希望蔡特金同志能够说服库尔特·盖尔认识自己的错误。一个年轻的共产党在敌人包围之下能获得40万张选票和16个当选证书，这无论如何不能说是失败，更不能说是共产国际的失败。在李卜克内西和卢森堡被杀害之后，谢德曼获得数百万张选票，这同样也不能说是共产国际的失败。很清楚，这类文章是射向意大利共产党的暗箭。同样清楚的是，在代表大会之后不能再容忍这种现象了。我当然不能命令新的执行委员会采取哪种方针。但是我认为，在代表大会全体就意大利问题通过明确的决议之后——但愿能一致通过，——共产国际的任何成员都不会擅自发表这类文章。（场内表示赞同）

同志们！我认为，执行委员会在意大利问题上，比在任何其他问题上都更能获得第三次代表大会的一致意见。正如大家所说，意大利问题是今年头等重要的政治问题。现在已经清楚，在评价这个问题方面，蔡特金同志错了，而执行委员会是对的。我应该强调这一点，尤其是因为蔡特金同志在发言中坚持说，她由于在意大利问题上的意见分歧而退出中央委员会是完全对的。你们回想一下蔡特金同志的如下观点。她说，执行委员会的代表拉科西同志就里窝那代表大会发表了若干声明，拉科西说里窝那应当成为执行委员会的榜样，所以她蔡特金同志必须退出德国统一共产党中央委员会，作为发出危险的信号。我认为，蔡特金这种方针是经不起任何批评的。首先是因为还有其他许多发出危险信号的办法，没有必要为此退出中央委员会。蔡特金同志虽然也是执行委员会的委员，却没有给执行委员会写过一封信。她到莫斯科的时间似乎比拉科西晚得多，她参加了执行委员会的所有会议，但是我们从来没有发现我们之间在观点上存在严重的原则分歧。她很了解我们是反对宗派主义的（党内的）。在她的坚持之下，我到哈雷去了一趟。如果我没有记错的话，当我从哈雷回来的时候，蔡特金同志仍旧在这里。她完全清楚，执行委员会绝对没有站在宗派集团一边，而是站在群众性政党一边的。

即使拉科西同志确实说了强加于她的话，蔡特金同志及其一整批人退出中央委员会，从而造成党内的严重危机，仍旧是错误的。所以我们认为，执行委员会对此加以指责是对的，特别是在弄清我们处理意大利问题完全合情合理之后更是这样。我不知道拉科西的意见怎么样，但是我想提醒大家注意列宁同志昨天说的一句话：8.5 万名工人共产党员，对于这样一个国家来说，实在不能算少了，他们构成了群众性政党的基础。抓住这句话，硬说列宁同志也想搞宗派，也未尝不可。蔡特金同志在这一点上完全错了。我想，她应该主动承认这一点。

关于德国共产主义工人党的问题，我要再补充几句。德国共产主义工人党的同志表示，他们始终拿不定主意是退出还是留在第三国际。我们乐意承认，我们一时也拿不定主意。但是，我们希望德国共产主义工人党和其他任何政党都服从国际的纪律。仅此而已。有的同志说："你们对反对派宽容一点儿嘛。"但是他们自己却不愿意容忍任何反对自己的派别。他们口口声声说，他们的纲领是神圣不可侵犯的，这句话的唯一意思是要把自己的观点强加于第三国际。这就是说，你们愿意怎么干就怎么干，愿意怎么决定就怎么决定，这都与我们毫不相干。这种状况根本无法长久拖下去。我们在这个问题上已经表现得够宽容的了。我们希望同志们继续参加代表大会的会议，希望给德国共产主义工人党两三个月的时间，让党内的全体工人作出明确的决定。但是，我们有义不容辞的责任代表共产国际要德国共产主义工人党内的工人作出必要的抉择。

我还要对马尔科维奇同志作一些答辩，因为他对我的报告进行了相当激烈的争辩。他认为，我怀疑兄弟的南斯拉夫党内还存在中派残余是不对的。他为此引用了该党的历史。我们很了解该党的光荣史，以及可惜在道义上已经堕落的该党许多领袖的光荣史。我们一分钟也没有对此表示过怀疑。我想说明我的观点根据何在。兄弟的南斯拉夫党代表团来到这里之后，我同他们进行过座谈。出席座谈的大概有 15 位同志。据我所知，马尔科维奇同志是代表团团长。经过这次座谈之后，我们才了解到，马尔科维奇同志在德国问题和意大利问题上同我们观点不一致，甚至反对我们的观点。马尔科维奇同志在代表大会上发言时声称：他目前所持的观点是，三月发动终究标志着向前迈进了一步。在我们第一次座谈时，他坚持莱维的观点。我很高兴的是，马尔科维奇同志在这个问题上也向前迈进了一步。如果有些同志不明白我的话，那是因为马尔科维奇同志对这两个重要问题抱有很大的怀疑，而且认为不必隐瞒这种怀疑。当然，另有意见是他的权利。但是我也有权断定，该党对如此关键性的问题恐怕还有根本不明白的地方。如果情况不是这样，那我只能为我们兄弟的南斯拉夫党庆幸，因为我一贯认为它是资格最老的无产阶级政党之一，我相信，它今后仍将在国际无产阶级的先进队伍中战斗。

我不能不对蔡特金同志发言中的一个问题再说几句，即关于执行委员会的国外代表问题。蔡特金同志认为，我们不是经常恰当地挑选自己的代表，或者更确切些说，我们经常用人不当。蔡特金同志第一次使用了"不负责任的代表"这样的用词。同志们！现在，我们委派到各国党里去工作的朋友往往受到谩骂和斥责：莱维称他们是"土耳其斯坦分子"，塞拉蒂称他们是"愚昧无知的红衣主教"，而屠拉梯也没少"恭维"他们。因此，我责无旁贷地以执行委员会的名义声明，我们的代表当然不是永远不犯错误的，就像我们这些可怜的破戒者一样，绝不是无可非议的。当然，我们和我们的代表都有过一些失误，犯过一些错误。但是，把他们说成"不负责任的代表"是毫无根据的。使用议会用语，我认为也是不应当的。我们选派到各国去的同志为各国党做了力所能及的一切，经受了各种风险，当然他们是凭着革命良心行事的。我们没有接到过任何一个党的、集团的或个人的、甚至蔡特金同志本人的正式抗议书。在发生失误之后，当然很容易说别人不负责任，当然很容易充当事后诸葛亮。不言而喻，执行委员会对自己派往国外的代表负有完全的责任。就像共产国际对执行委员会负责一样，执行委员会是要对国外代表负责的。我们请求各国党都要派得力的人到未来的执行委员会里来工作，要派比现有人员更得力的人来工作。到那个时候，我们的国外代表机构可能更称职一些，公务活动和政治领导也可能安排得更好一些。但是，我们反对在目前情况下就如此不负责任地辱骂我们。在目前条件下，本来应该避免对我们使用这种语言。我们这种久经考验的革命者当然也会和大家一样犯迷糊，但是我们不止一次地证明：为了无产阶级，我们决心赴汤蹈火。

同志们！我不打算继续解释下去了。我要再次非常明确地告诉法国同志：在讨论策略问题时一定会仔细审议三月发动的。德国问题是一个你们必须立即表明是否信任我们的问题。这个问题应当被分为三个重要的方面：第一，哈雷、党的分裂和党的合并；第二，开除莱维；第三，三月发动和政治动乱。第三方面即三月发动问题，其主要部分应当在讨论策略问题时加以审议。第二方面，党的分裂和党的合并，莱维的退出和开除，以及对蔡特金集团的谴责，——所有这些问题都应当现在进行表决。我认为，在目前情况下我们确实尽了一些力量防止冲突尖锐化。我们觉得，德国反对派的同志本来应当更多地考虑未来，而不要反复纠缠过去。我们执行委员会已经尽了一些力量，让没有表决权的同志能够到代表大会上来陈述自己的观点。他们大概已经这样做了，或者最近即将这样做。但是，我们恳切请求同志们，其中包括德国共产主义工人党的同志们，要明白这样一个问题：他们应当想到，莱维可能曾经是他们的朋友，但是共产国际和无产阶级革命应当是他们更重要的朋友。（场内活跃表示赞同）同志们，这就是为什么我们深信，德国党从这次代表大会回去后会巩固起来，它会抛弃那些严重破坏党纪的人，它会抛弃那些像莱维一样向党射暗箭的人，德国在斗争中所犯的错误将成为我们大家的教训，而这种斗争可能会决定革命的命运。我们相信，在德国会有

一个参加共产国际行列的、像服从法律一样服从我们所有决议的、完整而统一的、革命的党。（热烈鼓掌表示赞同）

表决并通过关于执行委员会报告的决议案

主席柯拉罗夫：

现在进行表决。主席团在休会时收到三个声明：奥地利代表团的声明，南斯拉夫代表团的声明，马尔察恩和诺伊曼两位同志的声明。现在宣读这些声明。

克南宣读三个声明如下：

奥地利代表团的声明

虽然奥地利代表团不赞成德国共产主义工人党的政策，特别是极端不赞成哥尔特同志的小册子，虽然代表团认为共产主义工人党的革命战士的位置本来应该在统一共产党的队伍里，奥地利代表团还是投票赞成霍尔斯特的决议案，以消除关于对该党施加压力的任何误解。

约瑟夫·弗雷

弗兰茨·科里乔纳

南斯拉夫代表团的声明

南斯拉夫代表团附议法国代表团的声明，坚决反对有人一再对南斯拉夫共产党的革命纯洁性表示怀疑，并投票赞成已经提交的决议案。

南斯拉夫代表团

斯·马尔科维奇

马尔察恩和诺伊曼两位同志的声明

拉狄克同志在代表大会上的一次发言中顺便提到，莱维问题不是党纪问题而是他对三月发动的态度问题，即政治问题。由拉狄克本人以及列宁、季诺维也夫和托洛茨基共同签署的提纲表明，这不是拉狄克的偶尔失言，这甚至是执行委员会的意见。提纲把莱维问题同三月发动联系起来解释，当然，只说莱维对三月发动的批评过了头，因而他被开除出党。

我们并不赞成莱维的所有批评方式，因为这种批评方式妨碍了在党内传播的基本思想。我们的观点自始至终是，只有把莱维的论点同党在三月发动中的策略错误联系起来，才能公正评价莱维所持的论点。这种策略错误的十分之九，已经由执行委员会承认。根据这一点，我们主张只有在讨论三月发动之后，才能进行表决。

主席柯拉罗夫：

总之，现在有两种提案：一种是执行委员会的提案，另一种是德国共产主义工人党的提案，即延期到策略问题讨论结束时再进行表决。表决将按代表团进行，所以请同志们坐到原来划定的位置上去。主席团建议把各个问题分开来逐项表决。（场内表示同意）好，那么意大利问题、德国问题和共产主义工人党的问题就将分开表决。接着表决余下的问题，最后对整个决议案进行汇总表决。谁反对这种表决办法？没有。这就是说，表决将按上述办法进行。

那就首先表决意大利问题。反对这部分决议案的代表团可以表示意见了。没有，没有人表示反对。弃权的代表团请举手。没有人弃权。这样，有关意大利问题的部分就一致通过了。（热烈鼓掌表示赞同）下面表决德国问题。反对这部分决议议案的代表团请发表意见。没有人反对。有人弃权吗？没有。（有人高声说："噢，有的，南斯拉夫代表团！"）这么一来，除了南斯拉夫代表团之外，所有代表团都赞成有关德国问题的部分决议案。（热烈鼓掌表示赞同）

现在表决有关德国共产主义工人党的问题。大家知道，该党代表就这一问题也提交了一个决议案。谁愿意再听一遍这个决议案吗？（喊声："没有人愿意！"）那就进行表决吧。必须指出的是，如果通过最初方案的决议案，也就等于否决德国共产主义工人党提交的决议案。赞成最初方案决议案的请举手。好，现在宣布，关于德国共产主义工人党问题的最初方案决议案，除 1 票（墨西哥代表）反对外，一致通过。（热烈鼓掌）

现在有个通知，近东、远东代表团提了一个修正案。请克南同志宣读这个修正案。

近东、远东代表团的修正案

克南宣读近东、远东代表团修正案如下：

> "代表大会审议了执行委员会的近东、远东工作，对于执行委员会在宣传鼓动方面进行的广泛的开创性工作表示赞赏。代表大会认为，还必须在近东、远东各国开展更有力的组织工作。"

主席柯拉罗夫：

反对这个修正案的代表团请举手。没有人反对。有人弃权吗？没有。现在宣布修正案一致通过。（全场活跃表示赞同）接下去表决决议案中的其余问题。反对通过这些问题的代表团请举手。没有人反对。弃权的请举手。没有人弃权。现在宣布，决议案中的所有其余问题一致通过。（热烈鼓掌表示赞同）现在表决整个决议案。赞成整个决议案的请举起自己的当选证书。（代表们举起当选证书）谁反对整个决议案？没有人反对。现在宣布，整个决议案一致通过。（长时间地热烈鼓掌）代表们起立，向主席团热烈欢呼。（响起了《国际歌》的歌声）下一次会议在明天上午 11 时召开，由拉狄克同志做关于策略问题的报告。

（会议在晚 8 时 20 分休会）

第十次会议

（1921 年 6 月 30 日 12 时 30 分）

主席克南：

现在宣布开会。意大利社会党代表团想就我们昨天一致通过的决议发表声明。现由拉查理同志发言。

意大利社会党代表团的声明

拉查理：

尊敬的同志们！我代表意大利社会党代表团向各位发表如下声明：

我们意大利社会党代表团是能够接受这个决议的，何况它完全符合我们在里窝那代表会议上通过的本蒂沃利奥的决议案。

但是，我们认为，你们据以作出决定的某些论证不符合共产国际第二次代表大会之后意大利国内的实际情况，因而我们不能掩饰自己焦虑的心情。不过，我们向你们保证，我们将竭尽全力使我们党的下一次代表大会通过这项决议。我们完全认识到，在建立共产国际各个支部问题上，需要革命的统一。

拉查理　马菲　利波尔迪

主席克南：

我们能理解这个声明，希望意大利共产党尽可能促使社会党站到第三国际方面来。

瑞典共产党代表团的声明

下面是瑞典党霍格伦同志就昨天的决议发表的声明。

声明由主席团代为宣读。其内容如下：

季诺维也夫同志在他的报告中对瑞典共产党提出了几点批评意见。我想对此加以说明。

为了正确地认识我党的现状，有必要回顾一下它的产生及发展的背景。它成立于1917年3月，是最早脱离老社会民主党的派别之一。当时我们共有三个截然不同的反对派，后来它们联合起来，组成瑞典左翼社会民主党。我要说的第一个派别是马克思主义革命运动，它主要由青年团发展而成，第二个是摇摆于赫利斯特和列宁之间、由知名市长林德哈根所领导的人道和平主义运动，第三个是里克斯达克派所支持的中派。不消说，这种情况必然会使人们认不清党的性质、纲领和策略问题。但是，这并没有妨碍党在最近一次代表大会上以压倒多数通过了二十一条。林德哈根与中派分子一起退党另行成立他们独自的政党。自那时起，我们党便改称"瑞典共产党"，并且通过了共产主义纲领。

季诺维也夫同志说，我们的纲领没有包括武装无产阶级的主张，这是不符合事实的。我们党十分明确地提出了这个主张，而且它向群众以及在里克斯达克讲坛上宣传的，正是这个主张。

季诺维也夫同志对我们党对待政府委员会的态度所提出的批评，纯属误解。情况是这样的：为了装门面，政府任命了某些议会委员会委员，而季诺维也夫同志反对我们提交委托书，可是我们这样做是为了保证党有权自行决定何时和指派何人担任这种委员会委员。

至于我们的《政治报》问题，我想，这也许是编辑部犯了错误，玩忽了职守。不过，有必要听取瑞典党对该报所持的相反的看法。它认为，该报理论性不强，只具有一般的鼓动性。

我们认为，布兰亭所写的关于我们党的一切，无损于我们党的声誉，正相反，我们俄国同志的名誉却遭到了严重的损害，因为布兰亭的报纸每天都在挖苦他们。

霍格伦

捷克斯洛伐克代表团的声明

主席克南：

我把这个声明列入记录。下面还要宣读捷克斯洛伐克代表团的声明，听完这个声明，我们开始讨论日程上的议题。

声明内容如下：

捷克斯洛伐克代表团注意到捷克斯洛伐克政府与霍尔蒂政府几个月前在布鲁克举行的谈判，以及本月初公布的罗马尼亚与捷克斯洛伐克两国政府签订的条约，因此，特向第三国际执行委员会发表如下声明：

在协约国压力下产生的小协约国（目前其正式成员有罗马尼亚、南斯拉夫和捷克斯洛伐克），显然想竭力抵制苏维埃政权在政治上和军事上的影响。众所周知，除了上述的正式成员国外，匈牙利霍尔蒂政府和波兰也加入了这一共同行动，它们采取了在战略上敌视共产主义的资本主义观点。大家知道，除了已公布的罗马尼亚和捷克斯洛伐克条约的要点外，还有有关共同反对共产主义的条款，这从加强对共产主义运动的压制上可以看出来，因为这个条约签订以后不久，罗马尼亚党代表大会就遭到驱散，与会人员也被捕入狱。

我们代表团依据阶级斗争的战略应适应资本家的秘密与公开外交行动这一原理，提出如下建议：出席第三国际第三次代表大会的捷克斯洛伐克、罗马尼亚、南斯拉夫、匈牙利和波兰的无产阶级代表，应当针对本国资产阶级的行动举行会议，以便确定自己的实际行动方针，主要是要在上述国家的军队中开展宣传工作。小协约国的无产阶级代表应当号召罗马尼亚、南斯拉夫、捷克斯洛伐克、匈牙利和波兰等国的无产阶级行动起来。

赞成捷克斯洛伐克代表团建议的有：

主席

布里安

书记

甘迪耶尔

同志们！我提议，无须经过讨论就把这个声明交给执行委员会和小执行局审议。主席团和小执行局将召集有关代表团开会，讨论这个问题。

同志们！现在我们来讨论有关策略的问题，以及议事日程第三和第四项中与策略有关的问题。这两项合并在一起讨论。原指定拉狄克同志为这一问题的报告人，现由拉狄克同志发言。

（拉狄克同志宣读关于共产国际的策略问题的报告）

拉狄克作关于《共产国际的策略问题》的报告

世界形势概况

研究共产国际的策略问题，不能离开它所处的时代所具备的活动条件。共产国际在确定自己的策略时，应当以具体分析它所处的时代为出发点。因此，在代表大会开始时，我们曾试图在托洛茨基同志的报告中尽可能客观地说明目前正在产生影响的力量。这种说明也许可以表明，世界革命是处在上升时期还是衰落时期。要知道，很显然，即使世界革命遭到了失败，共产国际也要生存和战斗下去。但是，如果资本主义社会出现持续的喘息时机，那么，共产国际的任务就将与革命出现高涨的总趋势时的任务有所不同了。那时，它的任务将不是使无产者做好应付国内战争一切偶然事件的准备，而是为遥远未来的战斗进行组织、宣传和建立队伍的工作。托洛茨基同志在报告中指出：我们认为，**到目前为止还没有发现任何因素**足以断定世界革命会由于资本主义的创造力和聚集力而暂时停止发展。在托洛茨基同志的报告中以及在这一报告的讨论中指出，我们要坚持世界革命方针，但这绝不是说我们死守教条，看不到它有可能暂时停止发展，看不到世界经济危机过程中可能出现暂时的转机。我们制定总路线和总方针的依据是：**世界革命力量在继续发展，即将到来的不是世界革命的衰落，而是革命力量团结起来迎接新的战斗**。不仅我们坚持这个观点，而且我认为，这个大厅里的任何人都不会把马尔托夫看成是对世界革命寄予希望的理论家和政治家。然而，这个马尔托夫在 5 月 1 日的《自由报》上却写道：

　　"反革命势力的增强，绝不能证明资本主义消除了战争所引起的危机的后果，使生产与交换纳入了正常的轨道。目前比以往任何时候更加明显地显示出，**资本主义不可能**使世界生产恢复到战前的规模，不可能保证生产正常进行。目前，世界生产的情景是：失业现象空前严重；企业不断倒闭，或者生产部门经常缩减生产；有些国家商品奇缺，而另外一些国家商品则大量积压，没有销路。**1849 年以后由于经济高涨而消除了人民群众深受其苦的危机——这种情景在当今对反革命势力来说，再没有可能出现了。**如果资本主义不能通过克服国内矛盾和有计划地进行国际调节来建立正常发挥工业和世界市场作用所需的经济平衡（可是至今丝毫没有显示出能够消除各国资本家之间竞争的征兆），那么，在目前革命斗争衰落以后，危机必然会导致**新的革命高涨**。"

马尔托夫的这种论断使我产生了这样一个疑问：第二半国际对共产国际的批评到底有几分正确？这种批评在弗里德里希·阿德勒在维也纳代表大会上所作的报告中表现得尤为露骨。

第二半国际指出："是的，世界革命尚未结束，而你们却想投机取巧，迅速取胜，可是我们是讲求实际的政治家，我们要采取比较缓慢地进行世界革命的方针。"我不准备过多地引用他们的话，免得大家感到厌烦，不过从引文中可以看出，俄国共产主义刊物早在 1918 年就已指出，鉴于西欧的力量对比及资产阶级实力强大，要想通过人民群众起义来迅速战胜资本，那是异想天开。无须我来提醒，德国代表们自然知道，从 1919 年起，我们在他们的国家所采取的策略的出发点，就是深信世界革命的发展过程将是漫长的，因此，我们坚决反对我们的"左"派同志的革命急性病。尽管共产国际第二次代表大会是在世界革命力量与世界反动势力即将发生大规模冲突这样一种情况下召开的，但大会的全部决议都是为了使共产国际做好长期斗争的准备。我们和第二半国际之间的区别，说句不客气的话，并不在于这些讲求实际的政治家很体面地念念不忘"欲速则不达"，而我们却急不可耐。不是这么回事！我们之间的区别只在于，我们对世界革命漫长的发展过程有着全然不同的看法。第二半国际说，世界革命发展缓慢，它企图以此说明目前这个时期对各个政党来说，是一个安定的、和平的和缓慢的准备时期。当各个政党发展壮大起来的时候，盼望已久的时刻就会来到，到那时，连阿德勒和克里斯平也会在街垒上进行战斗。（笑声）至于**我们说革命发展缓慢**，那是想说明我们面临着持久的、大规模的战斗时期，在这一期间，共产党不可能安然处在各种国际环境中，不可能心平气和地、安安稳稳地进行工作，等待幸福降临。**这样是不行的！共产党必须连续战斗，并且不断有所收获**。只要注意到眼前已出现的这种缓慢的运动、缓慢的发展，就可以说明问题了。

　　在 1919 年激战以后，和平发展时期是否已经来临？人民群众武装起义让位于**资产阶级白色恐怖**的时期是否已经来临？党被迫转入地下，直到新的浪潮唤起工人群众，掀起一场革命，使党得以重新展开攻势，得以公开进行活动——这一时期是否已经来临？

　　在中欧，这个过程至今没有中断，而在西欧各国，则刚刚开始。但即使这样，那里的共产党也不可能安稳、和平地向前发展和为今后的战斗作准备。不可能！它们必须在随时会遭到迫害和经常会发生冲突的情况下进行准备工作。因此，我应当指出，在共产国际的队伍中曾有人对这种缓慢的发展过程发表过意见，例如什麦拉尔同志的发言，说什么野战已转为阵地战。我们认为，这纯粹是**对发展过程的错误认识**。我们现在不是处于从野战向阵地战过渡的时期，而是处于**世界无产阶级大军形成**的时期。

　　捷克斯洛伐克的情况怎样？你们是否经历过野战？不，你们只经历过捷克斯洛伐克无产阶级觉醒的时期。十二月罢工期间，我们只看到建立捷克斯洛伐克共产主义无产阶级大军的第一次尝试。那么现在，敌人是否允许你们安安稳稳地去准备未来的战斗？它竭力想趁你们还未强大的时候就把你们掐死。请大家注意一下捷克斯洛伐克冶金工人的斗争情况。我们没有搞阵地战，没有让同志们无所作为、静待时机。没有这样做。我们看到两支相互敌对的大军——已形成的资本主义大军和正在形成的无产阶级大军——在行动，而资本主义企图阻挠我们的行动，企图在我们建立起大军之前把我们打垮。

　　在我们跨进这个未来战斗的时代时，我们丝毫没有理由拒绝接受任何一个曾经引导我们进行斗争的指导思想。第二半国际在其代表大会上千方百计地炮制和不择手段地企图抛出一个足以和我们的纲领相抗衡的纲领。这个国际是打着以下招牌出笼的："共产党人公式化地搬用莫斯科的策略，他们把俄国革命的经验变成普遍适用的教条。所以，他们拥护无产阶级专政和苏维埃制度。我们西欧党，顺便说一句，"西欧"一词出自俄国孟什维克之口（哄堂大笑），却要根据我们本国的国情来运用我们的策略。"

即使大家感到厌倦，我也要向你们指出，虽经鲍威尔、克里斯平和罗伯特·格里姆等大理论家长期努力（请不要以为我在讽刺他们），第二半国际最终还是得出一个可悲的结论。它作出的如下结论最好能永久保存在我们代表大会的记录里，借以表明他们经过长期深思熟虑所能作出的论断。第二半国际的决议是这样写的：

"阶级斗争一旦发展到民主制将从资产阶级的阶级统治手段变为无产阶级的阶级统治手段这个地步时，一般说来，资产阶级**会强行制止民主的发展**，以防止民主的国家政权落入无产阶级手中。**只有在资产阶级没有运用必要的手段——首先是军事统治的手段的国家里**（这也是因为它不敢下决心以公开的国内战争来取代政治民主方式的斗争），只有在这样的国家里，无产阶级才能以民主手段夺取政权。**但是，即使在上述情况下，一般说来，资产阶级也会利用自己的经济权力暗中进行破坏**，以阻止民主的国家政权落入无产阶级手中。**在这种情况下，无产阶级夺取政权以后，必须运用专政手段来摧毁资产阶级的反抗**。那时，无产阶级专政将具有独裁统治形式，即由工人阶级对夺取的民主国家政权实行独裁统治。

在资产阶级拥有政权手段、强行建立自己的统治、压制劳动人民群众反抗的国家里，资产阶级**必将扼杀民主，随时准备采取暴力手段，并向无产阶级公开挑战**。在这个斗争中起决定性作用的将不是选票，而是**斗争中的群众的**经济力量和**军事力量**。到那时，工人阶级通过公开的群众性行动（总罢工、武装起义等等）定能夺取和巩固统治权，对战败了的资产阶级实行专政。到那时，必须以工人、农民、士兵代表苏维埃，以及工会及其他无产阶级的阶级组织为基础实行无产阶级专政。"

决议没有指出，哪里有资产阶级连军事统治手段也没有的国家。这说明什么问题呢？一般说来，无产阶级应当用暴力手段摧毁资产阶级的反抗；而且一般说来，无产阶级要建立苏维埃形式的专政，或者依靠工会及其他无产阶级组织建立自己的专政。这里的其他无产阶级组织是指哪些组织呢？它不是指政党，因为我们知道，第二半国际是反对党的专政的，它也不是指合作社，所以只能是指工会和工人苏维埃了。但是，一旦工会联合起来，成为政权机构，它们就不能按生产部门将工人联合起来，因为在十个生产部门相互竞争的情况下是难以运用政权手段的。它们必然要在中央和地方实行联合。那么，结果如何呢？结果是出现以生产组织为基础的工人苏维埃制度。于是，我们看到，虽然第二半国际企图到处寻找新的理论主张，但是，它在大谈我们理论上的破产以后，却一无所获，到头来还得承认共产国际的旗帜是共产主义、无产阶级专政和苏维埃制度的旗帜。

　　唯一的区别，用他们的话来说，就是资本主义国家完全失去自卫能力，以及会出现无兵无卒的情况。共产国际当然非常希望出现这种情况。假如我们某个党面对准备不战而降的敌人，那我们认为对他们大可不必动武。我们不必去砸破开着的大门，但是要知道，保险柜通常总是锁着的。在结束我的前言部分时，我想指出那些反对共产国际及其主要战略与策略思想的人近几个月来想出来的新见解，即说什么俄国的情况证明，无产阶级专政不可能是通向胜利的必由之路。持此种论调的人正是那些在自己的原则性决议中承认专政是通向胜利的唯一道路的人，现在他们又开始改弦易辙了。他们觉得，群众对他们的压力比过去小了，所以他们说：你们看，俄国已向外国资本让步，已向小资产阶级让步，既然如此，还要专政干什么？似乎俄国的情况可证明，专政不会导致共产主义。在审议代表大会日程中关于苏维埃俄国国内外形势这一项时，报告人以及参加讨论报告的人都详细谈到上述问题。我只想扼要地指出：如果说，俄国给我们什么启示的话，那只有一点，就是**这个孤立无**

援的而且几乎纯属农业经济的国家，必须克服巨大困难，才能过渡到共产主义。

请允许我指出下面这件事：1919年，奥托·鲍威尔写了一本论述通向社会主义的唯一正确道路即论述民主制的小册子。现在，我们可以分析一下沿着这条道路前进的结果。第二半国际可能同意这种看法，即在奥地利和德国，由于经济崩溃，不能循此道路前进，那里的道路是一条从伦纳走向朔贝尔、从谢德曼走向维尔特的道路，而不是从民主走向社会主义的道路。现在，我们来谈谈**占据优势的、胜利的资本主义国家**的情况。就拿英国来说，英国工人阶级对国家政策的影响和在社会所占的比重很大，政府不得不考虑工人阶级的要求。但是近三年来，我们既没有看见那里已着手建立哪怕对工人有些许好处的国家资本主义，也没有看见它朝奥托·鲍威尔形容为未来伟大前景的基尔特社会主义迈出一步。不仅如此，就连比较重大的社会改革，它也没有进行。俄国的情况表明，一个孤立无援的国家必须竭尽一切努力来争取独立生存。俄国的情况表明，在小资产阶级国家，向社会主义过渡困难重重。英国与法国并非在封锁的条件下走上民主道路，但是这条道路表明，它所导致的是金融寡头公开占据统治地位，是反动势力掌权。在英国这个民主国家里，政府现正架起机枪来对付和平罢工的矿工。

这一切足以论证提纲中所说的话。我们的策略问题提得非常明确。这个问题是：**为使无产阶级能够沿着共产国际成立时发表的宣言所指引的道路去夺取胜利，我们将如何进行斗争？**这个问题根本不涉及我们的目标和我们的道路，它只是反映我们的组织形式、我们活动的指导方针和我们在这条道路上的各个阶段。

"荷兰派"理论

共产国际从成立的第一天起，就向年轻的共产主义小组和各国党提出了这一主要任务：为共产主义事业争取广大的无产阶级群众，并把那些在社会经济生活中起决定性作用的工人阶级分子——最积极的分子——聚集在一起，组成无产阶级革命先锋队，加入共产党和共产国际的行列。但共产国际队伍里却有人攻击这条道路。攻击来自那些自认为站在我们左边的同志。这种理论上的指责是哥尔特和潘涅库克领导下的一些同志提出来的。眼下在讨论策略问题时，我们应当扼要地说明对这种理论的看法。我们不准备引经据典使大家感到厌烦，你们在两本小册子——潘涅库克的论《世界革命的策略》和哥尔特致列宁的一封信中可以发现以荷兰派的严谨方式阐明的这种思想（发挥得过分透彻）。在小册子里，对通向共产主义的道路作了一番描绘。

书中的出发点与我们的相同，把世界革命看成是长期的残酷战斗时期。书中说，西欧比起俄国来，无产阶级专政的基础必然更为坚实，其原因：一是那里的资产阶级很有组织性；二是农民在政治上比较成熟，但又比较保守；三是广大农民群众现已聚集在资产阶级周围，四是无产阶级游动性大，文化水平也比俄国无产阶级高。我不知道，为什么潘涅库克和哥尔特认为，他们在这方面同我们有所分歧。我们恰恰持这种看法，而且在荷兰同志之前很久，我们就论证了西欧及其他发达资本主义国家的无产阶级专政基础要比我们俄国坚实得多，我们的专政基础显然比较薄弱。这些理论家一接触我们怎样为共产主义思想、为共产主义斗争争取无产阶级群众这个问题，矛盾就开始出现了。在这个问题上，他们的想法的出现，只有历史可以作出说明和解释，而马克思主义者是绝对不能同意这种想法的。他们想象中的运动是这样的：一小群共产主义者聚集在一起，在工人运动中充当预言家，对一切非共产主义组织进行批评，并且提出与它们的目标相对立的共产主义目标。这一群人不与群众一起为群众的日常生活需求而斗争，因为这是改良主义。他们不参加群众组织，因为同反革命工会官僚待在同一个组织里就等于叛变。他们组成一个小型的、纯洁的、水晶般清晰的共产党，并组成一个小型的、同样是纯洁的、作为专政基石的工人生产组织。由上述这些组织给群众作示范。能作什么示范？它们不可能举行起义，因为人数太少，成不了气候。这只能是盲动。可是，它们始终不承认这一点。起义是人民群众的事情。它们不可能举行群众性罢工，而群众却要求罢工。那么，它们要在哪方面作示范呢？在宣传方面。耐人寻味的是，在荷兰市场的一切产品中，我们没有发现这方面的任何实际口号、任何行动计划和任何适用的想法。这种宣传方针充分表明，它的理论基础是在至今没有革命群众运动的国家里形成的，此外，它是由一些真正的共产主义个人制定的，其中一位深受我们器重的理论家，只是从天文台上观察天空，而根本不去观察那群贫苦的、可怜的人，因而他们不属于真正的共产主义者。还有一位是老语言学家，而且还是一位诗人。如果有人问我们，这种理论如何才能得到无产阶级分子的响应，例如得到德国无产阶级分子的响应，那我们就得说：无产阶级分子在实践中与这种理论无缘。共产主义工人党的成立并不是由于它的创始人决定要斯巴达克联盟贸然投入战斗，而我们认为它面临着漫长的斗争时期。这两个党分道扬镳是因为共产主义工人党的成员过于缺乏耐性、要求立即行动造成的。荷兰派的出发点却截然不同。荷兰有才华的理论家们说：用不着介入为一块面包而进行的悲惨斗争。你们必定会对工人们说：共产主义不过就是共产主义罢了。生产组织之所以存在，只是因为它更加符合这个斗争的需要，它在行动上比工会坚决，也就是说，它恰恰能反荷兰派之道而行之。共产主义工人党运用这套理论，就跟非洲黑人使用背带来装饰自己罪孽的

躯体一样。（笑声）

这套理论能引起共鸣的另外一个原因是：这些工人小组害怕同不太纯正的社会主义工人、共产主义工人接触，它们蔑视议会制，仇视工会官僚。这就使它们同**共产主义者故步自封论**的创造者联结在一起了。从理论上说，从马克思主义的发展观点出发，从斗争中积累起来的全部经验来看，共产国际必须唾弃这种理论。其理由是：如果依据这种理论，遵循这种理论指出的道路，工人运动就休想前进一步。如果说，目前有数十万德国工人拥护共产主义者营垒，那不是由于后者不与他们接触，只是告诉他们共产主义能拯救他们，而是由于共产主义已存在于工人阶级战斗和流血牺牲的地方，由于到处都有共产党，就连工人阶级只为工资而奋斗的地方也不例外。

我们要批评那些模棱两可的口号，我们就是要在斗争中，在聚集着广大无产阶级群众的组织里，在那些确实由反革命控制的群众性工会里，同群众一道前进。为了斗争，我们只能在那里争取到一部分无产者和我们一道前进。可见，拥护绝对纯洁无瑕的共产主义理论的，只是为数不多的宣传员。我们也非常希望自己的队伍里能有这样的人，因为他们能培育一批优秀的、对共产主义事业忠心耿耿的无产阶级战士。但遗憾的是，由于他们脱离群众，他们的革命能量也就散失了。

群众斗争的经验

我们当前的主要任务是，**为传播共产主义思想而争取广大无产阶级群众**。这项主要任务是第一次代表大会提出来的。在第二次代表大会上，在一系列提纲里，我们表明了对我们政策中一些具体问题的立场，并且确定了我们要走的道路。为了沿着这条道路前进，我有必要扼要地指出这方面已取得的经验。季诺维也夫同志在他的有关执行委员会工作的长篇报告中，谈了一部分这方面的情况，不过，受自己发言题目的限制，他不得不着重讲述各个政党对执行委员会的态度，因而不能详细分析以往斗争给我们提供的材料。我们当前需要解决的一个极其重要的问题是：**共产党如何才能用共产主义精神去影响自发产生的无产阶级运动？如何才能使它们普遍开展和深入发展起来，变成夺取政权的斗争？要想解决这个极其重要的问题，只有研究我们运动的实际情况，即研究一切大规模战斗的实际情况，以便从中吸取有益的教训。**

一、英国矿工的罢工

我要从现在正在进行大规模阶级斗争的一个大国中的弱小共产党谈起。让我从**英国共产党人**在当前**煤矿工人大罢工**期间所采取的**策略**来开始我的话题。我这样开头的原因是，我想把**共产党**不能离开群众运动这个原理作为我论述**具体策略**的重点。要知道，共产党再小，它也要走在本国发生的一切群众运动的前头，战斗期间，它必须把自己的全部力量集中使用到这个群众运动中来。我认为，英国的实例向我们表明，我们有些年轻的、人数不多的共产党，连在这方面应当做的最重要、最简单的事情也还没有做。

在整个这次罢工期间，我密切注视英国共产党机关报《共产党人》的动向。必须承认，英国共产党改变了它对过去的机关报《呼声报》的做法，已能向报纸提出宣传任务，因而现在的报纸的内容表明，它与无产阶级的现实生活有一定联系，它不是在月球上出版的（共产党的许多机关报给人以这种印象）。但是应该指出，在这个机关报上看不到党究竟在煤矿区做了些什么。这一事实使我深感怀疑。于是，我请求曾就英国罢工问题向执行委员会作过详细汇报的我的朋友鲍罗廷，在来自伦敦和英国其他地区的代表当中查询一下他们所掌握的矿工运动情况。我希望我们大多数同志看看这份调查材料。我们从中了解到，煤矿区举行过集会，但这不是由党的中央委员会召开的，事先也没有任何计划。集会是由一些共产主义小组发起的。我问："你们出席这种集会时提了什么口号？你们向群众讲了些什么？你们对国有化问题抱什么态度？你们对当时工人提出的具体要求抱什么态度？"有一位同志回答说："我登上大会讲台时，不知道该说什么好，我所知道的和月球上的人一样多，不过，作为一个共产党员，我在发言时不会信口开河。"这说明什么呢？这说明党碰到了前所未有的、会导致根本变革的无产阶级斗争，可是这个党还**没有着手有计划地部署自己的力量**。要知道，力量越小，就越需要合理地使用，这是首要的定规。况且，党并没有向它所使用的力量提出战斗口号。它没有向同志们说明，他们应当给工人群众讲清今天和明天的情况。再就是：在许多地方，党是以"工人委员会"的名义进行活动的，虽然党的宣传工作有成效，但这并没有使群众和共产党建立起联系。我们认为，我们有责任对一些弱小的共产党说："如果你们只限于宣传共产主义理论，或者你们面对这种运动，只提出'不要相信你们的领袖'这样一个口号（英国共产党人就根据其充分理由大肆宣扬这个口号），你们就绝不可能成为广大的群众性政党。如果你们不帮助无产阶级，即不站在无产阶级斗争的前列，不在运动中发挥共产党的作用，不用你们的口号帮助无产阶级了解斗争的经验教训，你们就绝不可能领导这些群众前进。"我们要重申我们的口号：**接近群众**！如果你们在这条道路上不日益不断地前进，那对共产主义事业来说，时光就白白流逝了。尤其是弱小党，更要把自己的力量用在解决这个任务上。

二、意大利的斗争

在上一个报告年度，我们看到三次**无产阶级的群众性行动**，即**意大**

利占领工厂的斗争、捷克斯洛伐克的斗争和德国的三月发动，共产党人在这些行动中面临严峻的考验。请允许我谈谈这三次行动所取得的教训，因为只有同时研究这些问题，才能正确分析所犯的错误和确定今后的正确道路。我要从意大利的经验教训，即去年大规模的九月运动及从中吸取的教训谈起。我先扼要地向大家叙述一下事件的经过。

运动开始于意大利的一些冶金工厂。卷入运动的冶金工人人数很多，致使他们的工会感到非得出面领导不可了。那些向冶金工业提供半成品和原料的工厂，也加入了运动的行列。于是，运动涉及了化学工业及其他许多工业部门的范围。在这种声势的感召下，无产阶级中受压迫最深的各阶层联合起来，投身到运动中去。

无家可归的无产者群众，目睹冶金工人、纺织工人、化工工人占领工厂，把厂主逐出工厂大门，他们自己也跟着投身到运动中去，并着手占据别墅和宅第，带着妻子、儿女合家住进去。运动扩展到农村：在西西里及意大利南部和中部地区，农民手举红旗，夺取大地产，成立赤卫队。在工人阶级投入伟大战斗和农村加入运动行列的情况下，我们遇到的首要的重大问题是这个运动的真正性质问题。我们认为，即使我们没有其他任何事实根据，我们也应当承认，这是一场重大的革命性的群众运动。工人准备掐住资本主义社会的脖子，他们占领了资本的圣地——工厂和保险柜。然而，塞拉蒂却说：这纯粹是工会运动。真耐人寻味！他居然把数十万工人占领工厂和企图提高劳动生产率的做法（经常十分顺利），说成是工会运动；他居然把工人组织商品推销、砸开资本家的钱柜、设立公共基金、使冶金工人工会有可能发行纸币（有了纸币，消费合作社就可发给工人生活必需品）的做法，说成是工会运动；他居然把工人干预资本主义政权的命脉——工厂的企图，说成是工会运动！意大利总理焦利蒂 9 月 26 日在参议院所说的话，再好不过地说明了当时的情况：

"占领工厂的行动开始了。按照官方评论家的看法，下面两种做法是可取的：一是防止运动发生，二是如果无法及时防止运动发生，那只好用武力迫使工人退出工厂。防止！如何防止？这里牵涉到 600 个冶金工业企业。为了防止占领工厂的事件发生，我必须以迅雷不及掩耳的速度采取行动，往各企业派去许多警卫部队：小企业派上 100 人，大企业派上几千人。但是，这样一来，我必须无例外地动用我管辖下的全部兵力。**可是到哪里去找监视从工厂赶出去的那 50 万工人的军队？** 能委派什么人去维护社会治安？指望我有先见之明是不行的。假如我事先打了招呼，那国家的武装力量就会遭到各方面的包围，从而失去一切调动的自由。因此，我认为必须放弃这种措施。在这种情况下，我是否应该借助武力对工厂进行清洗呢？这样一来，我势必要发动一场公开的内战。**可是在这之前，劳动总联合会庄严宣称，运动不带有任何政治色彩，它只限于经济斗争范围。当时我所信任的劳动总联合会证明它完全能掌握运动**，因为广大工人群众正是沿着这条道路前进的。评论家们想过没有，假如我诉诸暴力，调动军队、国王的近卫军和宪兵去对付工人，那会把国家引向何方？"

看来，这个狡滑的、也许是极其狡滑的意大利资本的代表人物焦利蒂的声明，向我们说明了一切。50 万工人参加了革命运动。政府无能为力，而得到政府信任并受政府收买的工会官僚却出面谈判，而他们清楚地知道，只要工人退出工厂，那工人的全部斗争成果就将化为乌有。

意大利劳动总联合会的头头是一些当时以共产主义者面目出现、最近才成为共产国际成员的人。但是，这并没有妨碍联合会与采取协同行动的意大利社会党达成协议。那么，我们在那里发现了什么呢？发现了工团主义工人和无政府主义工人加入了斗争。意大利党知道，工会官僚在竭力扼杀斗争，而工人却渴望战斗。可是，党并没有竭力设法吸引这些工人的代表去共同讨论形势。除了劳动总联合会外，还有庞大的铁路职工组织、海员组织和码头工人组织。党没有考虑吸引这些组织参加斗争。党本想起领导斗争的作用，它宣称要斗争下去。但工会官僚却说：

我们要结束斗争，我们将获得监督生产的权利。就这样，党被人说服，同意停止斗争。

今天，我向意大利同志提个问题：在意大利对生产实行监督，其结果如何呢？其实，政府根本没有把这件事作为议案提交议会讨论，虽说政府已依法答应工人有权监督生产，只要工人肯让出工厂。斗争停止以后，改良主义报刊开始宣扬，说这种对生产的监督是一个伟大的胜利。它们说：两个要素——劳动与资本终于将并行不悖；劳动将监督资本发挥作用；资本将监督工人从事劳动。到那时，大幅度贬值的通货将回升。但是，工人一回到工厂，白卫分子就疯狂地向他们反扑了。工人组织接二连三地遭到袭击。位于热那亚、米兰和罗马的党的机关报编辑部相继被焚毁；博洛尼亚工人遭到枪杀，成千上万的人被关进了监狱。

政府处心积虑地首先迫害了那些被社会党排斥在斗争者大家庭之外的人，即迫害了无政府主义者和工团主义者，大批逮捕了他们的领袖。工人阶级的伟大斗争遭到了失败，其原因在于，意大利社会党在这股强大的洪流面前只想求上帝保佑它摆脱领导革命这件苦差事。

我们不知道这个斗争是否能使我们获得政权，不过，它可以使我们有许多收获，首先有如下两方面收获：一是实际监督生产，它不是为提高资本主义国家的货币行情而采取的一种手段，而是为真正把工人团结到一个反对资本主义国家的伟大无产阶级组织中去的手段；二是武装工人。即使争取实现这些目标的斗争不能使我们获得政权，但无论如何它也是意大利工人阶级在党的领导下对资本主义的一次强有力的打击。

在这个斗争中，工人阶级有可能占领重要的阵地。退一步说，即使它被打败，它也不是毫无收获地退出战斗，它终究获得了斗争经验和熟悉了斗争条件。

意大利党逃避了斗争。但它硬说，尽管如此，它的威信反而大大提高了，选举时它获得了许多选票。的确，革命即社会矛盾的发展，即使在我们犯有严重错误时也会驱使工人到我们这边来。但是，这些错误会妨碍工人寻求正确的道路，会使他们失去对自身力量的信心。是的，他们投票拥护你们，但是要知道，他们不投票拥护你们还能拥护谁呢？难道投票拥护资本家不成？但是，无产阶级对自己的力量认识不足，它错过了可能取得完全胜利或局部胜利的有利时机，结果使资本家的政权得以巩固。奥达·奥尔贝格这位意大利—德国改良主义者，几十年来以敏锐的目光通过《前进报》密切注视着意大利运动的动向，她在意大利大选后写道："由于意大利党在斗争面前战战兢兢，资产阶级遂变得强硬起来。"

三、捷克斯洛伐克十二月罢工

下面谈谈捷克斯洛伐克十二月罢工。它的爆发是切尔尼资本主义政府的政策引起的。这个政府为了保护社会民主党人，把所谓资产阶级社会民法的欺骗性法典的全部条款搬出来，据以没收了捷克无产阶级的民众娱乐馆，并将它交给了叛徒领袖。于是，工人举行罢工以示抗议。尽管政府立即宣布戒严，甚至是特别戒严（即前奥地利帝国所谓的"紧急戒备"），尽管戒严使电话联络中断，使左派社会党的信使无法通行——尽管存在上述种种情况，运动仍然从一个城市扩展到另一个城市。几天之后，斗争席卷了旧波希米亚省、摩拉维亚和整个斯洛伐克，而且捷克北部的德国工人完全支持捷克工人的行动。斗争的性质不尽相同。其中一个城市的罢工是在"把民众娱乐馆归还工人，释放被捕工人"的口号下进行的；在另外一些城市里，提出了增加工资的要求，在有些地区，工人要求建立工人苏维埃；在另一些地区，工人则企图占领工厂和领地，以及夺取武器，武装自己。

不管怎么说，很显然，这个自发的运动是完全出乎党的意料的，就连左派社会党中央委员会也公开承认这一点，党没有料到，在工人群众当中居然蕴藏着这么巨大的自发的革命能量。要知道，党从成立时起，它的全部政策可归结为：群众数量还不够多，我们不能公开成立共产党，不能公开加入共产国际；群众还不够成熟，他们还不能接受我们公开提出的口号。可是万万没有想到，这些群众竟行动起来，他们在斗争中表现出来的成熟程度竟远远超过他们的领袖。我们请他们给我拿来一份党的机关报《红色权利报》，但我从中没有发现向工人说明斗争的真正目的和指出运动的教训的任何论述。然而 12 月 16 日当运动中止的时候，左派中央委员会竟发表《告民众书》庆贺胜利，其中写道：一度受民族主义蒙蔽的光荣的捷克无产阶级，终于像睡狮一样猛醒，奋起斗争，现在民族主义幻想已经破灭了。

可是，无论是这个《告民众书》中还是在以后任何一期《红色权利报》上，都没有提到为什么斗争以失败告终，捷克无产阶级应如何使今后的斗争能比较顺利地进行。

运动中所取得的教训首先在于：你们遭到失败是因为你们没有组成一个统一的党，是因为捷克、匈牙利、斯洛伐克和德国的工人虽然居住在同一国家的领域内，并遭受同一个政府的压迫和同一个资产阶级的剥削，但是，他们各有自己的党组织。可见，首先是组织上的教训：捷克斯洛伐克各民族的无产者应当联合起来，组成一个党。可是，你们并没有认识到这一点。其次是政治上的教训：党应当制定什么样的政策？它应当同谁断绝关系，应当加入谁的行列？认清这些问题，成立共产党的思想自然就会产生了。然而，你们也没有想方设法使工人确立这种思想。

捷克党不可能做到这一点，因为它的领袖们还没有下决心作出群众实际上早已得出的结论。群众已把立足点移到斗争中的共产主义方面来，而领袖们却远远落在他们的后面。这些领袖竟需要经过 4 个月时间才拿定主意，才小心翼翼地、一步一回头地去做群众实际上早已做过的事。再次是：捷克斯洛伐克运动向我们提出这样的问题，即在工人日益觉醒并投入斗争，但总的形势还没有发展到可以夺取政权的地方，我们应当提出什么口号？换句话说，我们应当提出哪些过渡性的口号？左派在这个问题上一声不吭，因而他们既在组织上也在政治上放弃了由自己直接掌握运动的领导权。无怪乎我们在这里看到这个鲜明的实例，即一个群众性的大党对自发的运动不是施加影响和负起共产主义领导责任，而是听任它自生自灭。我们在这里指出这个错误，至于犯错误的内因，我们后面将仔细分析。现在，我只想指出，犯错误的主要原因在于存在消极的政策，这种政策是由我们当中至今仍未消失的种种半中派思潮的本质决定的，而且它们日益近似于共产国际所排斥的中派思潮。

四、三月发动

现在谈谈一个相反的、然而也是典型的事例——相反的错误事例，即德国的三月发动。在开始讨论这个运动之前，我要指出：无论是在德国统一共产党内部还是与各个共产党一起，我们都应当以十分友好、坦率的态度来谈论三月发动的意义和错误。必须认清这个斗争的实质及所犯错误的实质，必须认识到，我们从这些错误中所看到的，并不是什么偶然的失误，至圣的莱维在他的小册子里说，这个运动的发生是由于某些狂妄的领袖干预了德国有理性的运动，以及某些类似布兰德勒的鲁莽之徒冲昏了头脑。这种看法对我们未必有什么好处。因此，有人也许会说：但愿狂妄的领袖今后别再把诚实的人们引入歧途！从类似的分析中得出的结论，就像刨平的板凳那样，无棱无角，更不用说关于不久前成立的党能够冲锋陷阵的推断是何等荒唐了。这个党的领袖还谈不上享有威望，而且这个党也曾目睹一些显赫人物逐渐丧失革命性。就凭自己一个同志一声号召，它就能冲锋陷阵，岂不怪哉！

我还想预先指出：我们开诚布公地、兄弟般地同你们一起分析你们的错误，我们这样做，既不是因为我们认为执行委员会**智略过人**，也不是因为我们想假如把季诺维也夫派去接替某一位同志，一切就会顺利进行了。我们知道，对于任何一个党来说，要转而采取实际行动，那是非常困难的，必须具备长期的丰富斗争经验，首先是领导成员要心中有数，要全面考虑党和群众之间的相互关系。我们说：当然，对于你们的一切缺点，我们现在比你们看得更清楚。正因为如此，我们才出席国际性代表大会，以便从我们以往的各次战斗中得到教益。我们不想教给你们什么，但想同你们一起学习。如果现在有人对正在坐牢的 7000 名德国无产者说，他们的斗争徒劳无益，那我们就要提出抗议，因为无产阶级只有从自己的错误中、从自己的失败中才能得到教益。为了取得这个教训而作出的牺牲，对我们今后的胜利是十分宝贵的。

现在，请允许我直言不讳地谈谈这一切。我必须谈到德国统一共产党的历史。该党是由第一次爆发无产阶级斗争期间起领导作用的斯巴达克联盟组成的。当群众首次举行起义，显然准备推翻资本主义国家时，斯巴达克联盟的成员是站在斗争最前列的。后来，在资产阶级革命时期结束以后（以无产阶级武装起义形式出现的十一月革命，不过是以德国资产阶级革命而告终），紧接着开始了德国无产阶级为未来的战斗积聚力量的漫长时期。党没有知名的领袖，党内总共剩下两三千工人。它必须防止这支力量分散在前卫性的罢工中，防止它在共产主义旗帜周围形成一个坚强的无产阶级核心之前就卷入新的战斗。当时，斯巴达克联盟应成为一支制止工人参加无谓罢工的力量，成为一支组织和教育群众准备进行大规模战斗、使他们在斗争中不致失败和孤立无援的力量。由于在 1919 年——进攻的一年必须采取这种策略，在一部分领导同志的思想中对一切运动的"盲动主义"存在着恐惧症，他们希望上帝保佑，

千万别让玻璃迎面飞来，这可是十分危险的。这些领导同志对当时实际
表现出来的盲动主义倾向不得不坚持斗争，因为当时有这么一个上百人
的工人小队，不知从哪里搞到一挺机枪，准备贸然发起战斗，这种立场
使斯巴达克联盟中央委员会在卡普叛乱时期变得孤立了。虽然省里的工
人在这个时期到处战绩辉煌，但中央委员会从最初起就没有起任何作
用。在类似德国以前发生过的那种大规模总罢工爆发前几小时，中央委
员会还在说：群众还没有准备就绪。后来等它发现自己的错误时，它再
也休想在斗争中起领导作用了，它已堕落成为**阉割**共产主义的、奉公守
法的反对派。真正工人党的反对派，其行为动机必然同共产主义目标相
联系。在敌人面前，我们的立场永远不会符合资产阶级所谓的"奉公守
法"标准。如果说，我们也谋求妥协，那只能像希尔德布兰德的歌词中
所说的"以剑还剑"，而不是利用"奉公守法"的谈判。

我指出这件事是由于它表明斯巴达克联盟的一些领袖没有极力坚持
采取积极的行动。转到我们这边来的左派独立社会党领袖，多半是在工
会运动中或者在担任议员和独立社会党代表当中有声望的人。他们通过
诚实的工作而具备共产主义思想。但是接受书面上的 48 个条件，要比
实行哪怕一个共产主义斗争条件容易得多。（热烈赞同声）要让这些同
志转向积极斗争是很难的。既然在召开的党代表大会上以及在中央委员
会中讨论了党的未来及其任务，那就表明它是一个拥有 50 万党员的群
众性政党。不过，这个数字并未经过核实。我认为，我们的党员从来没
有超过 35 万。可是，这样的党竟连一个 5 万工人的先锋队所能做到的
事都做不到。它不应满足于单纯进行革命思想的宣传。它在阶级力量的
整个对比中所占的比重相当大。它可以通过自发的行动来夺取领导权，
它的职责就是在群众处于动荡状态的一切地方号召进行革命行动。在中
央委员会里以及在代表大会上，没有人反对在党的宣言中有意识地写上
这些话："德国共产主义工人党是一个小党，它曾竭力深入到大的工人

组织中去，以便通过自己的号召使群众行动起来，向群众实际阐明作为
'无产阶级解放斗争条件的学说'（恩格斯语）的共产主义的意义。但
它不能独自领导群众的行动，因为群众不拥护它。由于它未能把德国独
立社会党争取过来，所以它只能停留在政治宣传上。德国统一共产党却
有足够的力量**在情况允许或需要的地方采取行动，并承担一切风险**。它
应竭力把成千上万的党员联合到工会组织、工厂委员会里去，把千百万
自己的拥护者联合到各种组织中去。它应竭力与有觉悟的群众建立密切
联系，揭示他们的贫困处境，唤起广大群众认清这种情况，树立战胜贫
困的信心。它能够唤起无产阶级采取革命行动，或者亲自领导自发的革
命运动。"

　　我认为，这段引文指出了党实行领导所应具备的一些条件。第一，
它应当借助报刊密切联系广大群众，反映他们的疾苦，它应当把数十万
工人——工会会员争取过来，它应当等待可能进行或者必须进行群众性
发动的时机。只有到那时，它才能领导自发的运动或者号召开展这种运
动。虽然这里没有一般地指出党的独自的作用，但是党可以从中获得实
际经验。从三月发动到现在，党没有能使它和广大人民群众保持联系的
报刊（任何一个德国同志都可以证实这一点）。我们的报纸甚至不能适
应我党党员人数的需要。（喊声："完全正确！"）而且，它们只侧重理
论教育。它们没有用同情人民疾苦的代言人的强硬语气说话。我们的报
刊刊登的是长篇大论的文章，有的文章理论性很强，很有宣传作用，可
是在这些文章中却看不到群众的呼声。请同志们注意，我们这里有我们
夺取政权时期俄国党中央机关报《真理报》的全份影印本。当时它一
共四个版面，但其中两个版面刊登工厂的简要报道。群众最感兴趣的事
在版面上都能得到反映。你们的报纸可不是这样的，这说明党还没有为
伟大的斗争做好一切必要的准备。有人说，任何行动都跟克里姆林宫前
红场上的阅兵式不一样，绝不能事先准备停当。当然，在斗争期间要想

把无组织的群众调动起来，并不是轻而易举的事，但是，党应当在斗争开始之前做好准备。党的准备工作是指党在集会上、工厂里、报纸上、工会里、无产阶级体育协会和无产阶级小酒馆里所做的一切策略性的工作。总之，在一切地方，无论是在街头，还是在群众当中，都应做好行动的准备。我应当指出，当党着手这项工作时。它会遇到旧势力的干扰，即遇到官僚机构的消极抵制。要知道，官僚机构只是一种招募性组织，从来不为直接斗争做任何准备工作。过去，根本不可能使优秀的有学识的同志写一些宣传手册和组织起义。党不知道应当怎样开展政治运动。今天虽然就某个问题写了文章，以激发和唤起工人群众的斗志，可是过 3 天，又把这一切置之脑后了。党所面临的最重要问题是：**我们应当如何对待群众？**要知道，在德国，群众已经组织起来。他们成立了工会，会员达 1000 万。他们成立了党，党员达数百万。因此，首要的问题是我们应当如何对待这些群众。党选择了正确的道路。它说：凡是拥护无产阶级专政和站在共产主义一边的人，就算加入党或者靠拢党了。在哈雷代表大会之后，再也不能用最后斗争的口号来吸引新的无产阶级阶层了。我们可以不公开地开展活动，但从哪方面入手？我们应当论据确凿地向群众证明，社会民主党人、独立社会党人和工会领袖谎称他们想进行斗争，但不是为了专政，而是为了一块面包。我们还应当向群众指出，社会民主党人也好，独立社会党人也好，工会领袖也好，他们统统不想斗争。无产阶级即便饿死，也与他们无关。

《公开信》的主意就是在这种想法的影响下产生的。这是党决定开始战斗的表现，战斗可使党接近群众，可使群众脱离他们的社会民主党领袖和工会领袖。谁都知道，这只靠宣传鼓动是办不到的。迈出了这一步，我们就有可能进行大规模的战斗。你们或许还记得铁路工人、邮政职工的斗争情况和失业者运动。在 1 月上旬曾有过这样的想法，就是通过向社会民主党人和工会官僚施加压力，迫使他们把群众推到我们的队伍中来，即推到整个工人运动的队伍中来，此时，我们的任务是把我们的影响和我们的口号扩大到群众中去，如果工会官僚拒不照办，我们就可以自由采取行动。我们希望，在斗争开始以前，群众能认清社会民主党人和工会将采取怎样的行动。而政府却通过让步使工人队伍发生了分裂，从而使运动夭折了。现在，我要指出当时党的情况。原来那些由于发现党内出现宗派主义倾向而大喊救命的同志——盖尔、布拉斯等老爷们，却是反对这个主意的。这样一来，我们失去了一周的宝贵时间，后来我们因而付出了很大的代价。随后，我们发动了攻势。现在我要问那些与群众建立密切联系的同志："在我们设法把各地数十万工人争取到我们一边期间，工会的共产主义领袖在哪些地区举行过代表会议？你们有没有通过大的政治运动发动过斗争？你们有没有进行过宣传鼓动进而召开过共产党人及其同情者的集会？哪怕一次也好。我敢断言，无论是你们，或者是左派，都没有这样做。你们连控制事件的本领都没有，难怪转向攻势时感到为难。"还必须着重指出这一点：如果左派一个个感到束手无策，那么党的活动家无疑是最害怕大规模斗争的。后来，正如你们所知道的，党内在意大利问题上产生了分歧。党内的右翼正式形成。这发生在 2 月底。我要指出，正是这个右翼后来指责党没有做好发动的准备。莱维主持中央委员会工作时，除了提议与苏维埃俄国联合外，没有提出其他任何建议，而且这种建议并不能成为群众性行动的口号。左派同志在党中央委员会内陷于孤立，因此，他们面临的任务是激发党员的积极性。

　　现在，我来谈谈当时所犯的根本性错误。你们说，那时的政局十分险恶。上西里西亚问题、反动势力的猖獗以及巴伐利亚问题等等，总而言之，当时一切问题都显得格外尖锐。但是，既然存在着危险，那首先就需要加强宣传鼓动工作，让群众注意到这个危险。三月事件初期的一天，我们对报纸进行分类时，我曾将两叠报纸交给托洛茨基同志，其中一叠是 3 月 17 日前整份《红旗报》，另一叠是 17 日以后的。3 月 17 日以前的报纸尽是重复人所共知的真理，但自 3 月 18 日起，却突然开始拳击桌面、大声吆喝："卡尔无视法律！"主要错误恰恰就在这里。你们说，错误是过去犯下的。是的，这是实话。你们说，原来的组织和右翼领袖是有过错的，他们没有十分重视党的组织工作。是的，他们负有主要责任。但是在 3 月 17 日以前的三个星期里，当你们独自存在时，你们可有某种转变的迹象？根本没有。你们连最主要一点都不懂，这就是：如果你们准备明天战斗，今天就应当做好战斗准备，就应当占领阵地。

3 月 17 日举行了议会党团会议。我想简单谈谈这个委员会所犯的错误，因为这是根本性的错误，谁要是对 3 月 17 日的错误估计不足，谁就不可能为未来的发动做好准备。我不打算在这里引用原话，免得同志们感到厌倦。我只提出一个问题：3 月 17 日会议的指导思想是什么？党对各地区代表说了些什么？它首先应当阐明眼前的危险。这样，可得出什么结论呢？革命的马克思主义者应当得出的第一个结论是：我们将进入可能发生大规模战斗的时期。因此，首先，党应当通过宣传鼓动使群众做好迎接这个时机的准备，并使自己的组织能适应这个时机的要求。其次，党应当提出这一问题：尽快揭露阶级利益方面的矛盾是否对党有利？我认为，如果党在政治上和组织上都未做好大规模战斗的准备，那它就不应关注加速运动的进程。你们指出"制裁"的危险性，指出上西里西亚问题和裁军问题，但是要知道，这完全是另外一码事，这是党的政治领导集团如何对待这种危险的问题。即使是英美战争（也许不会爆发）的危险，共产国际的政治领导集团也应当予以关注。可是，如果你们对美国同志说，"投入斗争吧，因为英美战争必将爆发"，那么这种策略不会为群众所接受。群众并不考虑可能出现的危险，他们只是在当前事件的压力下才采取行动。既然党没有准备进行这个斗争，它唯一的任务就是加强党的组织工作和改变整个组织状况。党是否这样做了呢？不！布兰德勒在他的报告中就已指出："我们要迎接大规模战斗，我们必须准备好在复活节以后立即投入战斗。"离复活节只有几天了，而他提出了怎样的论据呢？他在寻求斗争机会，提出了这样的问题："我们是否最好采取促使事件尽快发生、诱使敌人主动出击的办法？"于是，以骑兵中尉身份出现的弗勒利希同志声称："如今，我们要同党的传统决裂。在这之前，我们一直持观望态度，可是现在，我们要掌握主动权来加速革命的进程。"

一些组织的代表在"对敌人的冲击越猛越好"的口号下进行了斗争。但是，在他们前去斗争之前，党应当讨论，一旦赫尔青在德国中部出现，他们应当怎么办？党对他们说了些什么？战斗号召发出以后又犹豫不决起来，于是，中央委员会向各组织下达了这样的口令："要避免斗争，复活节期间行动对我们不利。等敌人占领了工厂，你们才可发动工人起义。"可是，同志们，当时我写信指责德国中部我的一位友人，向他指出"本来指示你们要等待时机，而你们却于3月19日发动了武装斗争"。他给我的回答是："假如我不发动这次斗争，我们势必等着挨打。"绝不能在战斗号召发出之后即偃旗息鼓。党根本不了解情况的严重性。如果《红旗报》提出每个无产者都应当拿起武器，那么任何一个无产者都不会认为，党这样说是为了准备未来的战斗，相反，他们会把党的话当作战斗号召和斗争的信号。如果说犯了错误，错就错在党没有指出："我们要迎接大规模的战斗。目前，我们的力量不强，我们没有做好准备，但如果赫尔青向德国中部地区袭来，那我们就应当同他战斗。我们不应当置德国中部地区我们的同志于不顾。"不过应当如何斗争？用技术手段还是军事手段？假如党给自己提出这个问题，它就应下达下面的命令：如果赫尔青向德国中部地区发动进攻，我们就要团结一致，奋起保卫我们在该地区的同志和工人，并且宣布群众性罢工。我们将用"保卫曼斯菲尔德工人，打倒双手沾满鲜血的刽子手赫尔青"的口号来发动全党的力量。党也有责任告诉曼斯菲尔德工人："你们居少数。如果你们起来和军队拼杀，和机关枪对着干，你们将被击败。"但党没有这样做。它既没有提出"拿起武器，展开斗争"的口号，也没有提出与此相反的口号。党的立场是不切合实际的。

当斗争开始，不得不采取行动时，党却没有意识到它应当提出哪些指引斗争的口号。同志们！我认为，我们应该支持三月发动，我们有责任急速援助我们的同志。为什么呢？这并不是因为我们多情善感。不过，可能会有这样的情况，即在敌人进攻时，党未必能去援助无产者。我们在这里，在俄国，在掌握政权的情况下，在红军组建时期，亲眼看见我们的乌克兰兄弟和芬兰兄弟在本国专政被推翻以后成了白色恐怖的受害者。我们恨得咬牙切齿，但我们说：不，我们现在不能去援助他们，否则，我们和他们都会被消灭。当匈牙利革命遭受来自四面八方的威胁时，我们没有前去援助，因为我们面前有个主要敌人——人数众多的高尔察克军队，我们知道，如果我们分散自己的力量，那我们和匈牙利同志统统都要被消灭。因此，我们决定拯救世界革命的主力军——苏维埃俄国，而听任它的前沿工事——苏维埃匈牙利被攻破。不过，我要重申：在当时的情况下，党应当考虑到，德国的中坚是曼斯菲尔德工人，而不是柏林的中央委员会，所以要声援曼斯菲尔德工人。这个集体是无产阶级的核心。有人提出的另一个理由是：在德国革命过程中，党组织会一个接一个被破坏，那就很显然，即使让所有革命阶层投入斗争也是徒劳无益的。共产党应当战斗在最前列，而且事先要取得群众的信任。所以我要说，那些认为这也错了、那也错了的人，并没有指出党对赫尔青的挑衅应当采取什么对策，因而他们自己也会觉得无言以对，他们想批评党，但又不从党的斗争中吸取教训。

同志们！我们来谈谈最后一个活动。3月24日，我们号召全国举行总罢工。事后才知道，集合在我们旗帜下的人比我们所期望的要少得多，准确数字无法统计。右翼同志说是 20 万，这显然与事实不符，因为德国中部地区参加斗争的工人就不下 20 万，但问题不在于此。这是党所进行的一次大规模斗争，它需要从中吸取应有的教训。可是，党是怎样做的呢？它没有揭露所有那些称这场斗争为巴枯宁式盲动的人的诽谤，反而指责我们把极少数人夺取政权的斗争称作盲动，而实际上，我们为了保卫德国中部地区的无产者而高举斗争旗帜，并且作为一个无产阶级政党而不是阴谋家集团投入了斗争。它没有承认错误，没有承认对手段和目的估计不足——它完全没有这么做，而是提出什么进攻理论。

同志们！请允许我在这里先公开摆出几个事实。我们反对进攻理论，但必须指出，严格地说，我们并不知道，除莱维外还有谁反对这个理论。我断定，在 4 月 7 日中央委员会扩大会议上讨论以后，蔡特金同志在她的批示中表明，她是主张进攻的。我身边就有这个批示，其中写着："一个人党必须实行进攻。"蔡特金同志指责三月发动，认为它是盲动，但在理论上，她却支持进攻原则。不过，蔡特金同志的批评不可能把错误纠正过来，因为这个批评缺乏主要之点。蔡特金同志没有指出，当赫尔青在德国中部地区进行挑衅时应当采取什么对策。她把这个重大行动说成是盲动，但她同时又坚持进攻理论。这将会造成什么结果呢？她在不合时宜的情况下提出进攻，这比三月发动走得更远。

为什么蔡特金同志偏偏认为我们应当进攻，而且还要在同苏维埃俄国联合的口号下进行？要知道，既然我们并不认为工人只是由于害怕反动势力（近一年来这种情绪有所表露）才跟着别人去斗争，那么，用提出同苏维埃俄国结成邦交的口号来动员广大群众也是徒劳的（邦交所带来的良好结果，也只是在许多年之后才能显露出来）。这种纯粹空想的念头必然引起我们对蔡特金同志的怀疑：虽然她坚持进攻观点，但她对三月事件却持否定态度，她关于进攻的言论完全是一种外交辞令，以此显示她对三月发动的一片诚心。这种怀疑的加剧还有以下一个原因，就是和蔡特金同志及赞同她的一伙人站在一起的还有这么一个人，而且他是这伙人的头头，此人便是保尔·莱维，他背叛了被外界称为盲动的这场无产阶级斗争，而且郑重其事地说了下面一段至理名言："但是，我们并不认为每一个局部行动都是盲动。我们曾反对 1919 年的局部行动，因为这个时期革命正走下坡路，任何一次革命运动都有可能成为诺斯克和资产阶级急于血腥镇压整个运动的导火线。在革命运动处于低潮时期，应当避免采取局部行动。在革命浪潮高涨时，无疑是需要局部行动的。虽然德国无产阶级做了认真的革命准备，但我们不能过于乐观，除非卡普盲动会再次发生，无产阶级将像社会民主党某书记和希法亭所推断的那样，在一天之内、在任何时候都能做好积极行动的准备。"

这说明什么呢？它说明，目前没有必要采取局部行动。如果革命路线开始发展……显然，目前并不存在革命形势。既然如此，那又怎么谈得上革命浪潮高涨呢？

莱维继续写道：

"如果在德国再次掀起革命浪潮，那么和 1918 年的情况一样，必然会爆发局部行动，不同之处仅在于德国无产阶级更加成熟，因而现在的行动将比以往显得更加严密、团结和强大。我们所说的"局部"行动，仅仅指吸引德国某地、某个大城市或者某个工业区的无产者参加斗争，决不应当把全国或者国内某一地区共产党人的行动或罢工说成是局部行动。我们关于"部分"、"局部"的概念，总是从纵的而不是从横的方面着眼的。"

作者在他的小册子结尾补充说："假如挽救不了党（**显然，只有莱维能办到**），那就意味着反革命将取胜，共产国际将垮台。假如革命爆发了，我们当然决不会反对局部行动。不过到那时，局部行动将意味着夺取一个个城市，比如，今天夺取哈雷，明天——法兰克福，后天——

柏林，等等。换句话说，局部行动将意味着德国无产阶级必将忘记自己历史的全部教训，再次任由别人逐个击破。"

假如蔡特金同志一伙人在承认进攻的同时，向中央委员会展开斗争（不过这种情况只能发生在谢德曼分子为了同苏维埃俄国联合而宣布罢工的 5 月晴天里，那时莱维就会说："让革命来临吧！我们将首先载歌载舞以示庆贺。"），那么，这种做法同党内左翼在斗争高潮时提出的抽象的、不现实的进攻理论（把自己的错误逐渐上升为完整的理论）是完全一致的。

同志们！为什么我们要认定这种进攻理论完全脱离实际呢？首先因为这是对我们玩弄的军事概念。的确，我的党内战友并不认为我有拿破仑的才能，但这并不妨碍我有时抽空阅读一些军事书籍。由于我渴望了解进攻战方面的理论，我决定请教军事上真正的行家，而不是随便向一个德国预备役骑兵中尉讨教。我再一次阅读了克劳塞维茨书中关于进攻与防御的章节。在阅读时我发现，熟悉军事科学对制定政策大有裨益；反之，如果忽视环境的特殊性，那将后患无穷。克劳塞维茨有句名言："防御的概念是什么？是抵御进攻。防御的特征又是什么？是等待进攻。"他接着说："从军事上说，在对付进攻中，防御的强有力的手段是什么？防御时，我方可抓住所掌握的时机让敌人靠近。这样，在敌人进攻时，我方拥有向敌人发起突然反击的优势。"这里的相似之处何在？你们在政治防御中所抓住的比敌人掌握得更好的时机在哪儿呢？在敌人进攻时，你们能调动你们所掌握的千百万无产者（当然，他们不可能在夜幕掩护下转为攻势），给敌人以突然打击吗？所有这些都是玩弄类推法，并不合乎情理。但我们从克劳塞维茨那里能找到完全适于解决我们疑问的见解。他把防御称作强有力的斗争手段，其根据是，通过防御，我们可以保卫我们的阵地。在阅读这些字句时，我的脑海里浮现了工人阶级的全部历史和无产阶级历次伟大的战役。宪章运动者的斗争是什么斗争？它是无产阶级群众反对年轻的资本主义的一次自卫行动。那么，无产阶级群众的觉悟、70 年代的大战役以及共产国际的诞生又意味着什么？它们意味着年轻的工人阶级在大陆资本主义发达的国土上进行抗争。19 世纪近几十年来的大战役、大罢工以及大批工会的成立——这一切又意味着什么呢？这意味着无产阶级起来反对 90 年代末期更为强化的资本主义压迫。什么是社会革命？从它本身的发展看，它不外乎是被压迫的劳动群众的起义。四年来，资本主义用欺骗手段强迫他们去打仗，让他们死在战场上。现在，它又用极其微薄的劳动报酬使他们陷入毁灭的绝境。如果我们能使整个工人阶级一致抱有同一的想法："要么进行自卫，要么沦为奴隶"，那么，我们就会像一个庞然大物突然向敌人扑去。要知道，我们这个庞然大物若不进行突击，是不能战胜敌人的。可见，在这种情况下，所谓进攻是党的职责、是在各种情况下都使用的主要斗争手段的论断，是不正确的，是脱离实际的。同志们应当向自己提出这样的问题：我们共产党怎样才能展开攻势？我们共产党在占少数的情况下是否可以组织群众性罢工？而举行群众性罢工的必要的前提是拥有广大群众。起义和决定性的战斗必须有广大工人群众参加。因此，你们会看到，党本身的活动范围是极其有限的。当然，不能由此得出结论说：我们可以忽视独自采取攻势的机会。

如果像卡普时期那样，敌人采取分散行动，而且其内部又彼此抗争，那么坚强有力的少数派就应利用这种情况所激发的普遍情绪，把群众吸引到决定性的冲击中来，推动他们前进，哪怕前进一步也好，从而在敌人阵营里打开一个缺口。再者，如果脱离工会的现象继续发生（这种现象刚刚出现，而且目前它只是一种消极的、不革命的征兆，不过，许多人脱离工会以后，成为完全无组织的人，这毕竟能表明他们不信任变节的领袖），那么，想必会不止一次地出现这样的情况，到那时，我们将得以率领因共同的贫困而团结起来的广大群众投入战斗，哪怕是领导他们去反对所有其余的组织。然而，无论如何，党有责任仔细研究和逐个检查各种斗争条件、斗争机会和斗争转机。在那些已有可能采取攻势的地方，党应当通过激励群众和密切联系群众来为进攻打下基础。我们决不应忽略这一点：只要我们站在群众前面一步，前卫部队和主力部队（国内战争的重炮）之间的距离就不至于拉得太远，我们也就不会由于孤军作战而被击溃。

同志们！从三月发动中可以吸取的重要教训有以下几点：（1）不要轻易地从宣传鼓动转为采取行动，就连那些卓越的共产党——群众性的政党（我们没有理由怀疑它们的本质）也不应当过于自信，因为只有在斗争中才能显示出共产主义真金，只有到那时才能识别哪一个党员真正忠于党，哪一个党员善于斗争；只有到那时才能理解党内各种派别的真正含义。（2）党内的一切消极因素在斗争过程中易于暴露它们的机会主义本质，虽然它们算不上百分之百的中派机会主义，但也相去不远。蔡特金同志和马尔察恩同志与莱维有很大差别，因此，在中央委员会与他们进行坚决斗争时，我们对他们理应采取比较温和的态度。执行委员会（除莱维外）还要求中央委员会等一等，待激烈的战斗气氛缓和以后，再与同志们商议并弄清问题所在。莱维的行为本身比他的论据更能证明：他同党之间没有任何有机的联系，他只会在党浴血奋战时向党投掷炸弹。要知道，最近的将来不会出现重犯这种错误的危险；如果只是莱维本人相信他所写的关于党将长期失去生命力的论断，那么他可以同党和执行委员会进行商讨。如果连他也不相信这种说法，他又为何这样写呢？莱维说，在中央委员会的口号指引下，队伍一个接着一个起来进行斗争，因而他把整个运动称作巴枯宁式的盲动。显然，所有能用来中伤党的论据，都是他求之不得的。至于其余同志，虽然同莱维意见一致，但却积极参加了斗争，这表明他们与党是有联系的。我们要把他们看成是党的不可缺少的成员，因为他们作为工会活动家，与群众保持着联系，所以他们起着"压舱物"的作用，在紧急关头能防止发生导致船舶及其船长遇难的事故。我们在做组织结论时，应当对德国党说："我们在这里要查明错误，是为了避免今后重犯这种错误，是为了使你们今后能与同你们并肩战斗的所有人团结一致地进行工作。"

同志们！从三月事件中还可以进一步得出有教益的结论。它表明，我们的下属机构还不适应斗争的需要。为战斗行动而建立起来的军政组织，实际上徒有其名。存在三种情况：一是根本没有建立起来；二是有些地方虽然建立了，但没有实际武装起来；三是纪律松弛。它们不仅不执行党的指示，而且还想迫使党听从它们摆布。从总体上说，党组织是没有战斗力的。总之，这一切都是严重而有教益的教训。

同志们！我们说，三月发动即使有其错误，但也是向前进了一步，这并不是对那种因我们的批评而感到内心痛苦的人所作的安慰，而只是由于我们深信，你们处于战斗的前夜，如果你们还没有学会斗争，还不懂得应当避免什么，那你们必将遭受更大的失败。因此，既然党表明了斗争的决心，并且团结了经过考验的群众去进行斗争，我们认为，尽管它遭受了重大损失，尽管反对派大为夸大了这个损失，但它经受了这个斗争的锤炼，变得更加巩固了。如果它能利用它所取得的全部有益的教训，那它将比过去强大 10 倍。我们高兴地看到，你们已经开始认识到自己的错误。把 4 月 7 日决议同提交共产国际代表大会的决议加以比较，便可看出觉醒的苗头了。德国代表团没有在原则上以其他提纲来反对我们的提纲，这一事实向我们表明：巨大、然而尚年轻的德国党决心从这个斗争中吸取应有的教训。这样一来，它在今后的斗争中，无论是进攻还是防御，无论是在组织上还是在思想上，都将取得更大的进展，也就是说，将引导无产阶级取得胜利。

最近将来的口号

同志们！我不可能在这里谈论提纲中简略提到的所有问题。在讨论过程中，你们可以对它们提出疑问并进行深入的探讨。下面请允许我谈谈报告的最后部分，即我们全部工作和我们所有局部行动都应据以指导的口号问题。我们在理论争论和实践中不止一次提出的口号，在这里应当有个准确的提法。这里指的是社会民主党最低纲领即中派纲领同共产国际的口号之间的明显区别。

同志们！想必大家都还记得社会民主党纲领的内容。社会民主党估计到资本主义社会要存在一个漫长的时期。它针对这个时期提出了一系列旨在在资本主义基础上改善工人阶级的日常生活和保护无产阶级免遭资本奴役的主张。当时，罗莎·卢森堡在同桑巴特进行论战中，对社会民主党纲领的实际内容作了这样的概括："说实在的，我们进行斗争仅仅是为了争取把工人的劳动当作商品按其实际价值予以收买，就是说，是为了争取使工人的劳动报酬足以恢复其所消耗的劳动力。"卡尔·马克思在他的《哥达纲领批判》一书中表明了同一思想："在资本主义社会和共产主义社会之间，有一个从前者变为后者的革命转变时期。同这个时期相适应的也有一个政治上的过渡时期，这个时期的国家只能是**无产阶级的革命专政**。但是，这个纲领既没谈到无产阶级的革命专政，也不谈到未来共产主义社会的国家制度。纲领的政治要求除了人所共知的民主主义的陈词滥调，如普选权、直接立法、人民权利、国民军等等，没有任何其他内容。这纯粹是资产阶级的人民党、和平和自由同盟的回声。所有这些要求，只要不是靠幻想夸大了的，都已经**实现了**。不过实现了这些要求的国家不是在德意志帝国境内，而是在瑞士、美国等等。这类'未来国家'就是**现代国家**，虽然它是存在于德意志帝国的'范围’以外。”①

马克思对哥达纲领的批判，一般地说，适用于所有社会民主党的纲领。当然，有些特征纯属哥达纲领，但实际上，社会民主党的所有最低纲领也显露出这种特征。纲领提出了要在资本主义社会中实现的一些主张。它们所以具有革命作用，是由于资本主义社会不会满足这些完全可以实现的、与工人阶级休戚相关的主张。到目前为止，社会民主党仍然坚持这个纲领。在世界资本主义经济的废墟上，在那些导致无产阶级毁灭而自身日益逼近总崩溃的势力的影响下，社会民主党竭力通过这个纲领给人一种印象，似乎它正热情奋发地通过改革力挽危局。德国历史学家达尔曼在他的《论英国革命》一书中说：“改建行将倒塌的房屋，等于破坏。”可是，社会民主党却想方设法蓄意用自己的改革把戏蒙骗无产阶级。德国社会民主党竭力使它的一切欺骗与变节行径成为纲领的合法条文，这同德国总参谋部在战争期间使战争的种种暴行用军事法典的条款形式予以肯定，没有什么两样。

中派竭力表白，它并不支持社会民主党纲领的观点。到目前为止，它从来没有为最低纲领辩护过。中派断言，它拥护社会革命，提出只有在社会革命过程中才能实现的行动口号。中派实际上究竟坚持什么立场呢？在英国和德国这两个国家里，其立场表现得很明显。德国独立社会党的纲领，以及英国独立工党对矿工工会问题的态度，都是很好的例证。这两个党的特点从下面这番话可以看出来。拉萨尔在60年代曾对无产阶级说：“你们应当把自己的力量集中在一个地方，既不靠右，也不靠左。不过，你们要问问所有政党和所有人，到底你们对普遍选举权应持什么态度。”而现在，中派分子说什么民主制已经实现了，问题不在于普遍选举权，目前的紧迫问题是经济问题。我们面临的问题是如何

---

① 参看《马克思恩格斯文集》第3卷第445页。——编者注

从资本家手中把工厂、矿井和煤矿夺过来。中派分子认为，最重要的部门是大工业，因为它与煤矿问题有密切联系。可是，他们提出臆造出来的革命计划：无产阶级要为实现英国煤矿国有化和德国煤矿社会化而努力。他们拟定计划的着眼点是，无产阶级如何才能依靠吃尽煤价飞涨苦头的小资产阶级，甚至依靠受到私人垄断煤矿之害的加工工业，也就是说，无产阶级如何才能开展争取实现煤矿社会化的斗争。他们说：斗争期间必然要发生大的冲突，而这正是推动革命的杠杆。

这种胡言乱语在鲁道夫·希法亭的小册子里可以找到，当然，在独立社会党的报刊上更是屡见不鲜。你们只要仔细揣摩这种见解，就定会发现其中的奥妙，这就是：在冠冕堂皇的计划掩饰下逃避真正的战斗。

为什么拉萨尔能够使工人把精力放在选举权问题上？

工人阶级完全受到约束，首先可以帮助它砸碎身上枷锁的就是选举权。虽然警察毒打工人，虽然法庭侮辱他们，资本家也剥削他们，但选举权仍然可成为改善境遇的杠杆。拉萨尔将这个问题同工人的衣食问题、工人协作社（它们要使当时的半无产阶级获得解放）的资金来源问题联系在了一起。

今天，工人阶级生活在水深火热之中。那种认为只要工人集中力量为实现社会化而斗争，经过几个月的努力就能够实现煤炭工业国有化的想法，纯属空想。英国罢工的例子证明这是不可能实现的。

以斯迈尔斯为首的英国煤矿工会，在1919年企图通过进行得十分顺利的、计划周全的运动，把英国工人的注意力引到这个问题上来。我要向大家指出，矿工委员会召开了几次公开会议，在这些会议上，斯迈尔斯不仅向煤炭大王宣战，而且还向帮助英国工人阶级熟悉政治经济学基本原则的调查委员会开炮。我要向大家指出，煤矿工会出色地进行了宣传鼓动工作。不过，尽管如此，它仍然无法阻止工人进行斗争，因为他们每天都要遇到一些新问题。因此，争取实现国有化问题和政治斗争问题退到了次要地位。对于大罢工来说，国有化问题已经失去了它在1919 年时的意义。虽然中派表面上装出有计划地组织革命的样子，但实际上背地里却在步旧社会民主党纲领的后尘。

我们共产党人如今对口号问题的态度，和 1918 年时略有不同。我想起罗莎·卢森堡在共产党成立大会上发表的纲领性演说。她在这次演讲中说："同志们！这就是我们今天要正式接受的纲领的总原则，你们在《斯巴达克联盟想要干什么?》这本小册子中会看到这个纲领的草案。斯巴达克联盟自觉地采取了反对《爱尔福特纲领》的基本原则的立场，因为这个纲领在政治斗争和经济斗争中把直接的最低要求同实现社会主义这一最终目标的最高纲领区别开来。它自觉地采取敌视这个纲领的立场，并且指出：对我们来说，既不存在最低纲领，也不存在最高纲领，因为社会主义是个统一的概念，社会主义就是我们现在应当实现的那个最低纲领。我们似乎要清除 70 年发展的成果，而这正是世界大战的直接后果。"

罗莎·卢森堡到底提出了什么样的最低纲领? 这就是：一切政权归工人苏维埃，武装无产阶级，废除国债，占领工厂，等等。

这个纲领是在什么情况下产生的? 在德国，最高权力机关是工人代表苏维埃。政权形式上掌握在工人阶级手中。斯巴达克联盟的任务只是向工人苏维埃说明工人阶级政权的含义。当然，我们现在的处境不同。政权掌握在资产阶级手中。工人阶级在复员期间发起的第一次冲击被击退了。现在，无产阶级革命才开始有所发展。如果我们不制定无产阶级专政的纲领，那我们既不可能促使无产阶级革命早日到来，也不可能组织这场革命。当工人由于明天将要挨饿而举行罢工时，我们不能对他们说：你们把工厂夺过来吧! 要知道，如果他们有力量做到这一点，他们早就起来夺取政权了。

当然，我们要向他们指出，只要我们还没有掌握政权，工厂就不可能归我们所有，他们也别指望能从根本上改善自己的处境。不过，我们必须注意到，目前工人的奋斗目标是什么。必须指出，共产国际不可能提出一个包括许多条款的纲领，即一个包括所有这些要求的纲领。共产国际只应向所属各政党提出下面的一般性指示，而各政党则应根据自己的具体情况，使这些见解形成某种具体的要求。

第一个见解是：工人阶级不夺取政权，就不可能从根本上改善自己的处境，但倘若把这个概念同无产阶级的实际斗争对立起来，那是十分荒唐的。这就是我们为了宣传而要传播的原理。

德国共产主义工人党在答复我们的公开信中写道："你们都是一些没头脑的人：（1）你们竟同谢德曼那样的恶棍坐到一起；（2）你们提出改良主义的要求，难道你们不知道，如果工人今天能挣到40—50马克，那么到明天所有物价又要上涨到什么程度？你们故意提一些不能实现的要求。"当同志们向我们谈这些情况时，我们要对他们说：你们**这样**的做法休想把工人引向共产主义。（赞同声）

如果工人的工资能增加5马克，明天或者后天就能给自己的孩子买块肉吃，那么，我们就应当同他们一起为这5马克而奋斗。我们丝毫不用担心这样做是对资本主义社会采取改良措施，我们唯一考虑的是，我们帮助工人进行这种斗争，是为了通过这种斗争使他们今后能进行更加重大的战斗。

第二个见解是：我们当然有许多应在各种有利情况下使之实现的要求，并应以此为中心提出其余一切要求，这就是工人阶级在其斗争中为加强本身组织性和战斗力而提出的要求。必须想方设法使一切争取提高工资、缩短工作时间、消灭失业现象的斗争，具有争取实现监督生产这一过渡目标的斗争性质。对于监督生产，我们应与政府持不同的看法，因为政府颁布的法令是指无产阶级今后要监视资本家，防止他们的偷盗行为，而资本家则应监视工人，防止他们偷懒。监督生产乃是无产阶级斗争中的一种锻炼。它只有使各个经选举产生的工厂组织彼此发生联系，才能在所有企业之间按工业部门建立地区的联系。如果我们在这个斗争过程中能推动工人阶级建立这种真正独立的组织，或者能改造政府恩赐给他们的不切实际的组织，其结果就会使无产阶级在组织上团结一致地去进行大规模斗争。不过，谁要是一心想使已经十分革命的工人去建立这种组织，那他势必要犯错误。至于要想制止这个或者那个资本家的怠工行为，或者要想推动某一项生产，我们则可以用这个口号团结广大非党群众，以便今后我们能进一步引导他们去进行斗争。

还有一个口号是：我们必须时刻想到和在一切危机时期定要加以实现的，这就是武装无产阶级和解除资产阶级的武装，而武装无产阶级不一定要成立秘密的战斗组织，不过，必要时可由少数人组成这种组织。在我们必定要经历的一切危机时期，我们要号召群众去解除白卫分子的武装。在各种斗争中，我们都要向政府提出这项要求。我们可以举出很多这一类的口号。我不打算多谈，因为这类口号会从实际斗争中产生。我们向大家谈的这一切，我们向大家提出的这些口号和总的行动方针——这一切，不应成为同群众的奋斗目标截然对立的教条。相反，这些口号应能激励群众加紧为实现他们的实际要求而斗争，应能启发他们逐渐提高自己的要求，直到为夺取政权而奋斗。

同志们！我们认为有必要让各党相互对比一下自己在这方面所做的工作，交流一下自己的经验。但它们至今还没有这么做，也没有把自己的纲领寄给共产国际。到目前为止，只有极少数党相互交流了宣传鼓动与组织工作等方面的经验。我们若能进行这种交流，我们就可以提出一整套具体行动和过渡性要求的方案。这种方案的特点是，它们所要促进的不是资本主义改造，而是加强反对资本主义的斗争。这不是社会爱国主义者的最低纲领，也不是胜利以后实行专政所立即要实施的纲领，而是动员广大群众同独裁作斗争的种种要求。

结　论

我的报告即将结束，最后我想强调一下由我的观点所产生的一些结论。

我在发言的开始曾声明，我完全同意其他同志和执行委员会关于我们面临重大战斗的看法。如果托洛茨基的决议案中有关经济繁荣部分在这里会引起争论的话，那只能说明胆小的激进派不敢正视具体存在的事物。所以会发生争论，就是因为有人需要自我吹嘘和自我欺骗。他们说什么革命必将胜利，因为资本主义一天天在解体。他们不理解托洛茨基的观点。这个观点是：资本主义正在解体，但解体不是直线进行的。革命在向前进，但它有起伏，甚至在这重大冲突时期也不例外。因此，我们在指出这种可能性的同时，决不应着手改变方针，不敢行动。不能这样！我们应当准备应付我们采取行动时可能出现的各种情况。我们不支持那种要把宣传鼓动同实际行动对立起来的看法。好的革命宣传鼓动是采取行动的准备。由于我们面临伟大的战斗，所以，我们首先要对你们说。你们应当成为号召人们进行斗争的大钟，而我们现在仅仅是一口小钟。如果说，我们现在有了伟大的共产国际，那并非由于我们这个国际进行了很好的宣传鼓动，而是由于俄国无产阶级和俄国红军用自己的流血牺牲和忍饥挨饿进行了很好的宣传鼓动，由于有这样一个斗争，由于俄国革命起到了共产国际大钟的作用。

我们各地的宣传鼓动工作还处于初级阶段，在任何地方，它都没有打动广大群众的心。既然我们说我们面临伟大的战斗，那么我们就应当提醒自己：首先要竭尽全力接近群众，其次要认识到，由于我们不知道明天将遇到什么情况，也许明天我们要投入伟大的战斗，我们必须做好战斗准备。革命是不能组织的。军队可以由人指挥，但革命却是一个不以人们意志为转移的自发的过程，这个过程向我们提出如下的任务：在政治上，向群众说明斗争的意义；在组织上，使无产阶级突击队即它的先锋队紧密团结起来，以便使它能在革命浪潮的推动下奋勇前进，带领群众进行战斗。（热烈赞同声）

行动的时代并不排斥必要的准备工作。有人说：我们先等一等，我们要和过去一样先进行宣传鼓动。我们要对这些人说：别等了，如果明天你们就能开始大规模的行动，那岂不更好。消极等待是组织工作的大敌，但是，不消极等待并不意味着进攻，而是在任何情况下用灵活的手段去进行斗争。革命鼓动，这是斗争，是革命宣传，是非法组织的斗争，是无产阶级的军事训练，是党的锻炼，是示威和起义。我们的口号应当是：无论在什么情况下都要争取最大的成果。同志们！如果有人认为，这是向右转，说什么一方面反对机会主义者，而另一方面却又大谈特谈好的"左"派所犯的错误——这种看法是错误的。好的"左"派并不站在我们左边，而所有那些随时准备战斗的人，才是共产国际的左翼。凡是用自己的机会主义理论阻碍左翼准备战斗的人，才是站在右边的。那些由于忽视现实的斗争条件和对准备的必要性估计不足，从而难以获胜的人，虽说不是机会主义者，但也不是革命者。

他们不懂得什么是必不可少的。共产国际从它诞生之日起就是革命无产阶级的战斗组织，它与右翼社会党人那种假的、叛卖性的社会主义是势不两立的。它用不着针对关于右倾的指控来为自己辩护。我们在这里，在这次代表大会上通过的决议中，实际已表明执行委员会的路线。这就是我们关于意大利党问题的决议、执行委员会关于捷克斯洛伐克兄弟党半中派主义倾向问题的决议，以及关于德国问题——开除莱维——的决议。

同志们！我们现在要同阻碍我们斗争的一切右倾思潮进行无情的斗争，因此，我们一定要提醒你们认真做好斗争的准备。我想起托洛茨基

12 年以前在《新时代》杂志上发表的一篇很好的文章，其中提到，急性病是机会主义和激进浮夸的共同基础。

机会主义想抛开长远的目标，而革命的激进主义则想超越一切障碍。如果从心理角度而不是从社会角度来看，那急性病就是他们偏离正道的根源。我们对世界革命将不断向前发展深信不疑，我们相信我们将建立广大的群众性政党，因此，我们要提醒你们，不要要求今天就得到只有明天才能得到的东西。你们要先把今天的工作做好。你们自己要做好准备，并且也要使无产阶级做好战斗的准备。你们要把无产阶级组织起来，引导它投入历史性的斗争。我们无须找战斗的借口，它会自行到来。我们的准备工作做得越好，我们的战斗就会进行得越顺利。我们所犯的错误往往会导致失败。无疑，我们在德国遭受了失败，我们必须纠正我们的失策之处，而在这方面，三月发动的教训会对我们有所帮助。我们是根据自己的战斗经验得出的结论。季诺维也夫同志已经提到，我们也经常号召大家不要过早地进攻。不过，我们也经常坚决主张，只要时机一到，就要立即进攻。

同志们！我们一致赞赏列宁在策略问题上的独到见解。我这么说，不是因为我是俄国党的成员，而是因为我好不容易才认识到，必须毫无保留地承认列宁在策略上的独到见解。就拿他的遭到反对的策略的事例——《布列斯特-里托夫斯克和约》和向华沙进军来说吧！在党发现具有严重危险的地方，党就要格外谨慎行事，像骡子在悬崖上行走时一样。党一步一步地探着路走，因为当时它还很弱小。可是一旦它有希望获胜，它就要勇往直前，投入战斗。它向华沙进军是为了将革命推向前去。但这一回它被击败了。不过，这个失败对革命者来说却具有与《布列斯特-里托夫斯克和约》的胜利同样伟大的意义，因为它表明，革命无产阶级的政党由于有灵活的策略而能像肠虫或橡皮球那样有伸缩的余地。党会犯错误，但它要随时谨慎从事。

同志们！如果说，"左"派同志犯了错误，尤其是在三月发动期间，那么我认为这种错误证明他们值得赞扬。他们表明了他们的斗争意志，因此，尽管他们犯了种种错误，我们仍然要和他们站在一起。当然，争取胜利的行动要比单纯渴望胜利的心情高贵得多。所以，同志们，我们的策略方针是指望开展世界革命。我们在争取广大群众的过程中可找到通向世界革命的道路。我们要带领这些群众投入历史赋予我们的伟大战斗。如果我们每天（即使在解除战斗警报的情况下）都能鼓动这些群众，把他们聚集起来，如果我们每天都能注意发现各种潜力，并能从中发掘对事物有明确认识的革命力量，我们就能非常好地带领他们投入战斗。只要我们做到这一点，我们的胜利就有保障。在西欧，夺取政权的斗争要比我们当时的情况困难得多。不过，假如我们遭受了失败，假如我们还须经历一个漫长的苦难时期，这就证明，伟大的无产阶级首先要从这种失败中学会如何去夺取胜利。如果说，我们能够在1917年取得胜利，那是由于我们拥有30年的革命经验，由于我们在1905年遭到过失败。历史使共产国际有可能缩短无产阶级的苦难历程。我们处在历史的转折关头，至少到目前为止，我们还没发现哪一种力量能够挽救资本主义。我们要加速资本主义的灭亡，但我们只有在共产主义旗帜下把广大群众团结起来，我们的目的才能达到。我们仅仅是喉舌和组织者，只有无产阶级才能置资本主义于死地，它将是一把给资本主义棺材钉上钉子的大锤。无产阶级，这是进步缓慢、不很灵活的广大无产阶级群众，虽然他们千百次对自己的力量感到绝望，但他们仍然是我们可靠的基础，我们将依靠他们进行斗争并夺取胜利。（长时间的、暴风雨般的掌声）

主席克南：

我还有几项重要通知。我们收到许多有关下一步议程和如何讨论策略问题及拉狄克同志的报告的建议。主席团将举行会议，讨论这些建议，然后在代表大会的会议上提出具体方案。我们下一次会议在明天上午11时召开，按议程安排将讨论拉狄克同志的报告。

（会议于下午4时20分休会）

第十一次会议

（1921 年 7 月 1 日中午 12 时 40 分）

讨论《共产国际的策略问题》的报告

主席克南：

现在宣布开会。主席团接到许多同志的意见书，建议稍微加快代表大会的进程，工会代表们坚决要求大会早点开完，这样他们好接着举行红色工会国际代表大会。主席团认为，在讨论下几项议程时，要集中精力于主要问题。这是由于讨论第一项议程时，许多人提出了各种各样的问题。今后不能这么办了。我们认为，今天开始讨论的策略问题，实际上用两次会议时间就可以讨论完毕。我们打算尽量做到这一点。当然，材料、建议和提纲要转交专题委员会审议。根据专题委员会的工作情况，也许再用半天时间就可以把这个问题审议完毕。无论如何，我们也要争取用两次会议时间结束这个问题的讨论。同志们！谁想发言，请报名。好，我们开始讨论策略问题。首先由德国共产主义工人党代表赫姆佩尔同志发言，因为他的发言比较长。

赫姆佩尔（德国共产主义工人党）：

同志们！听完拉狄克同志关于共产国际所要遵循的策略问题的报告后，我们可以说，我们同意拉狄克同志的头几个结论，因为他在结论中认为，根据对世界经济形势的分析，我们可以肯定资本主义制度必然崩溃，因而无产阶级革命势在必行。不过，我们的情况有所不同，当我们着手讨论如何进行无产阶级革命，以及如何将斗争中的革命无产阶级群众组织起来这一问题时，立即产生了分歧。我打算简单地说说这些分歧，因为给我的发言时间很少。

我们先谈谈 1917 年俄国革命爆发以来这个时期的情况。通过对德国和奥地利革命以及这个时期一切革命斗争的观察，我们可以肯定，革命无产阶级的组织是以苏维埃形式出现的。有时是由无产阶级所建立，有时是由群众提出的组织形式。这一点，后来在意大利占领工厂时发生的较小革命冲突中，我们也可以看出来。无产阶级有自己的苏维埃，或者至少是苏维埃的组织形式。英国无产阶级在煤矿工人大罢工期间成立了工厂委员会。（车间代表委员会真正掌握了对革命运动的领导权。）1918 年以后，德国无产阶级在一切大大小小的革命发动中产生了按苏维埃、按企业进行斗争的形式。这就是革命对我们的教导。我们应当考虑并且指出，既然这就是无产阶级在革命期间的组织形式，那我们这些想要并应当领导这个革命的共产党人，就应当按照这种形式把无产阶级组织起来。我们以共产主义工人党代表的身份表明我们这个想法，同时我们要指出，这个想法并不像拉狄克同志所想象的出自荷兰，出自哥尔特同志的脑海。这个想法出自我们从 1918 年起始进行的斗争的经验。我们的工人不可能是大理论家。我们只有我们的斗争经验。我们认为，必须把那些真正希望同旧工人运动决裂的革命工人解放出来，因此，我们要支持那些新的革命形式。

只要我们回顾一下旧工人运动的任务，或者说，回顾一下战前即革命初期工人运动的任务，那问题就更加明显了。旧工人运动的任务，一是从政治上把工人阶级组织起来，就是说成立政党，向议会和政府机关派出自己的代表，使我们的代表在资产阶级和官僚的公开许可下来捍卫工人的利益。这是第一个任务。这个任务履行了，在当时来说，这样做是对的。那时，工人阶级的经济组织应当关心改善资本主义制度下工人阶级的处境，应当极力开展斗争，一旦斗争无效，就要着手进行谈判。这一点我不准备多说。这就是战前工人组织的任务。但是革命一开始，其他任务就相继提出来了。工人组织已不能只进行争取提高工资的斗争，不能只限于此。它们不能再认为自己的主要目的是向议会派出代表；它们不能再乞求稍微改善一下工人阶级的处境。这是改良主义。在这方面，有人会对我们说：我们并不想这么做。我们相信大家不愿意这么做，不过，假如你们步旧工人运动的后尘，那你们就必然被引上这条道路，到那时，任何提纲对你们都无济于事了。这是经验之谈。旧工人运动有它自己的特殊组织，并非毫无道理。怎样才能在议会中有选派代表的权利呢？为此，不需要有革命战士，而只需要了解本国的生活情况，只需要会进行交涉的人、会提出报告的议员，仅此而已。在经济方面必须怎样做呢？要把工人联合起来，从联合的组织中挑选善于同企业主、同有组织的企业主打交道的工人代表。这些组织由领袖控制，群众绝对听从他们的摆布。他们募集款项，以便用于偶尔举行的罢工，再就是建立互助会。这种工会是工人阶级为了实现明确的目标，即为了顺应资本主义制度而产生的一种工具。如果共产党人认为，可以利用这个丝毫不能进行革命斗争的工具，可以在这种工人组织的帮助下进行革命，他们就大错特错了，而且免不了要碰得头破血流。我们经常看到，所有沿着这条道路走的工人组织，尽管它们讲的都是一些革命道理，但到了关键时刻，一个个就都不中用了。这就是我们从以往的体验中所应吸取的严重教训。我们说，无产阶级不应忘记自己的目标——消灭资本主义制度，推翻国家政权。无产阶级应当为此目标建立专门的组织，事实上它也正是这么做的。最近在德国，我们已经看到这种情况。比方说，某个企业的工人提出了要求，而企业主拒不接受，那么，工人该怎么办呢？他们就推选他们所熟悉的人为本企业、本工厂的全权代表，只要一着手这样做，这些代表就必定反工会之道而行之。这是小规模冲突与罢工以及大规模战斗的历史给予我们的教导。

可见，工人阶级不得不组织起来，而且它为了进行经济方面的革命斗争已经组织起来了。我们说：我们作为共产党人应当认识到这一点，我们应当抛弃旧工人运动的错误路线。我们有自己的新路线，我们即将进行革命斗争，因此，我们说：革命的发展已经表明，工人一定要这样组织起来；一旦战斗发生，我们共产党人就要领导他们进行战斗。因此，共产党人应当帮助无产阶级按企业和工厂建立起目标非常明确的组织，这个目标就是把生产、生产力和工厂夺过来，并对它们实行领导。

同志们！我不能在谈论这个问题上耽误太多时间。共产党人的职责是正视现实，并且实际行动起来。

下面谈第二个问题。无产阶级的斗争方法是由实现其斗争目标的组织及斗争任务决定的。必须采取革命的斗争方法，目前要通过对一般经济状况、尤其是敌人营垒状况的研究来确定斗争的方法。敌人已在采取预防的对策。当然，他们老早就在这么做，只不过现在进一步加紧罢了。这些对策旨在：（1）保住他们的政权——国家政权；（2）维护他们对工业和给他们创造利润的经济统治地位。资本家不可能再推动整个国民经济向前发展，绝对不可能。但是，他们可以用牺牲其他部门的办法来巩固经济核心部门。现在世界各国都存在这种趋势。我们共产党人应当密切注视这一动向，应当观察那些认准目标的资本家的企图今后会产生怎样的后果。

对工人来说，这种趋势的明显后果是：在这些仍然富有生命力的企业里工作的一部分无产阶级，将同企业，即同这个经济核心部门一起保存下来。我们看到这个核心部门，即这些托拉斯和超级托拉斯在各国已建立起国际联系，并且占据了统治地位。如果一部分无产阶级在这些高度集中的企业里解决了工作和生计问题，那么，另一部分无产阶级必然要被赶到街头。在当前的制度下，这一大批失业者找不到出卖劳动力的地方，他们注定要死亡。这就是无产阶级的分化，经济上的分化。那些留在企业里依然有工资收入的工人，最怕丢掉饭碗。而被赶出企业大门的工人，对那些仍然能够活下去的人十分仇视。这种分裂是资本和资产阶级报刊有意加以维持的。现在，资本主义就是通过这种途径复苏的。

我们不要说，复苏将持续很长的时间，我们要说，复苏只不过是短时的情况，而且它是建筑在饥饿待毙的无产者的尸体上的。我们必须认清这一点，并且以此为出发点制定我们的战斗策略和确定我们前进的方向。我们共产党人应当同无产阶级一起阻止他们实现这种企图：用毁掉一部分经济和饿死无产阶级的手段来巩固另一部分经济。这样做，工人阶级也许会遭到失败。但我们无论如何也不能放过任何应战时机。用拉狄克同志的话说，我们应当尽一切可能阻止资本主义实现它这样复苏经济的如意算盘。为达此目的，我们应当利用大批的、不断增加的失业群众和忍饥挨饿的无产者群众。我们应当把他们聚集起来，团结起来。但是，我们团结他们的目的不是让他们推选议会代表或者通过决议。我们应当从他们的生活需求出发去团结他们，帮助他们建立苏维埃，使他们同苏维埃、同企业全权代表取得联系。这样一来，我们就创建了无产阶级的组织——有实效的无产阶级联合组织，不断斗争的组织。发言、决议和拉狄克同志在这里提到的《公开信》，并不是可使革命无产阶级团结起来的行动纲领。唯一的行动纲领是不断进行斗争。

拉狄克同志谈到进攻和防御问题。早在今年年初，我们就目睹了德国这方面的情况。我们看到，社会民主党、独立社会民主党以及所有议会党和团体，都像资产阶级那样不遗余力地维护资产阶级民主制。这种无聊的表现是资本所需要的，因而无论如何都应当加以制止。我们提出的口号是：要利用所有企业中的一切冲突，促使冲突爆发并扩大；要分别地对各个资本家进行顽强的斗争，在各个企业之间要建立联系；要扩大和激化冲突。同志们！我们看到，德国中部事件就是这样酝酿成熟，并最终发展成为三月发动的。发动从袭击赫尔青开始，最后发展成为疾风暴雨式的战斗。这就是我们对进攻这个词义的理解，这才是我们所需要的进攻。可是，毫无准备地突然下达进攻命令，这种做法当然是荒谬的。

我还想谈谈去年8月20日红军驻守东普鲁士边境和华沙边境时我们的行动。这也属于进攻和防御问题。我们德国共产主义工人党打算用几周时间，通过公开集会、向企业散发传单和宣传品，以及利用红军逼近边界所激发的情绪，一句话，就是千方百计地做好准备工作。针对军队及装备将从法国经过德国开往前方，我们该怎样处理这个问题，我们最终作出起义的决定。我们有计划地在各方面作了准备。8月19日晚和8月20日（我们现在才能公开谈论这件事，因为以前我们许多同志曾因此而坐牢），《红旗报》、《自由报》及各省报分别刊登了告无产者书："德国无产者，请注意！各地的密探、奸细及形形色色居心叵测的人正在企图制造一场残酷的屠杀……"现在，我们公开承认，如果说，我们也犯了错误的话，那就是在这一天我们曾竭尽全力地企图制止必定在德国各主要地区爆发的发动。在许多地区，我们做到了这一点，因而有人才得以讥笑我们的同志在费尔德贝格和克滕宣布成立苏维埃共和国的做法。

我们声明，任由别人讥笑，我们全不在意，共产党人在那种情况下是应当转入攻势的。对德国来说，这就是进攻，不过就国际范围而言，这不是进攻，而是同战斗中的俄国兄弟实现团结的一个普通行动，因为他们由于别人给敌人任意运送军用物资而陷入了困境。这一点是必须考虑到的。

下面谈谈我前面已经提到的局部要求问题（《公开信》、生产监督等等）。拉狄克同志已经说明了局部要求可能包括的和不应包括的内容。

工会和议会党所支持的《公开信》具有、而且必然具有机会主义性质。得到战斗的经济团体和革命政治团体支持的《公开信》包含着拉狄克同志和在德国统一共产党内未曾发现的东西。负责制定《公开信》中提出的斗争计划的行动委员会在哪里？我们当然不接受这个计划，因为我们了解我们的好汉，我们深信，归根结底还是要同政府交涉，计划上那一套统统是空话。我们赞同一切斗争，但事先必须充分考虑行动方式。决不能草率从事，必须做好革命准备。假如我们存在革命组织，假如斯巴达克联盟中央委员会和第三国际最近两年来不是一再要求我们抛开工厂组织和工人委员会，而只利用工会，那我们是可以做好革命准备的。如果我们询问那些经常参加斗争的同志，他们会将实际情况告诉我们。他们会给我们指出唯一正确的斗争道路。可惜我没有足够的时间从逻辑上发挥我的观点。

现在谈谈局部行动问题。我们声明，我们不反对局部行动，一切局部行动都会得到我们的支持。一切以工人阶级的经济需求为出发点的斗争，都应当千方百计地予以支持。德国、英国以及所有经历了40—50年资产阶级民主制统治的、尝够了它的极其危险后果的资产阶级民主国家——正是这样一些国家的工人阶级，更必须养成斗争的习惯。口号应当与局部行动的性质相一致。举例来说，如果某企业或者许多企业举行所谓总罢工（当然只波及无关紧要的部门），在这种情况下，我们不可能提出实现无产阶级专政的口号，因为这种做法毫无意义。口号应当切合实际，就是说，在任何情况下都能争取实现。这些口号还要同运动的总方向一致。假如国内爆发了总起义，我们那时的口号就是：为实现我们的主要目的而奋斗。

现在谈谈三月发动。我想通过这个事例说明三月发动实际上造成的影响，这一点这里还没有谈到。三月发动本身并不是能够导致推翻资本主义政权的一次运动，这是目前一致的看法。我们也是这样认识的，但仍然有必要提出推翻政府的口号，否则德国无产阶级就不可能进行真正的斗争。现在的社会制度只会使千百万无产者饿死，只会使越来越多的平民百姓逐渐死亡。因此，极端贫困的工人阶级除了推翻这个社会制度没有别的出路。这样的口号适用于德国中部地区，一般地说，也适用于国内其他地区。因此必须提出这个口号，这样才能首先给德国无产阶级指明摆脱贫困处境的唯一出路。请允许我举例说明，这里指的是1918年1月的德国。战争及其一切后果给无产阶级带来了深重的灾难。当时，在兵工厂和船坞工作的工人准备举行砸烂战争加在他们头上的枷锁、反对饥饿和赤贫的暴动。他们处在总罢工前夕。结果如何？除少数几个人，其余广大工人群众和士兵无产者都不理解他们的做法。局面还没有打开。那么，全国如何响应这个斗争？关于这次罢工以及工人遭到残酷迫害的消息，一直传到穷乡僻壤。当事态深入发展、直接威胁到军国主义经济以及所谓日耳曼帝国的存亡时，工人和士兵才按照1918年1月的预备战斗给他们的启示采取了行动。目前，我们在德国正经历类似的情况。1921年的三月战斗向无产阶级指明了摆脱危机的唯一出路。在德国，我们没有足够的宣传手段使一切角落和僻巷的平民百姓觉醒过来，我们不得不把这项任务交给资产阶级，当然，资产阶级是按它的需要来办的。它一贯戕害我们，辱骂我们是罪犯、恶棍等等，而无产阶级也常常跟着它一起辱骂我们。不过，到了紧要关头，无产阶级就又会回到它一度走过的道路上来。革命就是这样给自己开辟道路的。因此，必须提出推翻资本主义和现存国家制度的口号。这就是德国无产阶级以及共产国际的重要教训，这比会上分散我们许多精力的种种琐事重要得多。

同志们！我还要就我想象中的战斗的无产阶级组织说上几句。直到现在，我对这个问题只有初步的想法。无产阶级应当组织起来，但不是为了取得资本主义国家政治和经济机构里的席位，不是为了利用资产阶级民主制。确实不是，它应当为革命而组织起来。无产阶级应当吸取俄国、德国和奥地利革命的全部经验，以及这些国家一连串战斗的全部经验，并且根据这些经验来建立自己的组织。因此，我说，共产党人应当立即建立一个可以吸收无产阶级参加的核心组织，在历史发展的推动下，无产阶级势必会走上斗争的道路。而这种组织形式便是按产业、按工业部门、按地区联合起来的工厂组织。目前，它们为数不多。（喊声："它们越来越少了！"）目前这些组织主要是靠那些保护旗帜的人来维持，而一旦斗争爆发，无产阶级势必加入这些组织，因为工会对斗争毫无促进作用。我们必须承认这一点。第三国际的策略应当以此为指针。只有这样，我们才能前进。为了保持对所有这些阶级组织的领导，并经常给予支持，共产党必须执行统一的中央委员会的指示，而不要按某些领袖的旨意行事。无产阶级需要一个坚强、团结的党的核心。每一个共产党员都应当成为能够担负任何重任的**真正的**共产党员。在任何情况下，他都应以党的纲领和决议为行动指针，决不应惊慌失措。此外，他还要严守纪律。一旦违反纪律，就只有开除出党或给予其他任何一种处分，决不宽恕。因此，我们需要一个坚如磐石、目的明确、经受战斗锤炼、不搞不正当交易的政党。只有我们投入斗争，彻底同旧工联主义传统及旧政党传统决裂，同形形色色的改良主义及议会制决裂，我们才能成为这样的政党。共产党人应当踢开这一切绊脚石，不同资产阶级合作，拒绝充当资产阶级削弱和消耗革命能量的工具。共产党人必须抛弃一切不正当的做法，坚决走上从事革命活动的道路。我只能在时间许可的情况下简单指出共产国际所应遵循的方针，如果它愿承担自己那部分领导责任的话。

如果我们从国际角度看问题，就会发现我们不乏能够承担这项任务的力量，不乏能够建立工人组织和革命国际的材料。我们看到，在法国、西班牙、意大利和美国都有工团主义者和无政府主义者。他们也许会说，我二者兼而有之。不过，我想就此问题说上几句。必须承认，多年来，工人阶级当中的革命分子是同情这些不懂得阶级斗争（有组织的阶级斗争）的派别的。同志们！问题在于，他们以及他们的策略依然停留在几十年前的状况。德国及其他国家工人运动的旧方法，在当时是正确的，可是如今在总崩溃的情况下，必须采取直接斗争的方法。然而这些工人，即这些无政府主义者和工团主义者，在世界上任何一个国家里都缺乏组织斗争的经验，而且他们又不懂得团结工人阶级的真正方法。因此，共产党人应当过问这件事，使他们学会斗争，学会团结自己的力量和建立组织。不管怎么说，这些人是坚决主张同一切资产阶级传统彻底决裂的。所有那些转到无政府主义和工团主义营垒中去的工人，是在议会领袖叛变的情况下采取了这一步骤的。你们要知道，议会制的错误给工人运动造成多么严重的后果。现在必须迫使领袖们摆脱他们目前的处境，如果共产党人对此下不了决心，那他们就是胆小鬼。对共产党人来说，否定议会制和否定工会运动都不是什么原则问题，而仅仅是策略问题。我们持有这种观点就会发现，无论在美国还是在西欧各国，都有一些坚持反对议会制和否认工会运动的庞大的工人组织。现在，问题在于，本次代表大会将作出什么决定。如果它继续走老路，那国际革命就有削弱的危险。如果它坚决同左派联合（他们的代表现在也在莫斯科，应当承认，他们也有许多宝贵的东西），那它就会以此为动力大大推动国际革命向前发展。采取什么对策，取决于代表大会。我们正是这样看待加入第三国际问题的。

主席克南：

继续讨论。下面由特拉奇尼同志发言。弗里斯兰特同志请求将他的发言列入议程。

弗里斯兰特：

同志们！我以德国代表团的名义，建议延长特拉奇尼同志的发言时间，以便说明许多代表团对拉狄克同志的提纲的修正意见。正如你们从《莫斯科报》上看到的那样，修正案是德国、奥地利和意大利等国代表团提出来的。目前同意这些修正案的，还有德意志波希米亚代表团以及其他许多代表团。为了更便于讨论，我们认为有必要延长特拉奇尼同志的发言时间。建议给他 1 小时。

主席克南：

特拉奇尼同志表示，30 分钟就足够了，顶多用 45 分钟，他就可以大体上说明所提出的修正案。我认为，我们可以采纳这个建议。有没有异议？现在由特拉奇尼同志发言。

特拉奇尼（意大利共产党）：

今天上午，全体代表都从《莫斯科报》上看到了德国、奥地利、意大利等国代表团准备向大会提出的修正案。现在，我们接到共产主义青年团的通知，说它也同意意大利、德国和奥地利代表团的意见，并且愿意支持我们提出的修正案。

我现在声明，我们不想修改拉狄克同志昨天在他的报告的结尾部分提出的提纲，至少不想改动提纲的总原则。我们认为，拉狄克同志的提纲与托洛茨基同志提出的关于世界形势的提纲和报告的精神完全一致。托洛茨基同志在他的结束语中指出：拉狄克同志提出抗议，是由于他——托洛茨基同志离开了正题，转到讨论一些技术问题上去了，其实，他应当放弃对这些问题的分析，而给拉狄克同志提供充分研讨它们的机会。这件事证明，拉狄克同志的报告和托洛茨基同志的报告之间的确存在内在联系，从第一个报告转到第二个报告，这并不能说明承认什么新原则，也不等于提出什么新建议。代表大会的代表，其中包括德国、奥地利、意大利以及共产主义青年团的代表，已经大体上同意托洛茨基同志提出的提纲。这说明，他们也大体上同意拉狄克同志提出的提纲。他们既然已经表示同意托洛狄茨基同志的提纲，现在就不可能自相矛盾地反对拉狄克同志的提纲。不过，我们认为，拉狄克同志的提纲只能作为讨论的基础，对它还要作许多修改。你们已经看到，这种修正几乎占了今天报纸的整整一个版面。但所有修改之处都符合我现在极力加以说明的总原则。至于个别一些修正，以后让别的同志来论述，他们比我更熟悉其他国家的情况，更熟悉对提纲可能有用的情况。

在拉狄克同志提出的提纲中，有一处谈到了各个国家的情况，以及各个政党内部发生的事件，而且从对情况的总述评出发，提出了必须在这些政党和这些国家里执行的策略的结论性意见。我们认为，对"各个政党内部发生的事件"这一提法，要加以修改。就以意大利的情况为例，提纲中关于这方面的措辞不符合实际情况，不符合意大利社会党和意大利无产阶级群众之间真正的相互关系。我们的敌人会从这些措辞中找到攻击我们的论据。让我们看看第四点，上面写着："塞拉蒂的政策一方面扩大了改良主义者的影响，另一方面又扩大了无政府主义者和工团主义者（群众把他们当作自己反对资本主义斗争中的领袖）的影响。它还使党内的反议会制倾向和激进浮夸的风气有所滋长。"

但是，我们深信，所谓意大利群众在工团主义者和无政府主义者当中物色领导他们进行反资本主义斗争的领袖的说法，不符合实际情况。在意大利，无政府主义者和工团主义者根本没有自己的组织。当社会党的影响一落千丈的时候，无产阶级群众并没有从无政府主义者和工团主义者当中物色领导他们进行反资本主义斗争的领袖。当然，许多仇视共产主义和意大利共产党的人会说，在第三国际谴责意大利社会党的时候，群众才着手从工团主义者和无政府主义者当中物色领袖。我知道，蔡特金同志曾在德国统一共产党中央委员会上说，意大利共产党的绝大多数成员本来就是工团主义者，许多无政府主义者也入了党。塞拉蒂在《前进报》上以及在他的讲话中也多次声明，在里窝那出现分裂以后，无政府主义者和工团主义者离开了社会党人，他们企图造成这样一种印象，似乎第三国际和所有加入国际的政党不过是原来属于社会党而现在脱离了该党的无政府主义组织。因此，社会党现在再也不想把无政府主义者和工团主义者留在自己的组织内。

我们认为，无产阶级群众面临两种选择：要么追随无政府主义者，要么追随改良派和中派。目前，改良派是一支相当大的组织力量。但我们完全相信各国群众必将跟着共产党走，这种现象在意大利可以看到，那里的群众在经历了里窝那代表大会之后出现的混乱时期，也开始寻找自己重新组织起来的新核心，而他们认为，这个核心就是意大利共产党。

因此，我们建议，有关群众企图在无政府主义者和工团主义者当中物色领袖的词句，应作如下改动："在积极行动的时刻，这些领袖的中派方针会导致这样的结果：或者是共产党错过完全掌握群众行动的领导权的时机，或者是中派或半中派在行动期间从背后袭击工人。"

当然，目前这种危险再也不会出现了，因为在意大利有一个能够引导群众进行反对资本主义和反对资产阶级斗争的共产党。我们应当提出关于共产党内部的激进倾向这一原则性问题。

我们从执行委员会会议上的发言和代表大会的讨论中已经感到矛头指向"左"派，他们遭到激烈的反对和无情的攻击。当我们在执行委员会会议上分析法国共产党问题时，法国共产主义青年团代表当场起来发言，企图说明法国共产党内部的机会主义仍然十分严重，他列举了许多例子和事实来论证法国共产党没有坚持真正的革命立场。这时，我们看到许多同志挺身而出痛斥法国共产主义青年团代表。我们并不认为应当采纳法国共产主义青年团代表的建议。我们并不认为当法军进攻卢森堡时，法国共产党应当发动革命和以武力反对占领卢森堡。我们并不认为当法国政府于1919年招募新兵时，法国共产党应当提出"不要应征！要以武力抗拒前来抓法国青年的宪兵！"的口号。不过，我们也不认为，对所有"左"的倾向必须一律坚决反对。我们认为，在拉狄克同志的提纲中，对法国党内的"左"派的批评言辞过激，其实这样的派别，在其他许多国家里，我们也可以发现。（喊声："是的，言辞太激烈，而不是太温和了。"）

我们认为，第三国际还要进行一场伟大的斗争——反对右倾的斗争，即反对中派和半中派机会主义的斗争。

我们不要以为，把莱维开除出第三国际和德国统一共产党，不接受意大利社会党（其中包括塞拉蒂）为共产国际成员，第三国际就能完全摆脱一切中派和机会主义倾向的危险。我们反对中派和机会主义派别的斗争刚刚开始。在第三国际以及属于第三国际的许多政党内，还存在着强大的中派势力，必须同这种势力展开坚决的斗争。此外，在昨天的执行委员会会议上通过的提案里，尤其是在关于执行委员会对某些已加入第三国际、但还存在中派倾向的政党表态的提案里，我们已经表态，这些中派倾向必须清除。我们所说的某些政党，是指那些当初由于群众要求，从而违背或者几乎违背领袖意志而加入第三国际的政党。现在，这些领袖之所以加入第三国际，不过是由于群众一再坚决要求而已。不过，这些纯粹在群众压力下才加入第三国际的领袖，完全有可能违反群众的意愿，在第三国际内部重新推行中派主义或者改良主义政策。执行委员会应当密切注视这些政党领袖的动向，要千方百计地防止那些不仅危害各国革命运动，而且也危害整个第三国际的新的塞拉蒂和新的莱维出现。所以我们认为，主要不是反对"左"的倾向，而是要坚决开展反对右倾的斗争，尤其是提纲中有关法共情况的段落所反映出来的右倾情绪。要从这些段落中删去一切批评"急躁的、政治上不成熟的革命分子"所代表的倾向的过激言辞，换上纯粹是对"左"派分子提出劝告的相应条文。可以建议法国共产党中央委员会注意防止这些"左"派分子"干蠢事"。这一点，列宁同志在执行委员会中已经提出来了。此外，还必须强调指出，法国党中央委员会尤其应当注意扭转右的思潮。季诺维也夫同志在他的执行委员会工作报告中十分详细地论述了与右的思潮作斗争的问题。我们提出关于修改策略问题提纲的建议，只是想以此证明季诺维也夫同志代表执行委员会所说的话是正确的。我们没有料到拉狄克同志会反对我们的修正案，因为在执行委员会开会讨论法国党问题时，他的发言不是针对"左"的，而是专门针对右的思潮的。这就是说，我们在关于策略问题提纲的修正案中所强调的东西，恰恰同拉狄克同志在执行委员会会议上关于法国党的发言内容是一致的。

当我们着手分析捷克斯洛伐克的情况时，遇到另一个原则性问题。在拉狄克同志的提纲里曾多次概括地提到这个问题，但是，我还想着重谈谈捷克斯洛伐克的情况。这关系到广大的群众性政党的组织问题。我们觉得，在拉狄克同志提出的提纲中反映出这样一种倾向，就是除了把越来越多的无产阶级群众和工人群众组织起来以外，他无论如何也不同意各国共产党致力于其他任何任务。就拿第一点来说，请看："我们争取实现无产阶级专政的斗争中的这些策略问题，牵涉到把工人阶级的大多数吸引到共产主义领域里来的方法，即为了即将到来的斗争、为了实现共产主义而把无产阶级的积极部分组织起来的方法。"我们始终认为，为了共产主义原则必须争取工人阶级大多数的这种说法，会在党内及其他工人组织内引起误解。当然，必须竭力把无产阶级的大部分组织到共产党内来，必须努力吸引广大无产阶级群众参加共产党组织。至于"争取群众"的提法，我们可以简单地说，从革命斗争出发，必须竭力争取无产阶级大多数的同情。关于为了共产主义必须争取无产阶级大多数的思想，在拉狄克同志的提纲中已经有了。我们从提纲法文本第 9 页第 4 段看到，捷克斯洛伐克党拥有 35 万党员。此外，德国党①拥有约 6 万党员。就是说，两个党合并之后，党员总数将超过 40 万。基于这种论断，可以说，捷克斯洛伐克党的当前任务，就是通过真正的共产主义宣传把本国大多数工人争取过来，并且对他们进行共产主义教育。我们认为，像捷克斯洛伐克这种小国里拥有 40 多万党员的共产党，当前还有其他任务，这就是把其余工人吸收到党内来。不能停止宣传，不要把所有愿意加入共产党的工人拒之门外。这一点是毫无疑问的。此外，党还要教育已经加入捷克斯洛伐克共产党的 40 万工人，以及至今仍然受改良派和民主派领袖影响的那些工人，因为此等领袖向他们灌输的不是共产主义，而是改良主义和机会主义。我们说，捷克斯洛伐克党当前的任务，不是单纯靠宣传来吸引工人群众，换句话说，它必须靠积极的行动来扩大共产党的队伍。在这里，我们可以谈谈我们对革命斗争及其性质的认识。

这个革命斗争其实是整个或者几乎整个无产阶级的斗争。我们并不认为，只有等到无产阶级的大多数按照共产主义原则组织起来的时候，才能进行革命行动。我们从多次观察和传闻中发现，俄国革命是在俄国共产党还是一个少数派的情况下爆发并取得胜利的。至于说要把无产阶级的大多数组织到党里来，这并不意味着必须吸引无产阶级的大多数参加革命斗争。当我读拉狄克同志的提纲时，得出这样一个印象，就是他断定只有把无产阶级的最大多数组织起来，才能达到革命斗争的目的。我们的看法与此相反。我们认为，只有积极进行工作，才能把工人阶级吸引到党里来。只有到那时，这些目前仍属于民主主义和改良主义的政党即多数派政党的工人，用不着我们宣传就会相信共产主义原则好得

---

① 指捷克境内苏台德区（德语区）党的组织。——译者注

很，就会脱离改良主义政党。我认为，在共产党公开参加战斗以前，或者更确切地说，在它即将取得胜利以前，它只能由最积极的工人组成。

现在加入多数派和改良主义政党的工人，虽经我们宣传、劝说，其中多数人仍然不会加入共产党，他们留在党外，在党的外围，可以说是个非党人士的政党。俄国就出现过这种情况，只是到了现在，到了革命斗争胜利3年之后，非党工人才加入共产党，当然他们还缺乏入党所必须具备的一切明确、坚定的信念。

这样一来，就不应当在提纲中断言，共产党的主要任务是为了共产主义原则争取无产阶级的大多数。正确地说，必须吸引无产阶级的大多数参加革命斗争，但不应指望这个大多数加入共产党，因为这样做会给改良派提供击败我们的武器。改良派经常说，如果无产阶级的大多数不加入共产党，革命斗争就不可能取得胜利。这是民主派的原则，他们想把它安在共产党头上。这个原则适用于改良派，但不能将它塞进提交共产国际的提纲里。

在关于德国党的任务和德国共产党对第三国际的态度那一段里（见第9页），我们也发现了这类提法。我读给大家听一听："由斯巴达克联盟和独立社会民主党左翼工人群众合并而成的德国统一共产党（它现在已经成为群众性政党）当前的伟大任务是：扩大党对广大群众的影响，加强无产阶级群众组织，争取工会和摧毁社会民主党与工会官僚势力。"

由此可见，德国统一共产党目前就拥有扩大自己对广大群众的影响的任务了。不过，我们认为，像德国党这样拥有非常多信徒的政党，当前更重要的任务是：在德国无产阶级未来的战斗中率领这些群众前进。我们可以相信，德国革命运动并没有终止，三月发动失败以后，德国无产阶级的斗争将具有更大的规模。

这个群众斗争开始的时候，我正在德国。我在那里待了几天，然后返回意大利。在这里有必要说一下，当时我发现，三月事件以后，革命胜利的希望渺茫，但德国党在意大利的影响和声望反而大大增强了。意大利工人一遇到我，就不停地打听德国无产阶级斗争的情况。现在，我无法表达意大利同志对德国党的赞美心情，因为该党在十分艰难的情况下为捍卫无产阶级进行了英勇战斗。三月事件以后，意大利工人对德国共产党的评价很高。他们满怀激情、坚信不疑地说，目前德国有一个真正群众性的政党了。但在这以前，意大利工人并没有这种信心。托洛茨基同志摇头，看来他不相信我的话。（托洛茨基："这不仅仅是针对您现在所说的话。"）这一点，我很清楚。不过，我可以说，我所说的完全反映了意大利无产阶级的情绪。此外，三月发动对德国统一党具有很大的影响。我认为，反对改良派和机会主义者的革命斗争同时也是反对资产阶级的斗争。三月事件应当使德国党学会在斗争期间运用纪律手段。我们经常讲纪律，但我们没有机会在斗争中运用纪律手段。德国同志在三月战斗期间可以做到这一点。现在他们也能这么做，可是三月事件以前，他们没有这种可能，我们至今也没有这种可能。

拉狄克以及其他同志带着讥讽的口吻谈论进攻理论，选用的术语确实很不恰当。它出自军事术语。既然拉狄克同志用讥讽的语气谈论进攻的理论和实践（德国三月事件以后已经涌现出这方面的理论家），那他显然读过许多有关战术的著作。不过，"进攻理论"一词有它固定的含义，我们应当在这里把它弄清楚。我们坚信，这对革命斗争将有百利而无一弊。我们不仅不应当抛弃这个理论，而且还要努力弄清它的精神实质。

我们认为，"进攻理论"是指共产党转为更加积极的一种趋向。这是向共产党强调的一种积极的趋向，而这种趋向应当取代至今在第三国际几乎所有共产党内仍居统治地位的静止趋向。我们认为，我们是用"进攻理论"的公式来说明从消极时期过渡到积极时期，我们觉得，这个词只能这样理解。因此，我们认为，如果我们对这个词将像我所解释的那样来理解，那我们在关于策略的提纲里就不应当避而不谈同志们所鼓吹的进攻理论，而只应当修正他们的论点中言过其实之处了。

这就是我们向代表大会的代表们提出的主要的、原则性的修改意见。不要对"左"派批评得太过火，而让右派在共产党内部、在第三国际内部安然无恙地继续活动。我们认为，在反"左"和反右上，必须更加有力地反对严重危害共产主义的右派。"左"倾的危害性只是在共产党充分发挥积极性时才会表现出来。

此外还必须强调指出，从革命斗争的角度来看，各国共产党没有必要将大多数工人群众联合在一起。关键仅在于共产党在斗争时刻是否能把群众争取过来。

我已经说过，我发言之后，其他同志将就提纲后一部分各点发表意见，我只限于我讲过的那两个问题。

列宁（俄国共产党）：

同志们！很遗憾，我必须克制自己，只进行自卫。（笑声）我说很遗憾，是因为听了特拉奇尼同志的发言和看了三个代表团的修正案以后，我很想进攻。老实说，对于特拉奇尼和三个代表团所维护的观点，必须实行进攻。如果代表大会对这些错误，对这些"左的"愚蠢行为不坚决进攻，那么，整个运动必定要垮台。这一点我是深信不疑的。但是，我们是有组织有纪律的马克思主义者。我们不能满足于发言反对个别同志。我们俄国人对于这种左的言论已经腻味透了。我们是有组织的人。在制订计划的时候，我们应当有组织地进行工作，设法找到正确的路线。自然，我们的提纲是一种妥协，这一点对谁都不是秘密。但这又有什么不好呢？在已经是第三次举行代表大会并已制定出一定的基本原则的共产党人中间，实行妥协在一定条件下是必要的。我们这个由俄国代表团提出的提纲是经过极其周密的研究和准备的，是经过长时间斟酌并同各个代表团磋商的结果。它的目的是要确立共产国际的基本路线，特别是现在，当我们不仅正式谴责了真正的中派而且还把他们开除出党以后，这个提纲就更需要。事实就是这样。我应当捍卫这个提纲。既然现在特拉奇尼出来说，我们应当继续进行反中派的斗争，接着又讲到打算怎样进行斗争，那么我就要说，如果这些修正意见表示的是某种倾向，那就必须同这种倾向进行无情的斗争，否则就没有共产主义，就没有共产国际了。我感到奇怪的是，德国共产主义工人党竟没有在修正案上签字。（笑声）你们且听一听特拉奇尼所维护的东西和修正案所说的话吧！修正案一开头就说："第1页第1段第19行'……大多数'应予删去。"大多数！这太危险了！（笑声）接下去说，应该用"目的"一词来代替"基本原则"一词。"基本原则"和"目的"是两个不同的东西。要说目的，那是连无政府主义者也会同意我们的，因为他们也主张消灭剥削和阶级差别。

我平生接触过、交谈过的无政府主义者不多，但毕竟见过不少。在目的问题上，我同他们有时可以谈得拢，但在原则方面却从来谈不到一块。原则不是目的，不是纲领，不是策略，也不是理论。策略和理论并不是原则。在原则上我们跟无政府主义者的区别在哪里呢？共产主义的原则是建立无产阶级专政，并在过渡时期使用国家强制手段。这就是共产主义的原则，但这不是共产主义的目的。提出这个建议的同志们搞错了。

第二，修正案提出"'大多数'一词应予删去"。请大家把整句话看一下：

"在很多国家内，革命的客观形势已经尖锐化，很多群众性的共产党已经成立，但是，不论在什么地方，这些党都还没有在真正的革命斗争中掌握对工人阶级的大多数的实际领导权——共产国际第三次代表大会正是在这样的条件下来重新研究策略问题的。”

可是他们想把“大多数”一词删去。我真不明白，假如我们连这样简单的问题都商量不好，那我们又怎么能够在一起工作，怎么能够领导无产阶级走向胜利呢？难怪我们在原则问题上不能取得一致了。请告诉我，哪一个党现在掌握了工人阶级的大多数。特拉奇尼连想都没有想举个什么例子。实际上这样的例子根本不存在。

总之，应当用“目的”一词代替“原则”，而“大多数”一词应当删去。真是不胜感激！我们不会这样做的。甚至德国党这个最优秀的党之一也还没有争取到工人阶级的大多数。这是事实。我们面临极其艰苦的斗争，但是并不害怕说出这个真实情况，可是这里有三个代表团却想一开始就说假话，因为，代表大会假如删去“大多数”一词，那就表示代表大会喜欢假话。这是明摆着的事。

接下去有这样一个修正：“第4页第1段第10行，《公开信》等字‘应予删去’。”今天我已经听到一个有同样看法的发言。那个发言有这样的看法是很自然的。发言的是德国共产主义工人党党员赫姆佩尔同志。他说：“《公开信》是一个机会主义的行动。”我在私下里也听到这种说法，我感到非常遗憾，非常可耻。经过这样久的讨论，代表大会上还有人说《公开信》是机会主义的，真是可耻之极！现在特拉奇尼同志又以三个代表团的名义出来说话，想要删去《公开信》一词。既然这样，我们为什么同德国共产主义工人党进行斗争呢？在我们的提纲里是这样说的：《公开信》是堪称楷模的政治行动。这是我们应当无条件地坚持的。说它堪称楷模，是因为它是采取切实办法争取工人阶级大多数的第一个行动。在欧洲，几乎所有的无产者都已经组织起来了，谁不懂得我们应当在那里争取工人阶级的大多数，谁就会被共产主义运动所淘汰；谁在三年的大革命中还没有学会这个本事，谁就永远学不到任何东西。

特拉奇尼说，虽然俄国党很小，但我们还是在俄国胜利了。他不满意提纲对捷克斯洛伐克那样讲。这里有 27 条修正意见。如果我要对这些修正意见一一加以批判，那我就得像某些演说家那样至少讲三个钟头…… 会上有人说：在捷克斯洛伐克，共产党拥有 30—40 万党员，必须争取多数，形成一支不可战胜的力量，并继续争取更多的工人群众。特拉奇尼摆出一副进攻的架势。他说：既然党已经有 40 万工人，那我们还要求什么呢？删去！（笑声）他害怕"群众"这个词，想把它去掉。特拉奇尼同志对俄国革命并不很了解。

过去我们在俄国的确是一个小党，但是，全国大多数的工农代表苏维埃在我们一边。（喊声："对！"）你们那里有这种事吗？俄国军队当时至少有 1000 万人，几乎有一半在我们一边。难道现在军队的大多数在你们一边？请告诉我哪一个国家是这样？既然特拉奇尼同志的观点还有三个代表团赞同，这就表明共产国际内部还有点乱。因此，我们必须说："不能这样下去了！应该作坚决的斗争！要不共产国际就完了。"（全场微动。）

我虽然处在防御地位（笑声），但根据个人的经验我应当说，我讲话的目的和原则是捍卫我们代表团所提出的决议案和提纲。如果说一个字也不能改动，那自然是迂腐。我曾看过不少决议，我很清楚其中的每一行都可以作很好的修改。但这是咬文嚼字。如果说现在我还是宣布在政治方面一个字都不能改动，那是因为我认为，这些修改都具有十分明确的政治性质，会把人引入歧途，给共产国际带来危害。因此，我，我们大家，俄国代表团，应当坚持决不改动提纲一个字。我们不但谴责了我们的右派分子，而且把他们赶走了。但是，如果像特拉奇尼那样把反右派的斗争当儿戏，那么我们就应当说："够啦！否则太危险了！"

　　特拉奇尼为进攻斗争的理论辩护。赫赫有名的修正案阐述这个问题的篇幅长达两三页。我们没有必要去念它。我们知道那里面写的是什么。特拉奇尼已经把问题讲得很清楚了。他搬出"活跃的趋向"和"从消极转向积极"这些理由来为进攻理论辩护。我们在俄国同中派作斗争已经有相当丰富的政治经验。还在 15 年前，我们就对我们的机会主义者和中派以及孟什维克进行过斗争，我们不但战胜了孟什维克，而且还战胜了半无政府主义者。

　　假如我们没有做到这一点，那么，我们的政权不用说三年半，恐怕连三个半星期也保不住，更不可能在这里召开几次共产国际代表大会了。"活跃的趋向"、"从消极转向积极"——这都是左派社会革命党人曾经用来反对我们的货色。现在他们都蹲在监牢里，在那里捍卫"共产主义的目的"，幻想着"从消极转向积极"。（笑声）像修正案那样进行论证是不行的，因为那里面既没有马克思主义，又没有政治经验，也没有论据。难道在我们的提纲里笼统地阐发过革命进攻理论吗？难道拉狄克或我们中间的什么人干过这种蠢事吗？我们在谈进攻理论时，都是针对某个具体的国家、具体的时期说的。

　　我们可以从我们反对孟什维克的斗争中举出一些例子来说明，还在第一次革命以前，就有人怀疑过革命政党是否需要进攻。如果哪一个社会民主党人——当时我们大家都是这样称呼的——怀疑这一点，我们就同他斗争，说他是机会主义者，说他对马克思主义和革命政党的辩证法一窍不通。难道党可以泛泛地争论是否容许进行革命的进攻吗？在我们这里要找到这样的例子，就要回顾一下 15 年前的事。只要有否认进攻理论的中派分子或伪装起来的中派分子，就必须立刻把他开除出党。这个问题是不会引起争议的。但是现在，在共产国际成立已经 3 年的今天，我们还在争论"活跃的趋向"、"从消极转向积极"的问题，真是太可耻了。

在这个问题上，我们和同我们一起制定这个提纲的拉狄克同志没有分歧。在德国，在真正的进攻还没有准备好以前就开始谈论革命进攻的理论，也许不完全正确。但三月行动毕竟是一个很大的进步，虽然领导者犯了错误，但这无关紧要。几十万工人英勇地进行了斗争。然而，不管德国共产主义工人党怎样勇敢地同资产阶级进行了斗争，我们仍然要重复拉狄克同志在一篇用俄文写的文章中关于赫尔茨所说的话。假如有人英勇地同资产阶级作斗争，即使他是无政府主义者，那当然是一件大事，但是，假如有几十万人同社会主义叛徒的卑鄙挑衅作斗争，同资产阶级作斗争，那就是真正的进步了。

对于自己的错误采取批评的态度是很重要的。我们一开始就是这样做的。在有几十万人参加的斗争过去之后，假如有人起来反对这个斗争，像莱维那样，那就应当把他开除出去。事实上已经这样做了。但是我们应当从这里吸取教训：难道我们做好了进攻的准备吗？（拉狄克："我们连防御的准备也没有做好。"）是的，当时进攻还只是报纸文章谈论的事。把这种理论应用到 1921 年德国的三月发动上是不正确的，这一点我们应当意识到。但从原则上说，革命进攻理论绝不是错误的。

我们在俄国取得了胜利，而且非常容易，因为我们在帝国主义战争期间已经为我们的革命做好了准备。这是首要的条件。当时我们有 1000 万工人和农民武装起来了，而我们的口号是：立即媾和，无论如何要媾和。我们取得了胜利，是因为最广大的农民群众都有反对大地主的革命情绪。拥护第二国际和第二半国际的社会革命党人在 1917 年 11 月还是一个很大的农民党。他们曾要求采取革命手段，但是他们也跟第二国际和第二半国际的真正英雄们一样，没有足够的勇气来采取革命行动。1917 年 8、9 月间我们曾说："在理论上，我们和过去一样，仍然同社会革命党人进行斗争，但是在实践上，我们却准备采纳他们的纲领，因为只有我们才能实现这个纲领。"我们这样说了，也这样做了。

曾在 1917 年 11 月即在我们胜利以后反对过我们并把大多数社会革命党人选进立宪会议的农民，已经被我们争取过来了，虽然不像我过去所错误预料的那样在几天之内争取过来，但不管怎样总是在几个星期之内争取过来了。差别并不很大。请告诉我：在欧洲的哪一个国家你们能够在几个星期之内把那里的大多数农民争取到自己方面来？也许是意大利吧？（笑声）有人说，尽管我们是一个小党，我们仍在俄国取得了胜利。这样说只能证明他不理解俄国革命，也根本不懂得应当怎样准备革命。

我们的第一步，就是建立真正的共产党，这样才能知道我们是在跟谁交谈，可以充分信任谁。第一次和第二次代表大会的口号是："打倒中派！"如果我们没有在各个方面和在全世界范围内对我们在俄国称为孟什维克的中派分子和半中派分子实行清算的话，那我们就连共产主义的初步原理都不懂。我们的首要任务就是建立真正革命的党，同孟什维克决裂。但这只是预备班。我们现在已经在召开第三次代表大会了，可是特拉奇尼同志却还在弹老调，说预备班的任务是清洗、追查和揭露中派分子和半中派分子。真是不胜感激！这些事情我们已经做得很够了。我们在第二次代表大会上就已经说过中派是我们的敌人。我们必须继续前进。第二步就是要在建党以后学会怎样准备革命。在很多国家内，我们甚至还没有学会怎样进行领导。我们在俄国取得了胜利，不但是因为工人阶级的绝大多数站在我们一边（在 1917 年选举时，绝大多数工人拥护我们而反对孟什维克），而且因为有一半军队在我们夺得政权以后马上转到了我们方面来，十分之九的农民群众在几星期之内也转到了我们这一边。我们取得了胜利，是因为我们采纳了社会革命党的而不是我们的土地纲领，并且真正实现了这个纲领。我们取得胜利就在于我们实现了社会革命党人的纲领。这就是我们取胜这样容易的原因。难道你们在西欧能幻想这样的事吗？太可笑了！特拉奇尼同志和所有在修正案上签字的同志，请你们对比一下具体的经济条件吧！尽管大多数那样迅速地转到了我们一边，我们在胜利以后碰到的困难还是很大的。但我们还是闯过来了，因为我们不但没有忘记我们的目的，而且没有忘记我们的原则，没有容许那些只谈目的、只谈"活跃的趋向"和"从消极转向积极"而不谈原则的人留在我们党内。也许有人会责备我们竟把这些先生关在监狱里。但是，不这样做就不可能有专政。我们必须为实行专政做准备，而要做准备就得同这种空话、同这种修正案进行斗争。（笑声）在我们的提纲里处处提到群众。但是，同志们，应当懂得什么是群众。左派同志们，德国共产主义工人党滥用了这个词。而特拉奇尼同志和所有在修正案上签字的同志也不知道应当怎样理解"群众"这个词。

　　我已经讲得太久了。因此，我想只就"群众"这个概念再讲几句。"群众"这个概念是随着斗争性质的变化而变化的。在斗争初期，只要有几千真正革命的工人就可以说是群众了。假如党不仅能够使自己的党员投入斗争，而且能够使非党员也动起来，那就已经是争取群众的开始。在我们历次革命中，有过几千个工人就可以说是群众的情况。在我们运动的历史上，在我们同孟什维克斗争的历史上，你们可以找到很多这样的例子：在一个城市里，几千个工人就能使运动具有明显的群众性。如果几千个从未听说过政治、过着庸碌而又艰难的生活的非党工人开始采取革命行动，那么群众就已经在你们面前了。如果运动不断扩大和增强，那就会逐渐发展成真正的革命。在1905年和1917年的三次革命中，我们看到了这种情形，你们以后也会领悟到这一点的。当革命的准备已经很充分时，"群众"这个概念就不同了，这时，几千个工人已经不能说是群众了。这个词开始具有别的含义。群众这个概念发生了变化，它指的是大多数，并且不单单是工人的大多数，而且是所有被剥削者的大多数，革命者只能作这种理解，其他任何含义都是不可理解的。也许，一个小党，比如英国党或美国党，在认真研究了政治发展进程，熟悉了非党群众的生活和习惯之后，就能在有利时机掀起革命运动（拉狄克同志指出的矿工罢工是一个很好的例子）。假如这样的党能在这样的时机提出自己的口号，并使几百万工人跟着自己走，那么，群众运动就在你们的面前了。我决不否认，一个很小的党也能发动革命并把它进行到胜利结束。但是应当知道用什么方法把群众争取到自己方面来。为此，就必须扎扎实实地进行革命的准备。但是，有的同志却出来声明：要立刻放弃争取"大多数"群众的要求。必须向这些同志宣战。要是没有扎实的准备，你们无论在哪一个国家都不能取得胜利。即使一个很小的党也能领导群众跟自己走。在某些时候并不需要有大的组织。

但是，为了取得胜利，必须取得群众的支持。绝对的多数并不是任何时候都需要的，但是，为了取得胜利，为了保持政权，不仅需要工人阶级（这里说的"工人阶级"，是西欧讲的那种，即工业无产阶级）的大多数，而且需要农村居民中被剥削劳动群众的大多数。你们想到过这一点没有？我们在特拉奇尼的发言中能不能找到即使是这种思想的一点点痕迹呢？他的发言只谈"活跃的趋向"、"从消极转向积极"。他有没有提到粮食问题呢？哪怕是一个字也罢。可是工人要求有吃的，虽然他们很能吃苦、挨饿，——我们在俄国多多少少看到过这种情形。所以，我们不仅应当把工人阶级的大多数争取到我们这边来，而且应当把农村居民中被剥削劳动群众的大多数争取到我们这边来。你们做好了这件准备工作吗？几乎没有一个地方做到了这一点。

总之，再说一遍：我必须无条件地捍卫我们的提纲，我认为这是我的义务。我们不但谴责了中派，而且还把他们驱逐出党了。现在我们应当来反对我们认为同样危险的另一个方面。我们应当十分礼貌地向同志们说明真情（这一点在我们的提纲里是说得客气而委婉的），做到不伤害任何人。我们必须说：我们现在面对的是比讨伐中派更重要的另一些问题。对付中派这件事我们做得够多了，已经有点腻味了。现在同志们应当学会怎样进行真正的革命斗争。德国工人已经开始这样做了。在那里，几十万无产者英勇地进行了战斗。谁反对这场斗争，就应当把他立刻开除出去。但是这样做了以后，不应该海阔天空地清谈，而应该立即开始学习，从所犯的错误中学习怎样更好地组织斗争。我们不应该在敌人面前掩饰我们的错误。谁怕这样做，谁就不是革命者。相反，假如我们公开对工人说，"是的，我们犯了错误"，那么这就意味着我们今后不会重犯这种错误，我们一定会更好地选择时机。如果在斗争期间，大多数劳动者，不仅大多数工人，而且大多数被剥削和被压迫的人，都站在我们方面，那么我们就能真正取得胜利。（长时间的热烈鼓掌）①

主席克南：

请米哈拉克同志发言。

米哈拉克（波兰共产党）：

同志们！其实，第二次代表大会在它的提纲中已经作出有关我们目前所关心的一切问题的决定，似乎没有必要再来谈论这些问题和就此作出决议了。不过，看来（这再次证实一个人所共知的真理，即仅靠提纲不可能建立政党，不可能形成运动和革命行动），即使凭借像样的提纲，行动也未必会成功，如果缺乏必要的经验和考验，即使有非常好的提纲，也许实际上也不知道该如何运用。因此，我们现在所争论的，就是群众性政党的作用（第二次代表大会就已经对这个问题讨论了许多次，并且就此作出明确的决议），以及基本提纲、策略、革命者（议会议员）的行为和纪律等问题。这就是我们讨论的中心问题——三月发动问题的要点和意义。问题在于，这个典型的、最有代表性的事例说明，真

---

① 按《列宁全集》中文第 2 版第 42 卷第 27—37 页译文刊印。——编者注

正运用起提纲来就不那么容易了。这证明，文件上写的一切东西，首先要在斗争过程中、发展过程中去掌握。

同志们！首先我讲几点个人的、纯粹个人的看法。几天以前，拉狄克同志在发言中责备蔡特金同志不该讲革命进攻问题，以及在当时的情况下不该提出进攻必要性的理论，当时我就喊道："这风牛马不相及！"由于拉狄克同志昨天再次企图证明蔡特金同志具有这种进攻理论，那我就不妨就此问题说上几句。

首先，我坦率地说（请拉狄克同志原谅我），这简直是吹毛求疵。如果你们读读提纲，读读三月发动以后蔡特金同志的第一个批语，那么，关于进攻问题，你们在那里会找到什么呢？你们在那里找到的无非是拉狄克同志和我们大家想说的话，只不过语气变得更加肯定和果断罢了。

蔡特金同志在提纲里谈到发动前后的形势和党的任务。不过，她经常使用"进攻"的字眼，而不是"发动"。看来，这给人的印象是，蔡特金在用词上作了让步。她甚至谈到局部进攻问题，即我们所争论的局部行动问题。此外，同志们，在拉狄克同志和几位德国同志共同制定的提纲草案中谈到准备进攻的必要性，而后来就只谈行动问题了。最后，拉狄克同志在他的提纲中说，我们应当成为一个冲击资本主义社会的政党。冲击也好，进击也好，它和进攻到底有什么不同？我没有熟读德国军事家的著作，不过我想起，就连考茨基也企图赋予"战略"这个术语以含糊不清的意义。远在战争爆发以前，他与罗莎·卢森堡以及拉狄克同时写了消耗战略问题。这个出自军事辞典的字眼，对于讨论我们当前的任务，确实毫无用处。

其次，请允许我再谈一个问题。对每一个批评、打击都提心吊胆的德国同志，居然心甘情愿让别人接二连三地攻击蔡特金同志。（会场哗然）同志们！我还想谈谈我个人的印象，就是在德国代表团里，年轻人的举止有时像老太婆，只有克拉拉·蔡特金像个男子汉。（笑声和喊声："您自己也不会相信这一点。"）是的，同志们！这里的问题不在"进攻"或者"防御"的字眼上。德语中有个很妙的格言：自卫的最好方法是先发制人。我们的提纲里显示出来的是一种独特的先发制人的手段。问题的关键在于，三月发动是战斗，是手执武器的发动，而在发动期间，有些领袖对策略方法的认识是非常错误的。不过，同志们，我这里指的是反对派。巴黎公社是由一些对策略的认识非常幼稚、比我们的德国同志还要幼稚得多的人来领导，这一点无人不知。他们干了许多蠢事，可是，他们的斗争结束以后，马克思却赞扬了巴黎公社、它的武装斗争和革命战斗。现在，我想起1905年莫斯科工人反对沙皇制度的武装起义。工人在斗争中遭到了失败，于是孟什维克普列汉诺夫说，他们干了蠢事，因为不应当拿起武器。然而，列宁却反驳道："这好得很！我们应当为这个无望的战斗感到自豪，要估计到它对俄国劳动群众产生的历史影响。"

那么，我们面前首先有巴黎公社的范例，由于它遭受的损失惊人，工人运动多年来一直很消沉。（会场哗然，有人表示抗议）不过，它仍然受到称赞。1905年俄国工人的十二月斗争，也是这种情况。每一个共产党人对三月事件同样应持这种态度。关于中央委员会的错误，议论得够多的了。我认为，主要错误在于发动的准备工作做得很糟糕。发动时机选择不当。依我看，主要错误还在于，进攻也好，防御也好，领导人根本不了解发动期间的形势和党的任务。（会场哗然）这个重大错误不同于其他错误，应当着重讨论。

这还不是全部情况。我们听到对这些错误的批评，但遗憾的是，长时间以来我们所听到的，仅仅是一个机会主义者的批评。我的朋友克拉拉·蔡特金的严重错误是，她没有认识到这一点。对莱维的批评有两个方面：一是他把本来不应当公开的事情向全社会透露了。仅凭他这个行为就应当把他绞死，至少也得将他开除出党。拉狄克和列宁说，关键在于对党的态度。同志们！我告诉你们，他把确实是秘密谈话的内容传出去了。此举并非偶然。

他在他的批评中仅仅是根据列宁同志的小册子《布尔维克能保持国家政权吗?》，说了一遍毫无意义的话。他一不向党指明革命道路，二不给它指出当前的任务，他不会分析革命形势，只知抓住这件卑劣的武器：把他所听到的东西统统抖落出来。凭这一点就可以说，党犯了大错误，它自己不去批判性地分析革命，而是坐等机会主义者出版关于革命的小册子。（会场哗然）现在，我本想宣读波兰代表团的声明，不过眼下我还要说一点，就是我认为代表大会的情绪不该如此。许多同志似乎认为，列宁批评"左"派用了三刻钟时间，可是批评右派只用了一刻钟。

从这种印象出发，许多同志认定，列宁以及托洛茨基采取了右倾方针。这种情况的出现是由于其他国家别的同志不熟悉俄国布尔什维克以往的斗争情况，要不然，他们就会知道这个党是在既反"左"又反右的情况下发展起来的。在当时的情况下，我们不是后退，而是在新情况下和为着新的目的继续沿着我们原来的道路前进。方向没有改变，因而这里并不存在后退。当我从会议记录中看到列宁在执行委员会扩大会议上的第一次讲话时，我马上意识到，只有尽快地发表这个讲话，才能尽早消除我们同志的错觉。列宁和托洛茨基的主要目的是提防"左"倾，这一点在俄国已经做到了。后来又提到反右，两者并不矛盾。同志们！列宁表示反对修改提纲原文。波兰代表团提出自己的看法，并委托我宣读如下声明："总而言之，波兰代表团赞成三个代表团提出的补充意见，并且保留向专题委员会提出这一类的其他建议的权利。"（笑声和喊声："你们说的似乎根本不是那么回事！"）

沃根（英国共产党）：

同志们！关于拉狄克同志在报告和提纲中提出的批评，我首先想指出，第三国际下属任何政党都不像英国代表团那样重视批评。不过，我们主张党的批评要达到两个目的：一是批评应当对党有利，使党能从中吸取不仅对它本身、而且对整个国际运动都极其宝贵的教训。二是拉狄克同志在着手批评某个政党之前，应当力求对该党的行动有个比较确切的了解。拉狄克同志发言时引用了英国共产主义报纸。他指责报纸在"三业同盟"罢工和矿工罢工期间没有履行自己的职责。显然，拉狄克同志没有读过《共产党人报》上的文章，否则他不会看不到这个党的机关报对英国事件作了十分正确的估价。我看过这个报纸，因此我知道，不仅在矿工斗争期间，而且早在罢工开始以前，它就向全体英国工人发出了有关号召。早在3月5日，报纸就提醒工人注意企业主企图降低工资。报纸的文章指出，企业主向矿工开刀仅仅是他们向英国整个工人阶级发动进攻的第一步。报纸继续向工人阐明即将进行的斗争的意义。罢工爆发时，它向他们提出"注视自己领袖的动向"的口号。这个号召响彻整个英国，促使矿工注意自己领袖的动向，帮助他们在与政府和矿主屡次发生冲突时始终坚持自己的原则。类似性质的文章，报纸还发表了许多篇。《共产党人报》向工人论证，他们必须控制矿井的管理权，不然的话，矿主就会剥夺他们的工资。报纸指出，在这个前所未有的斗争中，矿工必须采取足以唤醒英国群众起来行动的措施。矿工罢工期间，共产党人竭尽全力地对矿工进行了工作。共产党人通过他们的机关报领导罢工，并尽一切可能帮助矿工。在全英国范围内提出的"注视领袖的动向"的口号证明了这一点。正是由于上述原因我才断言，拉狄克同志毫不留情的批评是不符合实际的。拉狄克同志企图使代表大会相信，英国共产党执行委员会对自己在矿工声势浩大的斗争中所负的责任认识不足。我想向拉狄克同志指出，英国共产党执行委员会对自己的责任有清楚的认识，并且高度重视矿工的斗争。当时，执行委员会举行了会议，讨论了关于说服英国工人声援矿工罢工的最好方法问题。所有党员，上至领导成员，下至宣传员，都全力以赴地支持矿工罢工。此外，执行委员会还指示各个支部及所属一切组织在它们所在的地区成立声援罢工者委员会。凡是已经成立这种委员会的地区，共产党员必须听从它们的指挥。英国共产党执行委员会所做的远不止此。它努力寻求使英国整个工人阶级同矿工团结起来的方法，并且利用革命形势以争取更好的效果。

拉狄克同志指责我们，作为一个政党似乎没有公开、坚决地站出来说话，而是把本该自己做的事推到矿工委员会头上。英国共产党是一个人数不多的组织。如果拉狄克同志了解英国工会运动的历史，那他应当知道，这个运动在我国有着强有力的传统。他应当知道，如果共产党企图把矿工（总数超过125万）联合到一个统一的组织中去，对他们施加影响，给他们出谋划策，这样做简直太愚蠢了。

我们刚一认识到在英国我们只能利用我们可能采取的有效的宣传手段，便建议我们的党员（他们同时也是各个工会的会员）敦促他们的工会帮助英国工人群众做好迎接即将到来的总罢工的思想准备。我们曾利用工人委员会，因为我们知道，工会会员多半听从他们所在的工业部门的工人的意见，而不是英国共产党的声明。这样一来，结果如何呢？其结果是拉狄克同志所想象不到的。工人委员会在我们的领导下，遵照我们的指示和命令采取了攻势，在英国矿工和其他工人当中收到了从未有过的成效。我们起到了促使千百万工人认清必须联合起来、宣布总罢工以显示全体工人同矿工团结一致的作用。我们在运输工人和各个工人集体当中散发了传单。我们向各采煤区、工业城市以及所有能前往的地方派出宣传员，以便号召工人支持声势浩大的矿工斗争。

这就是英国共产党所做的工作。按照拉狄克同志的看法，不是这么回事，其实这一切都已经做了，而且从拉狄克同志的批评中恰恰可以得出这样的结论：假如他当时在英国，他也会建议这样做的。这是从他在代表大会上所作的报告中推断出来的，他在报告中声称，我们只应当重视现在，而不应当展望渺茫的、遥远的未来。我们曾帮助英国工人阶级进行斗争，并且竭力争取实现所期望的斗争结局——革命。

这就是我们在英国所做的工作。我认为，拉狄克同志的报告的结尾——他在其中谈到了必须实行的措施——是合乎情理的，不过我声明，在当时的情况下，我们采取了正确的策略。

我不敢断言，英国共产党没有犯任何错误，它尽善尽美，我们已经利用了一切时机。可是，无论如何，拉狄克同志指责我们错过一切时机的批评意见，是不符合事实的。面对共产国际第三次代表大会，英国共产党感到自己毫无过错，因为它为创造革命条件尽了一切努力。

（会议于下午5时休会）

第十二次会议

（1921 年 7 月 1 日晚 8 时）

讨论拉狄克关于《共产国际的策略问题》的报告

主席克南：

　　宣布开会。第一位报名发言的是德国统一共产党的黑克尔特同志。为详细而全面地了解三月发动的情况，主席团同意德国统一共产党的要求，将发言时间延长半小时。我们相信大家不会反对。既然没有人反对，现在就请黑克尔特同志发言。

黑克尔特（德国统一共产党）：

　　同志们！在说明我们在三月发动时期所采取的方针之前，首先我要提出两点意见：第一点意见是对波兰代表团的，第二点意见是对列宁同志的。米哈拉克同志代表波兰代表团表示，应该把德国代表团训斥一顿。他还说，当有人训斥我们的时候，我们不应当像老太婆那样百依百顺。然后，他谈到我们所犯的错误。德国代表团任何人也听不懂他要说什么，但是，米哈拉克同志如此反对我们提出的修正案，这倒使我们感到非常惊讶，因为波兰代表团的同志曾向我们表示，他们同意我们的提案。不仅如此，米哈拉克同志本人在结束他的发言时也表示，波兰代表团同意我们提出的修正案。咄咄怪事。一个人发言本来是攻击别国代表团，可是到头来，搬起石头不仅砸了自己的脚，而且也砸了自己代表团的脚。

　　现在谈谈对列宁同志的意见。列宁批评我们提出的修正案，但是我们认为他操之过急了。他所指责的某些东西，在我们的提案中根本不存在。除非列宁同志没有仔细看过我们的提案，要不就是别有用心，否则他不会这样说。（喧哗声和叫喊声："岂有此理！岂有此理！"）例如，他批评我们主张从提纲中删去"公开信"三个字。假如列宁同志仔细看过提纲中的这一段，那么他会同意删去这三个字，因为提纲中说，正因为有了这封《公开信》，德国共产党才成为群众性政党；提纲还说，这封信是在 1919 年公布的。其实，在 1919 年根本就没有《公开信》，而且共产党是 12 月 15 日在柏林举行的联席代表大会上才成为群众性政党的。《公开信》是今年 2 月写的。可见，这封《公开信》我们是在成为群众性政党两个月之后才写的。因此，提纲中的这一段，引证《公开信》，这是无论如何也不能成立的。提纲中另有一处也提到《公开信》，但是我们同意保留，因为我们一致认为《公开信》的方针是完全正确的，今后应当继续贯彻执行。因此，列宁同志批评我们的论据也就不存在了。（托洛茨基："你们对论据未免太轻视了吧！"）我对论据丝毫也不轻视……列宁同志还批评我们要在提纲第 2 页中把"工人阶级的大多数"几个字删去，认为我们居心不良。其实，把"工人阶级的大多数"改为"工人阶级"，其含义反而更广泛，所以我认为列宁的批评是无的放矢。我真不明白这是怎么一回事。列宁同志就最初的修正案中关于争取工人阶级的大多数以实现共产主义的"原则"或"目标"这句话所作的批评是相当有道理的。拉狄克同志昨天向我们表示，可以采用"目标"二字，但我跟列宁同志一样，倾向于保留"原则"二字。共产主义的原则包括目标，况且列宁同志的论据看来也是正确的，因为别国也习惯于这种提法。共产主义不仅仅是一种社会制度或一门科学，它还是一种运动，一种有着明确目标的运动，以建立明确的社会制度。可见，它表示斗争的方法，这也就体现出共产主义的原则。因此，我认为保留"原则"二字更为适宜，不必改成"目标"。

其次，谈谈"争取大多数"的问题。我们的同志认为，"大多数"的提法不妥，容易使人理解为争取大多数工人的目的在于使他们加入组织，而这恰恰等于助长共产国际中机会主义分子的势力，这些机会主义分子总嫌组织还不够强大，所以惧怕一切运动。从特拉奇尼同志的谈话中可以明显看出，他恰恰就是这样理解的。他非常明确地表示，捷克斯洛伐克共产党的基本任务不是要进一步扩大组织，而是设法使 40 万已加入组织的工人成为真正的共产党员，也就是说，发挥积极性，而不是仅仅在那里组织群众。

如果上述一切都成立的话，那我真不知道列宁同志究竟要批评我们什么。我看他多半是故弄玄虚。我不能不认为，他言犹未尽，有不可告人的动机。我们希望代表大会全体代表，而不仅仅是德国代表团，明白这究竟是怎么一回事，所以，在列宁同志不在场的情况下，托洛茨基同志如能作出某种解释，那就再好不过了。如能满足我们的希望，我们就将感到万分满意，因为我们从来不认为我们的党大智大勇，我们真的要拜师求教。我们有证据表明，我们从我们党的历史中、从我们参加过的革命运动中学会了一些东西。因此，我们也想从我们所犯的错误中吸取教训，因为这是对我们队伍中机会主义分子的最有力的批判。

同志们！现在的共产党刚刚在德国诞生不久，即在去年十二月事件发生时才诞生。全体工人即现已加入德国共产党的全体工人，不是在斗争中，而是在一种婚约的基础上联合起来的，假如他们是在斗争中联合的，那他们就能识别哪个理论是错的，哪个理论是对的。在哈雷，我们同独立社会党①的领导同志就统一党应该建成一个什么样的党达成了协

---

① 独立社会党，又称独立党，全称为德国独立社会民主党。——译者注

议。由于在那个时候没有任何战斗，所以这与其说是考验同志们的革命力量和勇敢精神，不如说是单纯把组织联合起来。我们从一开始就知道，在两党合并时，原来留在党内的成员不会继续留在党内，一有战斗考验，力量的部署就要发生变化。果然，在三月战斗的日子里，力量部署变了。既然这是事实，那么批评——严厉批评——党员数量减少了，就没有根据了。假如同志们这样说：工人在加入这个或那个组织的时候并不了解我们党是一个严肃的战斗的党，那他们就对了。但是，即便如此，我们也无须向俄国同志进行辩解。列宁同志已经替我们作了最精彩的辩解，他说：当成千上万的工人参加战斗的时候，谁反对他们，谁就是犯罪，莱维就是一个。一年来，共产党、斯巴达克联盟（它是现在的德国统一共产党的组成部分）倒霉又倒霉。在海德堡代表大会上，我们党内也掀起了一股革命的浪潮，那些热衷于冒险的无政府主义者和其他非共产主义分子被开除出党，一大批共产主义无产者因不了解分裂的用意和明确的共产主义号召，也跟着那些被开除出党的分子一起离开了党。接着，卡普叛乱开始了。这次叛乱弄得我们措手不及。在无数次会议上，我们同德国共产主义工人党争论不休，致使其他无产阶级对于我们所讲的话不屑一顾。

在卡普叛乱期间，我们党所发挥的作用不十分成功，尽管说起来，这多半是中央委员会和首都的过错，而绝不是地方的过错。在地方，同志们作战十分英勇。但是，就在这个时候，拉狄克同志说了一句话："一个在关键时刻不能立即提出明确口号的党是没有能力进行战斗的。"这句话在我们党内引起了严重的纷争，所以，我承认同志们批评我们表现得很差，是完全有道理的。列宁同志好像就是在那时指出，由于我们的错误，革命的胜利被断送了。

这样说，恐怕是说得太重了。但至少是，这个批评有一部分是完全正确的。然而，同志们，卡普叛乱并不能证明我们党有必要发挥更大的积极性，因为党内总有人认为，只要是对付敌人，就意味着碰壁，意味着冒险。这些人的头子就是莱维同志。我没有必要提供证据，大家只要回忆一下莱维论述匈牙利苏维埃共和国的策略的文章，以及他对慕尼黑运动的批评，就够了。这样，一种因循守旧的心理就在我们党内和斯巴达克联盟中占了上风。独立社会党左派的革命无产者纷纷向我们靠拢，但是他们这样做，不是出于理智，也不是因为认清了革命时代的运动规律，而是凭一时的冲动，如同一个晴雨表，只见这种冲动忽上忽下。当俄国兵临华沙的时候，德国独立社会党人之间的分歧达到了极其尖锐的程度，那时，在德国城乡和街头巷尾，工人纷纷表示：目前没有必要发动革命，俄国人攻克华沙并进军柏林已经指日可待了。说这种话的人都不是出于内在的信念和渴望进行革命斗争而加入第三国际的人。他们寄希望于外来的力量来解放他们。后来，大退却开始了，人们也就随之清醒过来了。在德国，广大人民群众的革命情绪达到顶点这样的时代早已过去了。独立社会党左派尽管人数很多，但他们没有从党的机构中得到任何东西。这一点很快就看出来了。加入统一共产党的人，比我们的同志原来预计的要少得多。我们刚刚联合起来，刚刚说出我们的意见——即广大群众既已加入我们这一边，我们的责任就无比加重了——德国电气工人便掀起了轰轰烈烈的运动。在这个运动期间，我们党明显地摇摆不定。党下不了决心，不能使这个运动变成一场普遍的运动。为此，我们受到了执行委员会的斥责，它认为，我们本应更广泛和更有力地利用这次运动。但是那时，我们党还积极不起来。党内正经历一场斗争：一派主张发挥更大的积极性，另一派则表示不可轻举妄动。诸位只要回忆一下，卡普叛乱期间，保尔·莱维同志在柏林军事法庭上发表的辩护词，也就足够了。他说，在今后两三年内休想开展革命运动。工会官僚对我们的进攻，使我们遭受到极大的压力，同志们失去了主动精神。

后来，又遇到意大利问题。说到这里，我要简要地回顾一下中央委员会的活动，因为拉狄克同志问道：新的中央委员会，即清除右派以后的中央委员会，在五名中央委员退出中央委员会之后，一直到 3 月 17 日以前这三周内究竟都做了些什么？凡是留心阅读《红旗报》上的文章，注意我们的文告，密切注视会议的人都知道，意大利问题并没有因为有五位同志退出中央委员会而了结。我们党在内部经受了一次很大的震动，我们在很多会议上与同志们反复辩论，反复证明克拉拉·蔡特金、莱维、多伊米希和布拉斯是错误的，有许多同志对于我所说的话报以嘲笑。这就是我们党的情况。党内不团结。中央委员会在群众中还没有坚实的基础。

不久，事态又进一步扩大了：上西里西亚举行公民投票，这次公民投票正赶上大动荡的不安定时期。在上西里西亚，有几伙匪帮彼此厮杀已有好几个星期了。此时举行公民投票，难免引起一场大乱。每一个共产党人都清楚，靠投票是解决不了问题的。在上西里西亚爆发起义，证明我们是对的。

此时，又提出了裁军问题。3 月 16 日，协约国向德国政府提出最后通牒，要求德国政府通过立法程序解除巴伐利亚的武装，并且要限期办到。在此之前，协约国刚刚占领了杜塞尔多夫市、杜伊斯堡市和鲁罗尔特，并在莱茵河上建立了新的海关线，因此，我们非常清楚，协约国不是虚张声势，而是要动真格的。顺便提一下，最后通牒还要求德国从国家银行支付黄金。德国资产阶级大为恼火。这且不说，矿工们把供应煤炭的协定抛到脑后，并拒绝加班生产。他们把履行协定与否，看成是无所谓的事，因为他们看到，在英国、法国和比利时，矿工们就是这样被束缚住手脚的。此外，当时德国的农业也一团糟，工资合同屡遭地主的破坏，农业工人随时都有掀起广泛运动的可能。

这场运动并不是凭空想象出来的，而是客观事实。当时，我们只是不能断定这场运动是立刻来临，还是要过一段时间之后才能来临。在党中央委员会里有的同志断言我们错了，说在上西里西亚不会发生任何起义，"上面的指示"不会得到执行。中央委员会提出的以下几点是正确的，即：党应该增强自己的积极性，应该保持清醒的头脑，以免被突如其来的事件弄得张皇失措，以致推卸责任。现在，我们已经不是只有五六万人的斯巴达克联盟。我们已经是一个拥有40万名共产党员的政党，这40万名党员已在12月5日宣誓，要变被动为主动，肩负起自己所承担的任务。

除上述种种事件以外，还有失业工人运动。失业工人预定3月23日在各大城市和工业区举行大游行，并联络各工厂的工人，以争取就业。此举虽属荒唐，但是我们不便明说，因为如果说出来，我们就会完全失去信任，而如果失去信任，那也是咎由自取。当时，失业人数猛增一倍，面对如此严重的失业现象，我们的举动决不能像在1920年那样，也不能像保尔·莱维那样，编造流氓无产阶级的理论，并就此高枕无忧。

接着，同志们，赫尔青进行挑拨离间。他主动发动攻击。现在，批评家纷纷说（而莱维则一口咬定），俄国派遣特使和赫尔青搞挑拨离间二者是有联系的。（有人喊道："亏他说得出来！亏他说得出来！"）。莱维说这句话的用意何在，我不知道，也许他的朋友们能替他向代表大会作出解释。反正我们的哈雷党委会明确告诉工人："你们不能听赫尔青的，不可以动用武器。"但是，曼斯菲尔德的一部分工人却不听劝告。这也是不难理解的，因为就在两个月前，他们在曼斯菲尔德进行了防御战。问题在于：预先不与工厂特派员或合法的工厂委员会商妥，便让警察进驻工厂，工人对此表示反对，异口同声地说："妙极了！正求之不得呢！"于是工会官僚便插手进来，说这是"野蛮的"罢工。

曼斯菲尔德的工人虽然领取了罢工期间的工资，并迫使警察退出了工厂，但他们很快就看到，在工会官僚和矿工工会的协助之下，他们在领取下一个月的工资时，他们罢工期间的四分之三的工资竟重新被扣发。工人受骗上当了，他们大为恼火，急于反击。可是，我们劝他们说；"你们不应该这样做。工会官僚正在你们队伍中挑拨离间，你们再也不能像两周前那样进行斗争了。你们应当等待时机，重新团结起来，然后采取行动。"然而，同志们，工人一旦被惹恼了，你再想劝他们不要上挑拨离间的当，都是无济于事的！我们向他们反复说了多次，但都无济于事，他们仍然拿起了武器。同志们，在曼斯菲尔德工人展开战斗之后，又发生了一件事。德国各地的资产阶级报刊试图对那些胆小怕事的温和派施加影响。报刊说什么共产党人割人耳朵，挖人眼睛。所有的资产阶级报刊大书特书战争恐怖。我们的同志一听就知道这是谎言和欺骗，我们汉堡的同志以及失业工人也要举行示威游行，以揭露资产阶级报刊散布的谎言，捍卫共产党。党并没有号召他们，是他们自觉自愿奋起保卫共产党的。他们认为，既然曼斯菲尔德的工人奋起斗争，他们就不能袖手旁观。到复活节前的星期四，情况大致如下：同志们与中央委员会失去了联系（恢复联系是相当不容易的），在曼斯菲尔德和汉堡进行着战斗，白色恐怖猖獗。我们没有别的办法，只好提出总罢工的口号，这次罢工是敌人逼出来的。我们明明知道，节日就要临近了，开展运动的时机并不成熟，可是党处于这种地位，决不能说因为复活节就要到了，我们无能为力。党决不能眼看着同志们遭到镇压而不闻不问。我们如不宣布总罢工，就要完全失去工人群众的信任，工人群众就要把我们与德国社会民主党相提并论，而德国社会民主党只知道夸夸其谈，却不善于斗争。说实在的，下面的同志会怎样看待这件事呢？下面的同志，首先是共产党员同志，决不会理解党的这种消极态度。现在有人说，这场运动的信号是《红旗报》发出的，该报发表了题为《武装起来！》的文章。坦率地讲，我们没有几个人欢迎这篇文章的发表，而那些单凭这家报纸了解事态发展情况的同志在看了这篇文章之后，确实会感到事情不妙。我们的同志纷纷表示，有必要发出信号，向工人说明事情的真相。他们说，因为问题并不仅仅在于赫尔青在上西里西亚发动攻击，而且还有种种其他情况足以引起爆炸性局势，所以，我们有必要事先敲警钟。我想，就当时的情况而言，那篇文章是好是坏，在德国共产党代表团内部是不会有两种意见的。但是，硬说那篇文章引起了这场运动，这未免不妥，因为即使不发表那篇文章，运动也照样会发生。然而，糟糕的是，那些批评运动的人竟弄不清楚运动发生的真正原因，也不肯认真地想一想，在当时的情况下，党究竟应该怎么办？他们只是一味地指责党犯了一系列错误，其实，党对所犯错误进行的自我批评，比蔡特金同志及其朋友所提出的批评要严厉得多。我这样说，有文件为证。德国共产党在关于革命时期共产国际的策略的提纲中总结了三月发动的经验，提纲中写道：

　　"共产党员务必参加无产阶级的所有群众性运动，以期扩大运动的规模和掌握运动的领导权。局部运动的最初口号必须与当时的条件和参加运动的群众或应当吸收到运动中来的群众的觉悟水平相适应。随着斗争的发展和群众热情的提高，战斗口号也应当更加响亮。

　　相反。共产党同样应当善于在运动遇到阻力时，降低自己的口号，必要时，停止斗争，以保持群众队伍的团结。

　　共产党员既要同工人群众保持最密切的联系，积极地支持他们的一切要求，又不能每一次都迁就工人阶级中最落后最消极的分子。共产党员不能只是一味地宣传，等待群众自动地参加运动。

　　共产党员必须在情况危及无产阶级的切身利益时，走在群众的前面，努力引导群众参加斗争，即使只能引导一部分群众也罢。在任何时候都不能随便放弃已经争取到手的重要阵地。

　　对于已经发生的恐怖行动，我们自有明确的立场，我们认为，在过渡时期，个别的暴力行为不是不可取的，但只能作为军事行动的必要的组成部分。然而，暴力行为必须加以抛弃，因为这种行为不是取代，就是诱发群众性的行动。"

以上所引，是我们的经验之谈，我们认为有必要将其提交共产国际审议。我们的提纲还多处强调一个观点，即必须时刻与群众打成一片，提出任何口号都要从群众的实际出发，但是，出于形势的需要，我们有时也必须提出比群众的觉悟更高的要求。我认为，这是每一个同志的义务和责任，并且，这与去年所确定的、俄国同志所遵循的路线是完全一致的。

然而，我们的德国批评家只知道罗列我们在运动期间所犯的错误，那种在斗争的过程中没有必要采取的、但是实际又发生的个人恐怖行为，纯属个人行为，其目的在于煽动或替代运动，对于这种行为我们坚决加以摒弃。我们向德国共产主义工人党表示过："对于这种行动我们一概加以谴责，并坚决与之划清界限。"本来应该吸取这次斗争的经验教训，但是，就在这个时候，就在这一点上，我们与德国共产主义工人党产生了意见分歧。同志们在这里坚持的理论跟我们的不同。我们认为那不是共产主义的理论。有人说，共产党员也犯了错误。根据何在呢？根据就是"也号称是共产党员"的迪韦尔所公布的、经党委会会议详细审议过的材料。当有人提议，希望他们拿出指控的材料时，他们却沉默不语。提议的是克南同志，所以党委会只有对材料中所公布的、没有任何根据的无稽之谈嗤之以鼻。

现在我来谈谈为什么三月发动会不可避免地犯那么多的错误。产生这些错误并不仅仅是因为我们不熟悉运动的规律，也不仅仅是因为中央委员会无能。一个重要原因是，那些在这里、在代表大会上代表反对派的分子采取了消极态度。他们完全有意识地抵制运动。他们声称运动违背他们的良心，并且还扮演了英雄豪杰的角色。他们在《莫斯科报》上发表声明，指责不该乘坐汽车去各个工厂。当柏林决定举行总罢工时，我们就接待了工厂代理人代表，请求那些变成批评家的同志来找我们当面说出自己的意见。谁知，他们突然都成了大忙人，只来了马尔察恩一个人。在那次会议上，不是柏林理事会，而是一个机会主义分子提出，必须手握大棒到各个工厂去，驱赶工人参加斗争。我们作为中央委员会委员，当即表示反对，认为这样做，不仅不能密切同群众的联系，反而会使我们脱离群众。尽管如此，但仍有一部分同志于星期一手握大棒跑到各个工厂去，结果，群众开始同我们离心离德。而马尔察恩和诺伊曼所加入的一伙竟散布说，拿着大棒去参加工人会议的命令是柏林发出的。也许他们现在仍在坚持这种谎言。我们断然声明，不是我们的未来的批评家，而是党中央委员会禁止中央委员干这种蠢事。有一件事情说出来同志们一定会觉得很有意思。安娜·盖尔、布拉斯和其他人都出席了党中央委员会会议，他们赞同关于宣布总罢工的决定，受纪律的约束，当时他们在中央委员会里保持沉默，可是后来他们跳到莱维的圈子里，对中央委员会极尽诽谤之能事。有人出主意，要切断电线。我同布兰德勒向同志们解释说，这是胡闹，因为被切断的电线只消两个小时即可重新接上。后来有消息说，在不来梅准备炸毁发电站，我们就立刻表示不赞成。我们给不来梅发了电报，制止他们这样做，因为我们知道，这样做法会使群众更加脱离我们，而在这次运动中，群众本来就不在我们一边。

莱维断言，他一再要同我们联系，但始终没能联系上。其他批评我们的人也说，他们不能跟我们同心同德。我们曾请求多伊米希来见我们，可是他不但不来，而且写了一封众所周知的信。我们请谁，谁也不来。后来他们全部露面了，但是他们的意见却一大堆。如果莱维愿意的话，那他是能够来的，是他本人不愿意来。他存心要使我们走邪路，进而把我们赶出共产党，但其目的并不是由他亲自开始实行共产主义的政策，而是热衷于他在《苏维埃报》第4期上所鼓吹的政策，关于那项政策，他说道：我们所选择的道路应当走下去，要不顾一切后果，走到底。我们立即提出异议，我们认为，考虑到运动内部的现状，有关组织方面的批评只能正面提出，那么，后来怎么样呢？星期三即运动尚在进行时，莱维带着一份写好的文告来到柏林，但是蔡特金却反对在运动进行期间登载这篇文告。这是星期三的事情，星期五斗争就停止了。我知道，莱维和他的某些朋友有联系由来已久，这些朋友跑到地方靠党的经费从事活动。显然，在共产党员遭受警方迫害时，他们在地方是不难找到臭味相投的人。

待到文告终于公布，以拯救政党（因为"瑰宝受到了玷污"，这是他们小册子的用语）时，一些机敏的分子便嗅出味道不对，于是就站到了反对派一边。不妨谈谈这些反对派分子，因为讨论三月发动不能不涉及具体的人。莱维在他的小册子中，在数字上一再捣鬼，他硬是证明，我们在选举中只获得票数的 1/16，受共产党控制的工会只占工会总数的 1/18。经他这样证明，反对者便大声疾呼：就此止步。如果说非要批评这场刚刚结束的无产阶级的革命斗争不可的话，那也不能以这样的材料为批评的依据。单搞数字骗术是不行的。于是，站到反对派一边的一部分同志便脱离他们而转到我们方面来了。

在我发言之后，德国反对派的同志也要发言，希望他们谈谈他们自己在三月发动期间的表现如何。希望他们不再兜圈子，希望他们说出他们到底都做了些什么；同时，希望他们告诉我们，他们是怎样为了在党内建立统一战线，以打败自己的敌人，而坐着汽车去各个工厂的，去全国各地的。代表大会在听取同志们关于他们怎样开展有益的活动、怎样传播进攻精神的介绍之后，定会感到欣慰。我们丝毫也不感到失望，我们了解参加我们运动的同志，我们了解某些同志需要得到支持，因为在危机关头，他们完全失去了自治能力和领导能力。

蔡特金同志！关于您，我想说几句。您是知道的，一开始，您并没有加入斯巴达克联盟。您不会忘记，当您还没有同我们站在一起时，您说过："那是一群傻瓜，一群笨蛋！加入这类团体有损我的人格。"然而后来，您却同意了我们的观点。从您在本次代表大会上的发言来判断，我想您也正处在动摇之中，因为您重新走上了同我们实行联合、而同莱维实行决裂的道路。关于这一点，您也许还要思考思考。

我们本想在德国国内对三月发动进行更深刻的批评，但是，当我们对同志提出批评时，却招来他们对党的更猛烈的攻击。我们提出，希望"解释者同盟"写一篇文章，证明何为巴枯宁式的盲动……（马尔察恩："这被否决了。"）没有，没有被否决。我要指出，当三月发动被称作巴枯宁式的盲动时，马尔察恩同志就被提名代表工会中央委员会以书面形式提出有关的论据。可是他不肯写，其实，他也写不出来，因为什么是巴枯宁主义，他自己也不懂。（笑声）莱维跟我们要了一个什么把戏呢？当我们告诉他，党认为他的委任状无效时，他就给议会主席写信，说他不放弃他的委任状，并且还补充说，他这样做不是出于个人的任性，而是听从朋友们的劝告。德国共产党竟然成为资产阶级议会寻开心的目标了。蔡特金同志！据说，您亲自拜见了议会主席，并且表示您也不打算放弃自己的委任状……

蔡特金：

这是不确实的。我现在就来证明。有人告诉我，白匪在党的常务委员会发现了一系列文件，其中有我们的一份声明。我就去见议会主席，对他说："假使有陌生人交出这份声明，就请先让我过目，以便由我来证实这是不是党的声明。"

黑克尔特：

如系误传那就好了。但是事实上，莱维确实说过，他只有同他的8

位朋友商妥之后，才会放弃自己的委任状。在开姆尼茨州宣布莱维不再是该州代表之后，他就用那 8 位朋友来推诿，就如同他在美因河畔法兰克福用那 8 位捍卫他的小册子的朋友来推诿一样。请听听他们的说法吧。他们一再声称他们与莱维志同道合，并且竭力阻挠党中央委员会批判三月发动。

蔡特金同志千不该万不该利用自己的国际声望来掩盖莱维同志及其一伙破坏德国共产党的纪律和叛卖行为。（场内活跃表示赞同）这是最糟糕的。同志们，我敢说，如果没有蔡特金，莱维是不会走这条路的；如果没有蔡特金，莱维是不会发表任何声明的；如果没有蔡特金，我们就不会在共产国际代表大会上成为被告，因为，我们有我们党的文件，有我们亲自为报纸写的文章，我们能证明三月发动究竟有什么错误。我们丝毫也不打算隐瞒自己的错误，我们愿意认识错误，找出错误发生的原因，以使别国的同志不至于干出像我们所干出的那种蠢事。莱维存心要封堵这条有助于拯救德国共产党的道路，而在这方面，蔡特金则为他提供了便利。我们期待反对派在这次会议上对我们加以评论；我们期待着对我们的行动进行实事求是的批评，并期待我们的行动得到承认。希望他们用事实来说明他们的所作所为是正确的，也希望他们澄清这样一个事实，即正是他们促使莱维出版这本小册子的，因为，莱维曾在美因河畔法兰克福公开表示过，是他们迫使他不顾党的意志而保留自己的委任状的。他公开说过，如果他的 8 个朋友愿意的话，他就放弃委任状。我们请求代表大会采取措施，让这些同志不要再像猫一样围着猫食转来转去。要让他们像我们一样，对自己的行为负责。（热烈鼓掌表示赞同）

布里安（捷克斯洛伐克共产党）：

同志们！首先，我要代表捷克斯洛伐克共产党做两点声明。第一点，关于我们党就执行委员会的报告进行表决的问题。我们所表决的是整体决议，至于决议中涉及捷克斯洛伐克共产党的条款，在这个问题上，我们坚持我们在执行委员会会议上所采取的立场。我们尤其坚持我们发表过的声明。第二点，关于拉狄克同志的提纲及其报告。我们完全同意拉狄克同志的提纲，并准备投赞成票；我们也同意他的报告。但是报告中有关捷克斯洛伐克的那一部分除外。关于这一点，我来具体谈谈。我们提议，将捷克斯洛伐克党内存在着两派即什麦拉尔一派和穆纳、古拉、扎波托茨基一派的字样删去。我们还提议，将"这些现象表现在什麦拉尔的追随者所推行的政策中"以及"他们的最优秀的、被关押的穆纳、古拉和扎波托茨基同志"的字样统统删去。删改后的文字应为："捷克斯洛伐克共产党如能彻底克服各种中派主义的习俗和思想，如能遵守共产国际关于捷克斯洛伐克共产党的指示，那它就能担负起这些任务。"

我们提议作这样的删改，是出于下列考虑的：整个提纲没有一处指名谈到某一个党和党的派别，也没有一处指名道姓，既未提加香，也未谈弗罗萨尔，而只点了塞拉蒂和莱维的名字，共产党的其他右翼分子的名字一个也没提。平等的原则是应当普遍适用的。法共被允许的事情，捷克斯洛伐克共产党也应当被允许。我认为，共产国际代表大会是最高会议场所，仅就这一点而言，我们也完全有理由要求我们党应当享有同其他兄弟党一样的待遇。

还有一个理由。我代表捷克斯洛伐克代表团全体成员在此郑重声明：在我们党内不存在这样的派别。同时，我要在此说明，克拉德诺的一位工人代表要求我和代表团，代表他和克拉德诺的其他同志声明：在我们党内不存在什麦拉尔一派或别的什么派。意见分歧是存在的，但是不存在派别分歧。说明我们党内不存在派别分歧的一个最有力的证据是，被列入什麦拉尔一派的斯卡拉同志和万涅克同志不久前同扎波托茨基、穆纳、古拉三位同志联名写信给共产国际执行委员会。可见，他们是合作的。写给党代表大会的信，在观点上同我们之间的任何一个人都没有分歧，从该信的性质来看，也得不出任何关于派别的结论。我声明，我是代表我们代表团全体成员的，我发表的意见并不是我个人的意见，而是我们共同磋商的结果，因此，我是完全履行我们的同志们的嘱托。同志们！我向诸位谈的都是实实在在的事实。出席本次会议的捷克斯洛伐克代表团共有 19 位同志，其中只有两位是知识分子，其余的不是过去的老工人，就是至今仍在工厂做工的工人。克南同志不久前讲过，我们有极严格的纪律，我们的领袖只能照我们的同志的要求办理。我在这里发言，就等于是我们代表团全体成员发言，就等于是克拉德诺、布拉格、布吕恩、梅尔什-奥斯特劳及其他重要工业中心的捷克斯洛伐克工人阶级的代表们向诸位发言。我再次声明，到目前为止，我们党内不存在任何派别斗争，我们在这次代表大会上亲眼看到了各个党的派别斗争，懂得了什么是派别斗争，所以，我们将努力防止我们党内今后出现这样的斗争。紧密团结，严格遵守纪律，这是我们党的特点，今后我们将继续保持党的这种严格的纪律。这至少是我们的一种志向，也非如此不可。

同志们！我在这里不打算再谈论什麦拉尔同志。我们代表团认为，关于他，应该讲的，我们在执行委员会中都已经讲过了。我只想告诉诸位，我们在这里的所作所为，不仅出于我们党的利益，而且也出于整个共产国际的利益，因为我们的利益当然也是整个共产国际的利益。首先，我们要保持党的统一，要使我们统一的大党加入国际的行列，即共产国际的行列。但是，我从前已经说过，并在执行委员会中多次表示过疑虑，即稍有不慎，即使是一个最优秀的党也难免不受到损害。我想举一家报纸作为证明，这家报纸在我国最先提出加入共产国际。它叫《Serven》报，是工人组织办的，它先后建立了若干共产主义小组，经常批评我们党和个别人，就连什麦拉尔同志也屡遭它的批评。但是，就在 5 月 20 日，该报登载了一篇关于冒险主义策略的文章，其中写道：

> "捷克斯洛伐克共产主义运动刚刚有了联合成为国际政党的可能，各种各样的威胁到这项合并的现象和影响就纷纷出现了，致使无产阶级大受其害。意大利党和德国党的党内斗争的反响，某些神秘人物（他们的声望很高，但所承担的责任却很小）的起瓦解作用的野心，也都有可能在我们党内造成一种不利于革命无产阶级彻底联合的局面。"

写这篇文章的多半是那些跟我们的德国同志一道工作、并跟他们站在一个立场上的人。我举这个例子，只不过是想证明，实际上，我们在执行委员中早就在维护我们党的统一。

同志们！这种危险现在已完全不存在了。而我们要求删改一些词句，则是另有原因的，但无论如何，我们都是从我们党的利益出发的。问题在于，对什麦拉尔的评论实际上是旁敲侧击。我们经常听到的不是本意，而是反话，他们避而不谈本意，但是我们早就听出来了。换句话说，他们的这套把戏是有其一定用意的。那么本意是什么，反话又是什么？他们明着说什麦拉尔是个十足的机会主义者、中派分子、半中派主义的政客，暗着却说：既然如此，我们的党也就不怎么样。这与其说是批判什麦拉尔，不如说是指责我们党。明说"什麦拉尔是一个可恶的政客"，却暗指"你们党是一个无所作为的、十分消极的、要不得的党，而这都全怪什麦拉尔"。同志们！我们是为捍卫我们的党才要求删改那些词句的。我们敢说，就素质而言，我们的党完全不低，也并不消极。

同志们！我认为没有必要在这里特别强调我们党的素质。克拉德诺是共产主义的堡垒，那里的同志参加过数百次艰苦的战斗，他们没有必要向任何人证明自己的素质。我见过他们在法庭上坚贞不屈的气概，我了解他们的大无畏的品质，他们没有必要向任何人证明他们的共产主义品质。他们很早以前就已经证明了这一点。布吕恩市的工人共产党员主持党的、工会的、劳动组合的工作，他们主持整个工人运动。奥斯特劳市的工人也不需要向别人证明自己的品质，就在不久以前，他们的人数还很少，如今，他们在奥斯特劳市的工人阶级中已占绝大多数，并在继续吸收具有民族主义情绪的波兰工人加入共产党员的队伍。同志们！我国工人阶级的品质就是我们党的品质。假使我们的党不具备这样优秀的，用季诺维也夫同志的话说，我国工人阶级所特有的坚强而健康的品质，那它就不会成为我国工人阶级的政党。

同志们！有人说我们党是消极的，我不以为然。我们一直在不懈地和不间断地进行斗争。在9月份，旧社会民主党分裂了，形成两个党，在12月即展开了一场激烈的斗争。工人阶级实际参加了这场斗争。党也号召工人参加斗争。德国同志在这里抱怨说，在三月发动期间，在50万有组织的同志中只有20万参加了斗争。但是，人人知道，在我国，加上德国的同志，我们才共有有组织的工人共产党员42万人，而在十二月战斗中参加战斗的工人有将近100万。

同志们！我们党的品质也就是我国工人的品质，我们丝毫也没有消极。在皮尔森城有一个1.2万人的工厂，叫作斯科达工厂，我们在该厂总共才有300名共产党员。就全国而言，这是我们的一个最薄弱的地方。在十二月战斗中，这300名共产党员冒着失业的危险举行罢工，从而履行了自己的义务。估计，他们现在仍在失业。在我国决没有德国的那种情况，即50万人之中，只有20万人参加斗争。只要我们党发出战斗号召，每一个党员就在各自的岗位上，在必要时刻，自然而然地履行自己的义务。总之，同志们，我们党几乎是一刻不停地工作。有人在这里说，保加利亚共产党是一个优秀的党，但是我敢说，这个非常出色的保加利亚共产党在刊物上、会议上、斗争中和在议会中所做的一切，我们党也完全做到了。这是毫无疑义的。如果我们还应该学会点什么，那我们一定去学。

我们十分熟悉德国的情况。我们并不认为你们进行的那场大规模的斗争是不成功的，对于你们的斗争，我们没有加以指责。我们敬佩你们的斗争和你们的革命活动。再重复一遍，对于你们的斗争，我们从未指责过。必须指出，对于你们所做的一切（除了动真枪真刀以外），我们都清清楚楚；但是，你们的伟大的共产党在德国所做的一切，我们也同样做了。我有足够的材料和确凿的证据来说明这一点。

再重复一次，我们并不消极。因此，我们要求将这样的提法从提纲中删去。坦率地讲，你们可以随便批评我们；可以撇开文件，毫无根据地批评我们，就像你们已经做的那样；你们可以负责任地或不负责任地批评我们，随你们的便。但是，我们认为，在此处和别处所引证的这种词句，并不仅仅指责什麦拉尔，而且也指责我们党。同志们，我们所坚决反对的就是这种指责。我们不愿回国后受到人们的讥笑或听见人们说出这样的话："你们费尽九牛二虎之力，声嘶力竭地高呼共产国际万岁！可是却反而遭到共产国际的谴责。"这就是我们代表团对这个问题的见解，至于你们是怎么想的，那是你们的事情。

最后，我们也有一些批评意见，请允许我向你们提出来。你们对待我们太缺乏耐心了。你们对我们的指责没有文件材料作依据（拉狄克同志，我指的不是您，您十分了解我们的情况，我指的是在场的其他提出批评的人）。同志们！我再重复一遍，你们太缺乏耐心了。关于某些加入共产国际的共产党，我也谈谈我的或者说是我们的意见。你们说，我们党的素质差。但是，我们觉得某些共产党也并不都是跟工人打成一片的。尽管如此，但是我们对这些共产党仍然表现出极大的耐心。我们有理由说，我们干得不错，对此，我们是心中有数的，并且可以反复地加以证明。我深知我们干得不错，我们只想对诸位讲一句："同志们！你们怎么评论我们都可以，但是，我们也有权利发表评论，我们有资格对

你们说；但愿你们也能像我们那样工作和斗争，这样，你们就会成为跟我们一样的人。"（赞同声）

马尔察恩（德国统一共产党反对派）：

同志们！拉狄克同志在他的报告中有一句忠言：要想解决矛盾，就要对矛盾作客观的分析。我一定要照此办理。我不想、也不能像黑克尔特同志那样傲慢无礼。但是，我要着重指出，如果今后有人继续学着黑克尔特同志的腔调跟我们谈话，那将会严重妨碍我们取得一致的意见与合作。我们是以德国统一共产党反对派代表的身份来出席在这里举行的世界代表大会的，我来此的目的是解决矛盾，为共产主义运动重新奠定坚实的基础，并为共同开展工作创造条件。

黑克尔特同志的发言几乎整整用了一个小时，他都说了些什么呢？他把莱维同志骂了又骂，而在德国代表团的一再要求之下，莱维事件已在许多报告中剖析得清清楚楚了。接着，黑克尔特又大骂所有赞成莱维的同志，其中包括蔡特金。我们了解黑克尔特同志。他的言行经常危害德国运动，从成立斯巴达克联盟时起就是如此。但是，我首先要告诉黑克尔特同志一点：他在这里可以亲自领教代表大会是如何评价他的声明的。他在这里就卡普冒险行为向莱维同志（有人喊道："称他同志？"）提出了指责。我们不甚了解斯巴达克联盟的内情，但是至少清楚地知道，在召开党的联席代表大会之前不久，恰恰是黑克尔特和布兰德勒恳请莱维担任主席。（拉狄克喊道："是独立社会党断然要求的！"）如果今天对莱维的指责是实事求是的话，那我们就完全不明白斯巴达克联盟的同志们怎么会提议让莱维担任主席。由此不难看出，黑克尔特大骂这个人，大骂那个人，到底是怎么一回事了。蔡特金是一位在国际共产主义运动中享有声望的同志，竟然也遭到攻击，这是令人遗憾的。但是，我们了解黑克尔特，因此，对他的话毫不介意。我们声明：这是世界代表大会，不是夸夸其谈的场所；我们无权向代表大会说谎话，无权欺骗代表大会，而只能客观地讲述事实。

把托洛茨基同志关于世界经济形势的报告同拉狄克同志的报告加以比较（两个报告所论述的基本点，我们在讨论时必须加以重视），我们的结论是，这两个报告向代表大会和共产国际确定了今后前进的方向。我和我的朋友们大体上同意拉狄克的报告。（有人喊道："当初要采取攻势，你们也同意！"）对于各国所遇到的困难采取任何轻视的态度，对于所犯的错误避而不在代表大会上谈论，这无疑是一种软弱的表现。认识到我们所犯的错误，就要作出明确的决策。（有人喊道："蔡特金的错误呢！"）我真不明白，怎么能为了解脱自己而在这里任意歪曲事实。

在三月事件的前夕，德国的情况如何呢？我们即斯巴达克联盟和独立社会党左派举行联席代表大会时，大家的情绪无疑是高涨的，我们彼此郑重地保证要为革命利益而竭尽全力，要为促进革命的发展而全力以赴。我们作为反对派代表（除了诺伊曼和我本人以外，其他同志皆因受阻而未到会），作为德国全国工会总联合会中央委员会委员和党中央全国工会指导处成员（有人喊道："这很说明问题！"），驱车跑遍了全国各个州，为的是在各种会议上抨击工会官僚。另一方面，也是为了给我们的工会负责人和工厂委员会下达指示等。由此你们可以得出结论，我们同企业职员保持着最密切的联系，我们有资格就我们感兴趣的问题发表自己的见解。你们应当明白，遗憾的是，这些同志存在两种心理。在集会和示威游行时，他们的情绪高昂，而一回到工厂，他们的头脑就更为冷静，因为他们把前进道路上的困难估计得更充分了。在斯巴达克联盟与独立社会党实行合并即创建党之后，由于彼此有一个在内部相互适应的过程，而曾经遇到不少麻烦。尽管如此，但是由于开展工作，特别是开展工会和企业的工作，所以在三月发动之前，党在工人群众中仍获得了很高的声望。与此同时，工厂主发动的攻势也在客观上起了促进作用，这些工厂主在一些企业中煽动工人罢工、策动同盟歇业等，以达到降低工人工资和恶化劳动条件的目的。于是，统一共产党便发出了公开信，并提出工人和职员结成统一战线的口号，以击退工厂主发动的总攻势，从而获得了工人阶级的信任。能说明党在工会中的影响日益增长的一个最好标志是，工会官僚感到自己的统治地位受到了威胁，因此，他们开始解雇职员和开除共产党员。所有这一切，不仅没有损害、反而增强了党的作用和影响。工会官僚的真实面目暴露得愈来愈清楚了。汉堡以及莱沃库森的油漆工厂的罢工运动和同盟歇业促使鼓吹阶级合作原则的工会官僚公开叛变。结果，尽管党的机关尚未开始工作，但是我们的影响却增长了。我们还可以指出，在普鲁士选举运动期间，尽管我们利用选举运动不但要获得委任状，而且要宣传采取群众性的积极行动的口号，但是我们仍获得 125 万张选票，换句话说，我们比独立社会党多获得 25 万张选票。黑克尔特说，内部的经济冲突日趋尖锐，他的话是对的，他讲了工业中的破坏活动，还讲了失业工人的数量在迅速增长。矿工拒绝就加班生产达成协议。于是，我们就把工作重点转向鼓励矿工坚持继续斗争。钾工业部门的企业主们不肯遵守现行工资率，致使冲突越发尖锐。

接着，德国中部爆发冲突，其后，即在举行三月发动之前大约六个星期，波美拉尼亚和东普鲁士的农业工人也掀起风潮。这一系列经济冲突愈演愈烈，使我们在德国获得有利时机；加上对外关系恶化，如巴黎的最后通牒、杜塞尔多夫被占领、解除武装事件等，可以说，在整个政治地平线上布满了冲突的乌云。在以资产阶级及其反革命同谋者和同伙为一方，同以统一共产党领导下的无产阶级为另一方的两大势力彼此对峙的重要关头，党中央作为总参谋部有责任密切注视事态的发展。（弗里斯兰特喊道："应当选你当主席！"）我看，弗里斯兰特当主席更合适……当然，必须指出，德国政府作为德国资产阶级的执行机关，又有赫尔青和泽韦林这样忠实的仆从，也在静观事态的发展。德国政府知道，假使以上种种冲突一起发挥作用，则局势将会相当不稳。因此，赫尔青和泽韦林便想出了进军德国中部这一着，即有预谋地进行挑衅，目的在于及早结束德国中部的冲突。这种事情在德国并非头一次发生。不妨回忆一下1919年的一月冲突，当时，当局解除了警察局长艾赫戈尔内的职务，以此迫使工人展开斗争，从而防止了德国中部的斗争与鲁尔区的事件彼此呼应。事态继续发展。5名中央委员退出了中央委员会。3月17日，举行了众所周知的中央委员会与区代表联席会议，而且产生了人所共知的所谓进攻问题。（有人喊道："你们对这个问题表示过反对意见吗？"）同志们！等一会儿我还要谈这个问题。在那次会议上，与会者都可以依照个人的愿望，根据布兰德勒的报告作出这样或那样的判断。

布兰德勒的报告本应提出新的革命路线，但是报告却使人摸不着头脑。于是我提醒拉狄克注意这个情况，这样，拉狄克就对这个问题谈了他的见解。但是，个别中央委员却坚持"冒险主义的"观点。以弗勒利希为例，他的主张是什么呢？他说："从前的一套必须抛弃，要强化革命。"（有人喊道："完全正确！"）怎么个强化法呢？靠他来强化吗？假使我们中央委员会确有能够强化革命的能人，那当然是可以的！但是，迄今为止，还没听说过有这样的能人！弗里斯兰特同志在中央委员会与区代表联席会议上说，即便只有共产党员参加，我们也要采取行动。同志们！我们并没有保持沉默。诚然，在3月17日的联席会议上，限于时间而不能充分地发表意见，但是，我仍然利用我的有限的发言时间，说明了不能把布兰德勒的讲话理解为预先就赞同拟议中的行动。接着，我驳斥了弗里斯兰特同志，我说：只有共产党员参加，是搞不成总罢工的，也无法开展大规模的斗争。凡是了解工厂真实情况的人都知道，一个千八百人的工厂只有共产党员五六十人，共产党员离开工厂，只会疏远群众，这实在是一种不明智之举。情况就是这样。同志们！早在季诺维也夫作报告时，我就说明了这次发动的规模，当时没有任何人，包括黑克尔特同志在内，对此作出反应。对于我提出的数字，没有任何人提出异议，也提不出异议。现在，经黑克尔特同志一描述，人们产生的印象是，工人不听劝告。他还举出汉堡为例。但是，这什么也证明不了。汉堡是一座拥有大约100万人口的城市。而据台尔曼同志统计，在汉堡参加罢工的工人有1万名。（台尔曼喊道："是码头工人！"）柏林的斗争规模，我已经说过了。可惜，运动的规模就是如此。

我们何必要自欺欺人呢？同志们！在研究了这次发动的后果之后，必须承认，工人已经不再把我们当作政党而加以信任，这是令人遗憾的。就在斗争的过程中，在发生冲突的几乎所有工业区，都曾有过工人相互对立的情况。同志们，十分自然，工厂中有积极性的工人都被挑选出来了，而留在工厂的工人则因为对事态的进程有误解，便采取了完全消极的态度。这样，我们就在工厂和工会中失去了所有的支撑点。工会官僚即迪特曼之流和格拉斯曼之流便钻了空子，严厉对付共产党员。同志们！面对这一切，人们原以为至少是中央委员会将会主动设法不再提及这一段历史，因为，事件一过，党就要立即着手解决一系列矛盾。但是，并没有这么办。《红旗报》不顾现实，继续宣扬这是革命的进攻，说斗争还要继续进行下去，如此等等。这家报纸以其胡言乱语和百般辱骂，简直把工人推向孟什维主义领袖的怀抱之中。你们自己不也谴责过《红旗报》的这种方针吗？如此看来，我们努力消除混乱局面，并竭尽全力使党和整个运动重新回到明智的基础上来，是有充分理由的。（有人喊道："就凭你这么一说吗?！"）拉狄克同志在他的报告中就三月发动所发表的一切言论都有力地充实了我们的批评。（拉狄克："不对！"）这就怪了。您如果这么说，那您的处境可就不太妙了，并且，您在代表大会上喊这么一句，也绝不会使人们加深对您的敬佩之情。您的见解本来是同我们完全一样的；我们来到莫斯科之后，在同您磋商时，您就表示过："对，我们的见解完全相同。"您害怕了，不敢承认自己当初表明的见解，既然如此，那就劳驾您现在也不要指责我们吧。您与其这样指责我们，不如这样指责您自己。（拉狄克："厚颜无耻！我不想再和你争论！"）你们指责我们说，我们把宣传变成行动看成是比上天还难；在你们心目中，我们跟迪特曼或格拉斯曼是划等号的。然而，事实是，在战时，我们即反对派代表站在斗争的前头，并且在十一月革命之后，我们还指挥了战斗。（拉狄克："那么在十一月革命和 1919 年一月战斗期间，你又在什么地方？"）那时，我在行动委员会，在一月战斗之后，我被征兵入伍，到了托尔诺，再往后，如果您想确切了解的话，我一有机会就开了小差，为的是重新回到无产阶级的行列。您这么喊叫，是不会给人们留下什么好印象的。马尔察恩和诺伊曼都不是白吃饭的笔杆子理论家。在战时，我们的所作所为是有目共睹的。我们在理事会和工业委员会中都干得很出色。季诺维也夫同志说，显然，我们对第三国际比对莱维更有好感。我要纠正一下："完全正确，我们对第三国际的好感比对任何个人要胜过十倍。"我们此行的目的是，要为德国党打下坚实的基础，以加速革命的发展。（鼓掌）

季诺维也夫同志说，不要过于计较过去，而要表明我们今后的打算。我们是要说说我们的打算。（有人喊道："就怕你们再一次捣乱！"）

同志们！既然老是有人喊叫，我就有必要加以说明。在中央委员会于星期四在柏林宣布举行总罢工之后，我受中央委员会的委托，立即前往鲁尔区（因为矿工需要外力支援），从罢工开始，直至罢工结束，我就一直在那里尽我的义务。（弗里斯兰特："你完全明白，我们指的不是你，而是你的那一派！"）说到诺伊曼、弗伦肯和蔡特金同志，他们都履行了自己的义务。（有人喊道："弥勒、多伊米希！"）没有一个同志怠工。（喊声）正当中央委员会溜之大吉，连它继续存在与否都不肯说一声的时候，盖尔同志和迪韦尔同志就去找中央委员会出版局，并为我们的党刊提供了必要的信息。（有人喊道："是怎么提供的？"）这是他们的工作，这项工作他们完成了。这与怠工风马牛不相及。你们的种种诽谤是不值一驳的。你们生拉硬扯，企图回避现实的后果。（黑克尔特："你们倒是活跃，给德国党抹黑。"）我们的情况就是这样。考虑到德国的事态发展，我们认为，经过共同努力和共同斗争，我们是能够在冲突的基础上消除现有分歧的，因为企业主发动的进攻使这种冲突愈来愈频繁。尽管有种种情况，但是，我并不认为在我们德国，事情会耽搁很久。我的看法是，企业主会越发蛮干下去，而我们只要是不打算让工人阶级变成叫花子，则不出几个月，就得全线出击。目前的情况是，由于德国国内党的关系一团糟，所以工人阶级异常沉闷，只有在企业和工会中大力开展工作，才能使工人阶级摆脱工会官僚的有害影响。革命后，我们在德国进行的历次战斗均未达到目的，或者说无产阶级都打输了，究其原因，就是工会官僚从思想上和组织上统治了群众。我能够理解并且赞成拉狄克同志的想法，即共产党员永远也不能脱离群众，与群众密切合作，以取得群众的信任。但是，我们如果在党刊上连篇累牍地发表文告，接二连三地提出口号（有人喊道："还有声明呢！"），天天大骂工会官僚，那就做不到这一点。工人在政治上尚不成熟，我们这样干，就会把工人直接推入那些领袖的怀抱里。要通过在企业和工会中积极开展工作的办法，将工人争取过来。但愿我们党内那种吹毛求疵的现象再也不要发生了，希望塔尔海默、弗勒利希和弗里斯兰特这些大理论家有一天也来参加工会会议，发表一下反对迪特曼的意见，哪怕有一次也行。他们总是怀疑："这里有机会主义者吧，那里有机会主义者吧。"这样，他们就可以治一治自己的疑心病。这种疑心实在是我们党的生活中的一害。除非我们在工作和斗争的基础上取得一致的意见，否则德国党的运动、共产主义运动是难以走上正轨的。

我们不想再谈论莱维事件，因为，按照德国代表团的要求，这一事件已由代表大会解决了，而我们也是代表大会的参加者。在这里，有人谈到了《苏维埃报》。黑克尔特说，马尔察恩应当写一篇关于三月发动的文章，有的无产阶级代表冷嘲热讽……

文章我写了，寄给出版局了。文章转到中央委员会手里，但被中央委员会否定了。拉狄克同志在这里即在莫斯科说："你给《苏维埃报》写文章，但是你这个大笨蛋为何不在党刊上发表呢？"我回答他说："文章被中央委员会否定了。"他说："这我根本不知道。"因为当时黑克尔特公出，所以我把文章交给了瓦尔特同志，他担任黑克尔特的副手。文章的题目叫作《三月发动与我们在工会中的工作》。在文章中，我以无产阶级应有的坦率的态度对情况作了忠实的报道。瓦尔特没有接受这篇文章。所以，《苏维埃报》以及其他等等，都与我不相干。我一心尊重世界代表大会，代表大会怎样决定，我就一定怎样办。（有人喊道："正确！"）

同志们！我已经说过，我们是怀着真挚的无产阶级感情，一种崇高的感情，来到莫斯科的。我们在这里即在俄国了解了情况，同时也看到了阴暗面。我们要努力推进德国革命，以支援我们的俄国兄弟。但是，我要问：一个阻止党报成为工人的机关报，而他自己却利用党报同领袖们进行争论的空谈家，难道是真正的领袖吗？不是，这样干，只会疏远工人。我们要消除我们党内的这种状况。我们有最美好的愿望，所以我不希望黑克尔特所造成的那种气氛再继续下去。我们介绍了我们的情况。在我结束发言之后，还有其他同志要发言，他们将就黑克尔特所谈论的细节发表意见。我已经坚决驳斥了关于我们怠工的指责。我们的意图是光明正大的，因此，我们吁请代表大会协助我们在德国建立起正常的关系。（赞同声）

布哈林（俄国共产党）：

同志们！马尔察恩同志刚才发言，表示不赞成黑克尔特同志讲话的语气，但是，他自己讲话的语气跟黑克尔特并没有两样。所以，我现在一举一动就得小心翼翼，像一只小绵羊了。（笑声）人们在会上讨论各种各样的倾向和问题时，谈了许多理所当然的事情。譬如，德国共产主义工人党的赫姆佩尔同志谈了群众运动的新方法问题，其实，这是不言而喻的。我们早在战前就对这些问题作过详尽的论述。一切有关进攻问题的言论也都是不言而喻的。就连列宁同志也承认，任何一个马克思主义者都不会一概反对进攻。因此，是不是也要把列宁同志的这句话写进提纲里呢？（笑声）（托洛茨基："要写就得写全。列宁同志说：'只有死顽固才会持相反的意见。'"）在讨论总的世界形势时，我们必须考虑到，目前在欧洲显然已经出现的相对均势并不是绝对不可能突然被打破，因而某个国家的整个形势也并不是绝对不可能突然发生变化。如果说列宁同志由此而谈到了其他，那就有必要将列宁同志的这些话简单地加以阐述，但决不能违背列宁的原意。我举几个例子。

在俄国革命的第一阶段，我们党中央向我们的全体鼓动工作者发布了一道指令：鉴于资产阶级硬说我们布尔什维克主张国内战争，所以你们要揭露这种无耻的谎言。这是我们党自己发布的指令。在当时的情况下，这项指令是完全正确的。我们再看看另外一种情况，譬如说十月革命前。如果在十月革命前说这样的话，发布这样的指令，那就不仅是完全错误的，而且是犯罪。不消说，我们在十月革命前给我们的全体鼓动工作者的指令是：举行起义，发动公开的国内战争！

再举一个例子。这是在我们夺取政权以后的事情。在订立《布列斯特－里托夫斯克和约》期间，我们党及其公认的领袖列宁是赞成这项和约的，这是你们大家都知道的。后来，在发生波兰事件的时候，同样是列宁同志却主张发动进攻，即主张采取军事策略。当然，这也是完全正确的。上述例子证明，策略路线绝不能一成不变，而要灵活多变，要永远取决于具体环境、具体条件和具体情况。如果懂得了这一点，那就不能不给我们的那些不善于辩证地理解列宁同志讲话的同志敲敲警钟了。（笑声）我们敢说，今后如果有哪个政党明明具备了充分的前提而又不发动进攻，那么，未来的执行委员会，不论其构成如何，都会狠狠地教训这个政党。换句话说，俄国代表团的提纲所提出的共同策略路线绝不能成为机会主义分子在共产党内胡作非为的挡箭牌。（热烈的赞同声，鼓掌）

关于德国的关系问题，我也谈几句。在个别同志之间存在着一种从辩证法上根本讲不通的矛盾。他们一方面说，我们必须认真分析我们所犯的错误，另一方面又说，我们只应当考虑未来。依我看，这不是矛盾，而是荒谬。条件问题，我们必须谈，能够谈，也有胆量谈。虽然马尔察恩同志提出了种种批评意见，但是，关于莱维事件我多少还是要谈一谈，因为这绝不仅仅是个人问题，而是涉及整个方向的问题。我们明明知道，迄今为止，在德国党内，个别分子在政治上仍与莱维有某种相似之处。关于三月事件，人们已经谈得够多的了，现在再谈这个问题就未免可笑了。不过，莱维先生最近发表的文章，其中有值得分析的地方，经过分析，人们就不难看出，这位先生已经变成一个地道的孟什维克了。首先，我要提出一个问题：是要宗派还是要政党？大家知道，这是一个重大问题。回顾一下过去，回顾一下莱维先生在第二次代表大会上的言行，人们就可以得出如下结论。在第二次代表大会期间，莱维声称：共产国际必须是清一色的共产主义国际，如果接受职业工团主义者加入国际，则是对共产国际的犯罪。那样，就等于——我一字不差地援引他的原话——断送国际。（有人喊道："大家注意听！大家注意听！"）这是莱维在执行委员会会议上说过的话。现在，他完全变了一个人。莱维现在一口咬定，说我们要搞宗派，而他反倒要建立无产阶级的群众性政党和无产阶级的群众团体。这又是一个从辩证法上讲不通的矛盾，这只能说明莱维不惜制造种种借口，以达到他脱离政党的目的。在群众与领袖的问题上，莱维曾经猛烈地批评过德国共产主义工人党，并且十分正确地指出，该党有一个派别不能正确地评价领袖在群众性政党中的作用。然而今天，他却在他的文章中宣称他拥护俄国党内的一个派别即所谓工人反对派。在这个反对派内部，德国共产主义工人党内盛行的那些倾向都已显露出来了。这是莱维在他最近的一篇文章中所说的话。这再次表明，为破坏工人阶级的大党即共产党，莱维是无所不用其极的。（热烈的赞同声）

再谈第三个问题，即建立无产阶级专政的斗争。对于我们来说，这本来是一个清清楚楚的问题，莱维也不会对此有别的理解。但是，让我们看看他最近的文章吧。他在文章中关于俄国有这样一句话：

> "我们觉得，既然俄国进入了实行租让的阶段，我们就更有必要创造条件以开展政治斗争。"

这是什么意思呢？看了全文就可以明白了。在他看来，俄国的局势不完全明朗。俄国现在既有政治危机，又有社会危机。要想找到正确的途径，就要对共产党加以修正。他们会提出什么样的修正主张呢？当然是社会革命党人的主张，孟什维克的主张，因而也是反对专政的主张。这是写得明明白白的。这当然是对俄国党的全部政策的攻击。这同莱维先生以往攻击莫斯科和莫斯科的指示的言论是一脉相承的。其余则不过是心理战而已。从逻辑上推理，这是一种根本反对无产阶级专政的思想苗子。（热烈的赞同声）不消说，孟什维主义味道十足。换句话说，这是变专政的观点为自由民主的观点。不可能有别的解释。

其次，我们面临着党的专政问题。我们作为马克思主义者和正统的共产主义者都无一例外地坚信，阶级的专政只能是这个阶级的先锋队的专政，就是说，工人阶级的专政只有通过共产党的专政才能实现。我们早就批驳过把阶级的专政同党的专政对立起来的荒谬的想法。这的确是荒谬的。在这一点上，莱维原来是完全赞成我们的。如今，他在最近发表的小册子里谈论起俄国的事务，试图对俄国的经验作出总结。他写道：

> "任何无产阶级的专政都是共产党人的专政。但是，任何共产党的专政并不都是无产阶级的专政。"

总之，既然把无产阶级同共产党割裂开来，那党的专政也就不是无产阶级的专政了。我不禁要问：既然如此，我们该如何确定党的阶级成分呢？从马克思主义观点出发，能有超阶级的政党吗？是有还是没有？我们作为马克思主义者，自然要对这个问题作出否定的回答，即不存在超阶级的政党。执政的共产党必定代表某个阶级的利益。这某个阶级是什么阶级呢？既然是共产党，那它捍卫的就是无产阶级的利益。既然这样，莱维说这句话的意思是什么呢？只有一个意思：反对党的专政。单从理论上讲，其论点可能就是：无产阶级快要不行了；由政党来执政；拥护政党的不仅不是全体无产阶级，而且甚至可能也不是无产阶级的多数。现在请回答我，既然无产阶级的一部分已经非阶级化，那么执政党难道就不该捍卫无产阶级的利益吗？在这种情况下，该由谁来代表无产阶级的真正利益呢？当然是政党和执政党。那么问题何在？归根结底，这一派胡言就是要发挥反对党的专政即反对无产阶级专政的思想，捍卫资产阶级的自由与民主。这种思想的来龙去脉是一目了然的。

我们看到，在德国共产主义工人党内也有类似的自由主义倾向的苗头。我有意识地谈起这个问题，因为，我认为这种思想意识和这种征兆是十分危险的，发展下去，就与少数派相距不远了，并且也超出共产党的界限。（热烈的赞同声）由此，我们应当得出如下结论：必须同包括德国党在内的所有各党内部的这种倾向，甚至是这种倾向的残余作坚决的斗争。一切已经形成这种思想的联盟和派别都必须立即解散。依我看，德国党内的所有反对派到现在都必须取消。（热烈的赞同声）

下面谈谈另外一个问题，即德国共产主义工人党的内部关系。赫姆佩尔同志说：我们不需要领袖，不需要理论家。我认为，这种说法就等于承认：该党之所以如此仇视领袖，就因为它选举的领袖太差劲了。（笑声）德国共产主义工人党出版各种小册子和宣传品，其中有该党的主要理论家赫尔曼·哥尔特的一本名为《阶级斗争与无产阶级的组织》的小册子。这本小册子较之赫姆佩尔同志今天的发言，把德国共产主义工人党的各种思想的来龙去脉及其全部思想体系论述得更为透彻，因为论外交才干，哥尔特不及赫姆佩尔，虽然哥尔特同志是文学家，而赫姆佩尔是普通工人。今天，我们已经听取了普通工人布里安同志的发言。下面我们就来听听哥尔特在其小册子中都谈了一些什么。他说："德国革命和世界革命的一个致命弱点以及不成功的最主要的原因之一是，这两种革命都不考虑科学的策略即历史上国际的策略……"哥尔特的这种议论，俨然是一个货真价实的基督教牧师在说教。

他接着说道："在制定策略时，不考虑德国、西欧及美国的阶级条件和工业。这都全怪列宁、季诺维也夫、拉狄克等俄国人以及整个第三国际。"

让我们继续读下去：

> "在喀琅施塔得的无产阶级奋起造你们的反、造共产党的反之后，在你们在彼得堡不得不实行戒严以防无产阶级造反（如同你们的全部策略一样，这都是你们自作自受）之后，你们难道还不明白，实行阶级的专政比实行党的专政好得多吗？难道还不明白，在西欧和北美实行阶级的专政比实行党的专政好得多吗？难道还不明白，'左翼'也许是百分之百的正确吗？"

哥尔特在小册子的末尾写道：

"在这种专政明明导致种种可悲的后果之后，我们现在如果继续遵循俄国的策略，实行党的专政，领袖的专政，那就不是愚蠢，而是犯罪，对革命犯罪。"

总之，哥尔特在小册子的开头说，就俄国这个农业国而言，实行党的专政是唯一正确的策略，而对西方资本主义发达国家来说，这一策略自然是不适用的。因此，不加区别地套用此策略，是对国际和对革命的犯罪。可是，在小册子的末页上，他却改口说，俄国犯了种种错误，俄国也应当实行德国共产主义工人党的政策。（德国共产主义工人党代表提出异议）德国共产主义工人党的同志们，这是白纸黑字写得明明白白的。我们俄国有句俗话说，鳄鱼从头到尾，从尾到头，其身长是一样的。（笑声）这句话在政治上也适用。哥尔特在小册子的末页上把他在小册子的首页上所说的话彻底推翻了。总之，俄国与北美之间毫无区别，但北美与俄国之间却有区别。接着，哥尔特向我们谈起了工会，并且指出，把农业国俄国的做法搬到别国去，是莫大的策略错误。他还说，工会是抱残守缺的机构，因而是要不得的。（德国共产主义工人党代表喊道："小册子里没有这么说！"）亲爱的同志们，这是白纸黑字写得明明白白的。请你们说说，为什么这样联系政党就不可以呢？要知道，政党也是早就存在了。你们会说：是的，所以社会民主党是要不得的。这就是说，照你们这样类比，旧工会也是要不得的。政党的遭遇必然也是工会的遭遇。你们如果把你们关于政党的一套想法也用之于工会，那我们就完全明白了。不错，旧工会的职能根本不同，但是，这丝毫不能证明赫姆佩尔同志今天向我们宣扬的那套理论是正确的。我们在俄国和别国不论在理论或实践上都同工会作过斗争。我们从来就反对它们关于工会运动问题的观点。我们说过，工会是无产阶级的群众组织，它们应当做好准备，以便同党以及党的其他组织共同进行最后的斗争。你们没有提出一条理由来反对这一点。哥尔特所依据的理由实在可笑。

他把问题完全歪曲了，宣称："现代的西欧和美国是一个已经托拉斯化、银行化的资本主义和帝国主义的世界，在这样一个世界里，资本不是按工种，而是按企业形成的。"总之，不按工种，而按企业。他完全错了。既不按企业，甚至也不按工业部门，而是按工业部门的各种组合。哥尔特的这番话纯系无稽之谈。即便他是对的，那又能证明什么呢？倒是能证明我们必须加强我们的工会组织。就哥尔特而言，他别的什么也证明不了。就连赫姆佩尔同志也未敢提出别的证明。不能认为："时代变了，组织也要变。"新的组织固然好，但是经验告诉我们，旧的组织不能抛弃。按企业来搞，说到底，这个主张是错误的。其唯一可取之处是，在工会内部实行的原则也应当同组织生产的原则相一致。假使你们只满足于诸如此类的笼统的提法，那你们为何不这样联系政党呢？

关于各党的相互关系以及领袖与群众的关系，你们的论据同样也是不充分的。哥尔特说，在俄国，因为无产阶级人数不多，所以政党才能胜利。在别国，资本主义异常强大，敌人也强大得多，所以不需要任何领袖，不需要任何真正的政党，而只需要全新的组织。对此，我的回答是：这种论据荒谬透顶。不可以把政党同领袖对立起来。只要是一个大党，就必须设立中央委员会。中央委员会是干什么的呢？中央委员会本身就意味着领袖的领导。

铃声响了，这是提醒我应该结束发言了，因此，我要对德国共产主义工人党的同志说这样几句话。他们认为自己是合格的共产党员，这是他们的理论家这样写的，而这位理论家认为自己所代表的无产阶级政党比我们的无产阶级政党还要强。任何一个稍有头脑的人都会努力挖掘危机的社会原因。我们的危机何在呢？这场危机不是别的，恰恰是农民的旺代①妄图推

---

① 意即反革命势力或反革命策源地。旺代是法国的省名，18世纪末叶法国革命时，该省成为多年的反革命中心地。——译者注

翻无产阶级，是社会革命党人与农民的旺代相勾结，目的在于反对无产阶级。你们视而不见，却反而说什么你们的无产阶级政党胜过我们的无产阶级政党。（德国共产主义工人党代表提出异议，有人高喊："这是故意歪曲！"）这不是故意歪曲。是写在纸上，抹不掉的。难道这些话能有别的意思吗？（拉狄克喊道："什么意思也没有，一派胡言。"）我认为，我们有必要向同志们指出：这种目的、这种观念已把德国共产主义工人党同它的不共戴天的敌人即莱维纠合在一起了。你们所坚持的理论立场同莱维的理论立场是没有区别的。（德国共产主义工人党代表叫喊："那么在实践上呢？"）假使你们在实践上搞的是一套，而在理论上搞的是另一套，那就说明你们在思想上已经完全乱了套。因此，我们向德国共产主义工人党提出如下要求：他们不能容许自己的领袖带领他们走邪路；他们的领袖不应当写诸如此类的东西，因为，不然的话，这样的党我们就不能不加以取缔了。（热烈的赞同声，鼓掌。）

主席克南：

报告大会，除德国、捷克和波兰代表团以外，匈牙利代表团的多数派也就分发下去的补充材料向主席团递交了声明。其次，通知各位，明天上午 11 时继续就策略问题进行讨论。

（会议于晚 11 时 30 分休会）

第十三次会议

（1921 年 7 月 2 日 12 时 30 分）

宣读捷克斯洛伐克共产党（德意志支部）
和匈牙利代表团多数派的声明以及杰纳利的声明

主席克南：

现在宣布开会。

杰纳利同志交给我一份对上次议程提出一些个人意见的声明。因为声明相当长且纯属私事，所以我们就不在这里宣读了，只将其作为私人文件列入记录。

现在宣读捷克斯洛伐克共产党和匈牙利代表团多数派的声明。

声明如下：

第一："捷克斯洛伐克共产党（德意志支部）同意德国、意大利和奥地利代表团提出的对策略提纲的修正案。"

第二："匈牙利代表团多数派赞成德国、意大利和奥地利代表团提出的修正案，并将在专题委员会中予以支持。"

杰纳利同志的声明：

"由于停止了有关意大利问题的讨论，所以我没有机会在代表大会的会议上反驳马菲。因此，我请求把我的话记录下来：我最坚决地抗议意大利社会党的代表们对我的诽谤。我声明：

"1. 马菲造谣说，我过去是改良主义妥协分子。正相反，在我参加社会党的 24 年里，我属于党的极左派，自 1910 年到今天，我同改良主义和妥协行为的种种表现进行了斗争。

　　"2. 马菲造谣说，我作为书记本来可以做许多事情，但什么也没有做，而且在 1919 年的议会选举中竟让屠拉梯作为社会党的候选人。造谣之处并不止于此，声明中还有许多不实之处。事实是：（1）当时我并非社会党书记；（2）在 1918 年罗马代表大会上（在最高纲领派中），我就主张务必把屠拉梯及其伙伴从社会党中清除出去；（3）为了避免分裂，在波伦亚代表大会上，我主张在中央委员会的会议上（《前进报》上刊载的一份报告可证实这一点）取消那些不接受波伦亚代表大会所批准的新纲领的人在议会选举和市政选举中作为党的候选人。可是，中央委员会和波伦亚代表大会的多数派却决定可以提名改良主义者作为党的候选人，只不过需要规定党的各派候选人之间要有一定的比例。当时我声明（因而我往往得不到任何人的支持），这是给党造成严重危险的一个大错误。后来，屠拉梯、莫迪利扬尼和其他改良主义者作为各地方联盟的候选人，于 1917 年选举前夕声明，只要党的纪律不要限制太严，他们就会同意向议会提出自己的候选人。当时，我同党的书记邦巴奇共同向书记处提出了意见，反对这些先生们所提出的附带条件。对于这一切，马菲是一清二楚的。

　　"3. 马菲说，我应该谴责里窝那代表大会。可是，他清楚地知道，在里窝那，尽管他的朋友们即改良主义者和塞拉蒂的伙伴们大肆喧闹，我还是用了 3 个小时进行了谴责，坚决主张要把改良主义者清除出去。

　　"4. 马菲说，法西斯分子在波伦亚施加压力之后，我同意了屠拉梯以社会党议会党团代表的身份进行活动。马菲知道，社会党议会党团当时突然举行会议，事先并没有通知我，因而我没有参加他们的会议。马菲知道，我作为党的书记，对后来举行的议会党团主席团会议，也立即提出了抗议。马菲还知道，我在伊莫拉共产主义派的会议上，就代表大会的筹备工作及其对这个问题的态度指责了邦巴奇。马菲对这一切知道得很清楚。他在撒谎，他有意撒谎。他只是想为共产国际代表大会开创采用诬蔑和诽谤手段的先例，这是意大利改良主义者和机会主义者惯用的伎俩。诚然，拉查理同志本人曾经谈过改良主义者的这类斗争方式。但值得回忆一下，当他对意大利改良主义不表示赞同而表示反对时，他却遭到屠拉梯之流的卑鄙攻击。"

继续讨论《共产国际的策略问题》的报告

主席克南：

继续讨论昨天的议程——共产国际策略问题。昨天，根据主席团的决定，所有发言人都无例外地延长了发言时间。今天发言的人无论如何要遵守规定的时间，否则，我们的会就永远不能结束了。我要像几天前那样，到 9 分钟时摇铃，提醒发言人，还有 23 人要求发言。今天无论如何要结束这一议程，所以希望大家能严格执行主席团的规定。

现在由巴利斯特同志发言。

巴利斯特（美国共产党）：

同志们！美国共产党代表团同意俄国代表团核心组就策略问题提出的提纲。我们无条件地赞成提纲的所有原则部分，并毅然采纳所阐述的原则。至于工会中的工作，我们应指出，提纲中提出的主张完全适合美国共产主义运动的要求。在我们国内，我们已开始执行提纲中所阐述的原则。我们还同意提纲中提到我们应在美国建立一个政治组织，借助于这个组织，我们能更加接近群众，以便在群众中开展共产主义宣传。在我们国家除了我们的地下党外，显然必须建立一个公开的政治组织。不过，我们还得继续开展秘密工作，尤其是因为美国实行白色恐怖，其程度是波兰的白色恐怖所不能与之比拟的。同志们！我们要再次强调指出，我们完全采纳这个提纲。不过，有几处纯技术性的小问题，我们希望予以改正。我们就此打算提出的建议，丝毫也不会改变提纲的含义和实质。我们所要提出的三点，只是涉及对一些事实应作正确的反映。我们清楚地知道，提纲作者所犯的一些小错误，显然是这一情况造成的，即提纲是在俄国获悉美国最近事件的材料之前拟定的。提纲表明，作者当时并不知道美国的共产主义势力已彻底联合起来。刚从美国来的两位代表，出席了在美国举行的一次极其重要的政治代表大会。美国共产党和美国统一共产党在这次大会上完全合并了。如今，在美国只有一个共产党。提纲只提到统一共产党，没有谈到别的。我们接受"美国共产党"这一名称。因此，毫无疑问，代表大会会修改这一小的技术性细节，无论这一修改或是其他技术性的修改，并不需要作出什么论证。我们相信，这个问题由专题委员会就能解决，委员会肯定会接受我们的意见。

我们在提纲涉及美国共产党的地方，看到这样一个论点，即美国共产党人当前最基本、最单纯的任务，就是必须建立共产主义核心。现在，美国一切共产主义力量已经联合起来了，看来，专题委员会肯定会同意修改这个地方，指出我们业已建立起初步的共产主义核心，并指出我们当前的任务是要使这一核心与美国工人群众联系起来。大家都知道，我们也坦率地承认，实际上，我们也只是通过政治宣传开始使核心同群众建立联系。

我们提出要修改的第二点，也说明提纲作者不知道美国最近发生的事件。提纲中写道："共产国际提示美国共产党必须建立政治组织。"共产国际没有必要向我们提示这一点，因为这方面的工作我们已经做了。我们在专题委员会中宣读的纲领，就证实了这一点。提纲中涉及建立政党问题（如建立美国共产党的合法组织）那一节，阐述得不太明确，这一节在英文稿中说得不如德文稿和俄文稿清楚。同志们向我们提供的译文，不如向德国和俄国同志提供的那样好。我们不得不请求对英文稿作比较仔细的校订。其他文的译稿，也存在这样的问题，所以我们要提出这一点，即必须就共产党的合法与非法组织问题加以说明。目前，我们不得不秘密地进行工作。我认为，在一切资产阶级专政的国家，共产党都应这样做，甚至在党能够公开活动的时候，也要有秘密的组织。我想，对于这一点，大家是会同意我们的意见的。我们同意这一条，不过在表达上要更为明确一些。我同我们全团同志都同意提纲的含义，但应该更确切地表达出来（即使是从美国运动的利益着眼），以便对合法组织只是非法组织的附属品并应受到绝对监督这一点，不致产生任何怀疑。这里谈的只是表达方法问题，而对于作者的用意，我们是绝对支持的。

我要提出的第三点即最后一点，也是涉及表达方法的。"怠工"这个词，在英国、特别是在美国的含义，不同于欧洲。因此，为避免在美国引起严重的误解，我们应该用别的词来代替它。我们认为，美国人听到怠工这个词会非常反感，好像"在直接斗争中要夺取他们的战略点"似的，所以我们要求作个小的修改。

同志们！美国代表团认真研究了这个提纲，我们知道，我们所以要采纳它，只是因为它将为我们完成这一伟大的历史任务——推翻最强大、最富足、最狂妄的资本主义国家提供指导方针。我们仔细研究了这个提纲，应该说，它完全符合我们的宗旨。因此，美国代表团肯定要对提纲投赞成票。

主席克南：

现在由弗里斯兰特同志发言。

弗里斯兰特（德国统一共产党）：

同志们！很显然，讨论拉狄克同志提出的提纲，要密切联系作为提纲基础的共产国际的斗争和经验（尤其是有关三月发动的）。我们赞成诺伊曼、蔡特金、弗伦肯和马尔察恩等同志极力采取的所谓协调途径，而且我很高兴地看到修正案中的这种论点，即否认我们德国党内出现严重情况，从而使共产国际各支部陷于混乱。虽然同志们认为领袖和理论家对情况作出错误判断，在进攻方面产生了严重的影响，但我还是应该向大会介绍有关的情况。我从拉狄克同志的柜子中找到中央委员会扩大会议的记录。在这次会议上，"下流作家"认为，不应把布兰德勒的话理解为德国共产党应在3月15日或16日推翻政府，而应理解为共产党要准备好能在广泛的基础上同政府进行战斗。同时，他认为：我们应该以一切经济和政治冲突为出发点；我们应该在各种情况下只靠自身的力量进行斗争；我们应该放弃以往党内盛行的概念，即只是采取局部的行动——只有这样，共产党才能真正成为战斗的党。接着他还指出，我们应该根据《公开信》的要求行事。马尔察恩这位正直的工人同志，立即完全领会了"下流作家"的这种理论，他作出如下声明："我要说的，也就是弗里斯兰特同志所说的，即我们共产党人如果只靠自身的力量来开展运动，即使遭到了失败，那也必定会使我们党更加强大。我这是就整个鲁尔区说的。"

可见，正直的工人和"下流作家"在这个问题上的意见是完全一致的。第二天，《红旗报》上出现了"卡尔无视法纪"的有力的宣告。现在又援引这个宣告来证明我们的方针是罪恶的、愚蠢的。真正的工人诺伊曼在执行委员会中说，这是一个出色的宣告，而"下流作家"弗里斯兰特却认为，这个宣告是错误的。接着，他到中央委员会去，在那里指出必须慢慢地、有系统地准备行动。可见，我的观点在那时就已得到赞同和公认，不过，这个转变太突然了。当时，不管怎么说，我是和诺伊曼同志的意见有分歧的。多数派和少数派之间的区别，从前和现在都在于我们没有把自己的错误变成口号。我们在关键时刻没有反党。我们比较严厉地、认真地批评了党内的错误，为了党的利益，我们始终依靠斗争中的工人群众。这就是我们同这些同志的原则上的分歧。他们声明，他们愿意同我们协调起来。他们说，拉狄克同志的提纲是我们取得协调的良好基础。这是可能的。我们对个别条文提出了修改意见，是为了表达得更加明确。同志们！如果你们想和我们取得协调，那你们会很容易而不费力地做到这一点。你们已作出无数次声明。你们在这件事上显示了自己的才能。但是，你们为什么在这次代表大会上不能像我们要求你们的那样明确而勇敢地讲话。我们对你们的要求是："是的，我们在党内辩论中犯了严重的错误——我们没有支持党，而且宣布同党外人士和反党分子合作。"为什么你们不明确说出，我们的任务是聚集党的力量，把党重新团结和武装起来，以便开展新的战斗。如今，你们在莫斯科（莫斯科的空气是最适宜的）却发现三月发动并不是巴枯宁式的冒险行为；在莫斯科，你们认为党勇敢地投入了战斗；在莫斯科，你们才发现三月发动是向前迈进的一步。为什么你们不愿在莫斯科坦率地说，你们在德国共产主义运动的关键时刻犯了严重的错误？你们说，德国共产主义运动失掉了自己的一部分影响，而我们却认为，这是根本谈不上的。我们并没有丧失对德国工人群众的影响。这种影响在与日俱增；虽然我们犯了错误，虽然你们进行了诽谤性的宣传活动，虽然你们到处阻止工人群众进行新战斗的准备工作——尽管有这一切情况，共产党同工人群众的联系却在不断增强。你们从统计学方面着眼指出一些无稽之谈。你们也许有许多时间来搞统计学。我想，我们若是也能有这样多的闲暇时间来搞统计学该多好啊！然而，我们还是可以提供一些统计资料的。你们在代表会上告诉同志们，一切都完了，连《红旗报》也完了。但是，这份报纸1月1日的发行量是3.8万份，而到5月1日时，发行量竟达4.5万份。每个人都可以判断，我们的《红旗报》是否真的丧失了一切影响。如果注意到这份报纸一个月里曾遭到几次没收，那么每个人都会晓得，我们的党并没有被消灭，我们的影响在日益增强。

克拉拉·蔡特金说，我们的党员人数减少了。今年 6 月 1 日，根据我们柏林党组织的党费统计资料，有 2.6 万人缴纳了党费。如果再加上同样多的失业者人数，就可证明根本谈不上党员人数减少了。最近，在铁路工人工会理事会的选举中，我们党比德国独立社会党和德国社会党少 70 票。在五金工人工会中，工会官僚被迫向德国独立社会党和德国社会党作出让步，这样，才保持住自己的多数。在发生过战斗的地方，在我们的一切组织都遭到破坏的地方，例如在曼斯菲尔德，我们的报纸从前的发行量为 1 万份，而现在，即 8 个星期之后重新出版时，又有了 8000 个订户。每个了解情况的人都知道，根本谈不上失去什么影响。在哈雷，在发动之前，我们党是最强大的。据莱维说，在发动之后，我们党被彻底击溃了。加赖斯被杀害之后，右翼社会党人和德国独立社会党被迫在德国统一共产党的呼吁书上签了字。要知道在这份呼吁书中提出了推翻旧的资产阶级政府的要求，并且号召工人阶级起来对血腥的统治制度进行最坚决的斗争。我们那里有人不爱听推翻政府这个字眼。最近我们发现，就连独立社会党的摇摆不定的领袖，如罗森菲尔德也提出这种理论，即工人阶级只有一个目的，就是推翻这个政府。列宁说，一切革命政党都应赞成进攻，只有愚顽者才持反对意见……（托洛茨基同志表示抗议的喊声）对不起，托洛茨基同志，很遗憾，这样的愚顽者在我们德国也有。如果你们注意一下德国的情况，你们就会看到这种愚顽者经常“哇、哇”地乱叫。（笑声）但他们总是要遭到愚顽的布里达诺夫的命运。

还有 24 项条款和同样多条款的提纲，我们丝毫不想知道这些同志是否要在上面签字。我们要求所有党员，在共产主义运动中，不仅在口头上，而且在行动上坚持党的立场。只有这样的同志，才有权责怪我们完全错了。（鼓掌）我们认为，只有这样的党，才能争取无产阶级的大多数。虽然在这里，我们就这个问题进行了争论，但谁也不会幼稚地说，我们不需要这个大多数。在革命初期，我们就已经懂得了这一点。关键在于要懂得怎样争取无产阶级的大多数。这个问题，在这里就不多谈了。

有的党不去吸收党员和进行宣传工作，而是满口的革命词句，工人不止一次看出独立社会党就是这样的党。如果我们党想征集无产阶级大多数到党内来，它就应该在任何情况下都显示出自己的决心，挺身捍卫整个无产阶级的利益。由此可见，从我们这方面来说，这并非是个微不足道的问题。因为我们在这次代表大会上坚持让那些对各种问题持不同观点的同志明确表态，放弃分裂党的政策，同过去一刀两断。这对我们来说，绝不是个小问题。你们会说，我们是"下流作家"，而你们是"普通工人"。我们对你们这种说法的回答是，我们"下流作家"却代表着工人群众的感情，比你们"普通工人"完全失掉同工人群众的联系要强得多。我们希望代表大会在这个问题上能赞成我们的观点。（热烈鼓掌）

主席克南：

法国代表团希望发言者严格遵守规定的时间。

勃兰德（波兰共产党）：

同志们！波兰代表团声明，它赞成修正案的总的方针，并将据此向专题委员会提出一些修改意见。（拉狄克喊叫："昨天米哈拉克已经这样做了。"）我想说明提出这项声明的理由。我们提到的方针是什么呢？这是一种冒险主义或共产主义工人党的精神吗？不是的。我们只不过毫不客气地把这个提纲作为教育西欧共产党、教育真正战斗的共产党的指南。我们想在提纲中找到指导方针，使我们即使没有执行委员会的帮助，也能同我们党内那种布哈林同志称之为"机会主义的猪猡行为"作斗争。列宁同志曾认为，不会再出现机会主义的危险性，我们已把中派分子赶出了大门。可如今，他会说，我们必须同"左"的愚蠢行为作斗争。我认为，中派分子问题并不那么简单。要想使党真正成为革命的群众性政党，只采用单纯机械方式把一些中派分子驱逐出党，这是不够的。我们懂得，只有在党内开展经常性的革命批评，对一切机会主义倾向开展经常性的斗争，群众性的政党才能成为革命的党。只有这样，群众性的政党才能同时也是革命的党。

我们在提纲中还有许多使机会主义分子可以随意解释的不太明确的措辞。机会主义分子常引用一些数字，断言我们还没有足够的力量去进行革命，去进行斗争……（托洛茨基喊道："所以你们过去一直反对统计学，赞成斗争！"）机会主义分子说，我们的斗争力量不够强大。这不是我们的意见。提纲中也没有这一点。提纲中有几处提得很好，清楚地表明这样的思想，即共产党只有在斗争中才能得到发展。但同时却有几处提得非常模糊，这会给机会主义分子提供反对我们的王牌。所以我们认为，必须作一些修改。然而，问题并不仅限于此。提纲中显示出对冒险主义的十分恐惧。我想，俄国代表团在墙上画了个鬼，所以现在就要同鬼作斗争。我认为，实际上并没有那么大的危险性。但他们用了这样长的段落来论述要尽力同鬼作斗争，这就必然会助长机会主义的气焰。因此。我们认为，提纲中没有必要保留反对冒险主义的冗长段落，或者至多只提几句就可以了。

现在谈谈《公开信》问题。列宁同志所想象的危险性，比实际存在的要大得多。他以为，似乎西欧共产党，特别是德国共产党不愿提出任何具体的要求，不承认《公开信》，从而想对修改《公开信》问题保持沉默。他夸大了危险性。这是一种误解。德国党并没有打算对《公开信》保持沉默。它提到必须删掉提纲中不应谈论《公开信》的段落。要从提纲中"依靠共产国际的策略、《公开信》和工会的革命工作，德国共产党才能成为革命的群众性政党"这一段开始修改。据此显而易见，《公开信》没有起到、而且也不可能起到它应起的作用。托洛茨基同志指责波兰党这方面的罪过，是夸大对盲动主义恐惧的又一例证。而事实正与此相反。我认为，我们虽然是一个非法的小党，但我们却极力与群众保持密切联系。我们没有白费力气，我们成功地组织了大规模的群众性行动，参加斗争的并非只是一些共产党人，而且还有广大的非党工人群众乃至基督教工人群众。我们为争取具体的要求、政治上的自由和反对降低工资进行了斗争。所以我们不该受到这样的责难。我们认为，你们以为危险性太大了，所以你们要同并不存在的魔鬼作斗争。（托洛茨基喊道："同那个极力装作小鬼的魔鬼作斗争。"瓦列茨基喊道："真是绝妙的策略！"）这是我们想要删去的否定部分。还有一些肯定部分，似乎也应删掉。除了我们揭示出来的你们那里会失去威信的倾向之外，提纲还建议工人去倾听对他们讲述的斗争的艰难性。自然，不应忘记斗争是艰难的，不过，我认为，这一点在任何集会上都可以讲。我们十分纳闷的是，共产党竟需要在这点上专门向工人提出告诫，要他们特别倾听告诫的声音。这真令人难以理解，不过确切地说，这也是可以理解的。是谁总是强调困难呢？是塞拉蒂、莱维等人。如果我们在提纲中保留这一点，我们就会招致许多看来十分荒唐的意见。

其次，有些同志坚决认为，我们只能把希望寄托在准备追随我们的20万工人身上。如果我们赞同这些同志的意见，那我们在最近两年里，在波兰就根本开展不了任何运动。我们没有这样做。我们曾号召工人去进行反战斗争，虽然大多数工人并不理解他们为什么要反对战争。我们是在1920年6月，在最艰难的时刻这样做的。这些同志对这一点是不理解的，而且他们对波兰运动也不太理解。我们曾号召举行全国总罢工，然而，只有栋布罗瓦区的矿工响应了我们的号召，而且并非全体矿工，也只不过是十来个矿井的工人。后来，工人被逮捕，运动遭到镇压，但却挽回了波兰无产阶级的荣誉。如果我们做不到这一点，我们就不配做共产党人。我们不理睬对我们提出的种种警告，我们就是这样做了，今后遇到类似的情况，我们仍将这样做。我们在波兰并没有听到过这种警告。

我们主张删去有关这种警告的词句，请代表大会和俄国同志们倾听那些签了名的代表团和参加大会的代表团的意见，他们是赞成对提纲进行修改的。（热烈赞成）

诺伊曼（德国统一共产党反对派）：

遗憾的是，我没有接触拉狄克同志掌管的秘密文件箱的机会，不然，我也许可以从那里取出并不能使三月发动捍卫者如此安心的材料。但是，同志们，这是另外一个问题。在这里，始终不停地谈论我们是胆小鬼。然而，昨天，黑克尔特同志表示遗憾，说他在这里不得不同诺伊曼和马尔察恩作斗争，因为其他几个罪魁祸首没有到这里来。虽然他知道应当对一些同志作出正确的评价，但他还是这样说的。我这里有发给德国统一共产党中央委员会的电报稿，内称："要千方百计阻挠布拉斯和安娜·盖尔动身。（叫喊声："听着！听着！"）从策略和党派来考虑……（喧哗声，叫喊声："听着！听着！"）必须消除我们拥有力量的任何表面现象。"署名是"奥古斯特"。（喧哗声，叫喊声："听着！听着！"）这个奥古斯特是谁呢？就是奥古斯特·塔尔海默。然而，在我们抵达这里和我们在这里开会之后不久，季诺维也夫同志对我们说，他要往德国拍电报，建议尽可能让盖尔同志到莫斯科来。克南同志也签了字（这是很不寻常的），因为他也了解另外几份电报的内容。（克南当即高喊："不，我不知道这件事。"）这对你和对中央委员会来说，都是不寻常的。尤其不寻常的是，我们德国共产党人不得不从莫斯科孟什维克报纸、《自由报》、《莱比锡人民报》上看到这份电报。这是弗里斯兰特告诉我们的，今天（马斯洛夫从座位上问道："这几家报纸是怎样弄到这份材料的？"），在《莫斯科报》上通栏报道了《自由报》是怎样得到这份材料的。我以我们代表团的名义声明，我们无法查实，而且由于某种简单的原因，我们根本就无法知道给中央委员会发出电报这件事。要确定这一类事，必须十分谨慎。我们丝毫也没有想到这样的材料会公诸于世。因而我们不能不想到，有些人想把这些名堂的责任推到我们身上，而后笃诚地仰望苍天叫喊："上帝，感谢主，我们可不是这样的人。"

至于弗里斯兰特在这里所说的三月发动前夕在《红旗报》上出现的号召书一事，我可以作出如下声明：当柏林勃兰登堡行动委员会的会议讨论《红旗报》的号召书时，由于报纸上出现了比较新颖的语气，我显出了高兴的心情。虽然如此，我还是不赞成号召书的格调和内容。（弗里斯兰特立即说："这，我可不记得了。"）我知道，你永远不会记得你不愉快的事。我记得，在群众面前，在热烈讨论三月发动问题的集会上，马斯洛夫同志始终是行动的捍卫者。而弗里斯兰特同志从来就没有想到要反对马斯洛夫和放弃革命行动的思想。可是，这次运动一结束，人们却又开始大谈特谈"革命进攻"了。

我们声明，如果到处所谈论的革命进攻就是如此的话，那我们要表示感谢。进攻问题首先在党内就有不同的看法，即必须使党能有战斗准备，能发挥自己的作用，无论如何，不致盲目地落入赫尔青的圈套。理论家塔尔海默出版了一部执行委员会所禁止散发的资料汇篇。塔尔海默在这个小册子的一篇文章中写道："我们的敌人做得对，因为三月发动作为一个孤立的行动，会是一种罪过，而要是把它看作其他行动链条上的第一个环节，那它是一种革命的行动。"（叫喊声："完全正确！"）既然有人大喊"完全正确"，那就可以证明在柏林提出我们今后还要这样做是确有其事的。至于自觉地认识自己的错误问题，我要说，只有在这里，在莫斯科的土地上，才能学到这一点，而不是在柏林。我要证实这一点。在 4 月 7 日中央委员会扩大会议上，对三月发动的讨论完全采取了另一种立场。你们很清楚，中央委员会无论是在发动的开始上，还是在进行的方法上，都不承认三月发动是错误的，它非常反对这种观点。总之，它认为三月发动是正确的。我感到吃惊的是，在我到达莫斯科的第三天，听到一些中央委员说："难道三月发动是一种进攻吗？胡说八道，那是一种防御。"是的，拉狄克同志，既然三月发动是防御，那么，有关"巴枯宁式的冒险行为"的争论，就完全另当别论了。拉狄克同志，您作为德国支部的一个派别的领袖，如果对此提出异议的话，那我要指出，在讨论冒险行为问题时就曾说过，从另外意义上来讲，布兰德勒是谈到要推翻政府问题的。中央委员会真是太愚蠢了，竟误解了他。要知道，布兰德勒同志完全正确地注意到行动在逐渐地开展，直至推翻政府。我要指出在复活节后的那个星期三，即斗争开始两天之后，中央委员会的内部情况是这样的：弗伦肯同志从莱茵区威斯特伐里亚来到柏林，报告了运动的情况，主张把运动停下来。当时，布兰德勒、黑克尔特、塔尔海默和什特克尔也表示同意这个意见。接着，一位中央委员同志拍着桌子喊叫，说什么我们预料运动还会出现高潮，在东普鲁士和波米拉里亚还会发生农业工人的罢工，总之，应当期待斗争的发展。于是，上述几位同志改变了方针。上述这位中央委员同志说，三四天后，中德的情况就会好转，建议暂时采取观望态度，并进行游击战。随后，黑克尔特、布兰德勒和什特克尔等同志便同意继续进行斗争。曾打算起草停止斗争呼吁书的塔尔海默同志说："我们要准备好一份呼吁书，在斗争没有结束之前，先搁置几天。"（塔尔海默喊道："纯属捏造！"）对不起，弗伦肯同志在这里可以作证，他会证实我的话的。是的，同志们，起草这份停止斗争呼吁书的同志表明，他平时很少同群众联系。我想，起草了停止斗争呼吁书，而又保存起来不用，好像干酪似的能愈放愈香，这样做是不可取的。拉狄克同志！您说您如今在莫斯科承认斗争是前进一步，那我就想起罗莎·卢森堡的观点，他认为，工人的任何一次斗争都是前进一步，因为斗争可激起他们的革命精神。（拉狄克："为什么你忘记了这一点？"）人们说整个三月发动是前进一步，而我认为："不是！"（叫喊声："要知道，在我们的修正案中，就是这样提的。"）三月发动是"斗争"，但并非"整个"三月发动都如此。（笑声）是的，同志们，这是有区别的。我断言，整个来说，三月发动并非由一次斗争所组成，它是由前奏曲、中间部分和尾声组成。它不是前进，而是后退。拉狄克同志！要知道，我只是一个普通的无产者，而不是一个有名的提纲专家。在柏林这样的专家很多，在我们之前来到这里的马斯洛夫同志就是其中一个杰出人物。我从实践和革命的观点来观察一切，要再次指出，三月发动是一场斗争，意味着前进一步，但就全局而论，它是一个冒险性的错误行动。

同志们！现在我简单地展望一下未来。马尔察恩同志昨天认为，德国局势尖锐化，是由于强行"制裁"，迫使企业家通过降低工资和延长工作日来漫无节制地加重对工人的剥削，从而也使失业现象更趋严重。在这种情况下，共产党必须尽可能地利用这种日益尖锐化的局势，推动群众前进，但绝不是马斯洛夫同志所建议的那样。我们所说的推动各项运动前进，即如果我们想要尽可能开展各项运动，就应该努力促使各主要工业部门的工人参加战斗，并根据我们的力量排除工会官僚的阻碍。为了能够顺利开展这项工作，我们必须有一个明确的原则性纲领。再者，必须消除党内的个人纠纷、个人仇恨和机会主义分子不健康的追求。因此，我要说，我和马尔察恩到这里来，是需要一定的勇敢精神的，以便在代表大会上捍卫自己的观点。我们知道，整个德国代表团自己乱搞一通，结果让别人说我们是罪人。（喧哗声）但我们感到非常高兴的是，执行委员会的代表了解事情的真相，所以我们说，拉狄克同志的报告、托洛茨基同志的报告以及列宁和季诺维也夫同志的讲话，一般说来，是符合德国情况的。拉狄克同志！所以我说，假使您昨天的报告是 4 月 17 日在德国作的，那就不会有莱维的小册子出现了。别处都把我们描绘成为不愿进行斗争的罪人。我们要事先宣布，凡是在这里空口无凭地说我们想斗争和不想斗争的任何同志，都是可怜的撒谎者。这里指的是多伊米希。是的，拉狄克同志！多伊米希的信是多伊米希签署的，就像诺伊曼的信是诺伊曼签署的一样。多伊米希同志要对自己的信负责。这些信是棘手的事。要知道，我决不查问弗里斯兰特同志给莫斯科写信的事。让那些写信的人，而不是我们，对自己的信负责吧！如果能结束党内这一切所谓的争吵，重新使党具有战斗力，那我们将十分欣慰。我们将边等待、边工作，但我们要求所有其他的人也能这样做。（赞成）

明岑贝格（德国共产主义青年联盟）：

同志们！提纲和修正案问题又提了出来，我希望不要打乱会议的日程。在青年团共产国际派讨论俄国党的提案和德国的修正案以后，我们得出的结论是，从基本指导路线来看，我们完全赞成俄国党的提案，但是我们德国同志对提纲提出的修改意见，也是十分必要的，所以我们在原则上也同意这些修正案。

同志们！我们认为，俄国同志的提案所采用的方式和措辞，会给左翼以十分沉重的打击，但对所谓右翼的错误和疏忽，却说得过分温和和谨慎。然而，最近三年来无产阶级革命的整个进程表明，所谓左翼的罪孽和左翼所做的蠢事，与右翼所造成的危害和灾难相比，还不到十分之一。我认为，列宁同志的观点是错误的，他企图把情况描绘成这个样子：似乎左翼力图由那些靠手榴弹和机关枪搞革命的同志组成一个不大的党，而右翼则是一些这样的同志，他们希望开展既符合政治生活发展需要，又能按一切革命战略原则行动的群众性运动。实际上，情况并非如此。昨天，列宁同志在发言中严厉地批评了一些党，其中有法国党、捷克斯洛伐克党等等，它们是由于不起作用而受到谴责的。虽然布里安同志也曾指出，捷克斯洛伐克党所进行的组织工作和工会活动，比德国党和其他党多得多，但我还是发现这与事实并不完全相符。坚持党要发挥积极性的观点，当然指的是宣传工作和组织工作方面的积极性，显然这对共产党来说，还是不够的，我们还要继续前进。西欧共产党现在处于反对中派分子和社会爱国主义分子的紧张斗争阶段，如果它不想在最近期间遭到彻底的失败，那它就不应仅限于演说和宣传活动。我们不能像社会爱国主义分子和独立社会党人那样，在政治生活中束缚自己的手脚。我们要考虑到全部或部分失业的问题，简单说，就是要考虑到"制裁"所造成的一些问题，我们必须积极行动起来，借以强调这些问题的意义。（赞成）

我们当中任何人都没有要求法国党在1919年动员时期闹革命，或者强行阻挠动员工作的进行。我们只要求法国党通过更多的演讲、有力的宣传、符合现有力量的革命行动和群众示威活动（或许今后会发展成为罢工）来试图利用国内危机，从而也许会阻止占领鲁尔区，这也就给德国共产党以援助，给它在困难时期以支持。我说，应该把目前拟好的提纲和至今针对所谓左翼所发表的讲话，以同样的程度和同样尖锐的方式转向右翼的政党。我们并不否认必须建立群众性的政党。

布里安同志昨天断言，只要捷克斯洛伐克党愿意并发出号召，就会有百万工人追随它。什麦拉尔同志在再次发言中说，只要愿意，捷克斯洛伐克的革命就可以搞起来。我们认为，只有群众运动和群众性政党是不够的。我们同以往的群众性政党有什么不同呢？我们认为，区别就在于，我们的群众性政党和我们的群众运动，必须是革命的党和革命的运动。必须就这个意义立即对提纲加以补充。这是绝对必要的。列宁同志说，俄国同志的提纲是根据对和平的迫切要求提出的。但是，在提纲中，左翼遭到了过火的批评。对右翼则有点温和，甚至客气。我打算只用几句话对提纲涉及法国党及其政策的部分进行批评。提纲说：

> "有些急躁的、政治上缺乏经验的革命者，在某些问题上企图采取实质上是断然举行无产阶级革命起义的极端方法，这样做是含有最危险的冒险主义因素的；一旦实际采用这种方法，就会使无产阶级难以进行夺取政权的真正革命的准备工作。"

我要指出，在法国，谁也没有提出以革命手段对付政府的动员。法国青年希望什么呢？他们呼吁法国党利用危急局势同法国资产阶级作斗争，从而也就是同帝国主义作斗争。青年团坚决主张必须举行游行示威来反对动员。在执行委员会的一次会议上，一位青年团代表有点不适当地讲述了这段历史，因而提纲痛斥了法国青年团。而对那些执行最危险的冒险主义政策者，对右翼，并没有采取如此严厉的态度。因此，必须尽快地修改提纲，说明来自右的危险至少是和"左"的危险相等的。在德国共产主义工人党进行整肃以后，究竟有什么"左"的危险呢？我记得，在第二次代表大会上，我们注意的是来自右的危险。列宁同志在他的结束语中认为这是左翼的罪过。很显然，去年，来自"左"的危险不如来自右的危险大。如果注意到布里安的发言以及什麦拉尔和法国党的行为，则来自右的危险就更大了。所以我们应该要求提纲中论策略的部分，同样要强调这种危险的存在。（热烈的掌声）

主席克南：

现在由卢卡奇同志发言。匈牙利代表团就此发表了声明，指出代表团在讨论中不指定发言者，卢卡奇同志的讲话只代表匈牙利代表团的少数派。代表团少数派委托我作如下声明：

"主席团在昨天的代表大会会议上宣读了匈牙利多数派的声明，代表团在声明中接受了德国的修正案。这项声明需要作一些修改。近几个月来，匈牙利共产党发生了以中央委员会多数派为一方和以库恩·贝拉及其伙伴为另一方的分歧。中央委员会提议，这个问题交由共产国际执行委员会研究解决。执行委员会提出由代表大会来解决。现在，由于执行委员会承认库恩·贝拉及其拥护者是个独立的派别，所以匈牙利代表团是由两部分组成的。此外，佩奇—巴兰尼亚州派出的有发言权的代表，也是这个代表团的成员。在解决这个问题时，居住在莫斯科的库恩·贝拉的拥护者，在人数上超过匈牙利共产党的代表。由于已有协议（根据协议，两派有同样的发言权），所以后者没有对代表团的这样组成提出反对意见。在这种情况下，根本谈不到匈牙利代表团中的多数派。下面签名的匈牙利共产党的代表们在原则上赞成俄国提纲的观点，但他们打算在专题委员会中对反对中派分子和半中派分子的意向，以及强调党的作用和革命纪律的意义，极力争取得到鲜明而又绝对正确的解释和措辞。"签名的有匈牙利代表团团长叶夫根尼·兰德勒和代表团成员约翰·吉罗西克、捷尔吉·卢卡奇、阿尔伯特·基拉伊。

卢卡奇（匈牙利共产党）：

同志们！发表这项声明的匈牙利共产党"少数派"代表们原则上赞成俄国党的提纲的观点。少数派认为，即使提纲中有些地方没有谈到支持中派和半中派的倾向，但有关派别的代表们对这种倾向的确作了解释。因此，我们也将支持有关的提案。这并不是说，我们不赞成迄今提出的那些修正案。我们只能对它们全都表示同意。

我们主要希望，对于党在革命中的作用问题，观点应更加明确。其中包含着最主要的策略问题，这是与三月发动切实有关的。因此，很显然，我们是围绕这个中心进行讨论的，无论是提出正面意见还是反面意见，也无论是赞同还是否定这个事件。对于三月发动，我们所谈的是理论和策略截然不同的两个原则问题。第一是事件的实质问题，即三月发动的基础所在和我们从中应汲取的教训；第二是依据问题，即倡导者提出和实现这一发动的根据所在。

这里应该指出一种特殊的情况。通常总是可以看到，有人在尽力为冒险行为提供马克思主义根据，在这种情况下，向前大步迈进的伟大群众运动，就被描绘成为似乎是冒险行为了。理论上的谬误是根据三月发动所形成的理论而造成的。我读了文集中认为是冒险主义的片面军事观点的几段引文，但这种观点与这次发动毫无共同之处。文集中有一处提到："当无产阶级转入进攻时，反动派就来不及把这些（自己的）分散在各地的群众武装起来，并及时把他们聚集起来。"

从经济学着眼，波加尼同志认为，当前的失业现象，似乎与资本主义的原始积累时期一样，是生产者与生产资料脱离造成的。这是胡说八道。在工厂做工的工人，和失业者一样，也与生产资料脱离。这种冒险主义观点更加清楚地表现在这种提法上："在当前的情况下，当胜利者指日可待的时候，对党来说，除了坚决地千方百计发动进攻外，是不能提出其他口号的。"（波加尼从座位上说："您的引证是错误的！"拉狄克从座位上说："卢卡奇在《共产国际》的一篇论文中也谈到这一点。"）这篇文章说，这里谈的是局部行动，而局部行动的目标是这样规定的："局部行动的最终目标，不是夺取政权，而是解除资产阶级武装和武装无产阶级。"采取此种方式，就使三月发动问题最重要的一面变得完全模糊了。那么，三月发动究竟有什么意义呢？德国与其他国家相比，究竟有什么特殊情况呢？第一，德国是一个比其他国家的党更加团结一致的群众性党。这就使德国党的责任更加重大了。与之对立的是反革命工人组织。提纲把反革命领袖所操纵的工会,与反革命工人政党几乎相提并论了,尽管后者实质上比反革命工会具有大得多的危害作用。这一差别,在我们对待它们的不同态度上已经显示出来。简言之,我们想使工会摆脱社会民主党人和中派分子的操纵,而对中派和右派的政党,我们就是要破坏和消灭它。

因此,在这两种不同的情况下,问题就截然不同了。差别的实质在于所产生的结果。工会的反革命影响,表现在极力设法使运动丧失其政治性,它从政治上涣散了工人群众的意志。诚然,工会通过这种办法得以经常阻碍群众开展自发的行动,但是它的主要作用是阴谋破坏业已开始的行动。而反革命工人政党则给它的党徒提供明确的、政治上露骨的反动方针。因此,他们能够阻碍各种不同的大规模行动,甚至能够阻碍无产阶级中间发生的、共产党可借以进一步开展革命的骚动。早在革命前,德国工人政党就明显地发生了分化。在革命期间,分化加剧了,从而使多数党员的积极性增强了,尤其是政治觉悟提高了。不只是共产党的革命积极性提高了,而且独立社会党和德国社会党的革命积极性也提高了。近来,这种分化更为加剧,无论是在党的组织工作方面,或是在党的思想工作方面,都有所表现。然而,在那些只是参加了工会的群众中,以及在那些宗教斗争和策略斗争尚未发生巨大影响的无产阶级阶层中,我们还未看到这种明显的分化。在个别地区,我们看到不同的情况,尽管那里有工会的反革命活动,但还能够开展有力的自发行动。由此可见,德国统一共产党面临的是一项特殊的任务。为此,只是进行宣传,甚至号召起义是不够的,因为这里已经不是同政治上无组织的群众打交道,不是只同那些力图使整个工人阶级丧失政治色彩的工会打交道。这一次反革命工人组织提出了明确的政治纲领,在这种情况下,德国统一共产党就应该积极行动起来,因为只有对那些思想上僵硬的、政治上不灵活的群众表现出革命行动的主动精神,才能激发他们组织起来的愿望。局部行动应当有利于这种目的。然而，决不应把这种行动单纯看作是为了解除资产阶级武装和武装无产阶级。这种有独特目标的口号，只应在斗争结束时提出来。目前，不能提出这样的口号来进行斗争，要知道，具有反革命情绪的群众，还不能理解这样的口号。局部行动必须同当前生活中的迫切利益联系起来。我们必须掌握主动性，换句话说，我们转入进攻，是为了不只是借助于宣传鼓动，而且要以德国统一共产党的实际行动和全部活动激起这个运动和工人群众的骚动。只有当运动有了基础、群众脱离了反革命组织时，口号的内容才能更加广泛。严重的错误就在于，开始行动时就提出了只能在行动结束时提出的口号，因而没能达到预期的结果。这也是中央委员会中的一部分人的错误理论观点造成的，因为他们没有弄清这次行动的宗旨所在。我们将就这方面提出修改意见。（热烈赞成）

塔尔海默（德国统一共产党）：

首先，我不得不说明有关三月发动的某些情况，这也有助于弄清三月发动的问题。如今，德国失业工人运动的领导权掌握在我们手中。汉堡失业工人委员会的多数派站在我们一边。在铁路工会选举中，我们获得 4900 张选票，而德国独立社会党和德国社会党总共才得 5000 张选票。在德国社会党和德国独立社会党争取共同行动的装订工人工会的选举中，我们也获得了多数票。再者，还有几个事实：在公务员工会的专职人员会议上，以 69 票对 63 票通过了把一些重要职位上的共产党员除名的决议。第二天，工会主席莱巴尔特撤销了这一决议，因为工会难以实现这一决议。在船舶工人工会中，也发生过这样的事。反对共产党人的提案，遭到了大多数会员的否决。

我要对诺伊曼的声明提几点修改意见。他关于安娜·盖尔的电报所说的话，是符合事实的。我不想歪曲事实。问题在于安娜·盖尔愚蠢地破坏了对她的信任，她参加了中央委员会的会议，没有对会议的决议提出任何反对意见，后来，她把全部材料交给了保尔·莱维。（叫喊声："真无聊!"）她屡次使人不能容忍地破坏了纪律。我认为，如此长期放纵自己进行欺骗的中央委员会，是不配领导党的工作的。诺伊曼同志似乎做得比较好，他对《自由报》所造成的事实保持沉默，并对事实作了适当的掩饰，因为当时没有想到会产生一个问题：这些事实怎么会让报纸知道了呢？报纸发表了这些事实对谁有利呢？（乱哄哄的喊叫声）必须谨慎从事，因为这不是第一次发生的。

诺伊曼就运动是怎样停止这个问题，讲述了我们多次听到的情况，但这个情况并未因经常谈论而变得更加明确。他肯定地认为，中央委员会多数派是在埃贝莱因的恐吓之下赞成停止罢工的。我手中有3月30日的记录，根据记录，布兰德勒同志在中央委员会的会议上曾说："应当像行动开始时那样，大家也一致赞成停止行动，我主张必须立即停止斗争的观点也许会引起误解。但不至于如此。既然过几天就要作出最后决定，我们今天就应该对这个问题有一个明确的态度，以便以适当的方式去影响我们的同志和各州委员会。"

接着，"理论家"塔尔海默说："虽然大多数人反对停止斗争，但是我还是赞成再给这些同志一两天的时间，使他们能够根据今天我提出的观点，认识到必须停止斗争，必须有计划地同心同德地做到这一点。"我们认为，尽管存在严重的分歧，全党还是应当同心同德地进行停止斗争的工作。（拉狄克从座位上说："完全正确!"）诺伊曼还讲述一段有关早先拟定的呼吁书的传闻。没有什么可说的，这只是一个神话。

后来，列宁同志以他特有的十分惊人的毅力领导了反对提纲修正案的斗争。我得到的印象是，他提出的论据是天衣无缝、无懈可击的。

德国代表团的共同观点是：我们赞成提纲的基本意向。我们没有提出任何反提纲，就足以说明问题了。不过，我们认为，因为我们没有看到共产国际中有来自"左"的任何严重危险。列宁同志论证说，我们同右派已经一刀两断，不应把同右派分子的斗争变成一种竞技。看来，现在似乎开始新的篇章了。但遗憾的是，我们还远未消灭右派，甚至俄国党内也是如此。共产国际的总的形势就是这样（或许还将是这样），我们必须像反对左派的错误思想那样，同右派机会主义错误思想作长期的斗争，问题是要看哪方面的危险大，哪方面的危险小。列宁同志说："我们赞成开除莱维，这是个政治问题。塞拉蒂反对共产国际，这也是个政治问题。我们向共产主义工人党提出限定日期的最后通牒，这还是个政治问题。在意大利运动中，我们战胜了反对议会制的派别，归根结底，这也是个政治问题。我们得出的结论是，'左'的危险不是特别严重了。"

我们提出修改意见的主要意图何在呢？列宁同志认为，我们的主要意图似乎是我们对建立广泛的群众性的革命政党表示怀疑，似乎是我们反对工人阶级的大多数，而所有劳动者阶层都应该拥护共产主义，以便下决心向资产阶级社会发起攻击。但事情并非如此，我想向大家指出德国党在自己的纲领中所表明的观点和它在实践中所坚持的观点。这种观点，在斯巴达克联盟的纲领中已有所表达。我给大家读一段。在1918年年底制定的斯巴达克联盟的纲领中写道："只有明确地表达德国绝大多数无产阶级群众的意志，即一定要在他们都自觉地赞成斯巴达克联盟的观点、目的和斗争方法之后，斯巴达克联盟才能把国家政权掌握在自己手中。"总之，我们从一开始，在自己的纲领中就从未反对过这种态度。我们在实践中已表明，我们完全赞成斯巴达克联盟纲领中所论述的观点。由于我们担心有些提法会使机会主义分子增强对斗争条件作纯数字、纯统计学的解释，所以我们不同意这种表达方式。例如，我们提议不用"大多数"这个词，而代之以"工人阶级"这个词。这说明什么呢？这说明不是工人阶级的少半数，而是它的大半数。我再指出提纲的另一处，在有关捷克斯洛伐克那一节中，我们没有删掉"党的任务是吸收更多的群众参加党"这句话，但我们在这里也曾试图着重于另一点，改变一下提法，即指出党面临这项任务的主要目的是，以共产主义思想教育拥护它的广大群众，通过宣传对他们施加影响，培育他们去参加当前的斗争。

这就是我们据以提出修改意见的共同观点。无论如何，这些观点是值得重视的，因为很多党和代表团都同意我们的观点。列宁同志讲得非常正确，他说，现已定稿的提纲是妥协性的产物，不过，它仍属于共产主义的范畴。在这种情况下，就会出现一批新的力量，他并不想使路线脱离这个范畴，而是要把路线转到这个范畴中去。因此，我认为，归根结底，无论如何要重视力量的对比。（热烈赞成）

克拉拉·蔡特金（德国共产党）：

同志们！首先，我要就我的朋友告知我的有关三月发动的影响的材料作如下声明：这份材料是党的监察员们转给我们的。由于这是个有争议的问题，所以我请求执行委员会召来一名携带实际材料的监察员，以便对材料进行不受约束的公正检查。接着，还得弄清楚对立面在这里对阐述的材料所提出的某种意见。我不打算答复昨天和前些时候对我本人的攻击。我已将我认为重要的一些论点写成书面声明，你们在会议结束之后就会看到。至于另外的论点，其重要部分，昨天我已即席谈过了。诚然，我忘记补充的一点是，黑克尔特同志会了解《红旗报》上硬说我抓住委任书不放这件事，因为在他和我交谈之后，事情也就弄清楚了。不过《自由报》又在前一天别有用心地散布了这个谣言。

我不想在这里谈论莱维事件以及在这方面给我捏造的罪名。在昨天对黑克尔特同志的指责中，只是没有说保尔·莱维同志不是他母亲生的，对于这个政治怪物的出世，大概会责怪我吧！（笑声）莱维事件，牵涉到我的，就可以结束了，因为它已反映在执行委员会的报告中。我本人认为，保尔·莱维本人必将作出最后决定，我希望他今后能按共产党人的要求，根据总的原则与党并肩工作和斗争。

同志们！这里还有人指出，自从共产党建立以来，我一向是个摇摆不定、优柔寡断的人。在后面，我还要谈到这一点，现在只想说，我得知自己的弱点和无能之后，昨天我才明白，在理论和实践方面，我在德国共产党中央委员会中竟是一个多么卓越的教育者，多么坚强的柱石。

同志们！我反对在这里按处理莱维事件的方式捏造和讨论蔡特金事件。我认为，在这里不去讨论中央委员会在三月发动所持进攻和退却的革命理论的破产，反而讨论莱维事件——这种情况，对于在原则上讨论和阐明有争议问题，是十分有害的。我不愿促使蔡特金事件在代表大会上起类似的作用。

实际上，我应该说出以下的情况。我承认并且十分坦率地说，我犯的不是一个错误，而是两个错误，两个非常严重的错误。第一，我没有十分明确地在三月发动中把无产阶级群众的斗争同党中央委员会的领导活动区别开来。第二，我没有很好地把中央委员会绝对善良的意愿，同它在理论上和政治上对发动毫无准备的情况区别开来。我从来不怕说我在政治上还很幼稚，事件确实教育了我。

诚然，拉狄克同志指责我说："要知道，由于您谈论革命进攻问题，才导致了错误理论的产生。"是的，拉狄克同志，一个人原先没有想到的事，是会发生的。如果说，我的过失在于我谈论了革命进攻问题，因而在中央委员会中出现了错误的理论，那么拉狄克同志，您在这方面也是有过失的。要知道，在阐明德国统一共产党以往的立场之后，您在3月15日的《共产国际》上写了这样一段话："自然，这些事实足以证明斯巴达克联盟的部分领导同志，由1919年的被迫防御转为不断进攻是多么艰难，但只是在德国独立社会党的工人群众于1920年充满了激进精神之后，这种进攻才有了可能。"我们非常赞成拉狄克同志的这一看法。他也和我一样，对"革命行动"这个词的理解，不是中央委员会在紧急时刻的政治方针，而是逐步使党产生高度的革命主动性，进而同群众团结一致地开展革命行动。虽然我清楚地知道，这个军事技术上的比喻，完全不适用于阶级斗争领域的政治，作这种比喻很不恰当，但我现在还是要在这个意义上运用这个词。实际上，对无产阶级来说，就是要进行革命斗争，因为防御和进攻常常是彼此互相转化的，无论是防御，还是进攻，都不能怀疑自己道路的正确性，都不能怀疑党的积极性以及党外广大群众的积极性。同志们！我正是在这个意义上谈论革命进攻的可能性，首先是它的必要性。但我对革命行动的理解，却完全不同于中央委员会。我确实给这类进攻规定了我认为是必需的条件。这里最为重要的是要确切了解经济和政治的总形势，特别是要明确理解工会及其成员在此时所采取的立场。

其次，需要同群众建立密切的联系和选择斗争的目标，要清楚地理解这决非共产党的宣传口号，而是无产阶级群众斗争的目标，这个目标是从广大群众切身体验到的总的情势中所必然产生的，从而可使无产阶级群众的思想更加活跃，意志更加坚强，精力更加旺盛。

再者，党至少还必须有一个适当的组织方针。我认为，中央委员会所理解的革命进攻，其错误就在于忽略了这一进攻应具备基本的先决条件。它没有对形势作出估计，只是以可能出现的关于经济和政治条件的理论观点为依据，可是现实生活、尤其是确定群众意志的现实生活，在经济上和政治上具有某种相反的倾向，这种倾向是敌视可能出现的经济和政治条件的。这一点，并未引起人们的重视。

人们认为，在政治上和精神上不成熟的党内，各级党组织所起草的决定或决议都助长了这种倾向。推翻政府这个主要的口号，就十分清楚地表明了这一点。例如，弗勒利希在议会中的讲话，也可以证实和说明这一点。我认为，他发表了一项非常果敢的声明，似乎德国的历史情况与匈牙利苏维埃共和国成立前夕一样。弗勒利希在讲话的结尾这样说："我们要号召无产者为推翻政府而战斗。"我担心，绝不会有人去推翻政府，不管别人怎么样，我是不会去实现这个口号的。问题并不在于我们的愿望如何，而在于目前群众会把推翻政府作为当前的直接目标吗？（主席摇铃，表示规定发言的时间已到）

我想知道，难道我不能再继续发言吗？这里对我进行了那么多的责难，仅 10 分钟的时间，是无法一一作出答复的。

季诺维也夫：

我提议给蔡特金同志延长 15 分钟的发言时间。（赞成）

蔡特金：

同志们！我想简单归纳一下我前面的发言。我认为，……（沃甘站起来说："我反对延长时间。"）在这种情况下，我要声明，我被剥夺了阐明自己观点的机会。

主席克南：

谁不赞成为发言人延长时间？现在表决，根据主席团的提议，再给蔡特金同志 15 分钟发言时间。（提议被采纳了）那么，蔡特金同志还可以讲 15 分钟。

蔡特金：

同志们！我坚持认为，由于对革命进攻在政治上作了错误解释，所以中央委员会对三月发动作了错误的领导，未能将它引上正确的方向。拉狄克同志说过应该怎样做。对此，我不准备详谈。但我注意到有一点，我的看法与他的看法不同。我认为，三月发动的错误不是每次斗争中出现的各种统计数字所能表明的，错误是有机地从错误的进攻理论中产生的，如果革命行动的捍卫者能站在公正批评和讨论的立场上，那么，就非常容易弄清这个问题而不会造成损害了。可是，实际情况如何呢？《红旗报》对三月发动既未加批评，也没有颂扬，而是对我所认为的有害理论作了片面的、别有用心的颂扬和辩解。接着，还指出，应该通过这个理论来激发群众的积极性，来指导未来的革命斗争。中央委员会的资料汇编中《革命行动的战术和组织》一节明确地说："三月发动作为党的个别行动，会是（我们的敌人在这方面是对的）一种反对无产阶级的罪行。而三月发动作为一系列行动的开端，则是一种缓和性的行动。"因此，同志们！在德国出现了对这一问题的批评和争论的气氛。（塔尔海默从座位上说："我根本没有听说过这本书。"）这本书没有出版，是在《红旗报》上连载的。同志们！这一斗争的发生，令人想到，如果今后有关党的生死存亡问题的必要行动都按这一理论来进行，党就必将灭亡，而党所代表的德国革命无产阶级也将失去自己需要的领导人。

我还要弄清下面这个问题。鉴于我们俄国朋友的提纲所谴责的错误理论，不是实践的结果，而是通往实践的桥梁，而且三月发动及其实践方式是这一理论的首次实际验证，所以我们对有关段落提出了修正意见。还有一点，使我们同我们的俄国朋友的意见相反。虽然我们的看法会遭到激烈的反对，但我还是要直截了当地谈出来。我和德国以及其他国家的许多同志所持的原则态度是，对党的错误和错误认识的批评，不应只限于告知党组织和党机关，而应让广大群众都知道。在我们这里，在欧洲，情况是有所不同的。可以想象，假若我们参加群众集会，谢德曼和迪特曼同志在那里正攻击我们，并提出这样的问题："你们怎样看待你们党的这种行动？"那我们就会回答说，关于这个问题，我们只是同那些凭党证来证明自己党籍的人进行争论。在这种情况下，我们简直无法开展社会活动。但还有另外一种情况。我们的工人是不会容忍这样做的，他们要求讨论这个问题，要求同他们一起进行讨论，因为假如这个讨论具有求实精神，那就会对他们起到教育作用。他们在这方面还要付出另外的代价。他们只得以自由和生命来弥补我们的政策及政策上的错误。（赞成）

至于这里提出的提纲，我认为，必须使某些段落有更加明确的提法；必须把斗争意志、坚决攻击的意志表达得更加清楚。但是，所有这一切，即使只是一些在意思上不大的修改，也要在专题委员会中进行。我认为，最为重要的要在第 16 页上加上这一点：法国、德国、比利时和卢森堡各党，必须共同进行有计划的、经常性的工作，以便动员工人群众参加西欧主要煤炭与采矿工业中心的革命斗争。还应该把有关我们德国、波兰和捷克斯洛伐克共产党的共同行动的类似建议也写进去。我认为，这些要求不言自明，我不想多作解释。我在专题委员会中能做到这一点。

最后，我想说，我认为整个问题不在于使各类人相互之间和解，也不在于使一部分人取代另一部分人来执行政策，因为就我们个人来说，在革命的视野中是微不足道的。全部问题在于奠定原则基础，德国共产党只要坚持这一点，就能够开展未来的大战斗。我认为，托洛茨基和拉狄克同志的提纲奠定了这个基础。提纲中包含着对各国无产阶级的广泛要求："无论出现何种情况，你们无产者都要竭尽全力进行革命斗争，你们应该在策略上保持必要的灵活性，以便应付各种形势；你们应该在党内培育随时可参加决定性斗争的进攻力量，因为我们不知道是否会突然发生什么新事件，在决定性斗争尚未迅速到来之际，你们要随时做好应变的准备。"我特别赞成这一点，即这两个提纲在内容上是相同的，它们都是我们俄国同志拟定的，因而其中贯穿了他们的理论观点，主要是充满了他们的革命经验。我说，我们要感谢我们的俄国兄弟，尤其是要感谢俄国的无产阶级，这不仅是因为在世界革命的影响下旧世界遭到破坏之时，他们提供给我们斗争方法和手段，而且首先是因为他们给我们作出了榜样，显示出在革命斗争的意志中蕴藏着多么巨大的力量。这种斗争的意志，一方面要考虑一切具体的条件，另一方面要不屈不挠地争取实现当前的这一目标，即夺取政权和建立无产阶级苏维埃专政，这就为世界革命敞开了大门。（热烈赞成，鼓掌）

瓦扬-库蒂里耶（法国共产党）：

同志们！真遗憾，在专门讨论拉狄克同志的报告的辩论中，竟把策略提纲和报告本身混为一谈了。这就引起了某种混乱现象。我想概略地向大家阐明法国代表团对拉狄克的报告和提纲的观点。

法国代表团完全赞成俄国共产党提出的提纲。代表团只是打算对几处提出修改意见，并删去一些明显的错误。代表团还想商讨一些完全被忽略了的问题。专题委员会只不过曾打算着手研究这些问题。

法国代表团希望把有关议会制的一节，提得更明确些。我完全不提自己的观点，我要尽可能客观地表达法国代表团的看法。希望我们的议员同志们能提供更确切的情况。因此，必须在专题委员会中阐明我们对这个问题的观点。

至于提纲中极为严厉阐述的左翼问题，我们大家认为，我们党内迄今还根本谈不到存在着有独立理论观点的左翼。我们所要说的，也就是你们所知道的在党内出现的某些中派倾向。我们是个社会民主党（我应该这样说），不过我并不打算对拉狄克同志的讽刺意见表示恭维。我们是个正在向共产主义迈进的老社会民主党。然而，在我们党内有一种明显的压抑情绪。我们多数派中有些人倾向于所谓的左翼；提纲称他们是冒险主义分子。我们认为，应该对右翼猛击一掌，但这也并不妨碍对左翼进行友好而认真的拍打。

同志们，我不想再谈提纲中所提到的这样一些问题：例如动员 19 岁青年等问题。

文稿中还有模糊不清之处。例如，我认为，关于卢森堡事件的问题，就有某种误解之处。奥弗斯特拉滕同志已指出，根本不存在这个问题。

我手中德文稿提纲中涉及法国问题的部分，就有一处是不确切的。提纲援引了一些情况。但在阐述有关赔偿损失问题的情况时，说得有些不确切。我们这些原先的党内多数派，打算谈谈自己的观点。我们认为，正如德文稿中所说的，问题并不只是要提出公正的要求。我们力求就这一问题同我们的德国同志达成协议，我们主张根本不谈赔偿问题，因为主要是搞革命，并将革命引向胜利。法国和德国资本提不出任何理由能促使我们提出赔偿问题。

我们在这里听到很多言论。我很想学德语，我很喜欢听德国同志讲话。这里，对三月发动问题，议论纷纷。很显然，这是一个非常重要的原则问题。但不管怎么说，还是不应如此公开地泄露内情。如果我们不这样做，我们就会有充分的可能来研究其他一些问题，这是我个人的看法。

法国无产阶级密切地注视着三月事件。我们非常敬佩地怀念这次行动中牺牲的战士。当然，错误是有的，这场斗争以及作为斗争准备工作的理论依据，对我们都很有教益。况且从每次战斗中和从每次战役中，都能吸取一定的教训。

至于莱维这一特殊事件，怎么说好呢，执行委员会已经作出了决定。

最后，结合提纲的讨论，我再谈谈与法国有关的问题。提纲中说，法国是个殖民国家。提纲号召法国党要记住自己对有色人种军队的职责。我本来希望提纲中能详尽地研究殖民地问题。对于第二次代表大会的提纲，务必更加深入地理解，并且要注意到这一点：即使我们不愿意同情那些怀着某种非共产主义目的而在近东和远东掀起骚动的人们，即使一般来说我们与这些人的见解并不相同，但我们的任务还是要全力支持他们反对世界帝国主义的斗争，而共产国际的任务则是要给他们以特别的关注。我们激发了既受本国资本家和大地主、又受西方资产阶级双重压迫的被压迫人民的热切希望。他们不应该认为我们抛弃了他们。我们应该竭尽全力给他们以有效的帮助。

拉狄克同志在他的报告中谈了国际相互关系和力量联合问题。在这个问题上，我们希望（这是对德国同志说的，因为我们同他们之间发生过误会）毗邻国家大党之间的联系要更加密切，要知道这种误会，就是因为我们同其他党的交往不够而产生的，同它们的联系太少了。这无疑是暂时现象。只要我们消灭这种现象，我们就能为革命作出巨大贡献。

至于共产国际，我们大家赞成它应当组织大规模的国际行动。这样，我们就有可能使资产阶级世界相信共产国际的生命力和实力。再者，我认为并希望，我们大家都赞成共产国际通过挑选合适的工作人员，使各大党都了解共产国际认真的、深思熟虑的、坚定不移的工作。

最后，我应当指出，我们完全赞成提纲的这一提法：共产国际是共产主义活动的中心，而不是空话和理论的策源地。目前，在法国，已进入镇压阶段。迄今，资产阶级只限于局部行动，只对这个或那个革命组织进行不太重大的攻击。目前，资产阶级正在利用议会中制定的法律和通过议会采取的措施，准备实行总进攻。所以我们的职责是，在法国把我们的一切力量联合起来，其中既包括那些被称作左翼的人们（只要我们遵守纪律，他们在行动时就会给我们以巨大帮助）（托洛茨基从座位上说："我同意！"），也包括那些昨天还属于右翼的人们，他们现已清楚地认识到，迫切需要为宣传鼓动工作寻求共同的依据和创造协同行动的条件，遵守革命纪律，以迎接胜利。（热烈赞成）

贝尔（英国共产党）：

同志们！我认为，在这次代表大会上，过于重视德国共产党的事务。想必是想从它的错误和经验中吸取某种教益。我希望，拉狄克同志在答复中不要仅限于德国问题，也要重视盎格鲁—撒克逊国家和其他国家最为关心的问题，因为他们焦急地等待着共产国际就策略问题和总的国际政策问题给予方针性的指示。布哈林同志昨晚说，群众性行动问题，确切地说，即群众性行动是否应具有进攻性或防御性的争论，是一个老问题了。我比较赞成托洛茨基同志的意见，他反对在这种情况下在提纲中加上这样的词句："谁不认真地对待这件事，谁就是蠢驴。"很显然，在共产国际成员中，有些党员同志的耳朵还是长的；所以我们必须彻底弄清楚群众性组织和群众性政党的含义。在代表大会上，对这个问题并没有进行仔细的分析。我们对"群众性政党"一词的含义，还是模糊不清的。这关系到英国和美国，因为很遗憾，那里至今还没有群众性组织和群众性政党。这个问题，对盎格鲁-撒克逊国家具有特别重要的意义，而且我应该指出，英国共产党基本上赞成这里提出的提纲。英国共产党清楚地知道，国际共产主义运动依靠派别活动是不能取得胜利的；它应该不断地扩展和包括更加广泛的工人群众阶层，而他们迄今还不承认党的各项原则和整个共产主义思想体系。在英国，有许多这样的宗派组织，诚然，它们做了非常重要的宣传和教育工作，但它们从来不吸收工人参加它们的组织。然而，我们应该懂得，我们不能只做教育和宣传鼓动工作。现在，我们已进入全世界夺取政权的斗争时期。我们应该使我们的教育工作同夺取政权的斗争向我们提出的要求相适应。只有我们的工作方针能引导我们走向胜利，我们的工作才是有价值的。在妥协的典型国家英国，这个问题特别值得我们重视。英国的资产阶级在世界历史上是妥协的典型代表，而工党则是杰出的机会主义妥协组织。英国共产党势必会受双方的影响。我们看到了党内的宗派主义及其后果，我们也了解工党的机会主义。英国共产党极力在左翼的死板教条和工党的妥协性（这不是别的，是纯粹资产阶级的机会主义）之间寻求中间道路。

我们应该提示我们最反动的代表，他们的方法想必符合他们的组织的要求，有助于保持他们原则的纯洁性，但他们应该懂得，这种方法永远不会有助于他们对英国工人群众施加影响，而对工人群众施加影响却是我们开展革命运动所必需的。再者，我应该指出，向右急转，并在这个方向追随机会主义者，对我们来说，是一种盲目的行动。我们不应特别迷恋于能征集多数党员的群众性政党的想法，否则，总有一天我们会发现，我们这里有很多靠损害工人运动过活的机会主义分子。英国共产党表示赞成执行委员会就捷克斯洛伐克、意大利和法国问题所作的决议。我们认为，我们可以安心让工人阶级的大多数去揭露什麦拉尔、屠拉梯、塞拉蒂以及第二国际的其他拥护者。我们应该相信工人健全的思考能力，他们已在揭露机会主义者，因此，共产国际可以放心地让工人亲自去解决这个问题。

英国共产党之所以在这三个问题上支持共产国际，并不是因为它对叛徒们怀有某种同情心，而是由于相信事态演变的逻辑会在目前的斗争中向工人群众表明，他们必须把什麦拉尔、莱维、塞拉蒂、屠拉梯等人从我们的运动中清洗出去，而且也要给我们这样做的时机。

我们的朋友们从左的方面担心，如果党一旦成为群众性的党，就会丧失革命热情，从而不会有太大的发展，那不就要变成机会主义政党了吗？我们应该彻底认识清楚，我们怎样才能防止我们的党不过于向右或向"左"摆动。有人问我们，怎样才能判明这一点呢？我们有好的试金石。我们看问题不是根据教条、理论、公式或学说是否被承认了，抽象的提纲是否制定出来，莱维和其他资产阶级知识分子是否写出好的文章。实际行动是我们的试金石。它可帮助我们易于发现通过工人群众混入我们组织中的机会主义分子。我们撕下了莱维同志的假面具。如果没有三月发动，莱维也许在这里，在我们中间，现在还在扮演重要的角色。对捷克斯洛伐克人，也要持这种看法，他们确信他们会给工人以重大影响，但是他们的领袖却要阻止他们。意大利支部的情况也是如此。行动的试金石不仅会表明谁是机会主义者，而且还会揭露哪位领导过左。关于这个问题，我认为，左翼比右翼的危险要小一些。

现在我来谈谈英国问题。提纲的英文稿中有关我国的问题提得十分模糊。它应该这样说："尽管英国共产主义运动的力量已联合成为一个统一的共产党，但迄今它还未能成为一个群众性的政党。"目前，该党只有1万名党员。我还记得，季诺维也夫同志在他的报告中提到，在英国和美国存在着发展宗派组织的危险。

诚然，英国党还很小，所以无须在我们不愿接受共产国际执行委员会的要求方面寻找原因。倒不如说，根源就在于当前在英国起决定性作用的政治和心理条件。再者，虽说第一个共产党是去年8月成立的，但我们党总共也不过存在三个月。根据共产国际的要求，只要没有把其他共产主义分子吸收到自己方面来，我们就不要采取任何步骤。因此，共产党是在召开利兹代表会议时，即1月31日才存在的。可见，我们为我们党作出的贡献，要比俄国通常想象的大得多。英国从来没有大党。英国的自由党和保守党的人数也很少。这两个党或多或少是在为自身目的欺骗群众，是促使群众参加运动的表决机器。甚至被视为英国工人群众代表的工党，在欧洲大陆上也不能把它看作是一个群众性的政党。其实，它也不是什么政党，而只是一支组织国家生产和政治生活的力量。不错，它拥有450万党员，但他们并不是我们所想象的一个政党的重要组成部分，因为他们并不遵守任何规定的纪律。例如，这个英国所谓群众性的工党的党员，可以投票赞成自由党和保守党的候选人以及其他资产阶级候选人。就这个意义来说，欧洲的标准不能应用于英国工人组织。

列宁同志在询问有关工党和工会运动的情况时问道："共产党有多少党员？只有 1 万人！几百万工人参加了运动，可他们都不是共产党员，怎么会发生这种情况呢？"

英国从来就没能建成一个大党。英国工党简直就是一个充满不满情绪的工人群众的组织，他们没有任何政治觉悟。共产党是英国现在最大的革命政党。

该党建立之前，英国就没有过一个人数超过 2000、最多 3000 的革命组织。老社会民主党，即胡斯曼的产儿，从来没有过 2000 名积极的党员。英国社会主义工党的党员从来没有超过 500 人，而其他一些组织，最多也不过二三百人。

由此可见，既然英国共产党能有 1 万名党员，那就是一大进步了。我们不应把它叫做宗派分子的政党，使它失掉勇气。相反，我们应该尽一切可能去支持它。英国共产党的革命精神，不应以数学公式来计算，不能把它与拥有 30 万党员的德国党或拥有 40 万拥护者的捷克斯洛伐克党相比较。很显然，党员人数多，并非绝对是一个主要因素，所以我们在英国建党，并不追求数量。我们不迷恋于吸收五六十万党员，这只会使国际代表大会花费许多时间来调解内部的争论。因此，我提议对提纲作如下的修改。

第 6 页第 1 段下面应该这样写："尽管英国共产主义运动联合了一切力量，但它至今没有成为一个真正群众性的政党。"

由于国内工人运动在历史传统上和政治上的情况，英国共产党人面临着一项艰巨的任务。尽管如此，但是还必须尽快地把现在的英国共产党改造成为一个真正的党。

在英国，无论是保守党、自由党，还是社会党，它们的党员人数都不多。而工党，则是由于工会官僚为选举目的而利用党员的忠诚发展起来的。这些政党始终是脱离群众的。它们不外是一些宗派性团体或者是满足于领导其他组织的政党。英国共产党人不得不同宗派主义和激烈反对舆论所造成的情况作斗争，他们不得不同那些把政治斗争和经济斗争分开的思想作斗争。他们最大的优点是，尽管工人阶级在政治上非常落后，但是他们早已习惯于参加有组织的群众性的经济斗争。

必须关心使共产党同一切旧的传统残余实行决裂的问题。

如果不能很好地深入工人组织和激发它们参加行动，党就会变成无力进行独立斗争的空洞组织。党应该竭尽全力吸引更广泛的群众参加自己的队伍。它应该成为真正的群众性政党，真正的战斗机关。它应该始终向工人阐明，经济目的和政治目的之间有着不可分割的联系。它应该竭尽全力领导经济斗争，并把从这个斗争中产生的政治任务和目的提到首位上来。

第6页第2段第3节中间，应删掉"缺乏党的影响"字样，写上："任何抽象的党的批评都不能对群众有很大的影响，必须使工会中的党支部不断紧张地工作，必须揭露那些社会党叛徒和工会官僚，使他们威信扫地，这样才能对群众产生较大影响，英国工会比其他任何国家的工会更加十足地是资本主义的政治工具。"

我们非常赞成提纲中所说的共产党人应该参加涉及工人群众生活的任何具体的社会活动和政治活动，只有这样，才能把工人吸引到共产主义方面来。

最后，我还想指出，我们非常赞成提纲的精神。我们请大家今后更加关注英国的共产主义工人运动，你们要相信，这一运动会对你们表现出其他运动从未表达过的真诚谢意。

扎克斯（德国共产主义工人党）：

同志们！我可以把我的意见同贝尔同志的发言联系起来，因为在一个关键问题上，即党的规模问题上，我认为，他会完全同意我们的意见。后面，我还要谈这个问题。我先谈谈昨天黑克尔特同志的发言，首先我要指出，他认定以往的德国共产党在德国卡普叛乱期间毫无疑问地垮台了。接着，他对德国共产党（第三国际的正式支部）于 1920 年 8 月俄军进攻华沙时的垮台，却很客气地一字不提；他这样有礼貌地保持沉默，想必这样做有利于他的党。但是，很遗憾，我们对当时的情况了解甚少。再者，他承认党在柏林电气工厂工人罢工时表现动摇，是危险而且有害的。可是，谁是动摇的发起者？谁是当时出现被动局面的过失者？谁使党在这次罢工时垮台的呢？不是保尔·莱维。是布兰德勒同志，他是当今的左派，有革命热情，是德国统一共产党优秀刊物的负责人，在他的光荣领导之下，我们才有幸出席会议，并享有发言权和表决权。我可没有选他。对于布兰德勒同志，是有很多议论的，他竟想象无产阶级革命和无产阶级专政可以在德国宪法的范围内以苏维埃形式来实现。（喧哗声）这是他自己说的话。你们可以从我这份报纸上读到。也许，黑克尔特同志以及其他党员会有一天认识到，这一次，在三月战斗之初，这份德国共产党的优良刊物也垮台了。其实，与上述一切无关，这里还隐藏着一个我们至今还没有谈到的一点，这就是在复活节前的星期五宣布了总罢工的口号。尽管谁都知道，工人在复活节期间都不来上工，但黑克尔特还是认为有必要反复证明党在星期五就"已经"宣布总罢工是正确的。他没有注意到，在复活节前的星期二，哈雷的自来水厂、煤气厂和发电厂的工人，未提任何口号就为声援中部德国工人举行罢工了。这些工人看到自己在单枪匹马地干，无论是哈雷州（德国统一共产党力量最强的州）的领导者，还是中央委员会，都不来援助他们，他们就返回了工厂，以免孤军作战。只有已开始在所有城市坚决主张"尽快行动起来！必须在复活节前开始罢工，并在复活节期间和以后继续罢工！"，然后才能在复活节前的星期五宣布总罢工的口号。我再说一遍：黑克尔特同志承认了党曾三次垮台。总有一天，他会承认党第四次垮台。真令人惊奇，唯一真正的德国共产党在所有这几次都垮台了，而由于情势的奇巧凑合，德国共产主义工人党，或者确切地说，构成目前德国共产主义工人党的昔日反对派，却始终到处都沿着正确的道路前进。在卡普叛乱期间立即参加斗争的那些州，是属于反对派的，而那些试图利用八月事件（由于你们同独立社会党共同反对而未成功）的州，以及那些没参加阻挠电气工人罢工的州，都力图争取协同一致地声援工人，它们也属于共产主义工人党，该党在这次罢工期间毫不动摇地极力表现出团结精神，并大力支持工人。

我说，或者这一切都是情势奇巧凑合的结果，或者在这里需要寻找更为深刻的原因。（罗加尔斯基从座位上说："幻想！"）罗加尔斯基同志！这不能说是幻想，这一切是我亲自的感受。这种奇怪情况之所以产生，不仅值得德国注意，而且也值得整个共产国际注意，所以应该予以十分重视。我们研究这一问题时，找到一个简单的原因，这就是：既然共产主义工人党在自己的纲领、组织、策略和缓慢的发展过程中规定了明确方向，那它的根本立场就使我们预先有了保证，在类似的情况下，它是不会垮台的。

昨天，列宁同志谈到小党存在的可能性，这和今天贝尔同志对这个问题的理解恰好相同。使我们大为吃惊的是，他说，小党也有能力进行革命斗争，甚至开展决定性的革命战斗并取得胜利。那么，群众性政党一直慌忙掌握的原则被抛到哪里去了，怎么会突然消失了？列宁同志说得非常正确，小党为了自己的政治，也会去争取群众，甚至争取无产阶级的大多数，以及整个劳动居民的大多数。这很好，我们赞成他的见解，但我们不理解，为什么在这个问题上他还担心我们会干"左"的蠢事。既然小党可以这样做，那请他告诉我们：为什么群众性政党（就它至今一直宣扬的教条来说）如果企图这样做，就必定会遭到失败呢？

他对这个问题会怎样回答呢？群众性政党是这样建立起来的："尽可能把更多的人聚拢在一起，然后认真地对他们进行严格训练，以便使他们在中央委员会的压力下成为革命的中坚力量。"通过这种方式（而现在正企图使德国统一共产党采取这种方式）建立的党，在自己的组织机构中，很可能在关键时刻难以担当起自己的职责。要知道，这些群众不只是登记表上的静止数字，而是前来出席会议的有头脑的工人，他们可以把自己的代表从基层派往地方委员会，再从地方委员会派到区里。他们的意志和他们的方针会对全党的路线产生影响。如果世界上某个地方能建立一个由中央委员会手执军棍按军队要求进行指挥的党，那它的党员也只不过是按人头计算的、不起作用的数字。如今，在德国、意大利、西班牙、英国都不能这样做。当然，我们也懂得并且也会说，要想在工业发达的国家赢得革命的胜利，必须争取广大群众。当然，共产党应当争取广大群众。我们听说，作为争取群众的最好手段，曾推荐在我们德国出现的《公开信》，想必这样做是想使外国同志们了解这个《公开信》。《公开信》是各种问题的一个大杂烩。我们要说明、草拟这封《公开信》是出自争取群众和带领他们前进的良好愿望。诚然，有些居心不良的人认为，《公开信》的真正目的与选举前的宣传有关。现在，我不想就这一点进行争论，但我认为，采用《公开信》的方法根本行不通，也不符合辩证法。采取这种方法是为了极力吸引尚不成熟的群众，并不是出自他们的需要和受压迫，而是顺应他们的思想水平。最后一句话甚至是这样写的："我们知道这是行不通的，但我们需要这样做。"等等。群众不了解这个矛盾，但知道这样不行。除非他们是瞎子，或者还没有看清什么，因而认为既然共产党人打算这样做，那肯定是对的。问题是简单而又明显的，这种方法会增加群众的机会主义幻想。要想争取群众，我必须指出，最近的三月发动，即使有种种错误和弱点，但整个说来，若与《公开信》相比较，还是争取群众的一个好方法。

尽管几十万、甚至几百万人举手赞成《公开信》，但这并不能表明有这么多的人转到共产主义方面来。另一方面，在三月发动期间，广大群众不只是在口头上而且在行动上与革命者背道而驰，他们用铁棍驱赶号召他们罢工的人们。但辩证的发展过程是，首先是那些愿意和敢于斗争的人们离开周围的人们向前冲去。这为数不多的人牺牲之后，那些最初曾反对三月发动的群众才醒悟过来，认识到以往由于期待美好的未来而反对斗争，但结果处境毫无变化，这样，他们才认清他们用铁棍驱赶的人是完全正确的。一般说来，这是把群众吸引到我们这方面来的唯一正确途径。

同志们！提纲和我们提出的修正案，对德国共产主义工人党来说，并不是重要的。这不是属于我的任务。我不能说赞成或反对哪个提纲，原因很简单，它们都是根据第二次代表大会的决议拟定的。它们是对第二次代表大会决议的补充，甚至还有不少修改之处，尽管我们也希望这样做，但这是无关紧要的。我们并非总是认为，改变第二次代表大会制定的重大策略路线的基本策略是至关重要的。因此，我们清楚地知道，没有必要考虑什么改革问题，我们只是对第二次代表大会有关工会、工厂委员会、生产监督以及无产阶级革命等问题，向各国代表团和主席团提出我们的提纲。我们认为，这个提纲并不过时。如果这个提纲被耽误了，那就要怪罪你们了，因为你们从前没有听从我们的意见。我们希望能有许多代表团随身带着这个提纲作为讨论的材料，以便比第二次代表大会就这些问题通过的提纲能够更快、更好地把我们引向胜利。

我想稍微谈谈布哈林同志昨天对我们的攻击。他竭力地攻击我们，但他的论据是不值一驳的。他援引了哥尔特同志的小册子中的几句话，要置我们于死地。当时，他读了很重要的一句话，但很多人没有理解这句话的含义。这句话是："在喀琅施塔得的无产阶级奋起造你们的反，造共产党的反之后，在你们在彼得堡不得不实行戒严……"哥尔特同志完全清楚，无论是在俄国的策略中，还是在针对我们的抵抗中，各个事件之间必然会有这种内部联系。因此，必须弄清这句话，以便理解无论是哥尔特同志还是我们，都没有站到喀琅施塔得分子一边，我们把他们的骚乱看作是地方闹事。布哈林说，哥尔特同志是我们杰出的理论家，这完全正确。他在我们的实践中学到许多东西，而我们也向他学到不少东西，可以说："即使哥尔特在理论原则上离开了自己的道路，即党的道路，那党还是要在自己的道路上前进的。"我再说一遍，布哈林同志昨天的论证是不值一驳的。他从我们党或德国统一共产党的生活和活动中，没有提出而且也不可能提出任何论据。布哈林同志只能在这里，在代表大会上，以花言巧语攻击我们，因为这里并不了解也无法了解事实的真相。他不能在德国玩弄这一套把戏，因为我们回国以后要汇报这里的某些同志是怎样理解"左的蠢事"的。

主席克南：

同志们！时间不早了。还有 14 个人报名发言。只有两个人作出好的榜样，放弃了发言。原先报名发言的是 16 个人。主席团希望其他同志能仿效他们。虽然讨论尚未结束，但需要决定是否理应停止讨论的问题。如果我们决定这样做，那么再开 2 小时会，即可结束今天的议程。主席团提议我们作出决定：是否现在就休会，晚 7 时复会以结束讨论。我们来举手表决。（同意）下面该由季诺维也夫同志发言，接着是托洛茨基同志发言。

（会议于下午 5 时休会）

图书在版编目（CIP）数据

共产国际第三次代表大会文献（1）/戴隆斌主编.
—北京：中央编译出版社，2011.12（2019.8重印）
（国际共产主义运动历史文献. 第31卷）
ISBN 978－7－5117－1141－0

Ⅰ.①共…
Ⅱ.①戴…
Ⅲ.①共产国际－代表会议－文件
Ⅳ.①D165
中国版本图书馆CIP数据核字（2011）第246529号

共产国际第三次代表大会文献（1）

出 版 人：和　龑
责任编辑：邢艳琦
责任印制：尹　珺
出版发行：中央编译出版社
地　　址：北京西城区车公庄大街乙5号鸿儒大厦B座（100044）
电　　话：（010）52612345（总编室）　　　　（010）52612358（编辑室）
　　　　　（010）52612316（发行部）　　　　（010）52612346（馆配部）
传　　真：（010）66515838
经　　销：全国新华书店
印　　刷：北京环球画中画印刷有限公司
开　　本：710毫米×1000毫米　1/16
字　　数：425千字
印　　张：33
版　　次：2011年12月第1版
印　　次：2019年8月第2次印刷
定　　价：190.00元

网　　址：www.cctphome.com　　　邮　　箱：cctp@cctphome.com
新浪微博：@中央编译出版社　　　微　　信：中央编译出版社(ID: cctphome)
淘宝店铺：中央编译出版社直销店(http://shop108367160.taobao.com)
　　　　　（010）55626985

本社常年法律顾问：北京市吴栾赵阎律师事务所律师　　闫军　　梁勤
凡有印装质量问题，本社负责调换，电话：（010）55626985